汉语与中国传统文化

（修订本）

郭锦桴　著

商務印書館
SINCE 1897
The Commercial Press

2019 年 · 北京

图书在版编目（CIP）数据

汉语与中国传统文化 / 郭锦桴著. —修订本. —北京：商务印书馆，2010（2019.8重印）

ISBN 978－7－100－06739－3

Ⅰ. 汉… Ⅱ. 郭… Ⅲ. 汉语—关系—传统文化—研究—中国 Ⅳ. H1 K203

中国版本图书馆CIP数据核字（2009）第138144号

HÀNYǓ YǓ ZHŌNGGUÓ CHUÁNTǑNG WÉNHUÀ

汉语与中国传统文化

（修订本）

郭锦桴　著

商　务　印　书　馆　出　版

（北京王府井大街36号　邮政编码 100710）

商　务　印　书　馆　发　行

北京市白帆印务有限公司印刷

ISBN 978－7－100－06739－3

2010年7月第1版　　开本 787×960　1/16

2019年8月北京第4次印刷　　印张 $26\frac{1}{2}$

定价：62.00元

目　录

序

陈章太

语言是一种结构系统，又是一种社会、文化现象，它与社会、文化有极为密切的关系。就语言与文化来说，二者互相依存，相互影响，共同变化，是共存共变的关系。语言是文化的重要组成部分，又是文化的载体，它记录、反映、表现文化信息及其兴衰的景象，并为文化传承、传播发挥无可替代的作用；而文化是语言的内容与底蕴，它赋予语言以丰富、深厚的内涵与旺盛的活力，是语言发展的重要原动力。研究语言与文化的关系及其具体表现，对促进语言文化发展，提高语言、文化的教学、研究水平，增进语言文化交流等有重要意义。

中国的传统文化丰富而厚重，它是中华民族五千年历史活动的精神结晶，又为中华民族的不断进取和发展创造坚实的基础，并提供无穷的动力，激励着中华民族从一次辉煌走向另一次辉煌！中国传统文化包括中华民族各个历史时期创造的优秀物质文化和精神文化，是我们的祖先给后代留下的巨大财富。就精神文化而言，主要体现在政治、经济、教育、语言文字、文学艺术和科学技术，还有思想观念、伦理道德、心理思维、宗教信仰、社会习俗等，内容广泛，博大精深，灿烂辉煌！中国传统文化在演进中需要不断创新与发展，并包容、吸收其他国家、民族先进文化的精髓，以保持长盛不衰的活力和鲜明的先进性。汉语是汉民族的共同语，汉字是汉民族的传统文字，汉语汉字是中华民族的主体语言文字，从雅言、通语、官话、国语到普通话，从甲骨文、金文、篆书、隶书、草书、行书、楷书到现代汉字，包含和承载着中国传统文化及其广博、精深、厚重的内容与精神，对中国传统文化的发展、保存与传播作出了巨大的贡献。研究汉语言文字和中国传统文化的关系及具体内容，对促进汉语言文字和中国传统文化的繁荣、发展，增强汉语言文字能力，丰富中国传统文化知识，提高汉语言文字和中国传统文化的教学、研究和应用水平，无疑会有显著的作用。

长期以来，锦桴教授致力于语言教学与研究，他治学勤奋，学术功底厚实，对语言与文化，特别是汉语言文字与中国传统文化的研究造诣颇深，成就显著。1993年由中国人民大学出版社出版的《汉语与中国传统文化》一书，获得学界的好评。我在读过该书之后，很受启发，深感是一本材料丰富、内容充实、有独到见解的好书。近几年锦桴教授对该书进行了修订，保留原书的架构与内容，吸收学界有关研究的新成果，对原书增补了新的内容和材料，并修改了有些论述。我读了修订书稿之后，感到新版书稿对汉语言文字与中国传统文化关系的分析、研究更加深入，材料更加丰富，内容更加充实，论述更加精辟，用例更加得当，有些章节相当精彩。全书十八章，全面梳理了汉语言文字与中国传统文化的紧密关系及重要表征，对其精髓进行具体的论述，形成比较完整的理论体系，充分显示观点与材料紧密结合的鲜明特点，让人读后印象深刻、获益良多，对汉语言文字和中国文化的学习者很有帮助，对研究者也有较大意义，相信本书的出版会获得同道朋友的更大赞赏，并受到读者的欢迎。《汉语与中国传统文化》一书的内容、材料相当丰富，涉及面广，对本书有的观点、材料与论述，可能会有不同的认识，这是很正常的事情，可以通过共同讨论进一步提高研究水平，并促进汉语言文字与中国传统文化研究更好地向前发展。以上文字权作序言，不当之处，敬请指正。

2008年7月7日于北京寓所永春斋

自　序

一

文化与语言有十分密切的关系。不论人类学家、语言学家，还是哲学家，对此都十分关心。

首先，关于文化，文化的定义历来众说纷纭。1952年，美国文化人类学家克鲁伯和克拉洪在其《文化，关于概念和定义的评论》一书中，列举了从1871年到1951年80年间有关文化的定义达164种之多。这既反映人们对文化探讨的热情经久不衰，同时也反映在文化研究中，人们对文化的定义存在不少分歧。英国人类学功能学派大师马林诺夫斯基对此不无感慨地说："文化，文化，言之固易，要正确地加以定义及完备地加以叙述，则并不是容易的事。"①

尽管如此，一般认为，"文化"的含义可分为广义和狭义两种。广义的文化泛指各种物质文化和精神文化。而狭义的文化则只是指精神文化而言，主要包括科学、教育、政治、文学、艺术等等。

从广义角度看，文化所包括的范围是相当广阔的。美国人类学家林顿指出："文化指的是任何社会的全部生活方式，而不仅仅是被公认为高雅、更令人心旷神怡的那部分生活方式……整个文化还包括诸如洗碗、开汽车等世俗行为，而且，对文化研究来说，这些世俗行为与那些被认为是生活中高妙雅致的事物相比，并没有什么高下之分。"林顿还进一步指出："没有无文化的社会，甚至没有无文化的个人。每个社会，无论多么简陋，总有一种文化。"②

文化范围虽然广阔，但它有自己的系统结构以及不同的类型，它以"文化质点"为最小的基本单位；又由许多有共性的文化质点聚合成"文化结丛"；然后又由许多有联系的文化结丛形成"文化模式"。文化结丛在较大的时空范围里还可以形成"文化圈"或"文化地带"。一个民族社会的文化形成一个整体，它有自己的特征、恒久性和自足性。文化并不是支离破碎，如同一盘散沙那样。每个民族的文化都有它的凝聚力和传统性。

语言和文化的密切关系首先在于：语言是人类特有的文化行为，它是文化产生的重要形式。

美国著名人类学家A. 怀特在其《文化科学》一书中写道："全部人类行为起源于符号的使用，正是语言符号才使我们的类人猿祖先转变为人，并成为人类。仅仅由于符号的使用，人类的全部文化才得以产生和流传不绝。"③

动物和人类的分界线并不只在于会不会制造和使用工具上。近几十年来，学者们对类人猿进行了诸多方面的研究证明，类人猿在使用工具方面有许多种才能，它们会制造箱状的建筑物，会用棍棒挖掘，会用树枝掏洞中小虫等等。W. 库勒在《类人猿心理》一文中认为，类人猿普遍具有模仿能力，其模仿的心理过程表现为神经—感官—肌肉的相互联系的活动过程。这方面，类人猿与人类差不多。不过，类人猿与人类的模仿也存在十分明显的差异。人类的模仿学习并不仅仅限于神经—感官—肌肉的活动过程，它同时也是使用语言符号的活动过程。所以，人在使用工具时，包含着一种知识的积累和进步的过程。它通过语言符号归纳使用工具的知识和经验，并把它传授下去，提高下一代人使用工具的水平，从而丰富人类自身的创造力和文化。而类人猿由于没有语言符号，它既无积累又无进步，它不能作为一个"类整体"发展自己的文化，所以类人猿永远不能发展创造力。

可见，语言是人类独有的一种能力，它不仅使人类摆脱动物界，而且使人类从野蛮和原始的状态进入文明状态。很久以前，哲学家笛卡尔在其《方法论》一书中就曾经指出：人无论怎么愚鲁和笨拙，他总具有把不同词联系到一起的能力；另一方面，动物无论怎样完善，也总是缺乏这种能力。这至今仍是一句至理名言。

文化与语言的密切关系还在于，语言是文化存在的重要标志符号，没有语言，便没有文化。

怀特在《文化科学》中还指出："全部文化（文明）依赖于符号。正是由于符号能力的产生和运用才使得文化得以产生和存在；正是由于符号的使用，才使得文化有可能永存不朽。没有符号，就没有文化，人就仅仅是动物而不是人类。"④

语言是重要的符号形式。它以声音（语音）和书写的文字形式成为任何文化的标志符号。这种标志符号的作用是十分重要的。它使文化能进入社会，成为社会的人们共同享有的事物。而任何文化只有进入社会，成为群体共同的意识活动或物质活动之后，它才能成为真正的文化。个人的意识活动如果只为他一个人知晓，不能算是文化。只有当这种个体意识成为群体共同理解，或共同活动的一部分时，它才能成为文化。文化没有语言符号的帮助，它不可能进入社会成为真正的文化。换句话说，它不可能存在。

文化的传延也必须依赖于语言文字。各种历史文化之所以为我们现代人所认识和了解，最重要的是依赖于前人的历史文字的记载。没有语言文字，文化便不可能永存不朽。

我们还可以设想一下，如果人类社会没有语言，人类便不可能有什么思想交流、信息传递，人类社会的一切活动便将会中止，那么所有政治的、经济的、军事的、法律的、科学的、教育的、文艺的、哲学的便成为毫无意义的东西，便不可能存在。这也就是说，没有语言，便没有社会和文化。当然，没有语言文化的人仍然可以存在，但只能作为动物存在。人们曾经考察过“狼孩”，在中国东北辽宁省还出现过“猪孩”。但不论“狼孩”或“猪孩”，因为他们从小脱离人群，没有获得人类的语言，他们同样得不到人类的文化。

韩民青在他的《文化论》一书中写道：“语言在文化中的作用，不论是以何种形式出现，都有三种作用，即生成、贮存、流传。……如果说人生活在一个文化的世界里，那么从形式上看，文化就是一个语言的汪洋大海。人是语言大海中的生灵，离开这大海就会失去人的本性——回到动物行列之中。”[⑤]

语言与文化的密切关系还表现在，文化是语言的“底座”。没有文化，语言便不复存在。

美国著名的语言学家萨丕尔在其《语言论》一书中说过：“语言有一个底座……语言也不脱离文化而存在，就是说不脱离社会流传下来的，决定我们生活面貌的风俗和信仰的总体。”[⑥] 我国著名的语言学家罗常培也曾指出，语言文字是一个民族的文化结晶。这个民族的过去的文化靠着它来流传，未来的文化也仗着它来推进。

语言是语音声波的物质世界的一部分，同时它也是人类意义世界的一部分，卡西尔在其《人论》中认为，语言是“符号”不是“信号”。“符号”是有意义、有独立功能的。索绪尔也认为语言包含“能指”（声音）

和“所指”（概念）两个方面，这就好像一张纸的正反两面，它们是不可分离的。

语言的意义属于文化范畴，它是各种文化现象、文化产品的抽象和概括。它与人们的思维活动密切联系并与意识交织在一起。

语言的意义对于文化来说，具有反映性和抽象性的特点。这种反映性，实际上是文化意识的物化。语言不是事物的简单代替物。语言的意义是事物共性的抽象和概括。各种意义都是人类思维的成果，也可以说是人类文化的结晶。

如果没有文化，没有任何人类创造的物质文化和精神文化，语言自然也不成之为语言。

语言以文化作为自己雄厚的底座，才能随着人类的进步、文化的发展而不断发展。

人类社会文化越进步，创造的物质财富越多，人类的思维越严密，语言便会随着这种文化的进步而发展，其词汇越来越丰富，语言结构也越来越精密。

不同民族的文化造就不同的语言。它不仅生成语言的特殊语义成分，而且对语言的构词模式也产生重要的影响。每一个民族的语言都是每个民族文化的一面镜子。语言的历史与民族文化的历史常常是并行发展的。不过，语言比文化更具有恒久性，不少古代文化现象消失了，但语言的历史记载使它永存不朽。

不同民族文化的交流，促使不同民族语言的相互渗透。有的相互借词，有的产生语言的融合。历史表明，文化先进的民族语言往往同化文化落后的民族语言。

总之，文化对语言的作用也是相当大的。它是语言存在和发展的重要支柱。

二

人们都知道，传统语言学主要有：语音学、语法学、词汇学、文字学等，它们分别研究语言的语音、语法、词汇和文字形态。近30年来，涌现出一些新的交叉语言学科，如数理语言学、心理语言学、社会语言学等等，开拓了语言研究的许多新领域。

近十几年来，随着我国社会出现的一股“文化热”，在语言学界也有一批学者，他们以极高的热情关注语言与文化的关系问题，并提出建立一门语言学的新学科——“文化语言学”，专门研究语言与文化的各种关系、语言在文化传播中的作用，以及文化对语言发展的重要影响等等。有些学者已写出《文化语言学》的论著。这种勇于探索语言研究新领域的精神是很令人钦佩的。

本书不是文化语言学方面的理论著作。笔者也无意在书中建立文化语言学的理论框架、阐述文化语言学的各种理论问题。本书仅就汉语与汉民族传统文化的一些密切相关的问题进行探讨。

1950年，我国著名语言学家罗常培先生曾经出版《语言与文化》一书。这部著作的内容广泛而充实，令人耳目一新，给人许多语言文化方面、民族学方面的知识和启迪。其中涉及我国少数民族语言文化的知识尤为丰富。

本书只展示汉语文化方面的材料，不涉及其他少数民族语言的材料。不过，汉语文化问题相当多，它所涉及的范围也很广阔，我们不可能在本书中一一都谈到。本书侧重于汉语与传统历史文化的诸多方面的关系。其中，涉及古代汉语与历史文化的关系较多，而对于现代汉语与现代文化的关系则触及较少。

本书从六个方面考察汉语与文化的关系：

1. 汉语与历史文化的关系

汉语是历史文化的“活化石”，汉语造词与传统哲学观、伦理观的关系，汉语与传统价值观的关系。

2. 汉语与社会变迁、文化变异的关系

汉语与交际文化的关系，汉语方言与历史上人口迁移的关系，方言与地域文化的关系，汉语与中外文化交流的关系。

3. 汉语与宗教、语言迷信心理的关系

汉语与佛教文化的关系，汉语中语言迷信现象及其文化心理。

4. 汉语与民族思维偏向的关系

汉语结构的意合性、表象性、抽象性、有序性与民族传统思维偏向的关系，词义引申、比喻与民族心理的关系。

5. 汉语专名、称谓与民族文化心态的关系

这包括中国人的姓名、地名，社会上各种人称称谓、亲属称谓、古代官称谓、社交称谓等与民族文化心态的关系。

6. 汉语表述与社会文化取向的关系

汉语的语言表述风格与不同时代意识文化、制度文化的取向有密切的关系，古代诗歌的语言表述与民族文化心态有重要关系。

现代阐释学的集大成者迦达默尔认为，人类语言绝不是自我封闭的系统。人类语言同人类历史一样存在着，它的意义是人的意义、人的历史活动的意义，它总是处于开放的状态。人是从社会文化中获得“前理解”。因此，语言的意义也可以说是社会历史文化的意义，传统文化的折射。

从汉语与文化的各种关系考察中，我们可以看到，汉语与文化存在着镜象关系和理据关系。

所谓镜象关系，是指汉语像一面镜子那样，清晰地反映汉族历史文化的各种事物观念、习俗。这不仅包括各种物质文化，如服饰、饮食、建筑、交通工具、生活用品等等，而且还包括各种精神文化，诸如，科学、技术、哲学、伦理、政治，以及民间习俗等等。所有这一切历史的社会文化都会在汉语中得到充分的反映——“记录下来，流传下去”。

所谓理据关系，是指许多汉语现象，诸如，汉语的构词、汉语词义的形成和演变、汉语的结构特点、汉字的形体组成等等，都可以从汉文化中找到理据。这种理据不是逻辑关系意义上的理据，而是民族的文化观念、文化心理、文化取向、社会习俗、民族思维偏向等等的文化阐释。它具有鲜明的民族性和历史时代性。

一般来说，汉语与传统历史文化具有同构关系，它们在历史长河中并行流淌着。不过，汉语更具有历史的恒久性。历史上有不少文化现象或文化产品、社会习俗及文化观念早已随社会的变化而消失或消退，但它们的“身影”却依然被保存在汉语之中。汉语里贮存着许多古老的文化信息、民族的历史文化精神。透视汉语的文化渊源，或汉字构形的本义，往往可揭示汉民族的一些文化奥秘。

从本书中，读者一方面可扩大汉语的知识，另一方面又可扩大传统文化方面的知识。更重要的是，读者可从本书中看到，汉语是汉民族文化的结晶，是汉民族历史文化精神的体现。这些是我们从汉语语音学、语法学、词汇学中所得不到的知识。

限于笔者的水平、掌握资料的局限，本书难免有不足之处和错误，恳请读者批评指正。不胜感谢。

是为序。

注释：

① 马林诺夫斯基：《文化论》，中国民间文艺出版社，1987年。

② C. 恩伯和M. 恩伯：《文化的变异——现代文化人类学通论》，辽宁人民出版社，1988年。

③ A. 怀特：《文化科学——人和文明的研究》，浙江人民出版社，1988年。

④ 同上。

⑤ 韩民青：《文化论》，广西人民出版社，1989年。

⑥ 萨丕尔：《语言论》，商务印书馆，1964年。

第一章　汉语——历史文化的“活化石”

语言的历史与文化的历史是相辅而行的。这正如怀特所指出的那样：“全部文化（文明）依赖于符号。正是由于符号能力的产生和运用才使得文化得以产生和存在；正是由于符号的使用，才使得文化有可能永存不朽。”[①] 怀特在这里所说的符号，主要是指人类的语言及其文字。事实表明，语言是文化表达的最佳符号。这是因为：（1）语言符号具有最大的包容性。人类所创造的一切文化，包括所有的物质文化、所有的精神文化都可以用语言来标记、表达。人类的所有文化活动，不论生产劳动，还是科学研究的创造性活动、社会的各种文化教育活动等等，也都可以用语言来记录、表达。（2）语言文字具有永久性，它记录人类各种文化知识和经验，并一代一代传下去，从而使许多文化永存不朽。在这一意义上，语言及其文字是历史文化留下的身影，也可以说是历史的“活化石”，尤其是那些古代语汇和古文字，它们往往可为人们认识古代社会提供某些图景。这正如英国科学家贝尔纳在《历史上的科学》中指出的那样，语言是现今仍然活着的古代遗物。（3）语言是最简便、经济的符号，它为文化的传播提供最有效的手段。正是由于语言这种交际工具，人类才可能进行各种思想交流和文化交流，从而使文化成为人类社会集体共同创造和享有的财富。

由于语言是文化的最佳表达符号，因此，我们可以通过对语言的各种文化层面的考察，了解世界，认识自然，同时也可以洞察历史。这里，我们将通过对古代汉语及古代汉字形态的考察，追溯中国远古和上古时代历史文化的踪迹。

第一节 从汉语认识古代社会

人类社会大都是由渔猎而进入畜牧社会，由畜牧而进入农业社会。这里，我们可通过对上古汉语的考察来了解远古中国社会文化的这一历史进程。

一、关于远古畜牧业

上古时代，畜牧业曾经是社会的主体经济之一。然而，当时的人们主要役养什么牲畜呢？要了解这个问题，我们可以从反映上古语言词汇的《说文解字》和《尔雅》中，考察究竟哪些牲畜的专名最多、最丰富，从而得到启示。在《尔雅·释畜》中，“六畜”的名称已相当丰富，它们各有许多专名，其中，“马”的各种专名51个，“牛”的各种专名18个，“猪”的各种专名13个，“羊”的各种专名11个，“犬”的各种专名10个，“鸡”的各种专名6个，共计109个。从这里可以看出，当时人们主要役养六畜。而在这六畜中，尤以马、牛、猪、羊为多。事物的专名越多，意味着它与人们生活的关系越密切，所以人们对它们观察越细微，分类的名称便越多。下面，我们举出《说文解字》、《尔雅》中有关马、牛、羊的一些专名。

1. 马

（1）不同性别和年龄的马——

“骘”，公马；“騇”，母马。

“驹”，马2岁；“駣”，马3岁；“䭲”，马8岁……

（2）不同颜色的马——

“骊”，深黑色的马；“騩”，浅黑色的马；“骝”，赤色毛黑尾的马；“騢”，赤白色杂毛马；骓，苍黑色杂毛马；“骆”，白色黑尾马；“骃”，黑白杂毛马；“騑”，马头白色马；“骢”，青白杂毛马；“駓”，黄白杂毛马；“驖”，赤黑马；“駺”，尾白的马；“駹”，面额皆白的马；“骧”，后右足白的马；“馵”，后左足白的马。

（3）不同品质的马——

“骥”，千里马；“骜”，骏马；“骏”，良马；“骁”，良马；“驽”，劣马。

（4）不同情态的马——

“駠”，怒马；“骸”，马摇头；“駣”，马肥盛；“驤”，马低头；“駜”，马饱；“骙”，马行威仪。

（5）驾车不同的马——

“骈”，驾二马；“骖”，驾三马；“驷”，驾四马。

（6）骑马及马的不同动作——

“驀”，上马；“骑”，跨马。

“骒”,马骒卧土中；“骚”，摸马；“馽”，绊马。

（7）不同身高的马——

“骄”，马高6尺；“騋”，马高7尺；“駥”，马高8尺。

2. 牛

关于牛的词汇也很丰富，《说文解字》、《尔雅》里有：

（1）不同性别和年龄的牛——

“牡”,公牛；“牝”,母牛；“犊”,小牛。

“犻”,牛2岁；“犙”,牛3岁；“牭”,牛4岁。

（2）不同颜色的牛——

“抨”，花花点点杂毛的牛；“牻”，黑白杂毛的牛；

“犥”,背部白毛；“犥”,黄白夹杂；“犉”，黄牛黑唇；“牷”，牛纯色；“犨”，白色牛。

（3）不同品种的牛——

“犘牛”，重千斤；“犦牛”，领上肉犦；“犤牛”，牛库小；“犪牛”，体大、数千斤；“犝牛”，无角。

（4）与牛相关的不同动作的词汇——

“犻”，牛徐行；“牟”，牛叫声；“犨”，牛喘气声；“犹”，牛柔谨；“牵”，引牛向前。

3. 羊

关于羊的词汇有：

五月羊羔叫“羜”，三岁羊叫“羝”，六月生羊羔称“羍”；黄腹的羊称“羳”；小羊称“羔”；公羊为“羒”，母羊为“牂”；羊鸣，“芈”；羊臭，“羴”……

从这些丰富的马、牛和羊的专名词汇中，我们可以看到，我国远古时期的畜牧业中，马、牛、羊曾经是很重要的畜牧对象。人们只有大量畜牧马、牛、羊才有可能对它们进行深入而细微的观察和分辨，并对它们的性别、大小，及其体毛颜色、不同的行为动作、不同的品质都一一加以区别，从而产生各种各样的马、牛、羊的专名。这些专名是畜牧社会特有的语言文化现象，也可以说是上古特有的语言“化石”。

卡西尔在《人论》中曾经指出：“分类是人类语言的基本特征之一。命名活动本身即依赖于分类的过程。”而“每一种分类都是被特殊的需要所决定和支配的。并且显然地，这些需要是根据人们社会文化生活的不同条件而变换着的”。正因为如此，“人类语言总是符合于并相应于人类生活方式”。②

随着社会的发展，农业的兴起，畜牧业的退缩，马、牛、羊等牲畜不再成为人们生活的最重要的经济来源，那么，这些役养的牲畜与人们的生活的关系便渐渐疏淡。上古这些有关马、牛、羊的许多专名便在历史长河中逐渐失去其活力。

二、关于远古社会的贸易

远古社会人们如何进行贸易，这已经无法知晓了。不过，从汉语文字中却可以得到一些信息。在《尔雅》、《说文解字》中，有许多带“贝”的词汇，这些带“贝”的词汇大多与贸易、借贷有关。如：

（1）表示买卖的贸易活动——买（買）、卖（賣）、贩、贸、购等。

（2）表示借贷活动——贷、貣、贳、赊。

（3）表示抵押——赔、赘、质。

（4）表示送礼——贽、赞、赂、赠。

（5）向上纳税和向下赏赐——贡、赋、赏、赐、赉。

所谓“贝”，自然是海产的贝类。为什么会用“贝”来构成这些与贸易的金钱有关的词汇？这些字就像“活化石”那样，显示了在夏、商远古社会中，“贝”曾经作为经济贸易的货币。这可以说是中国最古老的货币。当时，海滨的渔猎民族与黄河中游的游牧民族曾经频繁地进行贸易活动。渔猎民族有可能提供出“贝”作为原始的钱币使用，所以在甲骨文中便出现许多与贸易有关的以“贝”为偏旁的字。

郭沫若在《中国古代社会研究》一书中指出：中国的货币字样多从“贝”，这显然是由渔猎民族提供出来的东西，而物品字样则从“牛”，物件的提供者可知是畜牧民族。

后来，秦始皇废除用“贝”而改用钱。《说文》指出“贝”，“海介虫也……古者货币而宝色，周而有泉，至秦废贝行钱。”

三、关于上古农业社会

在甲骨卜辞中，已有不少反映上古时期商代社会的词语。例如，甲骨文中的“田”字写成“田”（田的形状），已反映那时耕种实行井田制度。这四方形的井字形的农田，既便于耕种，又便于灌溉。

当时的耕种方法是什么呢？从卜辞的记载看，主要有三种方法：（1）协田，即集体耕种；（2）耤田，用手扶耒耜（农具），脚踏着推动翻土；（3）裒田，开垦土地。当时主要农具是由木、石、蚌做成的。

当时的农作物种类有什么？从甲骨文看，主要有：黍、稷、稻、麦（大麦）、秣（小麦）等。不过，其中主要作物很可能是黍和稷。因为卜辞中“受黍年”（种黍收成好不好）、“受稷年”（种稷收成好不好）的记载最多。黍，今又叫大黄米。稷，北方叫谷子，即小米。据学者们考古发掘，早在七千年前，在中原地区便已经开始栽培“稷”和“黍”两种农作物。这些农作物，经过夏、商两代的耕种，农业栽培技术自然会有较大进步。到了周代，农作物的品种已大大增加。从《诗经》中便可以发现当时农作物品种的新发展：

谷类：禾　谷　稷　黍　秬　穈　粱　芑　麦　来　稻　稌

豆类：菽　荏菽　藿

麻类：麻　苴　纻

这里，“禾”和“谷”有时也用作各种谷物的总称。

农业耕种离不开水。商代的中原地区很可能常有干旱，影响农作物的收成，所以甲骨文中有不少“求雨”的记载。商王朝是神权迷信的社会，认为自然界中的一切都由天帝鬼神来主宰，求雨要祈求上天、商王祖先、山神河神降雨，如：“求雨于天”、“求雨于上甲”、“求雨于且乙”、“求雨于岳”、“求雨于河”。（“上甲”、“且乙”均是商王的祖先。）

至于当时的求雨方式有“呼舞侑雨”，即舞祭。从甲骨文“舞”字的形状看，像是一人两手握着牛尾在跳舞。还有“于河烄雨”，甲骨文“烄”字的字形，像是把人放在火堆上焚烧，这是一种人祭求雨方式。③这种求雨，实际上也属于远古农业生产方式的组成部分。

第二节　从汉字考察远古的图腾崇拜

在远古社会，人类普遍存在图腾崇拜现象，许许多多的氏族、部落用图腾作标识、命名。这种情况有些一直流传到文字产生时还存在。

“图腾”一词原是美洲印第安鄂吉布瓦人的方言词，意思是“我的亲属”。远古原始人从血缘的关系着眼，在思考自身的起源时，把图腾视为自己的祖先，所以对自己的图腾祖先格外崇拜，并把它当作自己的保护神。

远古的图腾有许多是动物和植物。在印第安人氏族中，有鹰图腾、青蛙、松鼠图腾以及铁杉树、雪松图腾等等。

在远古中国的辽阔大地上居住着众多的氏族部落，他们信仰什么图腾呢？这是不易弄清楚的。不过，我们从早期象形文字以及古代人们对这些象形字的释义可以察知远古图腾的信仰。何星亮先生在其《中国图腾文化》一书中指出：“中国古代的汉字是典型的象形文字。在原始时代……每一氏族部落都崇奉一个或两个以上的图腾。为了区别，他们分别在自己的所在地与所有物上描绘或雕刻自己的图腾形象。这样，他们便创造了表示图腾和氏族的最早的象形文字。例如，以羊为图腾的氏族，最早创造了羊的象形文字；以熊为图腾的氏族，最早创造了熊的象形文字；以龙、蛇、马、狗、兔、鸡、猴、狼、豹、狮、牛等动物为图腾的氏族也一样，分别创造了最早图腾的各种象形文字。这种作为图腾图像的象形文字是文字萌芽时期最基本、最古老的文字。后来，在这些象形文字的基础上滋生了大量的同类字和同根字。因此，可以说，中国最早的象形文字是图腾图像，两者密切相关。”④ 当然，作为象形文字，它并非图画，而是图腾图画的概括、抽象或象征。它是人们认识上的一种飞跃，即由图画进入符号。

《说文解字》说：“南方蛮闽从虫，北方狄从犬，东方貉从豸，西方羌从羊。”这分明是说，远古南方的蛮闽氏族以“虫”（蛇）为图腾，北方的狄氏族以“犬”为图腾，东方的貉氏族以“豸”为图腾，西方的羌氏族以“羊”为图腾。这四境的氏族部落很可能最早创造出虫、犬、豸、羊等象形文字。

《说文解字》中的燕字其字形为“羙”，《说文》云：“燕，玄鸟也……象形。”《诗·商颂·玄鸟》云：“天命玄鸟，降而生商。”在远古先民心目中，燕，乃是殷商族的图腾。

从古人对古代象形文字的解释，人们可以进一步了解到各个氏族部落的图腾崇拜的象征含义。《史记·殷本纪》云：“殷契，母曰简狄，有娀氏之女，为帝喾次妃。三人行浴，见玄鸟堕其卵，简狄取吞之，因孕生契。”从这里可以看到，商崇拜玄鸟图腾，因为玄鸟具有生命繁衍的象征含义。

远古越族人披发文身习俗是对蛇图腾崇拜的典型表现。《说文》指出：“闽，东南越”；“闽，蛇种也”。这说明远古闽地的东南越族人以蛇为图腾。但是，古代越族不只在闽地，它还分布于吴粤，即吴越、于越等等。《淮南子·原道训》进一步指出：“九嶷之南……民人披发文身，以像鳞虫（蛇）。”高注进一步指出：断发文身，“为蛟龙状，以入水，蛟龙不害也”。这表明，以蛇为图腾含有入水的生命保佑。在我国传统文化中，十二生肖中的“蛇”，又被称为小龙。

众所周知，龙是中华远古先民敬重的图腾。在甲骨文和金文中，龙的象形文字有好几种，龙是什么动物图腾呢？从字形上不易看出，但从字义的解释中人们可以清楚了解。《说文》云：“龙，鳞虫之长，能幽能明，能大能小，能短能长，春分而登天，秋分而渊。”据有关文献记述，其形象是：牛头（或鳄鱼头、蛇头、马头）、象鼻、鹿角、马鬣、蛇躯、鳞身、鳄棘、鱼尾、鹰爪、龟足；能水中游、云中飞、陆上行；能呼风唤雨，引云播雾，主掌旱涝。远古先民崇拜龙，是把龙当作为水神、雨神、风神、雷电神、农业神。

龙的图腾信仰来源，据有关古文献（如《列子·黄帝》、《史记·封禅书》等）记述，远古的黄帝族系，包括庖牺氏、女娲氏等等，以及炎帝族系，包括神龙氏、祝融氏、秦龙氏（苗裔）等等都以与龙相关的动物为图腾，如鳄、蛇、龟等等。可以说，龙是由远古黄帝族系和炎帝族系的许多子族的各种动物图腾汇合凝聚而来的。自此，中华民族数千年来便以龙为神圣、高贵的“图腾”，并发展成为今天汉民族的象征。

世界文化史表明，远古的图腾文化对一个国家或民族的传统文化有很深的影响。这表现在民族的信仰、民俗、舞蹈、艺术诸多方面。几千年来，龙的图腾文化的遗风一直延续不断。直到今天，我们还有舞龙、拜龙庙、过龙节（农历二月二日）的习俗，并高唱“龙的传人”的歌曲。在汉语的传统词汇中便有不少带龙的词汇，含有神圣、尊贵、高雅的含义。如：封建时代用龙作为皇帝的象征和称呼。“龙飞”一词，喻指皇帝即位，如《易·乾》：“龙飞在天”。“龙车”，指帝王乘坐的专车。“龙颜”，称皇帝的容貌。“龙袍”，是皇帝所穿的绣有龙形图文的衣袍。

“龙种”，指皇族后代等等。此外，还有“龙驹”，指骏马或英俊少年。“龙飞凤舞”，形容气势奔放雄壮。“龙跃凤飞”，比喻才华出众。

与“龙”相近的还有“凤”的图腾。甲骨文中“凤”字的字形也有几种，它的字形特点是：头上有冠，尾上有羽屏，飘洒、美丽，它并非凤鸟的原貌，而是积淀许多动物图腾的特征。《说文》云：“凤，神鸟也。天老曰：凤之象业，鸿前鹿后，蛇颈鱼尾，鹳颡鸳思，龙文虎背，燕颔鸡喙，五色备举，出于东方君子之国，翱翔四海之外……见则天下大安宁。”它原是远古东夷部落图腾，后来也发展成为远古华夏族各方共同的图腾。它与“龙”并存为龙凤图腾文化。凤不像龙那样能呼风唤雨，主掌旱涝，但它出现能让“天下安宁”。

远古的图腾文字还有许多，如“炎”、“太阳”为炎帝族的图腾。又《列子·黄帝》云：“黄帝与炎帝战于阪泉之野，帅熊、罴、狼、豹、貙、虎为前驱，雕、鹖、鹰、鸢为旗帜，此以力使禽兽者也。”在这里，雕、鹖、鹰、鸢为旗帜乃是黄帝、炎帝各部落自奉图腾的标志，用于祈求图腾祖先的保佑。远古的图腾文字还有很多，恕不枚举。

显然，汉文字的起源与图腾信仰有很密切的关系。而从甲骨文、金文中象形文字的字形和释义中，我们可进一步了解远古先民的许多图腾文化的来源、标志及其内涵。殷周以后，尽管人们对图腾信仰、崇拜已很淡化，但是，图腾文化的遗风、传说依然存在。所以汉代许慎的《说文解字》及相关古迹，能对一些象形文字与远古图腾文化的密切关系作出说明，值得今天人们了解。在这一意义上，我们可以说，古汉字中有些象形字是远古先民图腾崇拜的“活化石”。

第三节 从汉字形体考察历史文化

中国的汉字、埃及的圣书体字和美索不达米亚的楔形文字是人类历史上最古老的三种表意文字。然而，在世界几千年历史的大浪淘沙中，后两种表意文字消失了，唯有汉字表现出旺盛的生命力，经久而不衰，至今仍为13亿中国人所使用。那么，是什么使汉字能如此长久一直被中国人使用呢？

一种植物要想生根、发芽、长大，必须有与之相适应的物候条件、土壤条件等。汉字要想始终存在下去，也同样需要有各种条件。这表现在：

其一，汉字有广泛的民族文化心理作基础。

文字有三个基本要素：形、音、义。不论什么文字都是集这三者于一身。然而，不同的文字体系，这三者的结合方式是各不相同的。一般而言，表音文字采取的是概念—语音—字形的联系线路；而表意文字采取的是概念—自然物象—字形的联系线路。当我们看到一个水字时，它的字形如同流水的形状，使人联想到水的物象。中国古代的哲学就讲求“观物取象”，即取万物之象，加工成象征的意义符号，这是把抽象思维同形象思维交织结合在一起。汉字的具象性，即把概念变为目验的图像，它与汉民族注重联想、类比、悟性联系的经验理性思维，有不谋而合之处。

其二，中国的历史始终没有给汉字向表音文字转变的机遇。

一些表意文字向拼音文字转变，都与民族的历史命运有密切的联系。古埃及由于腓尼基人的入侵和统治（公元前13世纪）才放弃自己的圣书体文字，改用腓尼基的拼音字母。玛雅表意文字是随着印加帝国的灭亡而逐渐消失的。然而，中国是一个强盛的统一的国家，它没有受使用拼音文字的欧洲民族的冲击或巨大的影响。尽管在历史上它也受到其他民族的入侵或统治，然而，在历史上没有一个入侵民族的文化发达程度超过汉族。17世纪之后，尽管西方先进文化开始冲击中国的国门，西方的拼音文字也被介绍进来，但是为时已晚。汉字流通频度的坚固根基已稳如泰山，难于动摇。

其三，汉语方言的差别，尤其是各方言语音上的巨大差异，为汉字的存在提供了现实需要的重要根基。

中国是一个幅员广大的国家。自古以来，汉语便是一种多方言的语言，各方言之间语音上的差异很大。"吴楚则时伤轻浅，燕赵则多涉重浊，秦陇则去声为入，梁益则平声似去。"直至今天，上海话、广州话、福州话、厦门话、西安话等等，在语音上都互不相通。语音不统一，如何创制统一的拼音文字呢？这在古代很难办到，在今天也非易事。各地汉族人民之间的交际，从一开始便只有依赖表意性的汉字。而表意性的汉字可以跨过方言分歧的关联，它在中国这个辽阔的国土上，充分发展成为维系中华民族的纽带，发挥沟通信息的重要桥梁作用。如今，这座桥梁依然那样坚固，那样四通八达，畅通无阻。

其四，汉字本身的结构和文化内涵也有重要的作用。

十几年前，笔者曾在一次学术讲座会上，听到一位在澳大利亚某大学研究控制论的学者的报告，他认为，从几何学的角度看，几何图形的点、线、面三者之中，"面"的信息量是最大的，拼音文字是一种线性文字，方块汉字是一种平面性文字，在单位面积里，汉字的信息量最大。例如，表示"书"这事物，汉字只要一个字符"书"，而英语却要四个字符：b-o-o-k。汉字最简约、最经济，很合乎控制论的要求，可说是最理想的文字。这位学者的创见，给人以新的启迪。过去人们认为汉字不能电脑化，而现在这已不成问题了。有位日本学者甚至认为，汉字的优势在于它的形体结构如同一种IC（集成电路）一样。国内有的学者也认为，方块汉字作为一种信息载体，是中国文化缩微系统。汉字本身有深刻的文化性，当初，初民在创造汉字时，便有意无意地使汉字嵌入文化的内涵，各种象形文字、会意文字的形体，都与人们所认识的自然现象或社会文化现象联系在一起，它反映了汉字不是简单的语言书面符号，而是与文化有深刻联系的文字，它也是中华民族文化的一种重要载体，从汉字的形体构造上，往往可揭示许多古代的文化现象。随着汉字的发展，它又不断积淀不同时代的文化内容。可以说它是"前人所以垂后，后人所以识古"的超时空的文字符号。

正是由于这些原因，汉字绵延数千年。

这里很值得注意的是汉字形体结构的可解性。它以形表意，可以解读。有的以形体表示事物的外部特征，有的由有意义的独体字符组成复合的形体，体现词的内容。认真分析字符、字素及其示现的形象，人们可从中得到丰富的深层文化信息，看到古老时代的文化景观。

早在1923年，张世禄先生在其《文字上之古代社会观》一文中便指出：

“居今日而欲知茫昧之古代社会，史策既无徵考，则惟有求诸古来之余形遗迹，俾可想见其一斑而已。例如，考化石而知生物之递嬗，察地层而识地壳之胎成，皆其类也。世界言象形文字者，必推吾国。则此文字者，诚有史以前，先民遗迹之所留，曷藉之以窥政俗之梗概，以补史策所未及者乎。”⑤

下面我们通过对一些汉字的原形态的分析、解读，揭示汉字与远古历史文化的联系。

一、崇拜自然神的信仰

在古文字中，凡与拜神有关的字多从“示”旁，如：神、祇、祖、祢、禘、祫、祝、祷、禋、社等。

《说文》：“示，天垂象，见吉凶，所以示人也。从二三垂，日月星也。观乎天文以察时变；示，神事也。”这表明远古初民曾以日、月、星为自然神，作为崇拜的对象。早在1923年，陈钟凡在其《中国文字学上之原始宗教考》一文中，便指出“示”，“其上作一者，正为天象，下作丨，象光线下垂。”又如“甲骨文作早，从日从丁，借丁以表日光”。“示”，古文写作“亓”，三条直线为日、月、星三种光线的象征符号。学者们从对“示”的考察认识到，远古初民的信神，最早是对自然神的崇拜信仰。“示”是远古初民信仰自然神的“活化石”符号。⑥

凡与“示”有关的古字多与神事相关联。如“禋”。《尚书·尧典》曰：“禋于六宗。”郑玄注：“禋，烟也。六宗言禋，与祭天同名，则六者皆为天神。谓星、辰、司中、司命、风师、雨师也。”

二、上古的居家建筑

中国是历史悠久的文明古国，在远古时期它便开始“构木为巢”。夏、商、周的奴隶社会时期，它已有很成熟的土木建筑。房屋结构均衡对称，并有通风、采光的特点。

1.“宀”（音miǎn）（甲骨文）（金文）

在甲骨文和金文中都很像房屋的样子。《说文》：“交覆深屋也，象形。”从“宀”的初文，可知在商代便已有较成熟的居家建筑，这种居家房屋的构架，屋顶以梁为中轴，中轴两边左右斜向，屋面相对称。屋面下有左右立柱，整个房屋形成均衡对称的构架。“介”字形体现中国房屋的建筑风格。至今，中国农村、城镇许多老式的传统民居的房屋构架都是与此相同。

在汉字中，由“宀”组成的字，许多都与房屋有关，如：室、宅、宿、家等。

2.“向”（甲骨文）（金文）

如果我们想进一步了解古代居家房屋建筑的实际面貌，那么“向”字可给我们提供一些信息。从字形看，“向”字（甲骨文“”）很像一座房子，在墙壁上开了一个窗户。“向”的本义正是窗户的意思。《说文》：“向，北出牖也，从宀从口。”徐锴说：“牖，所以通人气，故从口。”“向”的初义专指朝北的窗户。《诗·豳风·七月》：“塞向墐户。”这就是说，把朝北窗户堵塞好，把门也封严些，以备过冬。

从向的本义可看出，商代房屋建筑不但整体构架均衡对称，而且房屋有窗户，其通风采光都达到一定水平。

三、上古的祭祀习俗

中国古代曾经有过对自然神、对先祖的狂热迷信的时代，各种祭祀活动十分活跃。如春祭、夏祭、冬祭、天祭、地祭、祖祭、求福之祭、除灾之祭等等。然而，上古殷周人的祭祀习俗怎样？从一些汉字的形体分析中可窥见一二。

1. “祭” （甲骨文）（金文）

甲骨文的字形，据考察，其左边是一块鲜肉，似还滴着鲜血（用四点表示），右边是一只手。这似乎是手拿着鲜肉举行祭祀之礼。到了金文时，下方加一个“示”表示祀神。

2. “祝” （甲骨文）（金文）

甲骨文、金文的祝字，其左边“示”（礻）表示神灵，右边“兄”是一个面朝左边跪着的人，表示祈祷、求福。“祭祀必祝之”，这是古人祭祀之礼。

3. “俎” （甲骨文）（金文）

在甲骨文和金文中，据考，俎字的形状是上古传神时所用礼器的样子。礼器中的那两个A字形，据说是代表祭品，牛羊肉一类，很像牛羊头倒放着的图形。鸟兽之肉不可盛于祭器之上。《左传・隐公五年》：“鸟兽之肉不登于俎。”——小篆和楷书都写作“俎”字，这是把肉形物移于祭器之旁。

由这种文字形体的变化，可知上古祭祀之风，最初可能用带血的鲜肉当祭品，也没有祭器，后来采用专门的祭器盛放祭品，说明古人对祭祀祖先神灵的重视。

“俎”字因为常用于盛肉品，后来引申为切肉用的砧板。

四、上古农业工具、粮仓和农家

我国很早就是一个农业国，在上古初期的农业耕作中，很可能经历过一个刀耕火种的阶段。那么，那时的农具、粮仓、农家是什么样子呢？我们可从“辛”、“仓”、“家”的本字看出它的轮廓。

1. “辛” （甲骨文）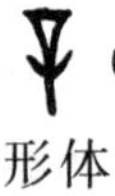（金文）

本义是刀。其甲骨文的形体是一把平刀，上部是刀头，下部是一个长刀把，把上有横柄。据云，远古用这种刀在奴隶或罪犯脸上或身上刺字。《说文》：“辛，罪也。”《白虎通》：“辛，所以煞伤之也。"

2. "仓" （甲骨文）（金文）

甲骨文和金文已有"仓"字，《说文》："仓，谷藏也。"这是说，"仓"的本义是粮仓的意思。

从"仓"的字形，可以看出上古粮仓建筑的特点，"仓"字是由三个部分组成的。

其上写作""，表示粮仓屋顶的形状。

中心写作""表示粮仓只有一扇门，据说，今天胶东一带的粮仓依然是一扇门。

下部写作""，表示粮仓的基石。

这种粮仓建筑的样式是很科学的，它的密封性好，地面垫石头有防潮湿的作用。甲骨文的"仓"字，反映我国早在商代便已有储藏粮食的习惯和技术。

3. "家" （甲骨文）（金文）

甲骨文和金文都有"家"字。《说文》："家，居也。"这是家的本义。从"家"的字形看，它是个会意字，表示屋子里养着猪（豕）。上古以畜牧、狩猎的社会转入农业社会时，人们过着定居的生活，于是出现家庭。早期家的职能，不仅供人居住，而且也供家畜居住，所以猪和家分不开。

五、上古的一些武器

上古作战的武器，从文物中能看到的已是寥寥无几了，尤其是上古早期商代的武器。然而，我们从古文字中却可见到一些武器的轮廓。

1. "王" （甲骨文）（金文）

帝王的王，本义是斧形的武器。甲骨文和金文的王字都像一把斧头形状。如金文写法，上端是斧把，下端是斧刀。如同古代武士所拿的大板斧。

斧头在上古可能是一种重要的武器，有了这种武器，就表明掌握镇压之权。帝王的"王"可能由此引申而来。

2. "戈" （甲骨文）（金文）

"跃马横戈"的"戈"字，自古以来便是武器的名称。上古的"戈"

这种武器的形状是怎样呢？甲骨文和金文都有这种字，金文写法，上部是带钩的锋利的刀，下部是戈的长柄，也像武器的样子。后代的“戈”，又称为“平头戟”。

3.“戊”（甲骨文）（金文）

戊的本义也是一种古代的武器。甲骨文、金文都有这个字。金文写法，很像一把长柄宽的大斧。斧刃朝左，像弯月形。

4.“殳”（音shū）（甲骨文）（金文）

甲骨文和金文中，“殳”是一个会意字，它的上部是一支弯柄的武器，下部是一只右手，表示手拿武器的意思。《说文解字》进一步解释说这种武器是竹制的头上不用金属作刃，八棱而尖，长约一丈二尺。

“殳”的用途在于防守，《诗·卫风·伯兮》曰：“伯也执殳，为王前驱。”《司马法·定爵》：“弓矢御，殳矛守。”大概它是卫兵手中拿的，用于击撞、抵御的武器。

由于“殳”的这种本义，许多由“殳”组成的会意字常含有与打、击、杀相关的意义。如，“殴”字含有打的意义；“殺”是杀戮的意思；“殿”，本义击声。《说文》说：“役，戍边也，从殳从彳。”这与“殳”为守卫武器的意义相联系。

六、上古的生活用品

从古文字中还可以了解到上古前期的一些生活用具。

1.“皿”（甲骨文）（金文）

甲骨文中已有“皿”字，这是上古早期人们所使用的装饭食的盆，下部为器具的底座。“皿”可能是最早的家用器具，后来有关家用器皿的字中，都有“皿”这个部件，如：盆、盂、盏、盥、盈、益等。

2.“盥”（甲骨文）（金文）

这个字也与生活用品有关，它的下部是“皿”，“皿”的上面有

“水”，其两侧是左右两只手，表示双手在皿上接水互相搓洗。段玉裁在注解《说文解字》皿部时，引用《礼记·内则》：“清沃盥”，指出：“沃者，自上浇之；盥者，手受之而自流于槃（盘）。”这是说，双手接水冲洗，水流到盘中。显然，“盥”字的出现，标志着我国早在商代时期，生活文化方面已达到一定水平，人们已有洗手讲卫生的习惯。

3.“鬲”（音lì）（甲骨文）（金文）

甲骨文和金文都有这个字，它属于烹饪之类炊具的名称。这种上古早期炊具的形状是怎样呢？我们可从金文中的字形看出来，其上端有盖，中间可装东西（食物），下部有三足，底下可以烧火。这很可能是上古陶制的炊具，圆口，有三个空心足。《汉书·郊祀志》云：“空足曰鬲。”

上面这些例子表明，汉字作为一种表意文字，它在最初造字时，往往嵌入社会文化的因素。考察汉字的本来形体，可使我们洞悉上古或史前时期先民的文化遗迹及其社会的一些器物、习俗。诸如，上古居家建筑、祭祀习俗、农具、粮仓、武器、生活用具等等。这里，我们所举的只是古汉字文化性的一小部分例子。许多学者早已注意到从汉字中揭示史前和上古的历史文化。人们关于夏、商历史社会的许多认识，相当一部分是从古汉字的考释中获得的。可以说，古汉字是我们中华历史文化的一种“活化石”。在这方面，王国维《殷卜辞中所见先公先王考》、《殷周制度论》，郭沫若、胡厚宣等人的甲骨学的研究，都是从字形考证上古史，把甲骨文字作为“活化石”证史。他们在这方面研究的重要贡献，也表明汉字与中国历史文化的密切关系。⑦

第四节　汉语词源考释与历史名物掌故

汉语词源考释主要是指对语词的本义考证、解释，有的还要分析其词义的演变。这种汉语词源考释与历史文化有广泛的联系。

汉语词源考释的方法有：（1）以形说义法。这是从字形辨析字的本义。《说文解字》中有很多这方面的例子。上一节里我们也已略作介绍。（2）义训法。这是训诂中最基本方法，它不谈文字构造，直接注词释义。如，何谓“孝”和“友”呢？《尔雅·释训》：“善父母为孝，善兄弟为友。”《诗·周南·关雎》：“窈窕淑女，君子好逑。”《毛传》：“窈窕，幽间也；淑，善；逑，匹也。”（3）音训法。从语音求字义，包括从假借求本字。它常用声近义通之理，寻究字源，考察本训。如《释名》：“春，蠢也；物蠢动而生也。”“土，吐也；吐万物也。”（4）以共名训别名法。如《尔雅·释诂》：“卬吾台于朕身甫余言，我也”，前9个字的意义都是“我”的意思。

汉语考释的内容多见于各类训诂辞书中，如《尔雅》、《广雅》、《释名》、《方言》、《说文解字》等等。除此，还散见于各种笺疏或各类书籍中。在汉语词源考释中，人们运用各种历史材料和语言文字材料进行考证，从而揭示一些名物性词语所蕴藏的历史文化的内容。

一、“祭”的考释与远古人祭习俗

上面我们曾从文字的角度指出，从甲骨文的“祭”字可以见到，人们手拿着血淋淋的鲜肉是“祭”的初文。陆宗达先生在其《训诂简论》一书中考察了“祭”，认为其本义是残杀的意思。

《大戴礼记·夏小正》：“正月，獭兽祭鱼。十月，豺祭兽。”

《礼记·月令》：“孟春之月……鱼上冰，獭祭鱼……。孟秋之月……鹰乃祭鸟，用始行戮。……季秋之月……豺乃祭兽，戮禽。”

这里说得很清楚，“獭祭鱼”、“鹰祭鸟”、“豺祭兽”中的“祭”，都是在"行戮"。《说文解字》也说到,"祭"字是"以手持肉",所以"祭"实是一种残酷杀戮的行为。

在奴隶社会,战争中被俘的奴隶,许多被作为祭品而惨遭杀害,成为人祭习俗的牺牲品。山东省博物馆的藏甲上记载,商代一次祭礼先王的"多妣"就用了"小臣卅、小妾卅",男女奴隶共60人作为人祭。祭杀的方法有的是割掉人头,有的是以戈钩颈,有的是破腹屠肠,手段很残忍。这种人祭的习俗直至春秋时代还有余风。对"祭"为杀戮的考释,为我们揭示了远古时代"人祭"这一残酷的历史"礼仪"现象。

二、"陶"的考释与上古制陶工艺

我国古代是一个陶器手工业较先发达的国家。早在新石器时代的仰韶文化中便已发现丰富多彩的陶器。考释"陶"、"均"、"坏"、"膊"等字的词源本义,可使人们了解上古陶器制作的生产技术。

"陶",《说文》作"匋",云:"匋,瓦器也。"但是,清代段玉裁认为《说文》的"匋"(陶)应训为"烧陶器之炉灶"。《诗·大雅·绵》:"陶复陶穴。"孔颖达《毛诗正义》引《说文》:"匋,烧瓦灶也"。这表明,"陶"有两种意义:一指陶器;一指烧瓦灶。瓦器之土坯,经过瓦灶的火烧,才能制成固体的陶器。从"陶"字本义可大致反映陶器的制作需经瓦灶火烧的重要生产活动。

《周礼·考工记》说"陶人"为"搏埴之工"。古人治陶,先用四指拍击黏土,使黏土合适,然后把黏土放入均中旋转,使之成形。"均"即"钧"字,《淮南子·原道训》:"钧旋毂转。"郑玄《考工记》注云:"既附泥面转其钧"。可见,"钧"为制陶器的转盘,它是制造各种各样圆形陶器必不可少的生产工具。

"坏"(坯),《说文》:"坏,一曰,瓦之未烧。"今谓之"土坯"。

"膊"是用于对陶器之坯进行测量的工具。《周记·考工记》:"膊崇四尺,方四寸。"这是说,陶器的坏(坯)若高于四尺,在入炉时易倾斜折损；若厚于四寸，则不易烧透，所以必须用“膊”来测其高矮、厚薄，而进行损益。

从这些有关制造陶器词语的本源考释，我们可以看到我国上古时期陶器工业的生产制作的工艺过程。

三、“女”、“備”的考释与上古妇女地位

甲骨文中有“女”字，其字形作两臂背缚，双脚跪倒之势。从“女”字的字形里，可看出妇女在家庭中的地位低下。

《礼记·曲礼》：“纳女子于诸侯曰備酒浆，于大夫曰備洒埽。”考释“備”字的词源义，《说文》：“備，慎也。”陆宗达认为，这是“诚实服役的意思”。又说，“備”与“服”乃一语之变。[8]又《说文》也说“婦（妇），服也，从女持帚，洒扫也。”《曲礼》孔颖达疏中也说：“婦（妇），服也。言其进以服事君子也。”这都是反映妇女在家中服事于人，从事繁重劳动的低下地位。

“妇”在古籍中还通作“负”。《汉书·高帝纪》：“常从王媪、武负贳酒。”如淳说：“俗谓老大母为阿负。”《列女传》：“曲沃负者，魏大夫如耳母也。”这两句引语中的“负”都是“妇”的意思。那么，这个“负”和“妇”既有同音假借的关系，同时，“负”还表明背负重任，必须承担繁重的劳动，如奴隶之服役，如牛马之负物。

可见，奴隶社会妇女地位很低下。妇女成为服事男人的奴隶，担负繁重的劳役。

四、“袍”及官服的产生

《诗·秦·无衣》：“岂曰无衣，与子同袍；岂曰无衣，与子同泽（襗）。”袍是一种长衣，有里或衬，实以棉絮。在周代，袍不作为正服而作为宴居时的衣着。《后汉书·舆服志》：“袍者，或曰周公抱成王宴居，故施袍。”

汉刘熙《释名》：“袍，丈夫著，下至跗者也。袍，苞也。苞，内衣也。妇人以绛作衣裳，上下连，四起施缘，亦曰袍。”在汉代，袍既是一种

外穿的长衣，又是一种上下相连的内衣。

五代马缟《中华古今注》云：“袍者，自有虞氏即有之，故《国语》曰：袍以朝见也。至贞观年中，左右寻常供奉赐袍，丞相长孙无忌上议，请于袍上加襕，取象于缘，诏从之。”大概在战国时期，袍已在个别诸侯国成为朝见的礼服。一般认为，汉代以后，袍才正式成为朝服。隋唐以后，袍已非同寻常衣服。袍作为一种隆重的官服，历代对其颜色及袍上所绣的章纹，都根据官员的不同品第作出了不同规定。

五、从“针”、“灯”、“箕”的词源考释看古代家庭用品

1. 针

针为缝纫的重要工具，古代针写作“箴”，如《礼记·内则》：“衣裳绽裂，纫箴请补缀。”又，荀子作《箴赋》，这都是用“箴”表示针。从这字形构造，可推知最早的针很可能是用竹子制成的。

后来，“箴”写成了“鍼”和“针”，表明改用金属制成，故字有金旁。王嘉《拾遗记》云：

“魏文帝美人薛夜来，妙于鍼工，虽处于深帷重幄之内，不用灯烛之光，裁制立成。非夜来所缝制，帝不服也，宫中号曰鍼神。”

这是说魏时美人薛夜来善缝制衣服，十分熟练，不用灯光也能缝出好衣服，这里已把“箴”改写为“鍼”，说明魏时的针已是金属所做。

明代，已出现“针”字。关于针的制作，明宋应星《天工开物》说得很清楚：

“凡针，先锥铁为细条，用铁尺一根，锥成线眼，抽过条铁成线，逐寸剪断为针。先鎈其末成颖，用小槌敲扁其本，刚锥穿鼻，复鎈其外，然后入釜，慢火炒熬……其下针火候皆足，然后开封，入水健之。凡引线成衣与刺绣者，其质皆刚。唯马尾刺工为冠者，则用柳条软针。分别之妙，在于水火健法云。”

荀子作《箴赋》，大颂针的功用：

“有物于此，生于山阜，处于室堂。无知无巧，善治衣裳，不盗不

窈，穿窬而行。日夜合离，以成文章。以能合从，又善连衡。下覆百姓，上饰帝王。功业甚博，不见贤良，时用则存，不用则亡……。”

2. 灯

灯（燈）本作“镫”。《说文》云：“镫，锭也。”徐铉注云：“锭中置烛，故谓之镫，今俗别作灯，非是。”古代灯由金属制成，故字从金旁。

秦汉以前，似没有灯，只有烛，《周礼·秋官》：“司恒氏凡邦之大事，共坟烛、庭燎。”郑玄注云：“坟，大也。树于门外曰大烛，于门内曰庭燎，皆所以照众为明。”又云：“燎，地烛也。”这种烛燎都是用松苇竹麻等物捆制，并灌以脂膏而成，如同今天的火炬。由此推测，周代似无灯。

秦以后，才开始用灯。《三秦记》云：“始皇墓中燃鲸鱼膏为烛。”

《西京杂记》记述：

“（汉）高祖初入咸阳宫，周行库府。金玉珍宝，不可称言。其尤惊异者，有青玉五枝灯，高七尺五寸，作蟠螭以口衔灯，灯燃，鳞甲皆动。”这一记述反映秦代制灯技巧已非同一般。

唐以后，灯的制作花样更多更奇，并出现“灯笼”，可提灯夜行。明代徐矩明《事物原始》云：

“徐广曰，灯笼一名苒烛，燃于内，光映于外，以引人步，始于夏时。赵宋刘随为通判，人号水晶灯笼。坡诗：蜡纸灯笼挑云母。”

3. 箕

现在我们许多家庭里还使用着簸箕，这种箕产生很早。明代徐光启《农政全书》云：

“‘箕’，簸箕也。《说文》云：‘簸，扬米去糠也。’《庄子》曰：‘箕之簸物，虽去粗留精，然要其终，皆有所徐’是也。然北人用柳，南人用竹，其制不同，用则一也。《诗》云：‘哆兮侈兮，成是南箕。’箕四星，二星为踵，二星为舌，哆侈谓踵已大，而舌又广也。又‘维南有箕，载翕其舌。’故箕皆有舌，易播物也。谚曰：‘箕星好风’，谓主簸扬，农家所以资其用也。”

“箕”用以收物或筛物。原为竹物，故字从竹。后来北方有柳条做的，仍称为箕。

箕有三种：一为撍箕，用以漉米或盛饭；一为簸箕，用以扬物；一为畚箕，用以收物。撍箕又叫饭箕，或“淘箩”。

《说文》：“陈留谓饭帚曰撍，从竹捎声。一曰饭器，容五升。”也称为饭箕，今天闽南一带仍有这种称呼。

《方言》云：“箕，陈魏宋楚之间谓之箩。”今江浙吴方言区仍有“淘箩”的名称。

畚箕，用以收垃圾。《礼记·曲礼》说到家庭里用畚箕收垃圾时要注意礼节。

“凡为长者粪之礼，必加帚于箕上，以袂拘而退，其尘不及长者，以箕自乡（向）而扱之。”

这是说，在长者面前扫地，要用帚和衣袖在箕上遮拂，边扫边退，同时，不可将箕对着长者，以免尘土及于长者。

从词源考释中，我们可追溯许多古老文化习俗神秘的历史源头，了解许多文化物品古老的工艺过程及其发展变化。可以说，汉语词源考释是我们探究中国文化史、中国科技史所必不可少的手段。英国著名语言学家L.R. 帕默尔指出：“语言史和文化史（词和物）就是这样联系在一起，互相提供证据和互相说明。”⑨汉语及其文字的古老的形态，无疑是我们历史文化的一种“活化石”。⑩

第五节　汉字——中华文化永不熄灭的明灯

中华民族发明创造的汉字，是值得每一个炎黄子孙为之骄傲和自豪的。

世界上最古老的文字有三种：一是5500年前在西亚美索不达米亚平原居住的苏美尔人创造的楔形文字；二是5000多年前古埃及人创造的圣书体

字；三是5500年前中华大汶口文化时期产生的原始汉字。这三种古老文字均属表意文字。但随着历史的演变，楔形文字和圣书体文字早已在历史风尘中湮灭，唯独汉字至今依然屹立在当今世界上。它是今天世界上唯一的表意文字。

汉字是中华民族几千年灿烂文明的一盏永不熄灭的明灯。众所周知，几千年的中华文明靠汉字来记载、传承、扩散，千万种历史经典文献靠汉字来保存。在中华辽阔的大地上，从上古各诸侯国到秦汉之后各地众多方言，彼此口语难于沟通。正是有了汉字，从中央到地方以及全国各地之间才能通畅沟通，统一中央集权，统一政治制度，统一经济市场和道德文化观念，从而凝聚中华各民族，并影响到周边的民族和国家，出现“汉字文化圈”。

香港著名的实业家和文字学家安子介先生在比较汉字与世界许多文字之后认为，汉字是中国对人类文明的巨大贡献，其意义和价值不在四大发明之下，可以说，汉字是中国人的第五大发明。

中华民族数千年的历史演变，政治、经济和社会文化的进步，科学技术知识的发展等等，都离不开汉字的记述、传播、传承。中国古代政府的公文、契约、文书，还有经、史、子、集等经典文献，以及各种诗、词、文、杂书等等，林林总总，都要依赖汉字的记述并流传开来，传承后代。这方面的汉字材料多达数千万种。这里略举三部历史上最有名的丛书集成为例：明代的《永乐大典》收入经、史、子、集、道经、佛经、北剧、南戏、平话，以及医学、工技、农艺等各种著作八千余种。全书正文22877卷，计用汉字37000字。清代康熙、雍正两朝的《古今图书集成》全书10000卷，约用汉字16000字。清代乾隆年间的大型丛书《四库全书》，历经十年才编成，全书79337卷，其用字更多。

在我们汉字的历史文献典籍中，有人指出，其有世界上最早的百科全书，如《永乐大典》、《古今图书集成》、《四库全书》。还有世界上最古老的农业专著、医学专著、军事专著、天文学专著等等。还有最早、最丰富的历史文献。以《二十四史》而言，世界上没有哪一个民族能像中华民族这样，两千多年来，一直不间断地、详细地记录本民族的历史。

显然，汉字与我们数千年的中华历史文化血肉相连。没有汉字，便没有历代的经典文献；没有汉字，后代人便不可能读到前代人的各种著述、典籍。中华文化与汉字绝不可分离。几千年的历史表明，"前人所垂后，后人所识古"，全靠汉字。由此，汉字在我们民族心理中是永恒性的文字。

众所周知，我们生存的社会和自然界的事物千千万万，每一个不同的事物都要用一个不同字形的汉字去表示，这是十分不容易的。我们的古人与今人都要以高超的智慧去创造千千万万个不同形体的汉字，用于表示千千万万个自然和社会的事物的名称。这在世界民族之林中是独放异彩的。

从古至今，汉字的数量随社会的发展而不断增加。历代已出现许多大字典，收集社会通用的汉字。较著名的字书有：汉代许慎《说文解字》，收九千多字；南朝《玉篇》，收两万多字；明朝《字汇》，收三万多字；清朝《康熙字典》，收字为历代最多，达四万七千多字。

新中国成立以来，有两部大字典：一部是《汉语大字典》，收字多达五万四千多字；另一部是1995年由中华书局出版，由冷玉龙、韦一心主编的《中华字海》，共收字多达八万五千多字，这是迄今世界上收汉字最多的大字典，它不仅收集历代字书中的全部汉字，同时还补充收集历代字书中遗漏失收的汉字，如佛经难字、道藏难字、敦煌俗字、宋元明清的俗字、方言字、科技新字等等，还有现代台湾、香港、澳门以及新加坡等华文地区的俗字。北京大学著名汉语教授周祖谟题词称赞曰，"广采博收，不遗珠玑，汉字字典史上又一里程碑"。由此，人们可以看到汉字数量之多，充分显示汉字独放异彩的丰富性。

需要指出的是，汉字数量如此巨大是我们中华民族数千年造字的辉煌成果。然而这么多的汉字并非字字都具有持久的活力。其中，反映汉语基本词汇的汉字如：日、月、星、天、地、人、土、木、水、火等等。自古流传，永存至今。有人比较现代《新华字典》和汉代的《说文解字》两部字书，发现其中有50%左右字汇的形体和字义完全相同。这些均是汉语基本词汇的汉字。但是，汉字中还有相当一部分是某个朝代或历史时期所特有的字汇，它有时代的局限性，不可能长久留存下来，其中包括不少异体字、俗字。在今天人们已不使用，这是不足为奇的。但人们在考察历史文献时，仍然要去查阅这些古字。不管怎样，所有这些汉字都是我们中华汉字文化宝库中的宝贵成分，展示我们汉字的丰富性。

那么我们的古人和今人创造的各种各样方块形状的汉字究竟采用什么方法？汉代许慎在其《说文解字》中精确地指出汉字结构有六种造字方法，即：象形法，“象形者，画成其物，随体诘诎，日月是也”；会意法，“会意者，比类合谊，以见指㧑，武信是也”；形声法，“形声者，以事为名，取譬相成，江河是也”；指事法，“指事者，视而可识，察而见意，上下是也”；转注法，“转注者，建类一首，同意相受，考老是也”；假借法，“假借者，本无其字，依声托事，令长是也”。——这六种造字法表明汉字的形成绝非胡乱拼凑。它是以文字的形、音、义三者为要素，以简驭繁，触类旁通，有机的科学组合。这六种造字方法，相互联系、配合、补充，组成汉字造字的科学系统性。我们不可孤立、分裂来看不同的造字法。从这里，我们既可以看到汉字的平面型结构具有高度信息，是“理想的文字”，又可以看到，汉字的平面结构的组成具有形、音、义三者有机的科学组合性、简洁性，并有丰富的文化内涵。如“故里”的“里”字，其上部是“田”，下部是“土”，这反映古代人们处于农业社会，“恃田而食，恃土而居”。所以“里”成为人们聚居点的名称。今天的“里”字仍然是人们聚居点的地名。北京有平安里、和平里；天津有德厚里、诚祥里等等。又如，“林”、“森”，从字形看，将两棵或三棵树木组合在一起，以表示重重叠叠的林海。汉字中的这类例子，多不胜举。显然，汉字的平面结构和造字方法的科学性也是汉字永恒性的重要根基。

古代中国是一个强盛的国家。其先进文化和经济遥遥领先于周边少数民族和国家。汉字以中原为腹地，分五条路线向外传播：向西南有古代巴蜀、黎族、南昭和大理；向南有楚、吴越、闽越、西瓯、骆越、壮族、苗族、瑶族、侗族、傈僳族、水族以及越南；向北有白狄、匈奴、西夏；向东北有高句丽、渤海国、契丹、女真；向东有朝鲜、日本、琉球。

以上这些汉字的传播路线主要可分为两个方面：一方面是，在中华大地上由中原向周边少数民族传播汉字及文化；另一方面是，在中华大地之外向周边的国家传播汉字和文化，即所谓"汉字文化圈"。

汉字还为我们中华文化向世界传播作出辉煌的贡献。英国著名学者李约瑟认为，汉字这一伟大的发明就是中华民族对人类知识和力量所作出的贡献。汉字所产生的影响，对推进世界文明的进步不是局部的，而是全面的；不是暂时的，而是永远的。中华民族灿烂文化主要通过汉字文献传播到全世界。—— 李约瑟对汉字的这些赞扬，绝非虚言。我们周边"汉字文化圈"的各国在古代都深受中华汉字文献的影响，热爱中华文化。

在当今世界上，汉字是使用人口最多的文字之一。汉字的使用，除了中国本土之外，还有世界各地的华侨、华裔以及部分周边国家。据有关调查，当今使用汉字的人数约有14亿人，占全球人口的26%。而英语虽然使用地域广阔，但把英语作为母语书面语的大约只有3亿人。不过，使用英语的"英语圈"约有15亿人，与汉字使用人数差不多。

汉字是当今世界上唯一的表意文字，又是世界历史最悠久的文字，汉字的创造，展示中华民族高超的创造文字的智慧，也是人类文明史上一颗独特的灿烂明星。

汉字作为中华民族数千年文明史的重要载体，民族凝聚的重要力量，它为我们民族文化的提高、知识的传播、科学水平的增进、历史的流传作出了巨大的不可磨灭的贡献。[11]

最后，需要指出的是，汉字本身也存在一些不足之处。如：汉字的字形相当多样、复杂，这对人们初学汉字和书写汉字会带来一定的困难。尤其是对外国人，学习汉字常有"难认、难记、难写"的困难，这是很难免的。但只要耐心学习，认真辨认和记忆，要掌握少量的常用汉字并不难。请相信，几亿中国人会用汉字，外国人也一定能学会。此外，汉字有不少异体字。据《汉语大字典》收入统计的异体字便有11900字。[12] 这是长期历史发展形成的。今天的汉字，已实行统一规范，去掉了许多的异体字，人们不必担心异体字的干扰。

注释：

① A. 怀特：《文化科学——人和文明的研究》，浙江人民出版社，1988年。

② 恩斯特·卡西尔：《人论》，上海译文出版社，1985年。

③ 孟世凯：《殷墟甲骨文简述》，文物出版社，1980年。

④ 何星亮：《中国图腾文化》，中国社会科学出版社，1992年。

⑤ 《国学丛刊》，第一卷，第二期（1923）年。

⑥ 同上。

⑦ 本节汉字例证，参阅左安民《汉字例话》，中国青年出版社，1984年。

⑧ 陆宗达：《训诂简论》，北京出版社，1980年。

⑨ L. R. 帕默尔：《语言学概论》，商务印书馆，1983年。

⑩ 本节参阅杨荫深：《事物掌故丛谈》，上海书店影印出版社，1986年。

⑪ 郭锦桴：《汉字的永恒性、丰富性、优美性 —— 兼倡议建立全国性“汉字文化博物馆”》，载《汉字文化》2008年第1期。

⑫ 参考何九盈等：《中国汉字文化大观》，北京大学出版社，1995年。

第二章　汉语与深层文化[①]

第一节　汉语与元气观

一个民族语言的词语构成是很复杂的，其中有相当一部分词语的构成要受其民族文化的规约。如英语中有一个短语：Keep your fingers crossed（“双指交叉”），意思是祝人走运。一个人若将找到一份好工作，他可以对人说：“I will keep my fingers crossed.”（祝我好运！）朋友也可以对他说：“Keep your fingers crossed.”（祝你走运。）。这个成语来自于古代基督教关于十字架能驱赶妖魔给人带来幸运的传说。所以双指交叉成十字架形状便有“走运”的含义。诸如此类的例子，在英语中还有不少。

在汉语中也有相当一部分词语的构成及其语义受传统文化的深刻影响。其中有一部分词语的构成深受传统哲学观的规约，在造词中吸收了古代哲学的基本语汇。

在汉语中有一类以“气”为词根的词，如：元气、生气、火气、受气、勇气、胆气、怒气、血气、志气、士气、神气等等，这些都是以“气”为词根组成的词族。早在春秋时便已有“六气”之说，汉代有“元气”说，“气”是古代的一种哲学观。这些由“气”组成的词族，实际上是古代元气哲学观的反映。

我们只要稍微考察一下，便可以发现这类“气”词族在汉语中的语义和作用是十分广泛和活跃的。如：

（1）说明天体、大地的构成——

天气、地气、阴气、阳气、空气。

（2）说明天地自然变化——

寒气、暑气、春气、夏气、秋气、冬气、湿气、水气、毒气。

（3）说明人体机能的原动力——

元气、血气、精气、力气、养气。

（4）说明人的生理功能的征兆——

气色、气虚、气旺、火气、气腹、肝气、胎气、经气、络气。

（5）说明人的精神状态——

志气、士气、气量、勇气、胆气、丧气、神气、气质、气宇、英气。

（6）说明人的性格、情感——

脾气、和气、生气、气愤、气冲冲、怒气、杀气、闹气、气呼呼、气炸、赌气。

（7）说明人的道德——

气节、正气、浩气。

如此丰富、活跃的“气”词族，实在是汉语的一种独创，这是其他语言中罕见的。如，英语get angry（生气）、be irritated（怄气）、temperament（脾气）、courage（勇气）等等。所有这些词没有一个是用air（气）为词根的。

汉语之所以用“气”构成这类词，是与古代中国哲学思想中的元气观密切联系的。

早在西周末年，人们就开始用“气”来解释自然现象，认为自然界起源于气。春秋战国时期，进一步用“气”的观点说明星陨以及五味、五声、六疾等现象的产生。《左传·昭公元年》载，晋侯求医于秦，秦遣医和视之，医和曰：“天有六气，降生五味，发为五色，征为五声，淫生六疾。”汉代大儒董仲舒开始提出元气观，认为“王正则元气和顺，风雨时，景星见，黄龙下”（《春秋繁露·王道》）。他把元气看作是构成风雨、天象以及天人感应的重要物质。东汉王充进一步阐述儒家的元气观，认为“万物之生，皆禀元气”，“人未生，在元气之中；既死，复归元气”（《论衡·论死》），“人之善恶，共一元气，气有多少，故性有贤愚”（《论衡·率性》）等等，都看成是由气使然。魏晋以来，道家、佛家也认为“元气陶化，则群象禀形”。把天地万物的生成归之于“气”或“元气”的哲学观。汉初的著名医学典籍《黄帝内经》还用“气”阐述人体代谢、疾病及药理：“脉道以通，血气乃利”，“百病生于气也，怒则气上，喜则气缓，悲则气消，恐则气下，……惊则气乱，劳则气耗，思则气结”，“气化形生”，“补中益气”，各种疾病都与气有关。到了宋明以后得到进一步发展。明代哲学家王廷相是我国古代元气论的集大成者，他认为元气是“太虚”，在时间上“无所始，无所终”；在空间上“茫茫无涯”（《答天问》）。元气“常在，未尝澌灭”（《太极辨》）。王廷相在《慎言·道体》中指出：“元气一化而为日、星、雷、电，一化而为月、云、雨、露，则水火之种具矣。”

正是在这种传统元气观的支配下，汉语中才涌现一大批以“气”为词根的词汇，借以说明天地、人体的本源，人的生理现象，人的精神、情感特征等等。

与“气”相关联的还有“精气”。这是元气观的进一步发展。

“精气”一词最早见于《管子》。齐国稷下学者，既讲“精”又讲“气”，并第一次把“精”和“气”联系起来。

精气侧重于说明人体生命的构成。《管子·水地》说：“凡人之生也，男女精气合，而水流行。”东汉道教产生以后，道教更热衷于精气说。如，《太平经》说：“气生精，精生神，神生明”，“神明精气，不得去离其身，则不知老，不知死矣”。这也许是“精神”一词的文化来源。

以“精”或“精气”为主的词汇，如有：

精神、精力、精壮、聚精会神、励精图治、无精打采、养精蓄锐、精疲力竭。

东汉王充说：“人之所以生者，精气也。死而精气灭。能为精气者，血脉也，人死血脉竭。”（《论衡·论死》）这种观点，使后人把产生生命起源的原子称为“精子”。具备近代医学知识的人沿袭古人对精气的观点，称与“精子”有关的生理器官为“精囊”，称与精子相关的分泌物为“精液”，与之相关的词还有“滑精”、“受精”、“遗精”。

这些表明古人所谓“精”或“精气”，包含精神和物质两个方面，而与此相对应的是，汉语造词中也出现两类内容的词汇：“精神”类和“精子”类。

现代汉语中，有关“精”的词汇，许多是由“精”和“精气”的本义引申。如：

表示经过提炼的精华的词汇：精炼、精粹、精锐、精髓、味精、香精、酒精、糖精、炭精、醋精。

在汉语中还有“精灵”一词，“精灵”原义是指鬼神。《隋书·音乐志》：“群望咸秩，精灵毕臻。”古代还认为精气在人死后归天而成灵魂。

在汉语中与“气”密切相关的还有“理”字。“理”指事物的本体和规律。宋代理学家朱熹曾经说过：“言物则气与理皆在其中。”“既有理，便有气；既有气，则理又在乎气之中。”理与气这种密切相关的关系也是汉文化的特色。所以汉语中还有一批以“理”为词根的词汇，这类词汇较丰富，在汉语中也较活跃，它包括下面几类：

（1）表明事物产生的本源或原因——

天理、病理、定理、义理、医理、物理、哲理、乐理、道理、药理、真理、生理、心理、法理、理气。

（2）表明事物运动的事理——

理论、理由、公理、按理、合理、理屈、理合、理当、理应、讲理、伦理、评理、情理、说理、推理、无理、歪理、有理、在理、以理服人、理直气壮、理屈词穷、合情合理。

（3）表明物质组织的次序——

条理、纹理、文理、肌理、节理、循理、顺理成章。

（4）表明领会、认识——

明理、理会、理解、理喻、理性、理睬、喻之以理。

（5）管理（引申）——

理事、理财、办理、理家、法理、治理、受理、经理、总理。

在其他语言中，大概找不到像汉语这样用“理”来构成多种含义的词汇。英语“道理”或“理由”是 reason,“理解”是 understand,“理论”是 theory,“定理”是 theorem,“心理”是 psychology,“乐理”是 musical theory。所有这些词，都没有共同的词根，都不是用“理”来构成的。然而，为什么汉语用“理”组成一大批说明事物的本源、规律、事理的词汇呢？要探究这类汉语语词构成的原因，便不能不追溯中国传统文化中的哲学观，关于“理”的认识。

“理”本是指玉石的纹理。《说文》云：“理，治玉也，从玉里声。”但是，随着人们认识的发展，“理”后来被引申、转义为哲学观念，成为创造宇宙万物的精神本体和反映客观事物规律的观念。

魏晋时期刘劭在《人物志》中指出：“若夫天地气化，盈虚损益，道之理也；法制正事，事之理也；礼教宜适，义之理也；人情枢机，情之理也。”刘劭把“理”分为四种：（1）“道之理”指天地气化的规律；（2）“事之理”指社会政治的原则；（3）“义之理”是人的伦理行为规则；（4）“情之理”指人际感情的规律。玄学家王弼认为“物物有理”。隋唐时期的佛学进一步把“理”看成是“佛性”、“佛因”，认为“从理故成佛果，理为佛因”。宋代儒学大谈理的重要性，发展成为理学。张载认为，“万物皆有理，若不知穷理，如梦过一生”。朱熹认为“宇宙之间，一理而已”。所有事物都是由“理”生成，并且都有“理”（规律）。他还认为理“无形迹”、“无情意、无计度、无造作”（《朱子语类》卷一），它无所不在。“心具于理”，心外也“有理”。这些论述都表明，在我国传统文化观念中，“理”既是生成宇宙万物的精神本体，又是指各种事物的规律，包括人的精神活动（心）的规律。它无所不在，同“气”

对举。“气”和“理”常被并提使用：“气”作为宇宙的物质本体，而“理”作为精神本体，二者是有区别的。正是在这种传统文化中的哲学观念的作用下，“理”成为汉语中一个有深刻文化内涵的词，具有很强的构词能力。由“理”构成的许多词汇可用来表明事物产生的本源、事物运动的规律、事理，以及物质组织次序等等。至于有关“管理”方面的词汇，属于“理”的观念的引申，不在此论。

第二节　汉语与天人观

人类生存在天地间。天，这苍茫无限的宇宙，曾使人迷惑不解。然而，古人相信神秘的天既能给人福分，又能给人灾难，它主宰着人类的命运。远古的殷民常常向苍天求告保佑，在甲骨卜辞中，充满殷民祷告苍天的记载。古代中国哲人更是热心探求天与人的关系。

每个民族在其童年时代都迷信天，把天看作至高无上的神。然而，中国古代哲人并没有只停留在对天的崇拜的阶段。他们进一步探讨天与人的关系，把天和人看成是自然而和谐的整体。

“天”在甲骨文中便已出现。《说文》：“天，颠也。至高无上。从一大。”王国维在《观堂集林》中指出：“古文天字本象人形。……是天本谓人颠顶，故象人形。”他们都认为：“天”的初始意义是指人的头顶。即人类空间的极高处，与大地相对。头顶是人的最高点，所以后来“天”被引申用于指天体。

在汉语中，“天”是一个多义词。《辞海》指出它有10种不同的意义。倘若归纳一下，它的主要意义有：（1）天体，客观、自然存在的天；（2）天神，万物主宰的天；（3）气候，如天气、晴天、阴天、冬天、夏天；（4）时间单位；（5）与人相比附的人格变化的天。在这些意义中，最具有民族文化特质的是天与人相比附的意义，这反映汉语的“天”与古代中国人的哲学观存在着密切的联系。

早在殷代便产生“天人合一”的观念。《诗·商颂·长发》云：“帝立子生商。”这是说，殷商的统治者是上帝（天帝）的子孙，即天的代理人，所以殷商人民要求福禳灾，凡是作战、筑城、开河、种获、迁都等等重大活动，都要卜问上天。这里已认为，天与人有十分密切的关系，即天人相感应。

《易·贲》云：“观乎天文，以察时变；观乎人文，以化成天下。”句中的“天文”指天体。这里已认为，天与人有十分密切的关系，即天人相感应。孟子进一步指出“天人相通”，认为天是有意志的，可主宰人间，传授君权。同时，天也同人一样是有德性的，“道德之天”，天由“浩然正气”聚合而成，“其为气也，配义与道”（《孟子·公孙丑》），“诚者，天之道也；思诚者，人之道也”（《孟子·离娄》）。这无疑是说，诚实是天的一种品质，而对诚实的追求则是人的本质。“仁，天之尊爵也”（《孟子·公孙丑》）。这些说明，天人相通。天具有人格精神，人具有天的品性。

汉代董仲舒提出“天人感应”学说，通过歪曲阴阳五行学说，进一步论证天的神秘性、道德性。同时，提出“天人同类”的论点，作为“天人感应”的理论基础。董仲舒说：“人之（为）人，本于天，天亦人之曾祖父也，此人之所以乃上类天也。”（《春秋繁露·为人者天》）他又说：“以类合之，天人一也。”（《春秋繁露·阴阳义》）

在以儒家政治思想观点为正统的中国封建社会中，孟子和董仲舒所倡导的“天人相通”、“天人感应”的理论主张被奉为金科玉律，因为它可以为“君权神授”寻找根据。这种天人合一的哲学观，在中国古代传统文化中有深刻影响，它要人们相信，天有人的属性，人也有天的属性。作为这种天人合一哲学观的反映，在汉语中出现许多天与人相比附、黏合的词汇，天回归到人间，人的属性也上升到天上。这表现在：

（1）在指称词方面，臣称君王为“天”，人间的皇帝成为“天子”、“天王”，这分明是说，帝王君主是天神的代理人。《诗·大雅·荡》："天降滔德"，毛传云："天，君也。"正因为如此，汉语中涌现一批用"天"称呼有关皇帝的词汇，如：

天族——皇帝的家族

天心——皇帝的旨意

天颜——皇帝的容貌

天章——皇帝的文章、诗歌

天威——皇帝的威严

天邑——皇帝所在的都城

天庭——皇帝的宫廷居所

天戈——皇帝的军队

天讨——皇帝亲自带兵征讨有罪之人

除此之外，"天"也用于称呼"丈夫"（相对于妻子而言）和"父亲"（相对于母亲而言）。

汉代曹大家在《女戒》中说："夫者，天也"，丈夫成为妻子的"天"。《诗·鄘风·柏舟》："母也天只"，毛传云："天，谓父也。"亲属之间被称为"天伦"（又称"人伦"），故有"天伦之乐"，是谓。

（2）人的才能，这本是人的一种能力，但在汉语中却与"天"相比附。如：

天才、天资、天赋——人生来就有的特殊才能和智慧

天性——人的自然秉性

天职——人应尽的最高职责

天真——人的自然、单纯的性格，不虚伪

天仙——喻指美人或姿色超人

英语中表述人的"天才"是 genius,"天资"是 talent，与"天"毫无关系。即便在说到人的"天赋"时也是用 natural ability（自然的能力），而不用天（sky）来表述。

人的性情有“天性”，儿童的性格纯洁，称为“天真”，也同“天”相联系。在英语中“天性”为natural（自然），与“天”毫无关系。

（3）人的良心称为“天良”，没有良心称为“丧尽天良”。

（4）人的命运被称为“天命”。“听天由命”、“乐天知命”。人的命运被看成是天来主宰的。一个人的寿命，被称为“天年”。《史记·范雎蔡泽列传》：“终其天年，而不夭伤。”

（5）人的美满婚姻，被看作是“天作之合”。《诗·大雅·大明》：“文王初载，天作之合。”毛传云：“合，配也。”

所有这些用“天”构成的词汇，把天与人的属性融合在一起，处处留下古代“天人合一”哲学观的语言痕迹。

古代中国哲学观的内容博大精深，许多汉语词汇要受它的规约作用和影响。这里，我们只是举一些词例说明，许多问题尚待人们进一步探讨。

第三节　汉语与传统伦理观

任何民族都有维系社会秩序的精神支柱——伦理道德。不过，欧洲古代和中世纪是以宗教的神学世界观为指引，建立一套欧洲型的伦理道德观。而中国的古代，其社会意识既不是靠宗教，也不是靠法治，而是靠建立在封建宗法社会基础上的伦理道德来维系社会秩序的，并高度重视伦理道德的教育。孔子说：“道之以政，齐之以刑，民免而无耻；道之以德，齐之以礼，有耻且格。”（《论语·为政》）这是说，用政法来诱导人民，并用刑罚来治理他们，人民只能免于犯罪，却没有羞耻之心。如果用道德来诱导人民，用礼教来感化他们，人民不但有廉耻之心，而且人心归服，这是典型的“德治主义”的主张。这种把道德的威力看作比法律更重要、更有效的观念，乃是整个中国文化传统的共同特征，而不是某一个学派的主张。

儒家是最注重伦理道德学说的学派，这是人所共知的。儒家所倡导的伦理道德规范，为历代封建统治者所推崇，实际上成为整个封建社会普遍推行的伦理道德规范。

孔子倡导以“仁”为“至德”，“仁”作为人与人之间关系的学说核心，它强调“爱人”，即“泛爱济众为仁道也”；强调“克己复礼”，“一曰克己复礼，天下归仁焉”。从自我到家庭、社会、天下，都要合乎仁，把孝悌、忠信、礼、义、勇都作为仁的内容而加以推广。

汉语中的“仁”是古代伦理道德的最重要的观念。《说文》说：“仁，亲也，从二人。”从造字的角度看，“仁”是表示人与人之间的相亲相爱。段玉裁注曰：“人耦（偶），犹言尔我亲密之词。”显然，“仁”的初始义是相亲相爱的意思。

“仁”和“人”有同源关系。《说文》说：“人，仁也”。《广雅》：“人，仁也。”《礼记·中庸》：“仁者，人也。”

人要具有仁德，最重要的是“爱人”。“樊迟问仁，子曰：‘爱人。’”（《论语·颜渊》）从这种爱人的观念出发，汉语里涌现了“仁爱、仁厚、仁慈、仁心、仁政”等等词汇。乐于助人、对人友爱、亲切，可称为“仁爱”、“仁厚”。对人富有同情心称为“仁慈”、“仁心”。古代表示当政者施行利民的政治，称为“仁政”。《孟子·梁惠王》云：“王如施仁政于民，省刑罚，薄税敛……”人们称赞有仁德的人为“仁人”、“志士仁人”或“仁人君子”。有德行并信守节义的勇敢之人，称为“仁人义士”。对于仁德深厚的品质，称为“仁仁”。宋代范仲淹《求追赠考妣状》：“深轸仁仁，俯从免索。”符合仁德的言论称为“仁言”；施行仁德的作风称为“仁风”。晋代潘岳诗云：“大晋统天，仁风遐扬。”施行仁政的策略称为“仁术”。

与“仁”有关的词还有：

仁洽——仁爱和睦

仁恤——仁爱体恤

仁恩——仁爱恩惠

仁恕——仁爱宽恕

仁善——仁爱善良

仁诲——仁爱的教诲

仁泽——仁德恩泽

仁笃——仁爱笃厚

在古代汉语中，由“仁”构成的词汇不胜枚举。

所有这些以“仁”为中心的词汇，体现了古代儒家的仁爱伦理观，它带有浓厚的民本主义的博爱精神。不过，历代封建统治者却以此作为装扮自己的美丽面纱而已。

古代伦理观还一向很重视“孝敬”，以善事父母长辈为美德。黑格尔在《历史哲学·东方世界·中国》里说：“中国纯粹建筑在这一种道德的结合上，国家的特性便是客观的‘家庭孝敬’。中国人把自己看作是属于他们家庭的，而同时又是国家的儿女。”长期的封建社会的体制，实际上是家庭体制的扩大形式。不论在家庭或是国家都在强调“孝敬”。儒家倡导“孝为百行之首”，“教以孝，所以敬天下之为人父者也；教以悌，所以敬天下之为人兄者也；教以臣，所以敬天下之为人君者也”（《孝经》卷七）。孝悌之道，既可用于家庭，也可以推及国家、天下。事亲是孝，事君是忠，忠是孝的另一种形式。

在汉语中，有的词汇体现了孝亲观念的规约。如：

（1）以孝顺为内涵的词——

孝道、孝敬、孝行、至孝、忠孝、孝顺、孝慈。

（2）对有孝行的人的称谓——

孝子、孝女、孝友、孝子贤孙、孝男。

（3）表明居丧尽孝的词——

节孝、守孝、谢孝、孝幔。

（4）以孝服为中心的词——

孝服、孝衣、戴（带）孝、挂孝、重孝、穿孝。

古代道德观还强调“义”，孔孟都把“义”当作一种道德义理，它与物质利益的“利”相对立。“君子喻于义，小人喻于利。”“义”是区别君子和小人的界限。孟子甚至提出“舍生而取义”，把“义”看得比“利”、比生命还重要。“生，亦我所欲也；义，亦我所欲也。二者不可得兼，舍生而取义者也。”（《孟子·告子》）墨子认为，义要“兴天下之利，除天下之害”，“义可以利人，故曰：义，天下之良宝也”。（《墨子·间诂》）义，强调的内容是人的社会责任，而不是家庭责任，它不同于孝。义作为一种社会公德，为民除害，维护正义。

汉语中还有一些词汇（包括成语）反映出“义”的道德观念的制约。如：

（1）合于正义——

正义、道义、大义、侠义、义举、仁义。

（2）具有正义的情感——

义愤、情义、义气、义正词严、义形于色、仁至义尽、义愤填膺。

（3）有正义助人者的称谓——

义兵、义师、义士、义勇、义旗、义田、义仓。

（4）正义的行为——

起义、就义、举义、仗义、义演、义战、义卖、大义凛然、见义勇为、仗义疏财、大义灭亲、舍生取义、义无反顾、从容就义、仗义执言。

（5）不义的行为——

背信弃义、忘恩负义、不仁不义。

伦理道德观念属于一个民族的深层文化，它具有鲜明的民族性。这里所举出的汉语造词里以仁德、孝亲、义理为中心的伦理道德观的词语，具有古代汉族传统文化的特殊内涵。美国语言学家哈利迪认为，文化本身就是由意义组成的一座“高楼大厦”，语词是筑成这座高楼大厦的一砖一瓦。在语词中渗透着本民族的文化内涵。

注释：

① 本章参阅葛荣晋：《中国哲学范畴史》，黑龙江人民出版社，1987年。

第三章　汉语与传统价值观

第一节　汉语与重和谐价值观

古代观念中的“价值”，主要是指商品交换的比值。古汉语里“价直”（值）一词，早在汉代便已经出现了。《后汉书·班超传》：“会间者羌乱，西域复绝，北虏遂遣责诸国，备其逋租，高其价直，严以期会。”“直”与“值”通，即价值。这里是指抬高物价比值。它相当于英语的cost。

现代观念中的“价值”，有时也称之价值哲学。即是从哲学角度研究价值。它扩大了“价值”一词的意义，它不仅包括经济价值，还包括道德、美学以至逻辑方面的各种各样的价值观念。R.B. 佩里的《一般价值论》认为价值“是任何有益的事物”。他探讨了8个领域里的价值：道德、宗教、艺术、科学、经济学、政治、法律和习俗。新康德主义者文德尔班在他的《哲学概论》中也认为：价值（不论是肯定方面或否定方面）绝不能作为对象本身的特性，它是相对于一个估价的心灵而言……，抽开意志与感情，就不会有价值这个东西。有的哲学家对价值提出实用主义的解释。J. 杜威在其《人性与行为》一书中认为生活中的许多实际事物，例如，健康、知识、美德等都是善的，都是有价值的。善是价值判断的标准。马利坦认为，美德在于慈善，我们每一个人都必须力所能及地追求美德和爱。由此，我们可以认为，价值并不只是客体的实在性，它实际上是客体与主体需要或主题情感之间的一种特定的关系。一件物品，我们需要它、喜爱它，它便有价值；我们不需要它、不喜欢它，它便没有价值。

在中国人的传统观念中很重视“和谐”的价值，这是因为中国这样一个大国，只有和谐，民族才能团结，国家才能统一。不论是古代还是现代，“和谐”始终被当作为社会普遍的价值观念。《论语·学而》云：“礼之用，和为贵。”“贵”，即有价值。“和”的本字同“龢”，《说文》云：“龢，调也。”它本是指乐调的和谐。后来引发为礼的行为。据杨伯峻先生释义，“礼之用，和为贵”是说：“礼的作用，以遇事都做得恰当为可贵。”[①]“和”是恰当、适合的意思。它具有社会行为价值。我们怎样评价人的行为价值呢？中国人的文化信念中固然有一套美、善、好与丑、恶、坏的标准。然而，能不能在行为中合乎礼的要求，做到“和”，却是很重要的一个方面。孟子说过，“天时不如地利，地利不如人和”，也是强调和谐的精神。宇宙由天、地、人构成。在这天、地、人三者的关系中，天时、地利，都不如“人和”重要。人和是指人际关系的和谐，上下一心，团结一致，这是国家稳固的重要基础。孟子从他的人本主义观念出发，把人际的和谐作为治理国家价值观而加以阐扬。

古人还把和谐的价值观扩大到家庭、夫妻关系上。俗话说“家和万事成”，夫妻“栀绾同心结，莲开并蒂花”。都是强调家庭、夫妻之间的和谐、同心的重要价值。家庭生活若不和谐，家庭便不能稳定，甚至会支离破碎，遭到彻底破坏。过去，许多做生意的商人还常把“和气生财”当作经商的座右铭。由此看来，和谐也成了经商发财的价值观。

今天，我们仍把和谐当作社会普遍的价值观念。我们把自己人民创建的国家称为“人民共和国”，这意味着人民共同协商、共同管理国家。人民的团结、和谐是国家的根本利益所在。所以和谐具有重要的政治价值。

一、和谐价值观在汉语内容上的体现

汉语中有大量的词语反映中国人重和谐的价值观。兹举数例：

（1）在人际关系方面要和谐——

和为贵、和睦相处、和衷共济、和好、和洽、和致（协力一致）、和畅。

（2）在待人接物方面要和谐——

和气、和悦、和顺、和颜悦色、和蔼、和善、和易（温和，易接近）、谦和、和婉。

（3）不同国家或集团要克服分歧，和谐相处——

和谈、和解、劝和、言和、谋和、和议、媾和、和平。

（4）韵律和自然的和谐美——

和声、和弦、和风细雨、风和日丽、和煦、和韵。

一种社会普遍承认的价值观念，往往会造成社会普遍的心理特征。这种价值观念乃是社会心理的一项重要内容，它会影响人们的思维定式。汉族人民重和谐的心理和思维，对汉语的表达也会产生深刻的潜在影响。它使一些汉语的表述结构具有和谐、对称的特点，汉语的一些成语或诗句具有结构和韵律的和谐美。

二、和谐价值观在汉语形式上的体现

在汉语表述结构中，对偶、排比的句式具有鲜明的和谐、对称的语言特征。对偶句或排比句式的前后各句，字数相等，结构相同，内容彼此相关，和谐而对称。这种对偶、排比的句式，成为历代诗歌常采用的表述方式，并且为广大老百姓所喜闻乐见。各种春联，许多名胜古迹或寺院亭阁中的楹联，还有一些民间的说唱等也多运用这种和谐、对称的表述结构。

1. 对偶

生则天下歌，死则四海哭。（《荀子·解蔽》）

不在其位，不谋其政。（《论语·泰伯》）

大漠孤烟直，长河落日圆。（王维《使至塞上》）

昨夜春风才入户，今朝杨柳半垂堤。（《古今对联》）

惨象，已使我目不忍视了；流言，尤使我耳不忍闻。（鲁迅《纪念刘和珍君》）

2. 排比

无恻隐之心，非人也；无羞恶之心，非人也；无辞让之心，非人也；

无是非之心，非人也。（《孟子·公孙丑》）

天有情，天亦老；春有意，春须瘦；云无心，云也生愁。（乔梦符《扬州梦》杂剧第一折）

3. 成语的形式

最早的古代诗歌《诗经》及历代流行的成语大多数是四字语。它的语音节奏一般是2+2，成双成对，平仄相间，十分均称、顺口、和谐。如：风调雨顺、天长地久、节衣缩食、十全十美、惟妙惟肖、冲锋陷阵。

在民间口语中流行的成语也多采用四字语。如：婆婆妈妈、能说会道、大喊大叫、七嘴八舌、不痛不痒、对牛弹琴等等。这些口头成语也是节奏分明、优美动听、令人喜欢的语言结构。

4. 语音和谐

语音和谐包括诗歌中的押韵以及修辞中的双关谐音。不过，诗歌的押韵起源很早，许多远古的诗歌也都有押韵。这与诗歌和音乐共时产生有密切关系。汉族人民很重视和谐性的价值观，在诗歌创造中尤其重视语音和谐性的审美价值。以唐代的格律诗而言，它对语言结构和韵律和谐性的要求便很严格，其包括：

（1）每首律诗的诗句固定，都是八句（行）诗。双双成对。

（2）每个诗句字数固定、整齐，有五言（字）和七言（字）两种。

五言诗的音型节奏一般是2+2+1或2+1+2。如：

"明月 松间 照，清泉 石上 流。竹喧 归 浣女，莲动 下 渔舟。"

七言诗的节奏是2+2+2+1或2+2+1+2。四个顿拍，两两成对，和谐有致。如：

"昔人 已乘 黄鹤 去，此地 空余 黄鹤 楼。"

"剑外 忽传 收 蓟北，初闻 涕泪 满 衣裳。"

（3）唐代格律诗诗句中还讲究对仗（对偶），其三、四句，五、六句要互相对仗。对仗即对称，也是一种和谐。

（4）每句诗有一定的平仄声调要求，声调抑扬起伏有致，具有旋律和谐美。

（5）诗句的末尾讲究押韵，相押韵字的韵母相同，声音和谐悦耳。

这些格律诗的创作要求整齐、严整、和谐。如：

离离原上草，一岁一枯荣。
野火烧不尽，春风吹又生。
远芳侵古道，晴翠接荒城，
又送王孙去，萋萋满别情。

——[唐]白居易《赋得古原草送别》

在双关用语方面，利用声音的和谐，一个词表示两种不同的意思。如：

杨柳青青江水平，闻郎江上踏歌声。
东边日出西边雨，道是无晴却有晴。

——[唐]刘禹锡《竹枝词》

这是人们所熟悉的一首仿照民歌竹枝词的唐诗。诗中的“晴”与“情”双关。它利用“晴”和“情”同音和谐、一语双关。

5. 重偶数和谐价值

在西方社会早期的卜筮中，偶数一般被当作不吉利的数。直到近代，西方一些民族仍然把偶数当成不吉利，常要避讳。然而，中国人在重和谐价值心理的作用下，却把偶数当作吉利的数字，这是因为偶数具有对称和谐的语义特征。结婚送礼都要偶数，不送奇数的礼物。敬神的祭品也要摆上偶数的菜盘。迎亲嫁娶也要选择偶数的日子，以此作为吉日良辰。据说，1987年阳历10月18日，恰好是阴历八月二十六，且又是星期日（日历上星期日用红字），这一天北京结婚的人特别多。

综上所述，中国人重视和谐价值观，在汉语中得到广泛的体现。它不仅表现在汉语中有丰富的反映和谐心理的词语，重视偶数价值，而且还表现在汉语的表述结构上，重视和谐对称。

第二节 汉语与重身份价值观

中国历史上一直很重视人们的社会等级身份和人格身份。——等级身份是指人在阶级社会中的地位身份。在古代中国，这不仅指人们在君统的政治制度中的身份，而且还包括人们在宗统的家族制度中的身份。此外，人格身份是指人的品格、职业身份。如把人分为圣人、伟人、贱人、罪人等等。

一、等级身份

早在周代礼制中，人便分为“十等”。《左传·昭公七年》记述周礼制云：

“天有十日，人有十等，下所以事上，上所以共神也。故王臣公，公臣大夫，大夫臣士，士臣皂，皂臣舆，舆臣隶，隶臣僚，僚臣仆，仆臣台。马有圉，牛有牧，以待百事。”

在这十等中，王、公、大夫、士四等属贵族；皂、舆、隶、僚、仆、台六等属于低级官吏，至于养马的“圉”和牧牛的“牧”乃在十等之外。

《左传·桓公二年》也指出：“庶人、工、商，各有分亲，皆有等衰。”

这种等级身份制度，自古以来一直受到高度重视和维护。远自周代开始便用一套“礼制”来维护等级差别。

《左传·昭公二十六年》说：“礼之可以为国也久矣，与天地并。君令、臣共、父慈、子孝、兄爱、弟敬、夫和、妻柔、姑慈、妇听，礼也。”

不同等级身份的人，有不同的价值和利益，他们的社会地位不同，权利和享受、资源和资产的占有与分配等均不相同。这使得人们十分重视身份。

人们评价一个人的价值，不是根据他的天赋与才能、知识与经验，而是根据他们的“身份”。人们在听取一种建议或意见时，也不是根据这一建议或意见的合理性内容，而是根据提建议或意见的人的身份、地位是否具有权威性，是否是官阶高的大人物说的话。

在法律面前，身份的价值更显得重要。古代有“礼不下庶人，刑不上大夫”的规矩，它清楚地表明不同等级身份的人，在法律面前受不同的对待。秦律中还规定可用“爵”来抵罪。同样犯罪，犯同样罪的人，由于等级身份的不同，其量刑的程度也不相同 。

这些表明身份的价值在古代是很重要的。在今天的社会中，由于传统文化的积淀，人们的身份价值观并没有消失。“文革”中，重身份、重出身的“血统论”曾经盛极一时，究其渊源，与历史上重身份价值观念乃一脉相承。

中国传统社会一直在推行森严的等级身份制度，这使中国人形成重身份的价值观。

从汉语中，我们可以看到人们重身份价值观的投射。

（1）汉语中有各种表示君统政治制度中的等级身份的称谓。

古代官场的级别繁多，魏晋时期开创九品制，但在九品之中，又进一步分为若干等级，有的分为18等（即18班），北魏时竟分出30等级。唐代开始兴起独立的散官品阶制度，其文官散阶达29级，武官散阶达45级之多。宋代，宋徽宗时，武散官官阶，每一级别，都有不少专门的官名。诸如：

司马、司徒、司空、丞相、太尉、御史大夫、奉常、卫尉、太仆、廷尉、郎中令、宗正、大理、将军、校尉、中尉、大将军、谏议大夫、光禄大夫、尚书、仆射、刺史、县丞、枢密使、
宣抚使、给事中、典史……

（2）在封建的“官本位”社会中，官员地位显赫，汉语中有许多以“官”为核心的复合词，作为官身份的文化符号。如：

官方、官僚、官员、官爵、官家、官商、官职、官佐、宦官、将官、

考官、文官、武官、判官、尉官、长官、副官、达官、官邸、官署、官府、官场、官服、官腔、官架子、官运、官礼……

二、人格身份

重身份的价值观，还使汉族人尤为重视人格身份的区别。汉语中涌现许多人格身份的通俗词汇。

汉语中有许多通俗人格身份词。如，小孩看电影、听故事总要问一声谁是“好人”，谁是“坏人”。“好人”和“坏人”便是一种人格身份。人们骂人时，有时骂人“坏蛋”、“流氓”，这也是一种人格身份，它是对人的一种鄙称。这类世俗的人格身份，实际上是人们等级身份的一种延伸，它在汉语中相当丰富，表现中国人重视身份的价值观。

在中国的世俗社会中，人们根据伦理道德观念，区分“好人”、“坏人”、“恶人”、“圣人”；根据人的能力、才智，区分“能人”、“强人”、“伟人”、“哲人”、“凡人”；根据人际亲疏远近，区分“生人”、“熟人”、“亲人”、“爱人”；根据人的地位不同，区分出“贵人”、“大人”、“名人”、“下人”、“仆人”……人们还可以根据人的年龄不同、容貌不同等等来区分不同世俗身份，五花八门，反映人们对各种人格身份的认识有细微的区别。

在社会语言交际中，汉族礼仪文化很重视对身份名贵者或长辈的称呼。常要加上敬称词，以表示恭敬。

明清以来，老百姓称呼身份高贵的官员，都要称其为“大人”或“大老爷”、“青天大老爷”。清人王庆奎在其《柳南随笔续笔》中便说过：“大人”一词的使用，“今数十年来，内而大小九卿，外而司道以上，无不以此称为尊，其名颇觉近雅”。近人徐珂《清稗类钞》中也记述：“乾隆时之举人、贡生，亦称太爷。”

《红楼梦》第九回，贾政对李贵说：“你去请学里太爷的安……。”这里的“太爷”是指贾代儒，他的辈分大，所以称为“太爷”。

这些敬称词的使用，也表明人们对身份的重视。

在过去旧式的往来信函中，身份低的人对身份（包括辈分）高的人都要使用敬称词。晚辈对长辈信函的开头，或学生对老师信函的开头，常要用“大人”、“先生”称呼。如：“父亲大人”、“××先生”，至于书信的末尾，要用“敬叩”、“恭叩”、“敬颂”，以表示尊敬。反过来说，身份高或辈分高的人对身份低的人便不需要用这些敬称词。这种用语的礼仪，从另一侧面反映人们对身份的重视。

社会身份并不是永恒不变的，尤其是在历史变革的时代，过去那些被认为身份高贵的人，在人民革命政权建立之后，便已不再高贵了。许多人甚至成为“打倒”的对象。“文革”中，人们用颜色词“红”、“黑”来对称，出身工农兵的，被视为是革命的，故曰“红五类”；出身非工农兵的，被视为是非革命的，有的是改造对象，故曰“黑五类”。这也是重身份的观念表现。所有这些语言表现，都反映人们重身份的价值观念是多么根深蒂固。

第三节　汉语与重饮食价值观

饮食文化属于人类的本能范畴，因为饮食是人类生存所必需的。然而，作为一种文化现象，人类并不只是把饮食当作为生存的必需品，而是不断发展饮食文化，提高饮食文化的社会价值。

汉族人一向很重视饮食文化。在汉族历史发展道路上，人们不断发现各种食品，提高制作的技艺，并且从实践上研究饮食的选料、火候、调味、烹饪等的技术理论问题。早在秦代《吕氏春秋·本味篇》中便已有这方面的论述。今天，中国的饮食文化已在世界上独树一帜，享有盛誉，受到各国友人的称赞。

汉族把饮食文化与社会其他文化活动紧紧地联系在一起，从而使饮食文化具有多种社会价值。

自古以来，各种典礼仪式，包括各种民俗礼仪都离不开宴席。如，成年礼、婚礼、生日祝寿等都设宴相庆。还有民间的各种节日，如春节、寒食节、中秋节以及社日等，也离不开宴席。甚至，中国人在丧葬时也要大摆宴席，这是很独特的。它使饮食与汉族人的价值观念紧密联系在一起。

在民俗节日中设宴饮酒历来成风。唐代诗人杜牧《九日齐山登高》一诗便记述了唐代重阳节携带美馔佳酿登高的风俗，诗云：

江涵秋影雁初飞，
与客携壶上翠微。
尘世难逢开口笑，
菊花须插满头归。
但将酩酊酬佳节，
不用登临恨落晖。
古往今来只如此，
牛山何必独沾衣。

古时，农村的社日宴饮风气鼎盛。至今，在闽南某些农村地区依然保留着社日。社日是古人祭祀社神（土地神、农神）的日子。唐代王驾《社日》诗云：

鹅湖山下稻粱肥，
豚栅鸡栖半掩扉。
桑柘影斜春社散，
家家扶得醉人归。

宋代陆游的《春社》诗云：

社肉如林社酒浓，
乡邻罗拜祝年丰。
太平气象吾能说，
尽在冬冬社鼓中。

古人举行丧葬礼也要宴请吊客，其场面十分阔绰，并不比婚礼差多少。现代人沿袭古风，借丧葬之机铺张摆阔，我们在许多农村或小城镇里不是还可以看到这种风俗吗？据载，袁世凯逝世时，举行丧礼之际，每天摆宴席达一百多桌。萧景泉记述当时宴请的情形时写道："……在酒席棚里，四面扎有红绸彩子。酒席分上、中、下三等：上席四水果、四冷盘、四热炒、四大菜，是招待来宾的；中席四冷荤、四热炒、三大菜，是总管、账房吃的；下席是四热炒、二大菜，是茶房、工人吃的……袁家每餐上、中、下席常开一百多席。"②

饮食文化还同社会的政治活动、人际交往、友人相别等等有密切关系。国家举行大典要宴请；庆祝战争的胜利要宴请；国与国之间贵宾的往来也要宴请。至于人际的往来，如久别重逢，要"接风"庆贺；友人远别要"饯行"。

在当今经济、贸易、旅游活动中，宴请也成为公关的一种重要手段。通过宴请联络感情，增进友谊，创造和谐气氛，往往可促进事业的成功。有些贸易的谈判和不可公开的"交易"，常常是在酒席上成交的。

总之，饮食文化具有多种社会价值。它不仅具有维持人们生命的生存价值，而且具有礼仪价值、祭神价值、享用价值、调节心理的价值、社交价值以及经济交易价值等。

汉族人重视饮食文化有其深厚的历史渊源。从历代帝王的酒池肉林到贵族豪绅、市井商人的宴饮作乐；从民间的祭祀、迎神、逢年过节，到婚丧嫁娶，无处不是美馔佳肴，香味四溢。汉族人重吃的习俗如此之盛，它必然反映到汉语的词语之中。

在汉语中与饮食有关的词语十分丰富。仅以菜名而言，中国的菜名之丰，恐怕在世界上是居首位的。我们只要翻开几本介绍食谱的书，便可以为其中各种美食制作之精巧，菜名之丰富而惊叹，各种菜名达数百种以上。仅以肉类的菜名为例，如有：

香酥焖肉、荷叶粉蒸肉、芙蓉肉、干菜焖肉、家乡南肉、蒸火腿块、苔菜小方块、葱烤肉、淡菜嵌肉、绍式小扣、扣肉、生煎肉饼、墨鱼烤腿肉、香菇里脊、炸香脆肉、栗子红焖肉、肉油肉卷、湖式煎羊肉、钱江肉丝、蛋蒸三层肉、杨梅肉丸子、葱柄肉丸、南炒腰子、火烩蹄筋、蟹粉蹄筋、稀卤蹄筋、芝麻牛排、糖醋羊肉丸子。

还有水产菜类、禽蛋菜类、野味菜类、甜菜类、素菜类以及其他菜类，恕不一一列举。

人们在菜名中，还常常用美辞修饰，使一道佳食的名字，像一首小诗，沁人心脾；像一位少女的名字，令人动心。这是通过菜名透露人们重吃的心理，同时它还反映人们对饮食的审美观念。唐代神龙年间，韦巨源的《食谱》中便记录了当时皇宫里许多美食佳点的美名，兹摘录几条如下：

单笼金乳酥、曼陀样夹饼、贵妃红（饼类）、七返青（糕子类）、金烩炙、御黄王母饭、通花软牛肠、光明虾炙、生进二十四气馄饨、汉官棋、水晶龙凤糕、长生粥、凤凰胎、乳酿鱼、人仙盘、缠花云梦肉、过门香（油烹菜）、汤浴绣丸。

汉族人给菜取名用这些优美的词眼实在也是煞费苦心，如果不是对饮食文化价值看重，便不可能如此用心地给各种佳肴取这些多彩多姿、动人心弦的美辞菜名。在这些菜名中，不但有诗情画意的美名，而且有以政治、历史、民俗、地理为文化背景的好名，在中国的菜名中也糅合文化、艺术的内涵。

中国菜的命名方式有如下几种：

（1）写实手法——以菜的原料及煎炒方式命名。如：干菜焖肉、蒸火腿块、淡菜嵌肉、栗子红焖肉、火烩蹄筋、糖醋羊肉丸子、滑溜里脊、炒猪肝等等。

（2）写意手法——用美辞附会菜名。如：长生粥、凤凰胎、龙虎斗、狮子头（大肉丸子）、过门香（油烹菜）、夏赏荷香（鲜莲鸭羹）、全家福等等。

（3）以人物命名——如：东坡肉、宫保鸡丁、麻婆豆腐、贵妃红（饼类）、李鸿章杂烩、组庵鱼翅（湖南美食家谭延闿，字组庵）等等。

（4）以历史、神话、民俗命名——如：鸿门宴（蟹黄、燕窝）、哪吒童鸡、鲤鱼跳龙门、桃园三结义、八仙盘、御黄王母饭等等。③

这些中国菜名，令人回味无穷，浮想联翩。既表现中国文化情趣，同时也处处显露中国人的重饮食文化的心态。

外国人若要领略中国菜名优美动听的妙处，往往是很难的，因为中国的许多写意菜名极难准确译出，如“狮子头”，有人译为“Lionhead”。如果不说明这是大肉丸子，则会令洋人大吃一惊，以为中国人连凶猛的狮子的脑袋也敢列为佳肴。

中国人重饮食的文化心态，还使汉语许多与饮食毫无关系的语词成为饮食文化扩散的语汇。如酸、甜、苦、辣等词，本是用于表示吃的味觉的。在汉语中，人们却把这些味觉词汇意义扩散引申，并构造许多用于表示其他心理感受的词汇，如：

酸——

酸味令人感到不适，由此引发联想，带“酸”的词汇都有不好的语义。如：

表示一个人心情的苦痛有：酸楚、悲酸、辛酸；

表示一个人的穷困形象有：寒酸、穷酸；

表示一个人过于做作有：酸溜溜、酸味十足。

甜——

甜味令人感到舒服，由此引发的联想，带“甜”的词汇都有美好、可爱的语义。如：

表示人的容貌可爱：长得甜、笑得甜；

表示人的言语动听：甜言蜜语、说话很甜、嘴甜；

表示生活美好：日子越过越甜、生活很甜蜜。

苦——

苦与甜完全是相反的一种味觉，是人们最不喜欢的味道，它使人联想到生活的艰难，遭受到的挫折、困难；“苦”的味道还会引起人们心理上的痛苦感受；战胜痛苦需要有毅力、耐心，这些使汉语生发出一大批与

“苦”有关的词语，如：

表示人们生活的困难——穷苦、困苦、苦寒、苦境；

表示人们内心的悲哀——苦痛、苦楚、苦闷、苦恼；

表示人们难受的表情——苦相、愁苦、苦脸、苦笑；

表示人们用顽强毅力克服困难——苦练、苦斗、苦战、苦干、耐苦；

表示人们以真诚的心意说服、帮助人——苦口婆心。

辣——

辣是一种富有刺激性的味道，它可以引申，表示一种火一般的热情，如“火辣辣”、“热辣辣”；表示人的性格，如“泼辣”。《红楼梦》中的王熙凤一向说话不给人留情面，贾母称她为“凤辣子”。

在汉语中，还有一大批烹饪制作技艺的词语，引申为其他方面的用语，如“煎、熬、炒、烩、熏”均属食物烹饪的词语，它们可以引申为：

煎熬——表示一种折磨，如熬夜、熬过严冬、熬过这一关、熬到了头。

炒——现今常用“炒鱿鱼”表示人们被解雇，要卷铺盖离开。港台的汉语中常用这个词。“炒冷饭”表示重复。

烩——“大杂烩”，比喻文章或学问很杂，缺乏条理性。在其他方面也表现为不单一、不纯。

熏——“熏陶”多用于受到好的影响。“熏染”多用于受到坏的影响。“利欲熏心”指贪财图利的欲望迷住了心窍。

用食物名来描绘人物形象在汉语中也是颇为常见的。古代形容一位少女漂亮动人，常描写成“柳叶眉，瓜子脸，樱桃小嘴一丁点”，“纤指若葱白”。“瓜子”、“樱桃”、“葱白”都是食物的名称。

人们还借助食物名来称呼其他事物，如“瓜皮帽”，这是旧时一种没有帽檐的皮帽。样子像瓜皮。今天我们大街上还常常飞驰着“面包车”或“小面包车”，这是指形似面包的客车或小客车。

在汉语中，由“吃”直接引申出来的词语也不少。如：

表示经受某种遭遇——吃亏、吃苦、吃官司。

表示耗费力气——吃力、吃重、吃劲。

表示某种感受、情势 —— 吃惊、吃紧。

表示受欢迎——吃香。

表示男女嫉妒情绪——吃醋。

这些都是借助“吃”来表达各种不同的语义。在现代社会中还很流行“吃大锅饭”的说法。“吃大锅饭”也是与吃相关的词语。

我们日常生活中，还有许多与吃有关的习用语或俗语。如：

吃老本——说明不作新的努力，只凭着过去的经验办事。

吃闲饭——不干工作，闲着无事。

吃闭门羹——遭到了拒绝。

吃一堑，长一智——经历了一次失败，增长一分经验。

在英语、俄语、法语、德语等外国语言中，我们很少发现有哪种语言像汉语这样，拥有如此丰富的、与饮食文化有关的语汇。语言是文化的一种符号载体，正是汉族人重视饮食文化，才会使饮食文化的词语那样广泛地被引申、扩散。一种文化现象的词语的扩散，标志着这种文化现象在社会中具有特殊的价值，并引发普遍的社会心理效应。

注释：

① 杨伯峻：《论语译注》，中华书局，1980年。

② 萧景泉：《袁世凯丧葬琐记》，载《文史资料选辑》，第76辑。

③ 参阅波蓝：《菜好不如名好》，载新加坡《联合早报》，1990年5月7日。

第四章　汉语与传统思维

第一节　汉族传统思维方式

语言是思维最有效的依托。因为思维活动要借助语言来进行，思维成果也要依赖语言来表达。有人曾认为，人们说话的过程便是思维活动的过程，“言为心声”，这不是毫无道理的。

思维与语言之间这种深刻的内在联系，已为今天的心理学家、语言学家、哲学家所共同肯定。思维是一个复杂的心理活动过程，它表现为人脑对各种外界事物及信息的分析、综合、比较、抽象和系统化、具体化的认识过程。在思维活动中要运用概念、判断、推理的逻辑形式，这些思维的逻辑形式都可在语言中寻找到相对应的语言形式。例如，思维的概念与语言的词或词组相对应；思维的判断与语言句子相对应；思维的推理与语言复句和句群相对应。这些对应显示思维和语言之间密切的内在联系。

不同民族的思维有共同性的一面，也有特殊性的一面。不同民族思维的共同性来自于人类大脑构造和功能的相同。人类大脑的结构相同，并且都具有反映、认知、记忆、想象等等功能。除此，由于人类社会发展大致上也是相同的，这为不同民族思维反映的内容确定了共同的基础。然而，因为不同民族所赖以生存的自然环境以及社会文化背景很不相同，各民族的思维方式便出现各自的特点。思维的这种民族特征，必将对语言产生深刻的影响。

汉族人民的传统思维是在中国历史文化的发展过程中形成的思维方式。著名哲学家张立文在其《传统学引论》一书中研究中国传统文化中的民族思维的内容及其特征时，认为中国古代传统思维体现在八卦思维、混沌思维和太极思维诸方面。

八卦思维——顾名思义，这是体现在八卦的经典著作《易经》中的思维方式，张立文认为："它是在巫术、占卜思维基础上逐渐建构起来的，它是介于理智的抽象思维与情感的形象思维之间的一种特异形态。"①

这种八卦思维是同象、数、理联系在一起的。由于八卦是"一分为二，二分为四，四分为八，……犹根之有干，干之有枝，枝之有叶，愈大则愈少，愈细则愈繁，合之斯为一，衍之斯为万。"②所以八卦思维是不断把世界万物一分为二的过程，然而，它又可"合之斯为一"，所以它具有可分可合的可变性、容纳性、屈伸性的思维特点。

谭德贵在其《多维文化视野下的周易》一书中进一步指出：《易经》的八卦思维具有以下特点：（1）唯象思维，即用阴阳两种符号表示八卦之象、六爻之象。卦象可以象征宇宙中各种事物。（2）符号逻辑，八卦用阴爻（--）和阳爻（—）形成符号的集合，组合成64种结构卦，包含天地人相互对立、依存、转化的严密逻辑关系。（3）全息思维，即宇宙统一于太极，是天地万物之母。（4）中和思维，即推求中爻，致求中和、阴阳相应即中和也。（5）唯圣思维，即崇拜天的意识。——《易经》的八卦思维对中华民族的传统文化思维方式有很深的影响。③

混沌思维——是古人所指的一种浑然一体的表象。《老子》第二十一章说："道之为物，惟恍惟惚。惚兮恍兮，其中有象；恍兮惚兮，其中有物；窈兮冥兮，其中有精；其精甚真，其中有信。"混沌是恍恍惚惚让人看不真切，"视之不见"、"听之不闻"、"搏之不得"的模糊状态。

世界正是从混沌，产生天地万物，即从混沌生出黑暗与夜，又从夜生出"以太"和昼，便形成具体有形的事物。从无形到有形，从无序到有序。整个世界的形成便是沿着这种自然进程发展的。老子如是说，儒家也如是说。

混沌思维是一种模糊思维或无序思维。张立文认为："它既是一种经验直观的反馈思维，即是面向过去的，从已有经验中选择最佳的或已获成功的行为方式，亦具有一些知性思维的形式。”④同时，它也是把一种混沌、无序的认知转换成系统、有序的认知的思维。

混沌思维对于研究事物的相对的、流动的、变化的属性具有特殊的作用。日本著名的理论物理学家、诺贝尔奖金获得者汤川秀树在《关于思维方式·庄子》文中说：“我研究基本粒子已有多年，而且，至今已发现了30多种不同基本粒子，每种基本粒子都带来某种谜一样的问题，我不得不深入一步考虑在这些粒子背后到底是什么东西。……它可能是有着分化为一切种类基本粒子的可能性，但仍未可能分化，这种东西也许就是混沌。正当我按照这种思路考虑问题时，我想起了庄子的寓言，最近我又发现了庄子寓言的新魅力。我通过把倏和忽看成某种类似基本粒子的东西而自得其乐。只要它们还在自由地到处乱窜，什么事情也不会发生——直到它们从南到北相遇于混沌之地，这时就会发生像基本粒子碰撞那样的一个事件。按照这一蕴含着某种二元论的方式来看，就可以把混沌无序的状态看成把基本粒子包裹起来的时间和空间。在我看来，这样一种诠释是可能的。”⑤

混沌思维是具有东方特点的思维，它既有自觉的回应，也是无意识（潜意识）的联想。

太极思维——这是具有中华民族特色的思维。

太极思维虽然初见于《易·系辞》：“易有太极，是生两仪，两仪生四象，四象生八卦。”这种形式化的思维，可以用符号表现出来：0—2（仪）—4（象）—8（卦），它在抽象的符号后面，揭示人们思维中的“所以然之故”。太极思维经秦汉以至隋唐儒、释、道各家的发展和丰富，到了两宋道学家融儒、释、道为一，便构成了太极思维的系统。

太极思维常常一个理论包含着一组联系的概念和范畴。它运用符号进行抽象思维，并为宇宙本体和万物的形成设计了一个框架或模型。太极思维具有周密的、固定化的特点。

张立文还指出，中国传统的八卦思维、混沌思维、太极思维具有这样一些突出的特征：

第一，比附性。八卦思维是一种比附性思维，所比的都是自然或人事中已见已知之单项现象，所附的都是自身行动时不定不知的现象。

第二，直觉性。八卦思维、混沌思维是一种直觉性思维。它通过下意识或潜意识活动而直接把握对象。

第三，整体性。八卦思维、混沌思维、太极思维都是一种整体性思维。八卦思维的价值取向是天、地、人的协调、和谐；混沌思维则是追求太易、太初、太始、太素的有机贯通；太极思维是探索自然、社会、人生的一体化系统，这些都体现了思维的整体性特点。⑥

第二节 汉语意合结构与整体性思维

19世纪，当历史比较语言学在欧洲盛行时，自然主义学派的创始人奥古斯特·施莱赫尔便把汉语当作“孤立语”的代表，以区别印欧语系的屈折语及其他世界语言。且不说施莱赫尔的观点如何，但有一点他是对的，汉语缺乏形态，它不同于印欧语系诸语言及其他黏着语言。许多汉语研究者认为，汉语的结构具有“意合”的特点，它更多地依赖于语义的配搭来反映词语的种种组合关系。汉语的这种意合特点与中国人传统的思维特点有密切的联系。

本世纪50年代初，已故著名语法学家黎锦熙在他的《新著国语文法》引论中便指出：国语的用词组句，偏重心理，略于形式。后来，王力先生在他的《汉语语法纲要》（龙果夫注）一书中也认为，汉语有的以虚词表示连带关系，而有的是以意会的，叫做意合法。——这大概是最早用“意合”来说明汉语结构的一种特点。吕叔湘先生在《语文常谈》中也认为，汉语的语法关系常常要靠读者或听者自己去领会，“尤其在表示动作和事物的关系上，几乎全赖‘意会’，不靠‘言传’。汉语里真正的介词没有几个，解释就在这里”。⑦

汉语的意合特点在古代汉语中便已鲜明地表现出来。阎征在《〈孙子〉语句的连接方式》一文中指出：《孙子》一书，各句子成分之间，以及各分句之间的连接，采用意合法，即不依赖连词来连接的句子，占92.6%，而采用连词来连接的句子仅占7.4%。鲁迅先生说过：“做中国文其实是很不容易‘通’的，高手如太史公司马迁，倘将他的文章推敲起来，无论从文字、文法修辞的任何一种立场去看，都可以发现‘不能’的处所。”尽管这样，一千多年来，人们照样能读懂它，这正是由于中国人习惯于从意合角度去理解语言的缘故。

在古代文学作品中，尤其是在古典诗词中，用意合法的例子更为多见，比比皆是。如元代马致远散曲小令《天净沙·秋思》：

枯藤老树昏鸦，小桥流水人家，古道西风瘦马。夕阳西下，断肠人在天涯。

全首小令只用两个动词，其余全是名词，前三句全由名词组成，其中没有一个连词。这种诗句耐人寻味，它需要人们从句法、语义、语境三个方面协调联系、融会贯通句意。这就是说，要从整体上去意会，方能感受到这些诗句的浑然天成之美：这是一幅小桥流水的美丽山村景色，夕阳晚照，西风瑟瑟，令人油然生起缠绵悲凉的情调。

在现代汉语中，意合的句子也很普遍，尤其在口语中更为多见。如：

有空来，别忘了捎点枣来。需要帮忙的事，言一声。

我不是跟你说了，仔细着点儿，偏偏要摔一大跤。瞧，血都流出来了。

伤的伤、死的死，真叫人触目惊心。

这些语句都不用连词来表示句子的关系。如第一句话里，若用连词周密些表达是：“（你）有空来，别忘了捎点（你家）的枣来。（如果你有）需要帮忙的事，（你就）言一声。”意合结构的句子大可不必如此细细密密地说话。

鲁迅在《文学和出汗》一文中写道：

类人猿、类猿人、原人、古人、今人、未来的人，……如果生物真会进化，人性就不能永久不变。

这句话开头用七个名词，概括说明人类进化的历史发展过程，没有用连词，完全靠意合法。如果用连词，那么这句话应说成："（由）类人猿（演变为）类猿人，（由类猿人演变为）原人，（再演变为）古人，（又由）古人（演变为）今人（及至）未来的人。"然而，汉语中这种不用连词的意合句子完全可让人看懂。意合结构的句子尽管缺少某些连接成分，但并不影响人们的理解。如：

他的英语比我流利，交际能力比我强。

他（说）的英语比我（说的英语）流利。（而且，）交际能力（也）比我强。

再一杯，别喝了。

（你）再（喝）一杯（酒）（就）别喝了。

意合语句具有更大的浓缩性，它根据信息交流的需要，省略一些不必要的成分，有些看似欠通，其实并非病句。

有人认为，汉语的意合特点意味着汉语是一种具象性的语言，它的抽象化程度较低，不适宜表达精密的科学思维。这种说法缺乏科学根据，而且失之偏颇。挪威著名学者J. 加尔通和日本政治家西村文子在其《结构·文化和语言》一文中比较了印欧语、汉语、日语在空间、时间、认识、人和自然、人与人、人与神等六个方面表述的异同后认为，印欧语系的语言更倾向于每对概念的前者（表语性、抽象性、精确性），而汉语、日语更倾向于后者（关系性、具体性、模糊性）。他们还认为，印欧语系的语言可称为"表语型"语言，而汉语、日语可称为"关系型"语言，表语型的语言具有一种静止的倾向，从而把不变的因素提高到更为抽象的高度。……从这一意义上说，汉语的语言结构比欧洲民族语言更为抽象。

汉语的意合结构虽然有具体性和模糊性，然而，这并不影响它表达抽象思维的功能。相反，它在表述复杂事物关系方面，具有更高的概括能力和抽象作用。读一读《易经》或《老子》等书，我们难道不为其中用极为简洁而又有些模糊的意合语言，表达深邃的哲理和复杂的见解而惊叹么!

汉语的意合特点与中国人的传统的整体性思维有密切关系。

中国传统思维的基本特征是注重整体性。从《易经》的八卦思维开始，及至老子、庄子的混沌思维，两宋道学的太极思维，都注重对天、地、人的探索。这种探索从来不是孤立、分开地进行，只研究天，只研究地，或只研究人，而是把天、地、人三者有机地贯通起来进行研究，把自然、社会、人生看成是一体化的系统，互相比附、联想，这便体现整体性的思维方式。

汉语虽然缺乏表示句子内部语法关系的形态，但中国人的思维善于融汇语句内部各要素的语义关系。抓住“意义支点”，同时，又善于把语句内部的语义和语句外部的“外围语义成分”联系起来，内外结合，形成一体化的整体，从整体上去理解语句。所谓语句的“外围语义成分”，包括句子的上下文、说话的情景、说话人的心理因素等。济南著名的大明湖有一副对联：“四面荷花三面柳，一城山色半城湖。”这副对联全部用名词性词组组成。领会这副对联的内容，人们很快会联想大明湖的自然景色，即用“外围语义成分”来理解它所蕴含的诗情画意。

整体性思维有整合作用，它使我们轻于对句子成分的细微分析，重于对语句的融会贯通，凭着经验，凭着上下文的语境去意会和补充语句的整体内容。对整体了解越多，对语句个别词义的了解也越多。前苏联著名心理学家A.A. 列昂捷耶夫曾经根据大量实验得出结论认为，人们理解和记忆话语都无须掌握一句话的全部词汇，重要的是要抓住几个“意义支点”。这种“意义支点”往往是语句的主要信息所在。整体思维是可使我们善于抓住语句的意义支点。汉语意合特点，反映中国人尤善于抓住意义支点理解句子语义。

从整体把握句子，还要有动态调节。汉语语句结构有一定的弹性，因此，整体思维和辩证思维常常是结合在一起，影响汉语句子结构的调节。

第三节　汉语语序与有序性思维

许多学者认为，汉语的句子结构具有一定的顺序，即不同的语言单位的排列有相对固定的次序。汉语不像一些印欧语言那样，一个语法单位在句中的位置比较自由。例如，俄语，它有丰富的语法形态，以名词而言，便有性、数、格三种形态变化。通过不同词形（词尾）的变化可表示不同的语法意义。所以，词在句中的位置比较自由。如，“我读书”这句话，在汉语里只能按照主语（我）—谓语（读）—宾语（书）的次序排列。即：S（主语）—V（谓语动词）— O（宾语）式。但是，在俄语中，这句话的语序却相当自由，它可以有六种语序：

		直译
（1）S—V—O	я（我）читаю（读）книгу（书）	（我读书）
（2）S—O—V	я　книгу　читаю	（我书读）
（3）V—S—O	читаю　я　книгу	（读我书）
（4）V—O—S	читаю　книгу　я	（读书我）
（5）O—S—V	книгу　я　читаю	（书我读）
（6）O—V—S	книгу　читаю　я	（书读我）

句中的三个词的语法形态是：

я ——我，主格；

читаю ——读，现在时，第一人称动词谓语；

книгу ——书，宾格。

有了这些明确的语法形态，那么语序不管如何变化都失去作用，книгу不论在句子的前面、中间或后面的位置上，它都是属于“读”的宾语，因为它是宾格的名词；而я不管在什么位置，它始终是“读”的主语，因为它是主格。

汉语与俄语不同，它没有什么语法形态的变化，语序成为表示不同语法结构的重要手段。一个词在句子中的不同位置上，具有不同的语法作用。如，“我叫他”和“他叫我”，这是两句意义完全相反的句子。“我”在句首位置是主语，是“叫”的行为发出者，但在句尾位置时却成为“叫”的行为的接受者，充当宾语。

汉语的语序有历史的稳定性，早在甲骨文中，汉语句子结构的语序便是主—谓—宾，数千年来，这种基本语序一直没有改变。不过，随着汉语的发展，语法成分的不断丰富化、复杂化，汉语语序出现多层次的结构，既有句子的主干语序，同时还有句子的支干语序。

句子的主干语序是句子的基本成分的排列语序。在现代汉语中，句子的基本成分既包括主语、谓语、宾语，同时还应包括修饰语——定语、状语，以及补语。句子的支干语序是句子基本成分的扩充关系，以及不同句子间的结构语序。

一、汉语的主干语序

1．主谓语序——主语在前，谓语在后。如：

天黑了；我走了。

2．谓宾语序——谓语在前，宾语在后。如：

（他）开汽车；（我）看电视。

3．偏正语序——修饰语在前，中心语在后。

定语在前：这是一朵美丽的花。

状语在前：她心里十分高兴。

张明在家读书。

4．谓补语序——谓语在前，补语在后。（又叫述补语序）

这部电影好得很。她跳舞跳得很好。

二、汉语的支干语序

1．承接语序——

（1）在连动句中，几个动词的语序受时间顺序的制约，先发生的动作在前，后发生的动作在后。如：

我去买个芒果吃。去—买—吃

我给你钱去买几本英文书。给—去—买

（2）带有目的的句子中，动作及动作手段、方式在前，目的在后。

大家集合在一起开会。

她拿杯子喝水。

（3）若有目的地的句子，出发点在前，目的地在后。

他从台湾来到香港。

他从西单坐公共汽车到天安门。

2. 同位语序——

（1）表示具体的人或事物在前，表示一般的共性词语在后。

哥哥他们

国庆节那天

（2）两个同位成分若有限制关系，限制成分在前，被限制成分在后。

中国佛教圣地五台山

你们三个人

3. 比较语序——被比较的人或事物在前，相比较的人或事物在后。

猪肉比牛肉贵。

北京天气比上海冷。

他的个子比我高。

4. 递进关系——有递进关系的句子至少包含两层意思，非重点分句在前，重点分句在后。

只是读书不行，还要努力去做。

我们不但要打好球，而且要争夺冠军。

5. 假设关系——假设情况在前，假设的推论或结果在后。

即使明天下雨，我们也要去日月潭玩。

如果老师生病不能来，我们就无法上课。

6. 转折关系——转折的前提情况在前，转折的中心在后。

我对他讲了很多次，但他就是听不懂。

他的英语基础虽然较差，但进步却很快。

7. 因果关系——原因在前，结果在后。

因为刮大风，所以取消这次航行。

由于停电，路上的电灯都不亮了。

从上面这些分析，可以看出，在通常的句子中，汉语的语序是表现在句子的各个层次上的。从汉语的主干结构，到各个支干的结构，处处都有前后的语序，排列有致，互相制约，它们可以简要列表如下：

	成分关系	语序
主干语序	主谓关系	主语在前，谓语在后
	谓宾关系	谓语在前，宾语在后
	偏正关系	修饰语在前，中心语在后
	谓补关系	谓语在前，补语在后
支干语序	承接关系	先发生动作在前，后发生动作在后
	同位关系	具体人物名在前，共性物名词在后
	比较关系	被比较语词在前，比较语词在后
	递进关系	非重点分句在前，重点分句在后
	假设关系	常见假设情况在前，推断结果在后
	转折关系	前提情况在前，转折中心在后
	因果关系	原因在前，结果在后

汉语这些语序并不是不可变化的。在实际语言中，也有不少复杂的变化，甚至出现逆反性的语序，如宾语提前，这在“把字句”里可说是正常的语序，但它必须有介词“把”字作为条件。

在特定的语境中，有的出现临变性语序。如，“别了，亲爱的朋友!”“怎么了，你？”这种临变语序带有某种特殊性，不是汉语正常的语序。

总之，汉语语法的基本手段不是采用语法形态来表现，而是参照概念逻辑领域，采用语法单位的有序排列的方法，建立语句结构。这样，语序与思维逻辑之间往往有更深入的契合，思维的脉络与语言的条理组织，常常并行流动。

有序性是一种线性的、有条理的思维。在横向坐标上，它有时间线性、考察事物注重前后序列的条理性。在纵向坐标上，它有空间线性，注重上下的层次性。

汉族人从远古考察天象，便十分重视空间星座的各种位置性。在古代，中国的天文学处于世界的领先地位。从天文到家庭、社会，古代的中国智者，仍然十分重视人际的有序的等级关系，并提出家庭与社会的等级层次结构，“天有十日，人有十等”。上下有序，长幼有序。“君君、臣臣、父父、子子”。宗族由不同的辈分形成亲缘组织网络，社会由不同等级建立奴隶和封建社会秩序。提倡尊卑有序、内外有别，人际关系的核心便是有序的等级区别。所有这一切，形成中华民族很强的有序思维定式。不论在社会或是家庭，君臣或父子的地位差别，都是不可超越的有序排列。

汉语语序的形成，一方面是由于汉语缺乏形态手段，而另一方面则是与中华民族的有序思维定式有密切关系。这种思维与语言的关系是内在的，然而却是很深刻的。

与外语相比较，汉语和英语的语序基本相同，它由：S（主语）—V（谓语）— O（宾语），即主谓宾组成。而日语和德语却是：S—O—V，即主宾谓组成。而马尔加代语是：V—O—S，即谓宾主组成。显然，不同民族思维方式不相同，在语言句子表达次序上也体现出来。

第四节　汉语的表象性与比附思维

已故著名语言学家高名凯先生曾指出，中国语是表象主义的，是原子主义的——“表象主义”就是中国人的说话，是要整个的、具体的，把他们所描绘的事件“表象”出来。“原子主义”的意思，是把这许多事物，一件一件的、单独的排列出来，不用抽象的观念，而用原子的安排，让人看出其中所生的关系。结果中国的语言，在表现具体的事物方面，是非常活泼的。

高名凯先生是一位对西洋语言和汉语都有深刻研究的学者，他对汉语特点的这种认识是有其深刻的体验和根据的。

汉语的表象主义和原子主义便是汉语表象性的特点。汉语在反映客观事物时，习惯于用具体、形象的语汇，用意象组合的方法，使语言表述富于图像化，即便是论述抽象的概念道理，有时也常用意象的比附，使语言具体、形象、生动。

汉语的表象性表现在哪些方面呢？这仍是人们需要加以研讨的问题。笔者认为，从汉语复合词的构成方面以及汉语表述的特点方面都可以看到表象性的鲜明特点。

汉语复合词的构成，在反映客观对象方面，有的采用概括式，而有的则采用表征式。概括式的构词，常常采用两个结构项表述对象的本质特点。如：先进、丑恶、谋略、心腹、个体户、法律、语言学、电子、细菌、生理、心理等等。

表征式的构词常着重反映对象的具体、形象、易为人感知的特征。其主要采用：

（1）描写式——通过具体的描写项反映对象。如：

高射炮、映山红、财迷、穿山甲、钱眼、蜜月、雪里红、佛手、烧心、黄昏、熬煎、火盆、花盆、水墨画、落网。

（2）喻指式——用比喻、借代等方式来反映对象。如：

心腹、左右、手足、骨肉、风云、续弦、矛盾、肺腑、泰斗、蚕食、浪潮、把柄、落汤鸡、走狗、狗腿子、千金（小姐）、拙荆、耳目、爪牙、连襟、蛾眉、巾帼、布衣、裙衩、粉黛、股肱、刘海儿、便衣、笑面虎。

这种表征式的复合词，通过描写和喻指的方式使语言能具体、形象地显示它所标志的对象。如："映山红"是指杜鹃花，它的名称描写了杜鹃花开时一片嫣红，与青山相辉映的美丽景象。"水墨画"，点出这种画运用水、墨艺术的特征。

喻指构成的复合词，采用比喻、借代以及比拟等修辞方式，形象而生动地表现词所指的对象。如，"笑面虎"展现对象微笑的外部特征，其实却是会"吃"人、害人的"老虎"，喻指那种笑里藏刀的阴险奸诈之人。"耳目"，借用人的五官之耳和目，喻指官僚与权贵身边亲密的侍从及执事。《左传·昭公二十七年》："夫无极，楚之谗人也，民莫不知。去朝吴，出蔡侯朱，丧太子建，杀连尹奢，屏王之耳目，使不聪明。"这里历数无极的罪状，其一便是"屏王之耳目"。王，楚平王，使楚平王与其"耳目"相隔绝，得不到任何外界的信息，成为"不聪明"的君王。"裙衩"是以古代女子的衣着来代称妇女。《红楼梦》第一回："我堂堂须眉，诚不若彼裙衩。""巾帼"，"巾"是一种佩巾，"帼"是一种头饰，这是用女子的装饰品来代称女子。"巾帼英雄"是指佩巾戴帼驰骋于沙场上的女英雄。"股肱"，"股"，指人之大腿；"肱"指人体的手臂。这是用人体的重要四肢来喻指国家的重臣。《左传·僖公九年》载，晋献公临终时，托大臣荀息辅佐奚齐为君，荀息稽首曰："臣竭其股肱之力，加之以忠贞。""布衣"，以古代平民所穿的衣服代称一般的平民百姓。"粉黛"，以妇女饰面的化妆品代称美女。"回眸一笑百媚生，六宫粉黛无颜色。"

在这些喻指词中，有的以物代人，有的以人体部分器官的名称代人。

在汉语中还有丰富的拟人构词方式，它用人体不同部位的名称为词素，构成许多事物的名称（复合词）。如：

首都、壶嘴、喷嘴、窗口、港口、门口、疮口、路口、口岸、渡口、关口、山口、枪眼、炮眼、腰眼、泉眼、针眼、山头、山顶、山脚、山腹、山腰、山脊、山脉、齿轮、锯齿、轮齿。

这些拟人构词的形成也是在比附思维的基础上产生的。

在汉语表述方面，也具有鲜明生动的表象性特色。这方面的实例很多。首先，人们善用一些具体、可感性强的语汇去象征或显示一些抽象的概念或不同类型的人物，并形成社会的习惯用语。汉代王逸早已发现这一现象，他在《离骚经序》里说："善鸟香草，以配忠贞；恶禽臭物，以比谗佞；灵修美人，以媲于君；宓妃佚女，以譬贤臣；虬龙鸾凤，以托君子；飘风云霓，以为小人。"这是指古代汉语中善用形象的词汇，喻指各种类型的人物。在现代汉语中，用"青松"象征坚强不屈的性格；用"狐狸"表征狡猾的人；用"荷花"象征高洁、出污泥而不染的高贵品质；用"猪"象征愚笨。还有用颜色词"红"象征光明、进步、革命，如红军、红色政权、红心、又红又专等。用"白"象征黑暗、落后、反动，如白区、白匪、白色政权、白狗子等等。这些表征式的词汇，在汉语长期的使用中已被广泛运用，并形成习惯用法。人们用所喜爱的"善鸟香草"、"荷花"来象征忠贞和高洁的品质，用人们所厌恶的"恶禽臭物"来象征"谗佞"、"奸诈"。所有这些表征词及其使用，使汉语表述形象生动。

汉语表述的表象性还表现在一些论说文中，古代许多论说文既有严密的逻辑性，但也具有深入浅出，善于形象说理，用比喻或故事喻理的特色。在《荀子·劝学》中，以丰富的比喻透彻地说明学习的重要性，语言很生动。

君子曰：学不可以已。青，取之于蓝，而青于蓝；冰，水为之，而寒于水。木直中绳，輮以为轮，其曲中规，虽有槁暴，不复挺者，輮使之然也。故木受绳则直，金就砺则利。君子博学而日参省乎己，则知明而行无过矣。

这是用多样的具体比喻来说明学习的重要性这一抽象道理。荀子的《劝学》全文很长。从节选为中学语文教材的部分看，节选文共有290字。用于说明事理的比喻竟多达20多处，计225字，占全文的77.6%。而真正用于说理议论的语言仅有5句，计65字，占22.4%。这虽然是节选文，但也可反映表象语言在议论文中所占的重要比重。

许多古代议论文还广泛运用各种寓言、民间故事或历史故事来说理。以“庖丁解牛”这一民间故事为例，《管子》用它说明用兵之道；《吕氏春秋》用它说明为政之道；《淮南子》用它说明巧使之道；《庄子》用它说明养生之道。这都是使论述具体化、图像化。

下面，我们再以贾谊的一篇政论文为例来说明。

汉代贾谊的《陈政事疏》（又叫《治安策》）是一篇洋洋洒洒的政论文。在这篇政论文章中，贾谊在阐明“欲天下之治安，莫若众建诸侯而少其力”的论点时，并不是用抽象的论理来说明，而是通过铺陈许多典型事例，纵谈天下形势，文情并茂，很有说服力。

例如，贾谊在论述汉文帝统治天下，对诸侯究竟是施行“仁义恩厚”还是“权势法制”时，他说：

屠牛坦一朝解十二牛，而芒刃不顿者，所排击剥割皆众理解也。至于髋髀之所，非斤（砍刀）则斧。夫仁义恩厚，人主之芒刃也；权势法制，人主之斤斧也。今诸侯王皆众髋髀也，释斤斧之用，而欲婴以芒刃，臣以为不缺则折。胡不用之淮南、济北，势不可也。

贾谊举出春秋一位有名的宰牛能手屠牛坦的例子，他一个早晨宰12头牛，但屠刀的芒刃没有变钝，这是因为他在肌肉和骨头之间，善用屠刀或砍刀、斧子。“仁义恩厚”是君主的屠刀，权势和法制是君主的砍刀和斧子。如今的诸侯王都像牛的胯骨和大腿骨，不用砍刀和斧子是不行的。通过这种具体喻理语言，形成心理意象，进而说明道理。

贾谊在说到天下形势时说：“天下之势方病大瘇。一胫之大几如要（腰），一指之大几如股，平居不可屈伸，一二指搐，身虑亡聊。”这是说，天下大势像人正在患严重的脚肿病，一条小腿肿得像腰粗，一个脚趾肿得差不多像大腿，平时不能屈伸，一两个脚趾抽动，就感到浑身痛苦难熬。显然，这是用生动而形象的比喻说明天下大势的危机。

像贾谊的这种论述的语言风格，在古代论说文中是较常见的，而这正是汉语表述的表象性的一种表现。

在古代传统思维中，八卦思维是一种比附性的联想思维。它所“比”的都是自然或人事中已知已见的现象；它所“附”的是自身行动中未知的现象。比附思维常把自然现象和人类自身联系起来。如天象里的雷、雨、阴、晴，可以同人的祸福、吉凶相比附。《易·系辞》说：“在天成象，在地成形，变化见也。”本来，人类与自然存在着天然的密切联系。人类来自于自然界，并依存于自然界。“日一南而万物死，日一北而万物生；斗一北而万物虚，斗一南而万物盈。”（《太玄经》）但古人由于自然知识贫乏，从而对自然力产生崇拜和迷信，并在思维中出现各种神秘化的人与自然的比附。见天上流星，便比附人有灾祸。见乌鸦过天，比附人有亡妻。古人还常与龙相比附。《易·乾》九二爻辞：“见龙在田，利见大人。”九五爻辞：“飞龙在天，利见大人。”在中国人的传统思维方式中，这种比附思维有广泛的基础。流传在民间中的各种相命、卜卦，其认知的思维方式，便是比附思维的体现。

比附思维以联想的心理活动为基础，这种联想虽然与人的深层意识活动相联系，但从表现看，联想的心理机制主要是人脑中表象的组合意象。汉语的表象性正是这种比附性联想思维的体现。

中国人是善于比附联想的民族，把天比作人，又把人比作天，这已成为中国“天人合一”的传统文化观念。在我国古代许多优秀文学作品中，更不乏善用比附联想，出神入化、令人神迷的杰作。读一读杜牧的《阿房宫赋》，我们便可感受到比附联想在艺术上的优美升华。

明星荧荧，开妆镜也。绿云扰扰，梳晓鬟也。渭流涨腻，弃脂水也。烟斜雾横，焚椒兰也。雷霆乍惊，宫车过也。辘辘远听，杳不知其所之也。

诗人把天上明星，喻之宫女开妆镜；把天上云彩，喻之宫女梳发；把天上轰轰雷鸣，比附浩浩荡荡的“宫车过也”。这是跨越空间的比附、联想，用词是多么精彩!

需要指出的是，语言表述的表象化并不是汉语所独有的特点，其他语言也具有这一表述特点。例如，拟人的构词方式，许多外语都有。“窗户”这个词，不少语言都是由“眼睛”派生而来。俄语 окно（窗户）从古俄语 око（眼睛）派生。英语的 window（窗户）来自古挪威语 vidauga（窗户，内部形式是“风眼”）。在古挪威语中，vind 是“风”，auga 是“眼睛”，与古俄语的око相同。可知，英语window的本源也是由auga（眼睛）派生。不过，与西方语言相比，汉语的表象性特点更为鲜明，这与中国人的传统思维和西方人的传统思维特点的不同有密切关系。

思维具有民族特征，西方人继承古希腊文化的“求真”精神，发展了科学型的文化，重视自然科学知识的研究。文艺复兴之后，西方在对自然界的理解和研究中，发展一种科学“悬拟”的思维方式，它用概念以及表述概念间关系的诸多命题构成相关系统，并通过观察、实验的检验，揭示悬拟现象的内幕，从而洞悉自然界的种种奥秘。而中国的传统文化却以“求善”为目标，发展伦理型的文化，从而比较重视具体的、经验性的思维。比附思维是从已知的事物出发比附其他事物，它实际上也是一种具体、经验性的思维方式。西方与中国的这种不同的思维方式，使语言的表述方式显示出明显的差异。

第五节 汉语的抽象性与混沌和逻辑思维

人类各民族的语言表达和结构方式与其民族思维方式有密切关系。不同民族既具有共同的、普遍的思维方式，同时，也具有其独特性的民族思维方式，这里涉及民族的哲学理念、民族心理、观念、习俗、社会文化传统等因素。

汉语的表达和结构方式十分多样。汉语与印欧语等其他语言相比较，在反映人们的形象思维和抽象思维方面，尽管其叙述方式、语言结构有许多不同，但其表达能力绝不逊于西方语言。这绝不像某些西方学者的看法那样，认为汉语是“孤立语”，不精密，表达抽象性的能力差。

众所周知，中国是世界四大文明古国之一。早在公元前600年到公元前300年之间，古代中国便涌现出一批杰出的思想家、哲学家。如孔子、老子、孟子、荀子、庄子、管子等等。秦汉之后，又出现董仲舒、王充、扬雄、张湛、朱熹、王阳明等等。所有这些古代思想家、哲学家都是用汉语来阐述他们深刻的思维认识、抽象的哲学理念、广袤的思想内容。——汉语的抽象性表达能力，首先在这里得到充分体现。

这里，我们首先以古人关于“道”的论述的抽象性为例来考察。

在上古汉语中，“道”一词产生很早，它首见于金文。后来，殷周之际的《易经》的卦爻辞中也有几处出现“道”字。但在《易经》里出现的“道”都是指道路，没有什么深奥的含义。

在《诗经》中，据有人考察，“道”字出现29次，但其词义主要仍然是指道路。如：“瞻彼日月，悠悠我思。道之云远，曷云能来。”（《雄雉》）。除此，“道”还可用于表示言说。如：《墙有茨》有：“中冓之言，不可道也。所可道也，言之丑也。”这是说，宫中的事，不可以说；所能说的，只能是一些丑事。——这里的“道”仍然滞留在具体概念上。

春秋时，《左传》和《国语》中开始出现“天道”和“人道”的新含义。如：“天道皇皇，日月以为常。”“思乐而喜，思难而惧，人之道也。”（《国语·晋语》）这表明，“道”开始从具体概念升华为抽象概念。

随着古代哲学家的纷纷出现，人们在探究宇宙大自然的产生、天地人的来源和相互关系、世间万物的来源和运动变化等等深奥问题时，“道”、“气”等等成为古代哲人的中心议题。

有关“道”的哲理的深入论述，老子和庄子两位古代哲学家是最突出的。这里，我们只简要介绍老子关于“道”的中心论述，从中看出古人是如何用汉语表达有关“道”观念的抽象思维。

老子是第一个把“道”升华到宇宙产生本体论的高度来认识的非凡哲学家。

老子说：“道生一，一生二，二生三，三生万物。”（《老子》第四十二章）。这是说，“道”是一种宇宙混沌未分的状态。然后，由“一生二”，即产生天和地，或阴和阳。“二生三”，即天地人。“三生万物”，即天地人交合，然后产生万物。

那么，“道”究竟是什么？老子说：“道之为物，惟恍惟惚。惚兮恍兮，其中有象；恍兮惚兮，其中有物。”（第二十一章）。这是说，道是恍惚无形，不能被认知，但又确实存在，因而它是宇宙万物之源。

老子还进一步指出，道是亘古存在，同时又周行运动不息的。他说：道“独立而不改，周行而不殆，可以为天下母。吾不知其名，强字之曰道”。（第二十五章）

在老子的逻辑思维中，道的性质是有和无的统一体，是“玄之又玄”的幽隐存在。他说：道“无名天地之始，有名万物之母。故常无欲以观其妙；常有欲以观其徼……玄之又玄，众妙之门”。（第一章）

老子最后还进一步指出，圣人应以道来治理天下，而不应靠鬼神，要讲“自然”，要“无为”而治。“人法地，地法天，天法道，道法自然”。（第二十五章）“处无为之事，行不言之教”。以“无为”治天下。⑧

从老子关于“道”的抽象论述中，我们可以看到，老子具有非凡的胆识，远在公元前500年间，在那世界科学水平还极为低下的时代，便大胆地探讨宇宙的来源，提出宇宙来源于“玄之又玄”的“道”，这是一种混沌状态，有无的统一体。在探索“道”的特征、性质时，又能从混沌思维角度加以发挥。其措辞言简意赅，条理分明，前后语词逻辑连贯。不过，在老子的关于“道”的抽象论述中，我们也感到有些“玄之又玄”的味道，不是一般人能理解的。

随着社会的进步，人们思维能力的进一步严密，汉语的抽象论述也越来越周密、详尽，句子成分较完善。这在战国时代的孟子、荀子的论说文中已表现出来。

孟子不研究“道”之学说，而主要研究仁政和人性的学说。这里略举一两个例子——

孟子提出“民贵君轻”的仁政政治哲学。他认为，诸侯有三宝：土地、人民、政事。“民为贵，社稷次之，君为轻。”（《尽心》）“以力服人者，非心服也，力不赡也；以德服人者，中心悦而诚服也。”（《公孙丑》）

孟子还提出“性善养心”说。他说：“恻隐之心，仁之端也；羞恶之心，义之端也；辞让之心，礼之端也；是非之心，智之端也。人之有四端也，犹其有四体也。”（《公孙丑》）

从孟子的论述中，其抽象理念的表达很清晰，句子措辞流利、中肯、顺畅易明，句子结构也比过去完善。其还用排比修辞，让人更能理解，留下良深印象。

汉语表述的抽象性还体现在逻辑思维的严密性。这在战国时代已有明显的进步、发展，当时有些学者明确强调名与实对应，提出判断、推理的作用与规则。

战国时代公孙龙提出著名的“白马非马”论，指出名（概念）与实（对象）要严格对应。他在其《白马论》中说：“马者，所以命形也；白者，所以命色也。命色者非命形也。故曰：白马非马。”“求马，黄黑马皆可致；求白马，黄黑马不可致……故曰：白马非马。”——这种论述涉及概念的严格确定性问题。马是马，马的概念外延包括各种颜色的马，但白马概念的外延只局限于白毛色的马。这“马”和“白马”不是同一概念。在这里，公孙龙对词概念的抽象性认识已深入逻辑范畴，具有严密性。

墨子是春秋战国之际的思想家。在其死后，由其弟子整理出《墨子》一书。在此书中，对汉语中各种抽象的名称概念进一步加以区分。“名：达、类、私。”“名物，达也，有实必待文多也。命之马，类也。……命之臧，私也，是名也，止于是实也。”（《经说》）在这里，墨子将名称概念区分为三种：普遍概念、类别概念和个别概念。

在关于如何进行论说推理时，《墨辩》说："辟也者，举他物而以明之也。侔也者，比辞而俱行也。援也者，曰：子然，我奚独不可以然也？""推也者，以其'所不取之'，同于'其所取者'，予之也。"墨子在这里提出论说要有：辟、侔、援、推四种推理形式。辟，是指比喻；侔，是指齐等，相当于类比法；援，是指引用；推，是指推论，由推理得出结论。这是墨家对汉语论说的认识，可以通过比喻、类比、引用，然后进一步推理论证，从而"明是非之分，审治乱之纪，明同异之处，察名实之理，处利害，决嫌疑"。（同上）墨子这种逻辑认识，可大大提高人们的汉语论说能力。他和公孙龙的"白马非马"论，表明我们的古人对汉语逻辑的抽象性，早已有充分的认识。

汉语的抽象性还表现在句法的严密化。

王力先生在其《汉语史稿》（中册）里指出：在我国上古汉语中，甲骨文、《尚书》、《易经》的句子都很简单、朴素，但战国以后的句法比春秋的句法复杂多了。拿《孟子》和《论语》来比，《孟子》的句子的平均字数多得多。

随着社会的发展进步，尤其是汉魏之后的唐代，人们"逻辑思维的发展在语言结构形式中的具体表现有两方面：一方面是把要说的话尽可能概括起来，成为一个完整结构"。"另一方面就是化零为整，使许多小句结合成为一个大句，使以前那种藕断丝连的语句变为一个有机联系的整体。"⑨——这就是说，汉语抽象性是在逻辑思维进一步发展的情况下，使句子具有更高的概括性、完整性，并能把许多小句结合为严密化的复句（长句）。逻辑思维对语言句法结构的抽象发展有重要作用。在这方面，人们只要读一读韩愈、柳宗元的散文、论说文便可理解。恕不举例。

唐以后，汉语继续向前发展，尤其是"五四"运动以后，王力认为汉语的句子结构，在严密性这一点上起了很大变化。如，定语或状语，其含义要求更精密、细微，所以，比起古汉语来，其长度大大增加。一个句子中有许多并列的定语或状语。许多复句自然也大大增长，日趋严密，力求无懈可击。

综上所述，汉语表述的抽象化在上古汉语中，早已充分展示出来。这与上古哲人、思想家的纷纷涌现分不开。古代哲人多受混沌思维的影响，探究宇宙与天地人的来源和变化。随着社会进步，古人逻辑思维不断发展，这更加促使汉语抽象化的逻辑表述能力的提高。

当今，我国也有许许多多具有国际水平的科学著作涌现，它们完全是用现代汉语进行精确、严密的论述，展示高度抽象的科学思维。——在这里，我们可以大声说，汉语是一种表象性和抽象性完美结合的优秀语言。

注释：

① 张立文：《传统学引论——中国传统文化的多维反思》，中国人民大学出版社，1989年。

② 邵雍：《皇极经世》卷七。

③ 参阅谭德贵：《多维文化视野下的周易》，齐鲁书社，2005年。

④ 张立文：《传统学引论——中国传统文化的多维反思》，中国人民大学出版社，1989年。

⑤ 汤川秀树：《创造力和直觉》，复旦大学出版社，1987年。

⑥ 张立文：《传统学引论——中国传统文化的多维反思》，中国人民大学出版社，1989年。

⑦ 吕叔湘：《语文常谈》，生活·读书·新知三联书店，2006年。

⑧ 参阅张立文：《道》，中国人民大学出版社，1989年。

⑨ 王力：《汉语史稿》（中册），科学出版社，1958年。

第五章 汉语中的语言迷信

第一节 社会习俗中的语言迷信

世界各民族中，伴随着神灵传说的出现、巫术和宗教的信仰，以及民间迷信、禁忌风俗的流传，都在不同程度上出现过语言迷信现象。至今，语言迷信现象仍在许多民族语言中存在、流传着。

语言迷信是人们相信语言具有一种超常的灵力，它可使人与神灵相互沟通，或传达神灵的意志；可与巫术结合，对人施加种种祸害。同时，语言本身也同神灵一般，也会给人带来各种祸福。人们对语言灵力的迷信，犹如宗教一般，有人甚至称之为“语言拜物教”。例如，有人认为语言可创造人的思想和智慧，语言可以为人治病，语言可以创造财富。对语言灵力的迷信并非是毫无根据的，如果说这种语言的灵力是指语言对人的心理的暗示、诱导作用的话。心理学认为，语言的暗示、诱导会对人的心理和行为产生某种影响。但是，如果过分夸张这种语言“灵力”的作用，把它同神、同巫术结合在一起，认为语言同神一样具有无边的、不可阻挡的力量，可预卜吉凶、治病、创造财富等，这自然是很荒谬的。

语言迷信的现象在汉族历史上很早便出现了。它是随远古汉族的神灵观念和神话传说的出现而出现的。

在远古的汉族初民的意识中有各种各样神的观念，主要崇拜的神有：

天体神——日神、月神、星神、云神。

日为众神之主，《礼记·郊特牲》：“郊之祭也，迎长日之至也，大报天而主日。”孔颖达注疏：“天之诸神，莫大于日。祭诸神之时，日居群神之首，故云，日为尊也。”甲骨文中“昊、晔、旻”等上帝名称的汉字都从日。“天皇大帝”的“皇”也是太阳的意思。《帝王世纪》：“天皇大帝耀魄宝”，《广雅·释天》解释说：“朱明、耀灵（耀魄宝）、东君、日也。”

远古神话传说中的嫦娥便是月神，先秦时期祭祀“六宗”之一便有“月”。

自然力神——风神、雨神、雷神。

相传风神名飞廉、雨神名萍翳、雷神即雷公。风神“能致风气”；雨神“雨师号呼，则云起而雨下”；雷公击鼓隆隆，便为打雷。

灵物神——山神、树神、湖神、火神、土神、井神、蚕神、鸟神、虫神、兽神等等。

原始初民心智创造的神祭神话传说都必须借助语言媒介，才能把隐约于内在意识的东西外在化。神与语言的交接点，首先便在于赋予神名称上，这些神的名称，负载着崇拜与信仰的意识和力量。

恩斯特·卡西尔在《语言与神话》一书中指出：“无论何时，只要某个专职神在意识中形成，它总要被赋予一个专门的名称，这个名称自然是从产生出这个神的特殊活动中演化出来……通过其名称，该神便被永久地固定在最初创造出它来的那片狭窄的领域之内。”①

用于神的名称的词语，并不像普通的名词，在初民以及虔诚的宗教徒的意识中，神的名称具有一种灵力，它能召唤神与我们同在。神的名称是神圣的，独放神采，有的令人生畏，有的令人崇敬。在基督教徒心目中的“上帝”，或佛教徒心目中的“阿弥陀佛”、“观世音菩萨”等神的名称，都是神圣、不可冒犯的。呼唤神的名称，神便会来到我们的身旁，给我们安慰和帮助。

信仰基督教的人常常要祈祷、呼唤上帝。狄特里奇在《密特拉教的崇拜仪式》一书中写道：“名称的功用在于代理其承受者……在洗礼盆上念出‘上帝’的名称，上帝之名由此便据有并弥漫于盆中之水，从而使新入教者实实在在地浸没在上帝的名义之中，宗教礼拜聚会上的仪式，从念诵‘以上帝的名义’开始，在当时认为，这样一来聚会就在上帝名称的效能范围之内举行了，而不论这一短语具有多少比喻的或仪式的意味。”②

信仰佛教的人常要念诵“阿弥陀佛”佛名，《阿弥陀经》告诫说：

若有善男子、善女人，闻说阿弥陀佛，执持名号，若一日、若二日、若三日、若四日、若五日、若六日、若七日，一心不乱，其人临命终时，阿弥陀佛与诸圣众，现在其前，是人终时，心不颠倒，即得往生阿弥陀佛极乐国土。

这是佛教中禅宗派所宣扬的观点，只要天天念“阿弥陀佛”的佛名，一心信佛，便可感动佛来接引到西方极乐世界。——这无疑是说，佛名有一种无边的灵力，可让上天的神感知。如果不是神的名称，自然不具备这种力量。

语言与神的另一个连接点在于，神会“说话”，神的话语代表神的示意，具有神秘的灵力。这往往同巫术联系在一起。

巫术是远古人类社会的普遍文化现象。英国著名学者詹·乔·弗雷泽在他的文化人类学巨著《金枝》一书中，以丰富的材料说明巫术在各民族中的普遍性，不论什么民族，巫术是人与神灵共生的现象。所谓巫或巫师、祭司，都是作为人与神之间的联系人，他们受意于神灵，成为神灵的代言人。巫在施法时，口中念念有词，其发出的语言，具有神秘的灵力。

弗雷泽认为巫术可分为“顺势巫术”和“接触巫术”两种。

顺势巫术是通过破坏或毁掉敌人的模拟偶像，来达到伤害或消灭敌人的目的。又称为“模拟巫术”。

接触巫术的含义是，“事物一旦互相接触过，它们之间将一直保留着某种联系，即使他们已相互远离。在这样一种交感关系中，无论针对其中一方做什么事，都必然会对另一方产生同样的效果。”③

在这两种巫术中，都存在语言的感应灵力。

顺势巫术，在我国古代早就存在。《史记·封禅书》记述，周灵王对不来朝拜的诸侯特别憎恨，便请巫祝苌弘施行巫术，即“射貍首”，它以偶人为箭靶射之，以伤害不来朝拜的诸侯。苌弘由此而得罪诸侯，被晋人执而杀之。

西汉时代的“巫蛊案”，便是一桩捏造汉武帝的戾太子为了篡夺皇位，用木偶像施巫术，以杀害汉武帝的大冤案，“坐而死者前后数万人。”（见《汉书·江充传》）又《宋书·元凶邵传》载宋文帝长子刘邵多过失，担心被皇上知道，于是在女巫严道育的帮助下，“遂为巫蛊，以玉人（用玉雕刻的偶像）为上（宋文帝）形像，埋于含章殿前”。

在施行巫术时，常常书写仇家的姓名，以及咒语或符咒，以发挥语言的灵力，伤害仇家。如《隋书·庶人秀传》记述，隋文帝太子杨广为陷害蜀王杨秀，便伪造偶人，“太子阴作偶人，书上（文帝）及汉王（杨谅）姓字，缚手钉心，令人埋之华山下，令杨素发之”。蜀王杨秀由此而被废为庶人。

隋文帝在谴责杨秀的罪行时说：

汉王于汝，亲则弟也，乃画其形象，书其姓名，缚手钉心，枷锁杻械，乃云：“请西岳华山慈父圣母，神兵九亿万骑，收杨谅魂神，闭在华山下，勿令散荡。”我之于汝，亲则父也，复云：“请西岳华山慈父圣母，赐为开化杨坚夫妻回心欢喜。”又画我形象，缚手撮头，仍云：“请西岳神兵，收杨坚魂神。”……④

在施行巫术时，除了对偶像缚手钉心、撮头之外，还要书写符咒语：“请西岳华山慈父圣母，神兵九亿万骑，收杨谅魂神，闭在华山下，勿令散荡。”这意思是，请西岳神派出大批神兵收拿仇人（杨谅及杨坚）的灵魂，镇闭在西岳山下，让其永世不得投胎翻身。这种符咒语常常书写在偶像上。人们相信巫术中的符咒语具有灵力，它可以使人与神之间发生感应，从而使神发挥魔力，使仇家遭受大灾大难。

除此之外，对语言灵力的迷信还表现在民间的迷信习俗中。

许许多多的佛门弟子，在寺庙里烧香拜佛，常常对着菩萨的偶像倾诉衷肠，祈求保佑，还有向菩萨问卜将来事，如，住宅迁移、选择配偶、生意如何等等。尽管明知菩萨是哑木做成的，不会说话，但人们相信语言的灵力可达菩萨，引起菩萨的感应，菩萨也会“回答”的。在寺庙里，人们卜签之后，庙公便会通过一种“签诗”或签语替神回答人们所询问的各种问题。

下面抄录两首闽南某地观音庙的签诗：

（1）永坠沉沦无出期，
只因前世不修持。
幸有目莲亲誓愿，
救出阿娘早脱离。

（2）慈力恩沾利有情，
今朝万福自来迎。
前程广大应绵远，
寿如山固保康宁。

这不是普通的两首诗，而是显示神明示意的诗。它通过语言的隐喻性，暗示人们什么该做，什么不该做，什么会有吉利，什么会有灾祸。

这种签诗的隐喻性是神明诉诸人类的一种表达方式。人们要领会神的示意，往往需要巫或庙公对各种签诗的内容进行说解，并针对人们询问的事，代神作出解答。显然，这也是迷信语言灵力的一种表现。

在民间还有各种语言迷信的表现。如：

在中国传统的新年之际，不论在城市或农村中，都流行贴春联（桃符）的习俗，春联是表达人们迎新春、盼望来年万事如意的心情，但在春联中，也存在语言迷信的成分。人们在心理上以为，在春联中多贴吉祥如意的词，来年便有可能大吉大利。所以“金玉满堂”、“财发万金”、“人寿年丰”、“发福生财地，堆金积玉门”……便张贴在各个门楹上。北方地区家家户户盛行贴“福”字。“福”字要倒过来贴，表示“福到”的意思。闽南地区的民俗，要在米缸上、饭桶上、谷仓上，贴上“春”或

“福”字，“春”在闽南话中读为[tshun]，与方言中“剩”（有余）的音相同。贴“春”的意思是表示粮食有余。有的在自家门前对过的墙上，还贴上“对我生财”，这是盼望自己能发财。古代称春联为“桃符”，实际上便包含迷信语言灵力的因素。古人认为桃符会给人带来吉利。

在旧时代的北方农村中，在大年五更天的时候，养羊的呼羊来，养猪的呼猪来，还有缺少子孙的呼子孙来，他们认为这种呼叫声能给新的一年带来好运。

为了转移家中灾祸，民间也有各种语言驱邪方法。有的请巫来念咒语驱邪，有的用纸条书写驱灾祸的词语，让路人捡去，让灾祸转移到别人的家中。在农村，如有家里婴儿常夜中啼哭不止，主人便书写一首咒语：“天皇皇，地皇皇，我家有个夜哭郎，路过行人念三遍，一觉睡到大天亮。”把此咒语写好后，贴在村里大街小巷，让路过行人读几遍，据说，婴儿在夜里便可止住啼哭。如果你在夜里常做噩梦或不吉利的梦，你也可以在路边的墙上或电线杆上贴条子，上写“夜梦不强，画在西墙，日头一照，化为吉祥”。人们以为这样一来夜里便不会再做噩梦了。这都是相信语言灵力可驱邪的心理表现。

旧时代还有一些语言（文字）迷信的习俗，如，在过去北平的街上常有“敬惜字纸”的小匣子，要人们珍惜写过字的纸张，这本是可以理解的。然而，当时的人们认为，“字纸”有一种灵力，谁要弄脏字纸，据说会成为哑巴，或成为瞎子。只有对字纸敬惜，人才会变得聪明、有智慧。因为字纸是圣人带来的文明，字纸有圣人的灵魂在护卫着。当然这是对文字灵力的迷信。

旧时代民间还有一种习俗——谁要是上牙掉了，便把上牙扔到老鼠窝里去，并要口念祝辞道：“大鼠小鼠，接纳我底骨牙，抱给我一铜牙。”农村中，人们盖房子时，如要上房子的大梁，或者安门时，常要在梁上或门上贴“太公在此”，或“太公在此，请神退位”的红纸条，以避凶趋吉。

从汉代开始，结婚仪式上便流行一种撒帐的习俗。《戊辰杂抄》云："撒帐始于汉武帝。李夫人初至，帝迎入帐中，共坐，饮合卺酒，预告宫人，遥撒五色同心花果。帝与夫人以衣裾盛之，云'得多'，得子多也。"在这种撒帐仪式上一边盛同心花果，一边口里要说"得多"（得子多），据说，这可使新婚夫妇多子。

到了宋代以后，这种撒帐仪式已发展成为大颂祝辞，《清平山堂话本》中的《快嘴李翠莲记》一文记述，李翠莲婚礼上，在洞房中举行撒帐礼时，"先生捧着五谷，随进房中。新人坐床，先生拿起五谷念道：

撒帐东，帘幕深围烛影红。佳气郁葱长不散，画堂日日是春风。

撒帐西，锦带流苏四角垂。揭开便见姮娥面，输却仙郎捉带枝。

……

撒帐下，见说黄金光照社。今宵吉梦便相随，来岁生男定声价。"

唱这些吉利辞，反映了人们的一种美好愿望，希望婚后美满幸福，来年能生男孩。但这也说明人们是相信语言灵力的。

古代民间语言迷信习俗的例子还可举出很多，无须赘引。从这里，我们可以看出，在社会迷信文化心理的作用下，很容易产生语言迷信。不论是神灵、巫术，或民间迷信习俗，都与语言灵力的迷信联系在一起。

第二节 古代名字避讳

名字避讳是世界上未开化民族的普遍现象。詹·乔·弗雷泽在他的《金枝》一书中作了广泛的介绍，美洲的印第安人、大洋洲巴布亚的土人、乌干达—肯尼亚边境的游牧民族、高加索地区的阿尔巴尼亚人、澳大利亚的土人、巴拉圭的阿北波尼人、非洲的祖鲁族人……几乎所有未开化民族都有各种名字避讳现象。

令人感兴趣的是，一些已开化的、有较高文明程度的民族，也有各种名字避讳，例如，古代的印度、埃及、中国均如是。在我国的历史上，名字的避讳现象连绵不断、代代相续。封建时代的文明并没有使人们认识到名字只不过是一种标志符号，它与它所代表的个人之间没有必然的联系，不值得对它有什么迷信。相反，在整个封建时代中，名字的避讳层出不穷，愈“避”愈多，并发展成为政治上打击异己的一种手段。

弗雷泽在《金枝》中列举了名字避讳有五种不同的类别：

（1）个人名字避讳

（2）亲戚名字避讳

（3）国王及其他神圣人物名字的避讳

（4）死者的名字避讳

（5）神名的避讳

这些语言避讳在我国历史上都不同程度地出现过。有关的文字记载主要有：

一、帝王及帝王长辈的名字避讳

这是封建王朝统治下的臣民对皇帝及其父祖名字的避讳，这种避讳又称为“国讳”。皇帝名字的避讳，从秦代开始，历代都严格遵守。不过，各朝代避讳程度不完全一样。通常臣民都不可以直呼皇帝及其长辈的姓名，在文字中，尤其要避讳，不可直书，否则便是犯禁，轻则受罚，重则有杀身之祸。

秦始皇名嬴政，为避“政”名，《史记索隐》在《秦楚之际月表》“端月”下注明，因避始皇讳，改“正月”为“端月”。

汉代，《汉书·高帝纪》中，东汉人荀悦在解释对刘邦名字的避讳时说：“讳邦，字季。邦之字曰‘国’。”颜师古在作注时又进一步指出：“邦之字曰‘国’者，臣下所避以相代也。”班固在《汉书·食货志》中引用《尚书》“万邦作乂”句时，改为“万国作乂”。

《三国志》的作者陈寿，为避晋宣帝司马懿名讳，把书中提到的并州刺史张懿，均改作“张壹”。

唐太宗名字世民，唐人在撰《唐书》时，在提到镇压隋末瓦岗军的王世充时，因避“世”字，有意用空字法，把“王世充”写成“王　充”，空“世”字。唐高宗李治在贞观二十三年令“改民部尚书为户部尚书”，以避李世民的“民”字。其实，古代的名字避讳，只要避名字中的一个字便可以，不必名字中的两个字都避讳，古称为“二名不偏讳”。

汉代文字学家许慎在《说文解字》中，对他生活所在的汉代皇帝的名字，自光武帝刘秀，及至安帝刘祜，都采用空字的方法，避讳不书，仅作“上讳”二字。到了清代，段玉裁在《说文解字叙注》中，遵照清代朝廷的避讳禁令，对清圣祖玄烨讳，以“元”代“玄”，并加空围“口”。对清高宗弘历讳，以“宏”代“弘”，同时也加空围“口”。如，“口德升闻”，这里，空围里需填上“元”字，即元德，不可写“玄”字。

皇帝的长辈名字也属避讳之列。如，秦始皇的父亲名“子楚”，《史记·秦始皇本纪》中，凡称“楚”都改为“荆”。《战国策》中便有改“楚”为“荆”，有人据此怀疑《战国策》可能是秦人所作。又如，颜师古在注释《汉书》时便避讳“虎”字，因为唐高宗李渊的祖父名“虎”。

值得注意的是，并不是历代皇帝的名字都要避讳改字。据清代杭世骏《订讹类编》卷三《历朝避讳字宜改正》条，我们粗略统计历朝凡因避讳而改字的皇帝约有60多个，而不因避讳改字的皇帝却多达100多人。

二、对宗亲长辈名字的避讳

对宗亲长辈，一般要求7代以内者必须避讳，7代以上者可以不避讳。这种避讳称为“私讳”、“家讳”。

司马迁在《史记》中便有许多家讳的例子。《史记·齐太公世家》：“庆父弑闵公，哀姜欲立庆父，鲁人更立釐公。”《集解》：“徐广曰：‘《史记》僖字皆作釐’。”这是说，“釐公”的本名应是“僖公”，因为司马迁祖父名“僖”，所以避讳之。《史记·魏世家》中有“十九年，昭王卒，子安釐王立”。据《索隐》云，此处“安釐王”应为“安僖王”。

司马迁的父名“谈”。《报任安书》中有“同子参乘，爰丝变色”

句，这里的“同子”，原名应是赵谈，他是汉文帝时的宦官。由于司马迁父亲司马谈与赵谈同名，为避父讳，故称他为“同子”。《汉书·司马迁传》对此句注释云：“苏林曰：赵谈也。与迁父同讳，故曰同子。”此外，《史记·赵世家》中，把战国的张孟谈，讳称为“张孟同”，都是出于同样的原因。

《后汉书》作者范晔，因父名“泰”，为家讳，故在《后汉书·灵帝纪》里，把“郭泰”改为“郭太”。

王羲之因祖父名“正”，故改正月为政月。

唐代诗人李贺因父名晋肃，而“晋”与“进”同音，为避讳，李贺不举进士。韩愈为此写了一篇《讳辩》，劝他去考进士，结果受到士人的攻击。

东晋桓玄初任太子洗马时，王大前来祝贺，玄设宴款待。王嫌酒冷不能饮，乃欲呼使者取温酒来，玄因此哭泣。王大很扫兴，告辞，临别时，桓玄赔礼曰：“犯我家讳，何预卿事。”原来，桓玄父亲名“温”，禁忌人们说“温”，“喝温酒”。⑤

宋代《资治通鉴》的作者司马光，因其父名“池”，乃改韩维的字“持国”为“秉国”，因为“持”和“池”同音的缘故。

这些家讳的例子都是出于下辈对长辈的名字的敬重。但这种讳字的改动，岂不影响史籍文字的真实性吗?

三、对圣人等名字的避讳

《礼记·曲礼》把避讳分为“公讳”（帝王庙讳）、“私讳”（尊祖敬宗讳）两种。到了北宋避讳的范围大大扩大，它包括中华民族的始祖皇帝，宋代帝王赐封的“至圣先师”孔子以及亚圣孟子，甚至还有周公等都列入避讳之列。以“道君皇帝”自称的宋徽宗，迷恋道教，于是规定老子也在避讳之列。宋徽宗甚至把与皇帝有关的用字“君、皇、圣”以及“龙、天、君、玉、帝、上”等等也列入讳字。

清代学者钱大昕在这方面做了较多的研究，他在《十驾斋养新录》卷七中写道：

宋人避轩辕字

“……（宋大中祥符）七年六月己卯朔，诏内外文字，不得斥用黄帝名号故事，其经典故文不可避者，阙之……宋史真宗纪亦载禁斥黄帝名号事。

孔子讳

（宋）大观四年，避孔子讳，改瑕丘县为瑕县；龚丘县为龚县，至正直记丘字（写成缺笔字），圣人讳也。子孙读经史，凡云孔丘者，则读作某……”

在“政和禁圣天等字命名”条释中，钱大昕引《能改斋漫录》和《客斋续笔》的材料指出，宋政和八年规定，“凡世俗以君、皇、圣三字为名字者，悉命革而正之”。又“政和中，禁中外不许以龙、天、君、玉、帝、上、圣、皇等为名字”。

金代规定，“臣、庶民犯古帝王而姓复同者禁之。周公、孔子之名亦令回避”。

清雍正时规定，孔孟名讳必须敬避，尤其是孔子名丘，凡古书中有此字，必须改为缺笔字，钱大昕在《十驾斋养新录》便把“丘”写成缺笔字。姓、名、地名中的丘字，均需改为“邱”字。甚至连孔子的母亲的名字，也列入避讳之列。

古人的避讳有一定的规则，班固在《白虎通义·姓名》中提出五不讳，韩愈在《讳辩》中也提出三条不讳的条件，共可归纳为下面八条：

（1）讳名不讳姓。孟子说过：“讳名不讳姓。姓所同也，名所独也。”（《孟子·尽心》）

（2）二名不偏讳。如果名字有二字，只讳一字便可以。

（3）不讳嫌名。“嫌名”是指字音相同或相近的字。如唐太宗李世民，讳“世”，但不讳与世同音的“势”字。

（4）父已死，不讳祖名。

（5）君前不讳父名。

（6）已祧不讳。古代称七代以上的祖宗为“已祧祖”，不讳。

（7）诗书不讳。不可讳父名而擅改诗书。

（8）临文不讳。上章奏不讳父名。

至于避讳的方法，许多谈避讳的文章都已指出过，主要有：

改字法——对帝王及所尊者之名改用其他字来替代。其他字有音近，也有形近或意近字。

空字法——即将应避讳的字空而不书，或作“某”，或作“讳”，或作“□”。

缺笔法——对所避之字的最后一两笔故意不写。

避正呼法——在口语中遇到应避的字不要正呼。古代，汉字有四声：平、上、去、入，讳字若是去声字，可改呼平声或上声。

语言文字的避讳起源于原始人类对语言的迷信。

未开化的民族认为，巫术可通过一个人的名字，就像通过人身上的指甲、头发及其他东西那样，对人施行巫术伤害，所以，人们对自己的名字要守密。弗雷泽在《金枝》中写道：“我们听说，澳大利亚土著一般都不让大家知道自己的名字，其所以要如此保密，多半是‘出于这一信念，即认为如果敌人知道了自己的名字，就会运用巫术加害于自己’。另一位作家写道：‘有一位澳大利亚黑人总是非常不愿说出自己的真名，无疑这是由于害怕因为名字而受到巫师的伤害。’”⑥

未开化民族，对语言和事物不能正确加以区分，他们把事物的名称和事物本身混为一谈，把这二者看成是一回事，所以，相信巫术对人的名字的伤害，也会对人身产生伤害。迷信巫术的民族，自然要千方百计保护自己的名字，避讳让人知道名字。其实，“物的名称，对物的性质，全然是外在的”（马克思语）。其间，既没有任何有形的物质联系，更没有什么灵力感应的联系。语言名称不过是事物的一种外在标志符号而已。

未开化民族对名字的避讳还有一个重要的原因是，他们认为名字与人的灵魂联系在一起，对死者名字的避讳（中国古代便有这一习俗），完全是害怕触怒鬼魂。弗雷泽在《金枝》中写道："据说澳大利亚土人中最严格遵行的习俗之一就是绝不许说起一个死者（无论是男、是女）的名字……

这一习俗的主要动机似乎是害怕触怒鬼魂，……有一次，奥尔德菲尔德先生曾经大声说出一个死者的名字，吓得一个当地土人慌忙逃走，好几天不敢露面。"⑦

从上面这些引述，我们可以看到，未开化民族的姓名避讳的产生，主要源自于他们的语言迷信观念。

汉族人的名称避讳的来源，无疑也是来自于语言迷信观念。

学者们从有文字记载的材料中考证认为，汉语名字的避讳起源于周代。然而，从世界许多未开化民族都存在姓名避讳这一现实推断，古代中国很可能在周代以前的漫长的蒙昧历史时期便已存在姓名避讳了。

封建时代的语言避讳脱胎于远古时代的语言迷信，人们认为语言具有一种超人的灵力。封建时代的帝王之所以不许臣民说他们的名字，避讳他们的名字，这既有政治上的原因，同时也有历史文化的原因。从政治上看，帝王处于至高无上的地位，他们为了保持神圣、至尊的威严，连他们的名字也不许臣民随意呼叫。谁要冒犯了，便是不恭、不忠、不孝，便要无情地进行惩罚。唐代法律规定："诸上书若奏事，误犯宗庙讳者，杖八十；口误及余文书误犯者，笞五十；即为名字触犯者，徒三年。"⑧宋以后，尤其清代，对这种犯讳的惩罚更加变本加厉。乾隆年间，江西举人王锡侯作《字贯》一书，因犯康熙、雍正的庙讳（当朝皇帝父祖的名讳），触犯乾隆帝的圣讳，乾隆认为是"大逆不道"、"罪不容诛"，便诛杀王锡侯及其家族多人。像王锡侯这样因犯讳而遭不幸的例子并不罕见。

在中国民间，人们一般都忌讳说死者的名字，以免触怒死者的魂灵，尤其是在吊丧期间，更是严格禁止。

第三节　不吉或不雅词语避讳

人们除了避讳名字之外，对于许多不吉利的词语也总是避讳的。

不吉词语避讳的前兆迷信心理是，人们把不吉利的词语同人的命运联系在一起，认为人要是听到不吉利的词语，就会遇到各种厄运。这种心理的实质，仍然是语言灵力观的反映，好像语言有灵力左右人的命运和时代的变化。

不吉词语避讳最明显的是对“死”一词的避讳。自古以来，中国人避讳说“死”这个词，所以常用别的词语替代。《礼记·曲礼》云：“天子死曰崩，诸侯曰薨，大夫曰卒，士曰不禄，庶人曰死。”古代皇帝死还有“驾崩”、“山陵崩”等说法。自古以来，人们关于死的替代语很多，如：“故”、“卒”、“殒”、“夭折”、“早殇”、“谢世”、“蚤世”、“不讳”、“不禄”、“捐馆舍”、“作古”、“仙游”、“长眠”、“与世长辞”、“寿终正寝”、“命归黄泉”、“一命呜呼”、“上西天”、“捐躯”、“牺牲”、“咽气”、“走了”、“上路了”等等。这些委婉词均用于替代“死”字。

中国的道教、佛教也避讳“死”字。道教用“仙逝”、“仙去”、“仙游”、“羽化”。佛教用“圆寂”、“上西天”、“归西”、“撒手西去”等词代替“死”字。

对“死”一词的避讳，不仅是中国，世界上许多民族也都避讳直接说“死”字。如日本人便是如此。日本人甚至连与“死”同音的“四”也避讳。据说，日本医院中不用“四”标示楼层，也没有“四”号病房。森村诚一《新人性的证明》中有一段描写避讳“四”（死）的内容，十分生动、真实：

好不容易买来房间，但他嫌房间的号码不称心，说429读出来是“死苦”。有人劝他说429也可读成“至福”，但不听，坚持非换不可。

说是调换，但并非简单地换一下就行，而是经过一番核算和商谈。只要是四楼，不管哪间都同“死”有关。428是“死家”，427是“死名”，425是“死子”，424是“死死”，430是“死产”。三楼已经占满了，五楼以上价钱就贵得多，真难对付。

所谓不吉词语有两类：一类是社会上人们普遍认同的不吉利词语，如死、灾、祸等。另一类是个人认为不吉利的词语。这种个人认为不吉利的词语似乎与个人的心态有关，没有什么道理可说。例如，清朝光绪十六（1890年），清德宗皇帝举行婚典，各国元首与驻京使节纷纷送礼祝贺。英国的维多利亚女王送来一座自鸣时辰钟，钟上用汉字镌刻一副贺联，上联是“日月同明，报十二时吉祥如意”，下联是“天地合德，庆亿万年富贵寿康”。这一副贺联的含意充满吉祥、诚意，没有什么不吉祥的词语需避讳的。然而，慈禧太后个人却认为“明”字是不吉词，当即命令太监李莲英把它搬出大殿，藏匿避忌。这当然是英国女王始料不及的事。“明”出现在“日月同明”中有什么不吉祥呢？然而，因为当时许多民间的反清会道门组织要“反清复明”，慈禧太后等清朝统治者最忌讳“明”字，把“明”当作威胁清政权的不吉词，所以一见到“明”便神经过敏。

历史上许多不吉词语的避讳，往往连不吉词语的谐音字也避讳，而且谐音的避讳任意扩大，由语言迷信变成胡乱猜忌，草木皆兵。封建统治者由此搞起文字狱，罗织各种罪名，迫害臣子和士人。明清以来，这种现象很普遍。《朝野异闻录》记载：北平府学训导赵伯宁作《长寿表》。因为有“垂子孙而作则”句，“作则”二字与不吉词“作贼”谐音，所以赵伯宁被诛。台州训导林云作《谢东宫赐宴笺》，因其中有“藻饰太平”句，朱元璋认为“藻饰”与“早失”谐音，这句话变成“早失太平”，成为不吉利的词，犯忌，故被诛。德安府学训导吴宪作《贺立太孙表》，因有“天下有道”，“有道”与“有盗”谐音，这句话成为“天下有盗”的不吉利话，故被诛。

人的姓名若与不吉词语谐音，也会因此而招来灾祸。清道光年间，湖北武昌人范鸣琼进京殿试后，名列前十名。然而，当时的官话“范”与“万”谐音，“琼”与“穷”谐音，所以金殿唱名时，唱“范鸣琼”，道光皇帝一听，立刻皱起眉头，认为这名字与不吉词“万民穷”谐音，即传令将卷子移至三甲。

清同治年间，常州武进士王国均，慈禧太后认为这名字同“亡国君”谐音，太不吉利了，遂挪置三甲，未之任卒。

相反，如果一个人的姓名与吉利词语谐音，却有可能因此而得福运。光绪二十九年，山东潍县人王寿彭应试，成绩不佳，然而主考官见“王寿彭”三字，字字吉祥，有“王之龙体有如彭祖高寿”之意，立即启奏西太后，得西太后的欢心，即点为状元。封建帝王的语言迷信心理似乎比一般人还要浓厚。他们一方面受传统精神文化的影响，把不吉词当成能给人带来灾难的语汇；另一方面，借助帝王的至高无上的权威，有意强化这种语言迷信心理，滥施淫威，无端打击那时的知识分子。

在我国的历史上，清代的文字狱最严重、最残酷，尤以康熙、雍正、乾隆三朝为甚。一案牵连多人，甚至上百人、上千人惨遭横祸。据今人张书才等编撰的《清代文字狱案》一书记载的文字狱案例便有86起。这使清代的知识分子人人自危。这正如清代诗人龚自珍《咏史》所云：“避席畏闻文字狱，著书都为稻粱谋。”

除了不吉词语的避讳之外，在封建伦理观念影响下，在传统文化中，中国人的性观念总很严肃、保守的。“发乎情，止乎礼”，强调用委婉词语表达，不可直言性爱、性行为，以及其他有伤风雅的不雅词语。如：

性爱——怀春、春情、风情、风月、风花雪月。

性行为——云雨、房事、入港、做爱、同房、巫山云雨。

此外，妇女月经来潮称作“来红”、“例假”、“倒霉”，妓院称作“青楼”、“春楼”。人们还忌讳说拉屎、撒尿，说成“大便”、“小便”、“解手”、“上洗手间”、“上一号”，古人则用“更衣”、“出恭”等等更委婉的词语。

第四节 神灵密语——符咒

符咒是人类各民族历史上都出现过的语言迷信文化现象。它同巫术一起共生。有关巫术，前面我们已简要阐述。这里主要介绍我国古今民间流行的符咒的语言文字迷信习俗。

欧洲许多考古学家发现，在史前艺术品中，便已有符咒艺术品，《波斯古经·神歌》介绍创世过程，指出远古时宇宙的光明之神阿胡拉·玛兹达和黑暗邪恶之神安格拉·曼纽进行战斗，光明之神玛兹达通过念诵21字的咒语——《祷文》，战胜了黑暗之神曼纽。我国古代，符咒的产生也很早，东晋年间，符咒曾经作为道教传播的重要手段，被道士们大加宣扬。至今，符咒之风也没有绝迹，它仍然在一些迷信风俗盛行的地区流行。

所谓符咒，实际上包含“符”和“咒”两种。“符”多半是把汉字加以扭曲成神秘的书面符号，而“咒”是人与神之间沟通，或神灵施法的一种密语。不论是“符”或“咒”，都被神秘化了，都作为神灵施法驱鬼镇邪，治人百病，或让人遁形隐身的一种密语。这种符咒使人们对语言的迷信达到无以复加的地步。

一、符的产生

符，又称符箓、神符。传说在黄帝大战蚩尤的时候，上天便让黄帝用符来制伏蚩尤。《龙鱼河图》云：“天遣玄女，下授黄帝兵信神符，制服蚩尤。黄帝出车决曰：蚩尤无道。帝讨之，梦西王母遣人以符授之，帝悟，立坛而请，有玄龟衔符从水中出，置之坛中，盖自是始传符箓。”[⑨]这种历史传说未必可靠，但它反映出在远古巫术流传的时代中，民间可能已有立坛、求神、授符驱邪的习俗。

西周及春秋战国时代仍有符咒的习俗。到了汉末之后，尤其是魏晋以来，由于道教的兴起，符咒更风行起来。

道教本发黄老为祖，所谓“黄老”是指黄帝和老子。东汉的张道陵始创道教，它一方面崇奉黄老思想，另一方面又迷信神仙方术。张道陵把这二者结合起来，创立了中国土生土长的宗教——道教。道教创立之后，常以符咒治病，并作为传教活动的重要方式，吸引群众，一时信奉道教的人如潮水般滚滚而来。《汉天师世家》云："张道陵天师，教民信奉黄老之道，常以符咒治病，有病者使饮符水即愈。著有效验，从者甚众。"当时，跟着学习符咒的交五斗米，时称之为"五斗米道。"《三国志·张鲁传》云："鲁据汉中独立，行五斗米道，以符水治病，致米一斗，疾苦立愈，奉者甚众。"

符咒的风俗一时十分盛行。据《太平广记》卷二十六记述，在唐代高宗时，"二京受道箓者，文武中外男女子弟千余人，所得金帛，并修宫观。"当时有千人入道，受"道箓"（符咒），其规模是相当可观的。

二、符的种类及其效能

道教的符是道士们在纸上（一般用黄纸）书写道教的密语文字。这种符的文字看起来好像"天书"一般，字形诡秘，令人无法识读，但实际上，它是汉字的古体与草体的混合文字。具体地说，它是汉字的甲骨文字体、金文字体、大篆字体与草书体的混合文字。道教把这种扭曲的汉字神灵化，说它是上天的神降下来的，以感应人事，用以镇鬼驱邪等等，于是，符文字便成为神圣之物，成为人们迷信、崇拜的对象。

道士们画出的各神符很难分类，因为它的字体很不一致。不过，从符的不同画法以及不同功用来区分，道士们曾把符分为九类。

《道法会元》云："紫微真人曰，符命有九：一、三光符，二、真武符，三、天罡大圣符，四、三官搜鬼符，五、铁扇符，六、九狱符，七、安胎符，八、催生符，九、斩邪符。各有其符行用之法，罡咒不谬者，其灵极验。"

这九类符中，除搜鬼符、安胎符、催生符、斩邪符可让人知道其效能外，其他一些符的用途便无法获知。今人高国藩先生在其《中国民俗探微》一书中，提出符可分为14类，各有各的不同功用。兹摘引如下：

第1类　吞符

这是最常见的符，在民间广为流行，它能用于治病。吞符可进一步分为5个小类：

（1）须冷吞——与冷饮料一起吞下。

（2）须热吞——与热饮料一起吞下。

（3）须吐吞——有呕吐症的人，吐后吞下。

（4）须痢吞——有腹泻症的病人，拉过肚子之后吞下。

（5）须汗吞——有出汗症的病人，出汗之后吞下。

第2类　护身符

道教宣扬护身符用处大，人们带之在身，可趋吉避凶、益命、得欢心。不同人所带的护身符不一样，可进一步分为百姓带的护身符，官吏带的护身符，仙人、和尚带的护身符。

第3类　吞带并用符

这类符可“去一切鬼邪，大大神效，吞带并吉”。可把它装在病人的口袋里，甚至可以用朱书画在病人脸上，也可把符画吞下。

第4类　洗眼符

这种符专治眼病。“以水一碗，书此符于水碗中，洗眼，能（愈）一切。”

第5类　箭符

此专为士兵打仗保平安而设，也可祈祷胜利。

第6类　印符

此类符印在神坛上，一般为四方形，类似于封建时代的官印。这种印符也可以用于为人治病。把它的符文印在符纸上，“吞之带之”，均可除病。

第7类　宅符

宅符可以“除去百鬼，万恶消除”。可分为镇宅四角符、房内符、地窖符、地穴出口符等。这是根据所贴位置不同而进一步分的类。

第8类　门符

这类符据说可使“夫妻相爱”。有门口符和门上符两种。

第9类　床符

贴此符可使妇女分娩顺利，不会难产。根据所贴位置不同，进一步分为床脚符、床上符、床垫符等。

第10类　树符

贴在树上，求树神保佑平安。

第11类　墓穴符

“书此玄宅四角大吉利”。这是墓穴符中的文字，告诉人们它的用途。所谓“玄宅”，乃是唐人对墓穴的雅称。

第12类　挂符

指挂在堂屋里或室内的符，可以驱鬼。

第13类　乘云符

道士把它带在身上，可以踏祥云升天。

第14类　隐形符

道士把它藏在衣领内，经过一些复杂的宗教仪式，可使自己隐身，他人无法看见。⑩

上面所有的符的功能，带有浓厚的语言迷信观念。符中扭曲的、诡秘的汉字被说成具有无边的神力，能驱鬼避邪，防治百病，安宅保福，甚至登云升天。这种篆文字成了有万灵作用的神字。在中国文化史上，符箓是典型的文字迷信的表现。

画符时也有一定的讲究。画符一定要用朱笔（蘸红色朱砂的毛笔），古人认为朱砂有镇邪的作用。画符的材料，有的要用桃木板或柏木板，有的要用黄纸。木料可以挂起来，纸料可以烧化吃进去。道士们在画符时，都要故作姿态。如画镇噩梦符时，含一口净水，右手拿刀向空中挥动六七下，向东面喷出口中水，边念咒语边画符。可以说，符的迷信还包含这种画符的过程。

下面，略举几种敦煌遗卷中的符箓。

（1）吞符

（2）护身符

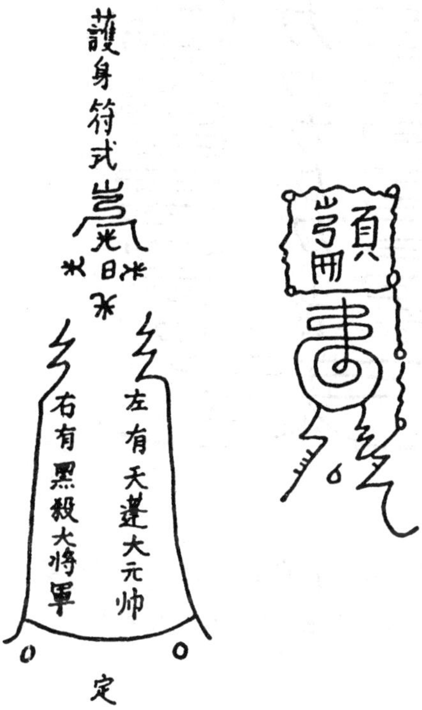

（3）端午驱鬼符

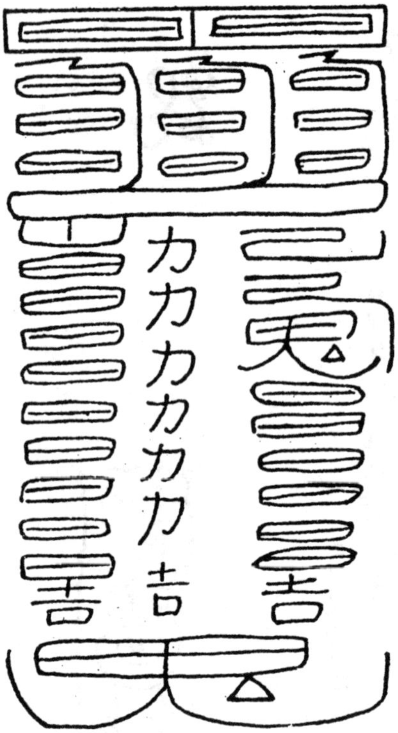

三、咒语

咒语来自于原始的巫术，它的起源比符箓要早得多。世界各个民族都有过施咒语的习俗。至今，不论在东方还是在西方，不少地区仍然保留着这些习俗。

罗宾·斯克尔顿认为，咒语可分为：召灵咒、致幻咒、祝福和保护咒、支配命令咒、情爱咒、治疗咒等。他考察西方流行的咒语，认为咒语有语言神秘的奇效。

在我国古代，咒语进一步发展而成为宗教的密语。梵语称咒语为“陀罗尼”，又译为“真言”。不论佛教还是道教，都各有一套咒语。这种宗教的咒语是为了法术的目的而用语言编制而成的。但也有用古老语言编成的，念诵者并不明白其意义。

道教的咒语常与符一起使用，成为符咒。道教宣扬其咒语同符一样可为人治病，驱鬼邪，甚至可让人乘云登天，具有超人的神力。如，唐代的道教便流行一条可使人升天的“乘云咒”，兹录如下：

谨请六丁六甲神，白云鹤羽飞游神，本身通林虚耗神。

足下生云快似风，架吾飞腾在空中。

吾奉三山九侯先生律令。

道士们说，这些咒语要念49天，即“四十九日毕”，并脚踏“魁罡”二字，才能升天。然而，不知有谁实现了道士们的这一奇妙的幻想!

道教的咒语用词很通俗。只是加上一些道教信奉的神名。上面所引“乘云咒”中的神名有：

“六丁”——道教信奉的火神。

“六甲”——道教信奉的武将神。

“甲马”——道教神符的俗称。

“魁罡”——本是星名，指河魁星和天罡星，即北斗星。道教把它当作为魁罡之神。

道教咒语中，有一种隐遁术咒语，它具有魔力，据云：“弟子受持神仙法，逢灾遇难避刀兵。”“行也无人知，坐也无人见。”

兹录敦煌文卷中一篇《紫芝灵舍咒诀》为例：

左手斗诀，右手剑诀，步前罡法。

万化丛中一棵草，其色青青香更好。

神仙采取在花篮，千般变化用不了。

吾令法练隐吾身，纵横世界无烦恼。

行亦无人知，坐亦无人见。

遇兵不受惊，遇贼不受拷。

护道保长生，相随白鹤草。

吾奉太上老君，急急如律令，敕。

东狱帝君速降摄，真言曰：唵啮临唵哆唎唵哆唎摄。

跟前咒念之。

这篇咒语文字除“真言”外，都很通俗、口语化，像一首唐代的民谣。它反映唐代民众不堪战乱之苦，盼望人身的安全保障，求平安，“不受惊”、“不受拷”。道士们把人民的愿望引导到遁世隐形的幻梦中。

民间迷信的咒语有很多种。《玉匣记》中有止血咒语，用于幼儿跌倒止血。咒曰：

太阳出来一滴油，手执金鞭倒骑牛。

三声喝令长流水，一指红门血不流。

古代盖房子，为防止有人作孽，在搬住新居之前，要用一盆水，全家人个个拿着柳枝，蘸水绕屋泼洒，一边走，一边念咒语。咒语曰：

木郎木郎，远去他方。

作者自受，为者自常。

所有魔魅，与我无干。

急急如太上律令敕！

古代还有“安门咒”对着大门念咒，以求进财吉利。咒曰：

天有三奇，地有六仪。

玉女守门，凶煞远避。

进喜进财，大吉大利。

金玉满堂，长命富贵。

急急如律令。[11]

咒语多数是秘传的，但也有公开的。民间咒语多数是公开流传的。古代人念咒语，要求“正心诚意，一气呵成”，否则达不到目的，反会伤害自己。

咒语的语言并无神奇之处，它如同普通的民谣或顺口溜，有的类似儿歌。然而，人们认为它具有神奇的魔力，这是出于语言迷信的心理，人们在前兆迷信心理的驱使下，把咒语的语言看成是附有神的灵力的语言，所以把它看成是治百病、驱鬼邪的灵丹妙药。[12]

第五节　语言迷信的文化心理分析

语言迷信是迷信文化的一种重要表现。

迷信文化的产生可追溯到远古时期的神话传说以及各种自然神的信仰。然而，人类对神灵的迷信并不是只停留在远古时代。直至现在，有神论仍然很有市场，不论在东方还是在西方，以有神论为基础的宗教活动都很活跃。

英国著名文化人类学家泰勒曾认为，“万物有灵”的观念是一切神话和宗教的源头。这意思是，人类把自身有意志、有情感、有灵魂的特质扩大到其他一切事物上，认为所有事物同人一样有灵魂和感觉。

首先是对自然神和各种图腾的崇拜。在自然现象中，处处都有神灵存在，万物皆有灵，天地日月、风雷雨电、山河怪石、动物植物等等，都可以被人作为神灵崇拜。尽管这些自然物不具有人的外形，但初民相信它们有灵魂，有意志，有情感，能与人沟通，甚至能主宰人间命运、祸福，解决人际的纷争。我国民族学者夏之乾在其《神判》一书中广泛搜集我国古代汉族和现代许多少数民族的形形色色的自然神崇拜及其神判法。人们遇到各种纷争时，双方争执不下，便去找自然神来判决。甚至官方判决不了的案件，也去找自然神来解决。例如，史书记述，古代有扶南国，以“鳄鱼”为神，“官不能明，令竟主同过鳄鱼潭，其负理者，鱼即出食之；理直者，虽过十余次，鳄鱼自避去”。[13] 这些自然神，都被人当作有灵魂、有意志，能洞察秋毫、明辨是非的神灵来崇拜。

其次是拟人神的崇拜迷信。这是指各种宗教神及民间信仰的神。中国佛教有各种拟人神，民间也有财神、喜神、火神、灶神等等。这些拟人神都有人的外貌和形体，他们与人更有相同之处。天上神仙的生活，从玉皇大帝、王母娘娘，到太上老君，无一不是人间社会的投射。

不论是自然神还是拟人神，实际上都是人类外在化的表现。“万物有灵论”的迷信文化心理特征是人类自我中心。人以自己的体验，想象宇宙万物也像人一样有灵魂、有情感、有意志，甚至有语言，能同人沟通信息。神灵世界，实际上是人类的幻想世界。

人类的自我中心的迷信文化心理，反映远古初民分不清人与自然的不同；分不清思维主体与客体之间的不同。所以这种自我中心的迷信文化心理带有混沌、模糊的思维特征。

著名的心理学家皮亚杰在研究儿童的心理发展时曾经指出，儿童在7、8岁以前对周围事物发生的原因极感兴趣，但常常分不清主体与客体的不同，所以常把主观的心理活动当作客观事物的发展原因。他说：“当原因还带有这种半心理动机的迹象时的这种原始关系，我称之为前因果关系。这种前因果关系的一种表现形式就是对自然界作出的一种拟人论的解释。在这种情形之下，现象的原因和创造者，或作为山川河流的创造者的人们的意向总是混为一谈的。”⑭

皮亚杰称这种儿童心理状态类似“原始民族的前逻辑心理状态”。我们可以看到，儿童所爱听的童话或神话，不论是狼外婆，还是狐狸精；不论是花草、树木，还是鸟儿、猫、狗，全都是会说话、有感情、有意志行为的，都是人格化的物神。即便是十分怪诞，也信以为真。

远古的神话思维发生在人类已掌握语言系统之后。语言符号能使人更好地开拓想象的天地。在“万物有灵论”指导下的初民那里，语言符号很不同于后来的理性语言。它作为“万物有灵”的象征符号，语言不仅属于人类，同时也属于各种自然神灵。人会说话，天地日月、狐狸猫狗等等自然神灵也会“说话”。在我国殷商时代，天地日月等自然神通过巫师为代言人，对人发出各种信息、指令。我们从甲骨文中，不是可以看到许多巫师问卜于天，天作“回答”的记录文书吗!

语言成为人与神交际的中介信号，自古沿袭下来，早已有深厚的社会基础。于是，今天的人们，在传统迷信文化的氛围中，求天拜地，庙中问神，照样也要用语言作为人与神沟通的中介信号，相信语言的灵力，可以无边发挥神力。

人与神的语言沟通，虽然其措辞造句同我们日常交际的语言没有多大不同，但我们似不能只从字面上去简单理解。

我们在进行人际的语言沟通时，常常是以向心联想的心理活动为基础的。然而，在人与神的言语沟通时，则需要用离心联想的心理活动为基础。它要脱离人的情境，心里要联想神，虔诚地相信神具有无边的法力，神的话也同样具有无边的灵力。在念咒语时，要联想咒语的魔力。正是这种离心联想，构成语言迷信的心理活动基础。它使人们对语言的理解产生梦幻般的奇想，把语言置于有神灵的范畴。于是，名字与灵魂的联系，不吉词与人的命运的联系，都在人们对语言迷幻的心理活动基础上产生了。

其实，人类语言是一套与任何神灵都没有联系的声音符号。它无非表示事物的存在，作为事物的一种区别标志。“天”表示天的存在，“地”表示地的存在。“天”的读音为tiān，“地”的读音为dì，它们的语音符号不同，表示这是两个不同的事物。

语言符号不同于自然界的征候，它与自然事物之间没有什么必然的联系。自然界的征候是自然变化的先兆信息，它本身也是一种自然属性。如，空中乌云，表示天要下雨；植物树叶枯黄，表示水分不足。这些征候都同自然事物的属性相联系。然而，语言完全是一套人工的符号（声音）系统。我们用它来标志事物、表达思想、传递信息。所以把语言与神联系在一起是没有什么科学根据的。

著名的语言学家索绪尔认为，语言符号是音响与概念的结合物。音响符号称为“能指”，它不是纯物理声音，而是能引起心理联想的音响。符号的概念称为“所指”，这是指事物客体。

索绪尔进一步指出，语言符号与它所指的客体（概念）之间没有必然关系。之所以说它们没有必然的联系，是因为它们之间是“不可论证”的。人们为什么要用tian这一音节去作为表示“天空”这一概念的符号，而不用别的音，这是无法论证的，它只是社会约定俗成的结果。由此看来，语言符号既不可能有什么自然的威力，更不可能有什么神异的灵力。

注释：

① 恩斯特·卡西尔：《语言与神话》，生活·读书·新知三联书店，1988年。

② 同上。

③ 詹·乔·弗雷泽：《金枝》，中国民间文艺出版社，1987年。

④ 詹鄞鑫：《古代巫蛊术》，载《文史知识》，1988年第10期。

⑤ 参阅《文史知识》编辑部：《古代礼制风俗漫谈》，中华书局，1983年。

⑥ 詹·乔·弗雷泽：《金枝》，中国民间文艺出版社，1986年。

⑦ 同上。

⑧ 《唐律疏义·职制篇》。

⑨ 《事物纪原·符箓》。

⑩ 高国藩：《中国民俗探微》，河海大学出版社，1990年。

⑪ 《三元总录·宅元卷上》。

⑫ 本节参阅高国藩《中国民俗探微》及其他民俗书籍。

⑬ 《丛书集成初编》，史地类，第3732册。

⑭ 皮亚杰：《儿童的语言与思维》，文化教育出版社，1980年。

第六章　文化取向与汉语表述

第一节　意识文化取向对汉语表述的影响

一种语言的特点，既表现在语言结构方面，又表现在语言表述的风格方面。语言结构体现语言的系统性特点，而语言表述风格体现语言的使用特点。它们属于语言的不同层面：一个属于语言的静态层面，一个属于语言的动态层面。然而，这两个层面并不是割裂开来的，而是有机地结合在语言这一实体中。没有一种语言不被社会使用。任何一种语言只有在社会使用中才能充分而生动地体现它的价值和结构特点。

语言表述既要受语言自身各种结构规则的制约，同时，又要受许多非语言因素——如，社会文化取向，民族心理定势，思维水平等——的影响。这里，我们主要探讨社会文化取向与汉语表述的问题。

社会文化从总体上说可分为：物质文化、意识文化（精神文化）、行为文化、制度文化等类型。这些不同类型的文化对语言表述都有不同程度的影响。

意识文化属于精神范畴，它是社会意识的表现，是社会共同的心理，是哲学、宗教、文学艺术、科学诸方面所体现的意识和知识。

社会的意识文化的诸多方面是相互影响、相互渗透的，并有可能形成一种社会的意识形态，对人们的心理、意向、人们的社会语言沟通、语言的表述，产生某种制约和调节作用。

意识文化具有时代性，语言表述风格也具有时代性，不同历史时代有不同的语言表述风格。人们的语言表述风格往往随着不同时代意识文化的变化而变化。

1988年，南京大学两位学者——张宏生和蒋寅同时发表了各自比较研究《左传》和《战国策》说辞语言表述风格的不同特色的论文。[①]这两篇论文别开生面，主要研究了春秋时代和战国时代意识文化的不同，进一步揭示《左传》与《战国策》说辞风格上的差别。从而为人们认识社会文化取向对汉语表述的深刻影响展开新的一页。从他们的研究中，我们可以看到春秋和战国不同时代的意识文化对汉语表述风格的不同影响。

一、《左传》的语言风格

春秋是重礼的时代，“尊礼重信”、注重传统，成为社会意识文化的心理取向。孔子曾说：“虞夏之质，殷周之文，至矣。”（《礼记·表记》）春秋时代，虽然社会正发生激烈的矛盾冲突，然而，士大夫们仍然十分重视周礼，“严祭祀，重聘享”、“论宗姓氏族”、“宗周王”等等。人们说话、辩论常常要引经据典。只要合于传统的周礼，心理上便获得一种平衡感。“克己复礼”，可以说是当时士大夫阶层的一种普遍的心态。

在这种重礼、重传统的意识文化取向影响下，春秋的语言表述以文雅、得体为特色。当时，人能文，善说辞，格外受社会的器重。“文以足言”，“言之无文，行之不远”，“说礼乐而敦诗书”。《左传》在许多方面体现这一时代语言表述的特色。刘熙载在《艺概》中说：“左氏尚礼故文。”

《左传》的说辞风格，具体体现在如下几方面：

1. 说辞文雅，不露锋芒。

春秋之时，不论一国君臣之间，还是使臣之间，彼此在议事过程中，或针锋相对的论战中，措辞谦恭、委婉，不以利辞相讥，恫吓要挟，强词挟击。

鲁襄公三十一年，子产辅佐郑简公到晋国参加会盟，晋平公因为鲁襄公丧事的缘故，没有接见他们，并让他们住在低矮的馆舍。子产因为自己的国君遭到冷遇，便派人把馆舍的垣墙全部捣毁。晋平公闻讯后很生气，便派士文伯去责备他。士文伯责备的措辞彬彬有礼，并无训斥、抗议的味道。士文伯说：

“敝邑以政刑之不修，寇盗充斥，无若诸侯之属，辱在寡君者何？是以令吏人完客所馆，高其闬（馆门）闳，厚其墙垣，以无忧客使。今吾子坏之，虽从者能戒，其若异客何？以敝邑之为盟主，缮完葺墙，以待宾客，若皆毁之，其何以共命？寡君使丐请命。”

士文伯用“敝邑”、“寡君”谦称自己的国家和国君，责问的语气相当温和，用一种询问句的方式来表述，“其若异客何？”“其何以共命？”最后，用“寡君使丐请命”，更是委婉恭谨，一点也没有大国官员盛气凌人的口气。

子产的郑国是小国。子产在回答士文伯的责问时理直气壮，但陈述的方式也是彬彬有礼：

“……宾见无时，命不可知。若又勿坏，是无所藏币，以重罪也。敢请执事，将何以命之？虽君之有鲁丧，亦敝邑之忧也。若获荐币，修垣而行，君之惠也，敢惮勤劳？”

子产陈述的语气平和，温文尔雅，动之以情，晓之以理，有很强的说服力，晋平公得知后“使士文伯谢不敏焉”。

在《左传》中，不乏这类措辞文雅、彬彬有礼、绵藏锋芒的说辞。

2. 引经据典，严谨而郑重。

春秋时代崇古、重传统的文化心态，使人们在说话时常常要引经据典，“不学诗，无以言”。在《左传》的说辞中，征引《诗经》或其他古书的例子甚为常见。如：

《文公十七年》载郑子家致赵宣子书曰：“古人有言曰：‘畏首畏尾，身其余几。’又曰：‘鹿死不择音。’小国之事大国也，德则其人也，不德则其鹿也。铤而走险，急何能择？”

这是引古人言语。

《襄公二十四年》云：“……德，国家之基也。有基无坏，无亦是务乎!有德则乐，乐则能久。《诗》云：‘乐只君子，邦家之基。’有令德也夫!‘上帝临女，无贰尔心’，有令名也夫!”

此引《诗经》里的句子。第一句引自《小雅·南山有台》，第二句引自《大雅·大明》。

劳孝舆在《春秋诗话》中指出，在《左传》中，“赋诗”32次，“解诗”34则，“引诗”45则。所谓“赋诗”是以《诗经》的句子代言。“解诗”、“引诗”都是征引《诗经》的句子。全部共有109则。这种征引古书、古人语和《诗经》句子，或作立论依据，或以断事，它成为《左传》说辞的一种特色。

吕本中《童蒙诗训》云：“文章不分明指切而从容委曲，辞不近切而意已独至，惟《左传》为然。如当时诸国往来之辞，与当时君臣相告相请之语，益可见矣。”吕本中对《左传》文辞的这些评语是颇有见地的。

从《左传》的说辞，我们可以看到春秋尊礼重信、重视传统的意识文化的心理取向，对语言表述的深刻影响。

二、《战国策》的语言风格

然而战国时代的意识文化取向却与春秋时代很不相同，它以重功利为核心，“绝不言礼与信”，这使《战国策》的语言风格发生重要变化。

顾炎武在《日知录·周末风俗》一文中指出：

春秋时犹尊礼重信，而七国绝不言礼与信矣；春秋时犹宗周王，而七国则绝不言王矣；春秋时犹严祭祀，重聘享，而七国则无其事矣；春秋时犹论宗姓氏族，而七国则无一言及之矣；春秋时犹宴会赋诗，而七国则不闻矣；春秋时犹有赴告策书，而七国则无有矣。

战国时代，各国互相兼并，欺诈，称王称霸，这使当时的社会风气发生巨大的变化。人们不再重礼信，尊传统，而是常以实用为目的，重功利，或阿谀奉承，或威逼利诱，无所不用其极。在这种文化心理取向影响下，《战国策》的语言表述风格很不同于《左传》，它铺张扬厉，声势夺人。这表现在：

1. 善用夸饰、排比，造成有力的语言气势。

战国的策士，为了功利的目的，在语言交际中更讲究技巧，使语言表述具有诱惑性、威慑性。其中，最出色的，莫过于苏秦为赵说齐宣王合纵的一段动人的说辞。苏秦一开始便以夸饰、排比的语句，大大夸张齐国的富强："齐南有泰山，东有琅琊，西有清河，北有渤海……临淄之途，车毂击，人肩摩，连衽成帷，举袂成幕，挥汗成雨，家敦而富，志高而扬。夫以大王之贤与齐之强，天下不能当!"这段动人的说辞，使齐宣王得意忘形，似乎天下霸主非齐王莫属。正当齐王陶醉欲仙之际，苏秦话锋一转："今乃西面事秦，窃为大王羞之。"当头一泼冷水，让齐王醒悟。随着，苏秦又从实力分析不该事秦的原因，步步进逼，使齐宣王终于说出："寡人不敏，今主君以赵王文教诏之，敬奉社稷以从。"（《齐策一》）苏秦的说辞，一开始便用排比句夸饰，造成强烈的语言气势。随着用两次反激，晓之以理，步步进逼，使齐宣王心悦诚服。

蒋寅指出："战国策士的说辞节奏感强。苏秦、张仪、范雎、蔡泽等人的长篇说辞均多用排比句和四言短句，节奏紧凑，跌宕起伏。苏秦说秦惠王治武备一段共329字，73句，其中四字句达46句，三字句有12句，语短气促，如叠浪排山，气势磅礴，与《左传》温厚和平的自然节奏迥然异趣。"②

2. 善用博喻类比，使语言生动有说服力。

《楚策四》记述，楚顷襄王在郢都失守后，逃到城阳。庄辛为了告诫顷襄王吸取"专淫逸侈靡，不顾国政"的教训，大量使用引喻（博喻）。先从蜻蛉讲起，接着又以黄雀、黄鹄作比喻，它们都是自由自在、无忧无虑地生活在宇宙间，哪里知道有射者正暗中瞄准它们呢!随后，庄辛举出春秋蔡灵侯因为失去警惕而被人诱杀的例子。这些博喻，从物到人，从小到大，由远及近，步步进逼，直说得顷襄王"颜色变作，身体战栗"。这些比喻说理生动形象，切中肯綮，具有震慑的力量。在《战国策》中，用比喻来说理的说辞颇多，而庄辛的这篇可谓上乘之作。

《魏策四》，记述唐且与强暴的秦王的一场唇枪舌剑的斗争，动人心魄。唐且的答辞思维敏捷，用语犀利。秦王勃怒，想以自己的王威压人。秦王问唐且："尝闻天子之怒乎？"唐且对曰："臣未尝闻也。"秦王立即告诉他："天子之怒，伏尸百万，流血千里。"然而，唐且也不示弱，立即以"布衣之怒"与之对抗。唐且曰："……夫专诸之刺王僚也，彗星袭月；聂政之刺韩傀也，白虹贯日；要离之刺庆忌也，苍鹰击于殿上，此三子者，皆布衣之士也。怀怒未发，休祲降于天，与臣而将四矣。若士必怒，伏尸二人，流血五步，天下缟素，今日是也。"

唐且面对盛怒的秦王，毫无惧色，义正辞严，以"彗星袭月"、"白虹贯日"、"苍鹰击于殿上"三个喻句形容真正的"布衣之怒"。并以震撼秦王心灵的语言宣告："若士必怒，伏尸二人，流血五步，天下缟素，今日是也。"这犹如雷鸣，响彻殿堂，使秦王颤抖，"长跪而谢之曰：'先生坐，何至于此，寡人谕矣。'"唐且的答辞完全没有援引经典和诗句，它完全以清新、犀利的辞句使秦王慑服。

在《战国策》中，有些句子很通俗浅白，即便在今天读来，也很有口语味道。如："明日，徐公来"，"老发不能"，"九九八十一万人"，"三七二十一万人"，"先生坐"等。

《战国策》中还记载了许多民间流传的寓言故事，它寓意深刻，并凝聚为成语流传后世。如"狐假虎威"（《楚策一》）、"画蛇添足"（《齐策二》）、"鹬蚌相争"（《燕策二》）等。

三、社会意识形态对语言表述的影响

上面比较了《左传》和《战国策》语言表述的不同特点：《左传》说辞文雅，信而可征，委婉典重，不露锋芒；而《战国策》说辞铺张扬厉，夸饰博喻，词语俚俗，以声势夺人。这与春秋时代和战国时代的不同文化的心理取向有密切关系。前者重礼和传统，后者重功利和现实。

从这里，我们可以看到，一种社会的意识文化对语言表述的影响在于：

1. 社会意识文化对人们语言表述的心理倾向有重要影响。

人们的语言表述都具有社会趋同心理。在社会沟通中，人们的言语表述都希望得到别人的理解，同时，也能理解别人。言语表述与社会的交际趋势越接近，它越容易得到人们的理解。

社会意识文化对人们言语表述有重要作用，因为它是一种社会的意识潮流，它往往使人们在选择言语内容、言语措辞方式时，有一种趋同的心理倾向。例如，“文化大革命”中，极“左”的意识潮流涤荡中华大地，那时，人们的言语表述，三句不离“革命”、“造反”、“阶级斗争”、“批判”等等。拿起电话筒，第一句话要说一声“斗私批修”。这种语言表述，完全受那时“革命”心理倾向的制约，而这种“革命”的心理倾向则完全来自于那时极“左”的社会意识文化的取向。

2. 社会意识文化对言语表述的措辞习惯也有重要影响。

一种社会意识文化影响人们的言语表述心理，首先表现在措辞习惯方面。“文革”中，人们的措辞发生显著的变化，仅以人名的用词而言，用“红”、“卫”、“卫东”、“向东”、“忠”取名的人特别多。这与那时的红色革命口号、红卫兵运动、“三忠于”运动等有密切关系。

3. 社会意识文化对言语表述方式，即文风的特点同样有重要影响。

我们通过比较春秋时期《左传》和战国时代《战国策》的说辞方式和文风特点的不同，了解了两个时代社会文化取向变化的重要影响。

过去如此，现代社会也不例外。“文革”时期的意识文化的取向，使那时的文风充满了“革命性”、“斗争性”，言必引“语录”，言必用带“最最最”的祝颂词，“五洲风雷涌”、“造反有理”、“头可断，血可流”、“天不怕、地不怕、鬼不怕、神不怕、一切都不怕”之类的豪言壮语，遍布于各种红色文章中。慷慨激昂的文字，成段的排比句，充满火药味的文辞，使文句夸张，气势汹汹。然而，正是这种文风，促使人们说大话、说空话，没有什么实际价值。这种装腔作势、夸张扬厉的文风，正是“文革”意识文化笼罩下的产物。

第二节　制度文化取向对书面语风格的影响

制度文化所包括的范围较广，它体现一个国家的社会制度所形成的文化特征。

古代中国的制度文化体现古代中国封建社会制度的诸政治文化特征。它以皇权为核心，建立宗法社会结构，实施君王的专制统治、封建官僚的管理体制，注重以“孝”、“忠”为中心的伦理道德，并用科举制度选拔人才等等。这些封建制度政治文化特征，在中国历史上占据支配地位，有着深远的影响。

制度文化是一种有鲜明政治色彩和权势标记的文化，它的文化取向居高临下，对整个社会和民族文化的发展有制约和控制作用。在文学发展及语言风格方面，制度文化也有深刻的、不可忽视的作用。唐代科举制度以诗取士，诗歌盛行于唐；明清科举制度以八股文取士，八股文风盛行于明清。科举制度属于封建制度文化的一个组成部分，它的文化取向对文学和汉语的表述有重要的导向作用。

下面，我们仅就皇权制度的文化取向以及科举制度的文化取向对汉语（书面语）表述的影响作简要考察。

一、汉代皇权制度文化取向对汉赋及其诗风的影响

汉赋的兴起与汉代帝王的文化取向有密切的关系。

汉代是强盛的帝国时代，国家稳定，经济繁荣，民给家足，“府库余货财”。武帝称雄，对外进行军事扩张，东平朝鲜，南平南越，开辟西南地区，北定西域匈奴，并沟通西域以及波斯的通商之路。这一时期，汉帝国空前强大，真是如日中天，四面八方大小国家都来朝贡，接受汉文化的陶冶。

在这经济繁荣、政权牢固、称雄四方的大好形势面前，封建帝王们开始追求享乐淫侈的生活，大力营筑宫殿，热衷于酒色犬马之乐、神仙长命

之想。汉高祖时营建长乐宫、未央宫。汉武帝时，又增加甘泉、建章、上林等宫宇，这些宫宇都是十分雄伟壮丽的。据《西京杂记》记述："未央宫周围二十二里九十五步五尺，街道周围七十里，台殿四十三，其三十二在外，其十一在后，宫池十三，山六，池一山一亦在后宫，门闼凡九十五。"这种壮观的建筑，即使今人见了，也会相当惊诧的。

帝王们对物质文化的这种追求，自然会使他们在精神文化方面，需要有可供享受的声乐和艺术，同时更需要有歌功颂德的辞章，使自己的功业能传扬后世，又可娱悦耳目，满足居功骄矜的心理。帝王们的这种文化取向，使汉赋这种最适宜于歌功颂德的、铺张扬厉的文体得以迅速发展。当时，许多辞赋家之所以博得汉皇们的赏识，大半是因为他们的作品迎合权贵们的口味，于是，君主提倡于上，群臣鼎沸于下，辞赋家便大力作赋献赋，"朝夕论诗，日月献纳"，入仕途、得利禄。赋这种文体很快得以弘扬。

汉赋的文风受帝王和权贵的文化取向的深刻影响。《史记·高祖本纪》曾记述一则故事：萧何造未央宫时，因过分豪华而受到刘邦的指责。萧何辩解道："非壮丽无以重威，且无令后世有以加也。"这话很符合当时帝王和权贵们的心态。移之文辞，他们何尝不希望辞赋家们"铺采摛文"，极尽歌功颂德之能事呢!汉赋的文风，历来有许多评述，刘勰《文心雕龙·诠赋》："赋者，铺也。铺采摛文，体物写志也……原夫登高之旨，盖睹物兴情。情以物兴，故义必明雅；物以情观，故词必巧丽。丽词雅义，符采相胜，如组织之品朱紫，画绘之著玄黄。文虽新而有质，色虽糅而有本，此立赋之大体也。"司马相如也说："合纂组以成文，列锦绣而为质。一经一纬，一宫一商，此赋之迹也。"（见《西京杂记》）这些都是说，汉赋诗风，夸饰、铺张其所描写的事物，并极力渲染、炫耀豪华的气氛。

如，司马相如的《上林赋》："……君未睹夫巨丽也，独不闻天子之上林乎？左苍梧，右西极，丹水更其南，紫渊径其北；终始灞浐，出入泾渭；酆镐潦潏，纡余委蛇，经营乎其内；荡荡乎八川分流，相背而异态。……”这里，极力夸大汉皇苑囿之巨大，左至“苍梧”，右至“西极”，令人瞠目。而且还铺陈这苑囿之佳丽。在那里，佳木丛生，异卉怒放，山峰叠起，川流奔泻，珍禽欢舞，其土地众色炫耀，锡碧金银，“众物居之，不可胜图”，恍若神仙世界。此前汉武帝读了司马相如的《子虚赋》，大加赏识，恨生不同时。后来知道相如还是自己的子民时，便立即召见，让他写了《天子游猎赋》（即《上林赋》），并封他为“郎”。汉宣帝也很喜欢赋。他的太子生病了，马上请来辞赋家王褒等，让他们“朝夕诵读奇文及所自造作”，“太子喜褒所为《甘泉》及《洞箫颂（赋）》令后宫贵人左右皆诵读之”。（《汉书·王褒传》）

很显然，在封建社会以皇权为核心的制度文化中，皇帝们对一种文学体裁的态度，对一种文体文风的态度，都会直接影响、制约这种文学体裁及其文风的兴衰变化。帝王们可运用其权威，也可以运用“利禄”手段，甚至可以运用制度，“设科射策，劝以官禄”来进行制导。于是“诸生竞利，作者鼎沸”。为博得皇帝和权贵们的欢心，写赋的文人便要博采文辞，极尽歌功颂德之能事，使赋体的语言风格，铺张扬厉，夸张藻饰。当然，这并不是说，所有汉赋的文风都如此。

二、唐代以诗取士，使诗歌创作繁荣，诗歌语言大为发展

唐代是我国古代的一个强盛王朝，各种政治制度的建立都比过去完备。科举制度始创于隋代，至唐代已有相当规模的发展。

唐代的科举制度用于选拔国家官员人才，其科举考试的科目有三礼：《礼记》、《仪礼》、《周礼》。又有三传：《左传》、《公羊传》、《谷梁传》，此外还有明法（法律）、明字（文字）、明算（算学）等科。然而，到了唐高宗时，进士科开始加试诗赋。唐玄宗时，正式把诗赋定为科举的必试科目。由此“以诗取士”的风气便骤然兴起，写诗作赋成为人们做官的一种敲门砖。

唐代诗歌创作的繁荣为历代之冠。这与唐代科举制度文化推行“以诗

取士”有重要的关系。

唐代诗歌的繁荣，据清人编撰的《全唐诗》统计：《全唐诗》全部900卷，共收入诗篇48900多首，诗人达2200多人。尽管这个数目并不是最完全的，但它足以令人啧啧惊叹！

唐诗的语言艺术随着诗歌创作的发展而日臻完美。它创造了视觉和听觉整齐、和谐的诗型，有严格的格律要求。它充分利用汉语的意合特点，通过精练的具象语言，产生情韵悠远的意境和模糊朦胧的效果，并留给读者发挥想象的余地。如果没有唐代制度文化的提倡使人们重视诗歌的地位，唐诗语言也不可能有艺术的巨大升华。（关于唐诗语言分析，参阅下一节。）

三、明清科举制度的文化取向与八股文风

明清的科举之风极盛，明太祖朱元璋执政后，从洪武三年（1370年）开科取士，规定中央和地方各级官员都必须是科举考试出身的。其科举考试的程序分为三级：第一级是乡试；第二级是院试；第三级是会试和殿试（会试考中后参加殿试）。

作为一种选拔国家官员的考试制度，科举制度具有权威性和法律效应，它的文化取向，对于全国知识分子有制导作用。谁要想参加科举考试，谁就必须按照科举的文化取向来努力，否则便不能中举。这种制度文化的力量是相当强大的。

明清科举规定了经学为中心的八股文考试制度，这种考试的文化取向，使明清500多年间的读书人，都必须精通四书五经，写一手好八股文。人人要为之“十年寒窗苦”。

那么，八股文是什么？

八股文，滥觞于北宋，形成于明代。

八股文的要求包括内容和形式两个方面。在内容上，八股文必须以“四书五经”的句子为命题，考生要根据题义，阐述经义，揣摩古人语气，“代圣贤立言”，不许发挥个人见解，只能按孔孟之道阐说，循规蹈

矩。

在形式上，八股文限制一定的格式、语言、体裁，甚至字数。每篇文章不得少于300字或多于700字。

八股文严格要求每篇文章必须写八个“股”（段落）。包含：破题、承题、起讲、入题（入手）、起股、中股、后股、束比、大结等。一般不把“破题”作为一股，因为它只有两句话。剩下的正是“八股”：“起股、中股、后股”，有人又称之为“中比、后比、束比”。八股文的文字大致要用排比句或对偶句来写，以形成一种气势，并用“今夫、然而、若使、苟其然、有是夫、则”等虚词逐句逐段相接。文章要求整齐、连贯，硬性规定每股必须用多少句子，写什么内容，文风刻板、呆滞。

八股文的语言表述的文风主要表现在：

1. 代圣人立言，内容陈旧无新意。

八股文的出现有其时代背景，它是统治阶级为了强化思想专制，而以考试的形式，强迫知识分子接受儒家正统思想，服膺程朱理学，排斥异端邪说。

八股要求用圣人的语言行文，表现圣人的思想观点，不许引古史及其他诸子百家的学说，更不许离经叛道。在内容诠释方面，必须以程朱学派的注解为准。

2. 模拟古人语言，陈词滥调。

八股文从题目开始，就规定必须采用四书五经的现成话，引文时，也要“代圣人立言”，模拟圣人语言来写作。不但要模仿或抄引孔子、曾子、子思、孟子及其门人的话，即使梁惠王、阳虎等人，也要设身处地地效仿他们的口吻。这些古人的语言，全是“已死”的上古汉语，而不是明清时期的近代语文。

清代著名小说家蒲松龄曾写过一篇鼓词《逃学传》，讥讽八股文的语言像鹦鹉学舌，模拟古人语言说话：“把那‘然而’、‘抑而’重写几遍，‘今夫’、‘且夫’写再三，‘若而然’、‘苟其然’、‘倘不然’

写过几遍，再写些‘天地间’、‘宇宙间’、‘古今间’，‘设若’、‘果尔’、‘一时间’。……再写些‘而已矣’、‘也乎哉’、‘哉而已’；再写些‘之不可’、‘可不知’、‘之乎者也耳焉哉’。……把雪白的纸儿黑了一大片。”

明清时代是近代汉语蓬勃发展的时代，人们的口语与上古汉语相去已十分遥远。我们只要读读明清的一些话本小说，如《水浒传》、《金瓶梅》、《红楼梦》等，便一目了然。明清时代的人不用明清的语言写文章，而要用孔子时代“已死”的上古汉语写文章，这真是一种历史的大倒退。而这种语言的复古主义只能使一代又一代的读书人，学习一些“烂时文”，“辜负光阴，白白昏迷一世”。

八股文是我国历史上最严重的语言复古主义。它压制白话文，使白话文直到“五四”前后才冲出牢笼，获得自由的发展。它阻滞了近代汉语书面语的发展，也影响了近代文化的传播和发展。

3. 结构死板，语言形式僵化。

八股文有各种死板的条条框框限制人们的行文，从而使语言表述形式显得僵化、呆滞。

八股文全文规定只可有八股，每股有严格的文意规定和字句规定，并且在书写款式上也有各种要求。

明初规定，乡试、会试《五经》义一道限500字，《四书》义一道限300字。清康熙时要求全文550字。乾隆以后，一律以700字为准。

在书写方面，要求点句、勾股（标明段落），书法要端正。文中还要避庙讳、御讳、圣讳。

这些死板的要求，只能使语言表述形式僵化，毫无实用价值。人们写文史著作、记事、抒情、说理、议论，都无法按八股的死板要求来写。这种八股文风只能窒息人们的思想表述、感情的抒发，使语言表述失去生动、活泼的感染力，束缚人们的思想文化交流。

无怪乎清代著名的进步学者顾炎武非常沉痛地指出：“八股文的毁灭

文化，等于秦始皇的焚书！八股文的败坏人才，却比秦始皇在咸阳郊外的坑儒还要厉害。”[3]这实在是一针见血的批评。秦代，遭秦始皇活埋的只有460多人，而明清两代500多年间，被八股文葬送的人才却成千上万！

显然，科举制度的这种复古主义的文化取向，不仅毁灭文化、败坏人才，而且压制白话文，使汉语书面语仿古，脱离口语，失去新鲜的活力。

附上八股文一篇：

题目：子谓颜渊曰：用之则行，舍之则藏，惟我与尔有是夫。（《论语·述而》）

作者：（清）韩菼

圣人行藏之宜，俟能者而始微示之也。（破题）

盖圣人之行藏，正不易规，自颜子几之，而始可与之言矣。（承题）

故特谓之曰：毕生阅历，只一二途以听人分取焉，而求可以不穷于其际者，往往而鲜也。迨于有可以自信之矣。而或独得而无与共，独处而无与言。此意其托之寤歌自适也耶？而吾今幸有以语尔也。（起讲）

回乎！人有积生平之得力，终不自明，而必俟其人发之者，情相待也。故意气至广，得一人焉，可以不孤矣。（入题）

人有积一心之静观，初无所试，而不知他人已识之者，神相告也。故学问诚深，有一候焉，不容终秘矣。（起二比）

回乎！尝试与尔仰参天时，俯察人事，而中度吾身，用耶舍耶！行耶藏耶！（出题）

汲于行者蹶，需于行者滞。有如不必于行，而用之则行者乎？此其人非复功名中人也。

一于藏者缓，果于藏者殆。有如不必于藏，而舍之则藏者乎？此其人非复泉石间人也。（两小比）

则尝试拟而求之，意必诗书之内有其人焉。爰是流连以志之，然吾学之谓何？而此诣竟遥遥终古，则长自负矣。窃念自穷理观化以来，屡以身涉用舍之交，而充然有余以自处者，此际亦差堪慰耳。

则又尝身为试之，今者辙环之际有微擅焉，乃日周旋而忽之，然与人同学之谓何？而此意竟寂寂人间，亦用自叹矣。而独是晤对忘言之顷，曾不与我质行藏之疑，而渊然此中之相发者，此际亦足共慰耳。（中二比）

而吾因念夫我也，念夫我之与尔也。（过接）

惟我与尔揽事物之归，而确有以自主，故一任乎人事之迁，而只自行其性分之素。此时我得其为我，尔亦得其为尔也，用舍何与焉？我两人长抱此至足者共千古已矣。

惟我与尔参神明之变，而顺应无方，故虽积乎道德之厚，而总不争乎气数之先。此时我不执其为我，尔亦不执其为尔也，行藏又何事焉，我两人长留此不可知者予造物已矣。（后二比）

有是夫，惟我与尔也夫。而斯时之回，亦怡然得，默然解也。（收结）

（附注：八股文格式：正文顶格写，勾股，不另行。现在这样分段，是为了读者阅读方便，并非原来模样。）④

第三节 民族文化心理取向对诗歌语言的影响

民族文化心理表现为一个民族对客体事物的特殊认识倾向和情感意向，它是一个民族在其生存的情境场中的共同感受的体现，是在受一个民族的传统文化、社会习俗、宗教信仰以及价值观念等的共同作用下形成的。不同民族有不同的文化心理，这种不同的文化心理在语言上往往可表现出来，尤其在诗歌语言方面，其表现尤为突出、鲜明。

中国古代诗歌是极为丰富多彩的。从《诗经》、《楚辞》及至唐诗宋词，历代的诗作绵绵不断，诗歌始终是中国文化沃野上奔流不息的荡荡大河。

与西方的诗歌相比，中国诗歌比较短小，语言简洁、凝练，富有民族性，一般是表现诗人瞬间的感受和审美体验。保尔·戴密微曾指出："读者应把这些诗（中国诗歌）中所展示的细小画面看成是从现实事物中提取出来的成千上万的意象。你们会从这些景象中看到所展现出的人类的全部生活，……你们会随时透过那些含义始终是具体的词语，发现中国浩翰无垠的疆土、与人类相适应的宇宙。”⑤保尔·戴密微的这段话颇有见地，它正确地说明了中国古代诗歌的艺术魅力之所在。

中国的诗歌有浓郁的民族文化气息，它的艺术形式、主题思想的内蕴、艺术表现手法等，都与汉民族的传统文化有密切的联系。尤其是诗歌的艺术语言，既体现了汉语的特质，同时又与民族文化心理取向有着深刻的内在联系。

一、隐喻、含蓄的诗歌语言与内向的民族心理文化

中国诗歌的艺术语言常以巧妙的隐喻、含蓄技巧，表现诗人的情感和深远的意境。这种隐喻与含蓄的艺术语言的特点，是“意在言外”、“此中有真意，欲辩已忘言”。诗人心中想到某个地方或某个人，但却不直接去描写它、表现它，而是含蓄地隐射它，给人一种“言有尽而意无穷”的悠远情味。

王维《杂诗》云：

君自故乡来，
应知故乡事。
来日绮窗前，
寒梅著花未？

这是一首表现浓浓乡愁的诗歌。诗人羁旅他乡，见到故乡的来人，自然引起怀乡之思。然而，全首诗歌都没有写乡愁、情思，而只把这种情感凝聚在故乡“寒梅”开否的询问中。

李白《送孟浩然之广陵》诗：

故人西辞黄鹤楼，
烟花三月下扬州。
孤帆远影碧空尽，
唯见长江天际流。

这是送友人的诗，但诗写得含蓄，“孤帆远影”象征友人别离的身影；“长江天际流”，象征友情的深厚。这种含蓄的诗句，给人悠悠情长的意境。

中国古代的景物诗，不乏许多对祖国山河热情讴歌的佳作，不过，在那些景物诗中也有不少是借景喻情的诗。通过景物语言，隐喻诗人个人的不平政治际遇，发发牢骚，表现忧国忧民的忧患意识。

杜甫《同诸公登慈恩寺塔》诗云：

高标跨苍穹，

烈风无时休。

自非旷士怀，

登兹翻百忧。

……

秦山忽破碎，

泾渭不可求。

俯视但一气，

焉能辨皇州？

回首叫虞舜，

苍梧云正愁。

惜哉瑶池饮，

日晏昆仑丘。

黄鹄去不息，

哀鸣何所投？

君看随阳雁，

各有稻粱谋。

诗的开头写长安慈恩寺的大雁塔塔尖（高标）高耸入云天，烈风无休止。诗人登塔远眺，好像在天上俯瞰大地，引发无限的感慨。诗中的景物语汇——山、水、云、鸟（黄鹄），皆有政治隐喻语义。《诗人玉屑》指出：

"子美登慈恩寺塔诗，讥天宝时事也。山者，人君之象；'秦山忽破碎'，则人君失道矣。贤不肖相混淆，而清浊不分，故曰'泾渭不可求'。天下无纲纪文章，而上都亦然，故曰：'俯视但一气，焉能辨皇州。'于是思君之圣君不可得，故曰'回首叫虞舜，苍梧云正愁'。是时，明皇耽于淫乐不已，故曰'惜哉瑶池饮，日晏昆仑丘'。贤人君子多去朝廷，故曰'黄鹄去不息，哀鸣何所投'。惟小人贪窃禄位者在朝，故曰'君看随阳雁，各有稻粱谋'。"⑥

杜甫的这首诗写得含蓄、隐喻，"山"在这里隐喻人君；"黄鹄"隐喻贤人君子；泾水、渭水隐喻政治上的贤与不肖；"阳雁"隐喻趋炎附势的小人等等。所有这些隐喻义，正是诗人在这首诗中的命意所在。

古代有些诗歌含蓄到近似朦胧。例如，李商隐的《锦瑟》诗：

锦瑟无端五十弦，
一弦一柱思华年。
庄生晓梦迷蝴蝶，
望帝春心托杜鹃。
沧海月明珠有泪，
蓝田日暖玉生烟。
此情可待成追忆，
只是当时已惘然。

这是一首追忆往事的诗歌，可是往事为何？诗中间的四句写得扑朔迷离，至今仍没有人能说出它的确切含义。如此朦胧的诗歌，尽管难于让人说出它的内容，但读来却哀婉动人。

含蓄、隐喻可说是中国古代诗歌常见的一种诗风。其诗歌语言不重在准确描写，而在创造一种氛围，留给人发挥想象的空间。这种诗歌语言的产生，与中国民族的内向性格、内倾思维的特点有密切的联系。

中华民族传统与西方民族相比，个体意识淡薄，在心理气质上比较内向、隐蔽，不愿多坦露内心的真实感情。在人际交往中提倡稳健、含蓄、忍让，以求得人际的和谐、合作，不像西方人强调外露、直率、表现自己，崇尚人与人之间的竞争。

内向性格的民族，在语言使用上很注意措辞的分寸和含蓄。“逢人且说三分话，未可全抛一片心”。他们不喜欢用语言直抒胸臆，而常常是语焉不详，留有余地。

古代诗歌语言的含蓄、隐喻性，可以说是中华民族的这种内向的文化心理取向的表现。

二、古诗中有一些景物语汇，凝结民族的审美心理，具有独特的汉民族的文化象征语义

中国古诗语言还很富于象征性。这种象征性在许多景物语汇中表现尤为突出。这些景物语汇，一方面表现语言符号与事物之间的联系；另一方面，凝聚了汉民族的想象和希望，创造了民族文化符号的象征意义。读中国古诗必须了解这些景物词汇蕴含在人们心灵里的信息，从而才能揭示诗歌的深层语义，否则便领略不到古代中国诗歌的传统典雅之美。

在古诗中，“柳”、“柳絮”、“灞岸”常作为离别的象征。“雨”、“雪”常作为缠绵情思的象征。“龙”、“凤”作为吉祥的象征。还有“春风”、“风月”、“梧桐”、“云月”、“雁”等等自然景物，也都有各种象征意义。这些都属于古代中国民族的集体审美意识，并为广大读者共同理解。

这里我们以“秋”为例，作进一步阐述。

季节变化、寒暑更迭，本是很寻常的自然现象，然而，在中国古代诗歌作品中，“秋”这一季节却能唤起相思、怀归、悲凉的情调，这体现了民族的共同的审美心理。如：

秋夜入窗里，
罗帐起飘飏。
仰头看明月，

寄情千里光。

——六朝民歌《子夜四时歌·秋歌》

洛阳城里见秋风，
欲作家书意万重。
复恐匆匆说不尽，
行人临发又开封。

——唐代　张籍《秋思》

中庭地白树栖鸦，
冷露无声湿桂花。
今夜月明人尽望，
不知秋思落谁家。

——唐代　王建《十五夜望月》

夜久无眠秋气清，
烛花频剪欲三更。
铺床凉满梧桐月，
月在梧桐缺处明。

——宋代　朱淑真《秋夜》

秋色到空闺，夜扫梧桐叶。谁料同心结不成，翻就相思结。十二玉阑干，风动灯明灭。立尽黄昏泪几行，一片鸦啼月。

——明代　夏完淳《卜算子·断肠》

秋、秋夜、长秋、秋风、秋思、秋气、秋色等等，这些“秋”的语汇在诗歌中，常常与悲凉、寂寞、怀归、情思、别愁等语义相连结。它们所创造的氛围和所唤起的意象，具有汉民族浓烈的悲秋心理。赵敏俐在其《秋与中国文学的相思怀归母题》一文中认为，中国人对秋的这种情结，发端于中国古老的农业经济形态下眷恋土地与家庭的农民心理。“秋天是丰收的季节，是农民欢乐与希望所在，是从田庐中搬回室中居住的开始，也是全家团聚的时刻。与此同时，报功、修先的隆重祭天祭祖仪式也都在秋冬季节举行”。可以说，秋是一年中丰收、欢乐的最重要时刻。在这美好的时刻里，要是亲人不在家乡，自然要引起深切的怀念。而此时此刻，远离故乡的人，也常产生浓烈的思归情绪。由此，“随着人们对秋认识的不断深化，中国人的悲秋心理，也会由农事生活下的相思怀归，逐步发展成对人生短促生命意蕴的情感认识”。⑦

三、古代爱情诗中的遮掩式语言反映汉民族的情爱禁忌的文化心理

人们常说，爱情是人类社会永恒的主题。

诗歌与爱情有不解之缘。在诗歌的王国中，爱情诗所占的比重是相当大的。然而，比较西方与中国古代情诗，在诗歌语言的艺术形式方面，显然存在着十分明显的差异：西方诗歌用一种开放式的语言，大胆、直率地描写情恋，而中国古代诗歌则用一种遮掩式的语言，隐晦、含蓄、绵长地描写情恋。

英国诗人拜伦在他的著名诗篇《唐璜》中描写了海盗女儿海黛与唐璜的热烈情爱的场面，写得是多么大胆、直率：

他们彼此望着，他们的眼睛
在月光下闪亮，她以雪白的臂
搂着唐璜的头，他也搂着她的，
他的手半埋在所握的发辫里；
她坐在他的膝上，饮着他的轻叹，
他也饮着她的，终至喘不过气来。
就这样，他们形成一组雕塑，
带有古希腊风味，相爱而半裸。

——《唐璜》第二章　第149节

中国古代情诗中，直接写情恋场面的诗很少，更多是写两情相爱、相思，语言多隐约、含蓄、绵长。如：

梦后楼台高锁，酒醒帘幕低垂。去年春恨却来时，落花人独立，微雨

燕双飞。

记得小苹初见，两重心字罗衣。琵琶弦上说相思，当时明月在，曾照彩云归。

——宋　晏几道《临江仙》

相见时难别亦难，
东风无力百花残。
春蚕到死丝方尽，
蜡炬成灰泪始干。

——唐　李商隐《无题》

枕前发尽千般愿，要休且待青山烂。水面上秤锤浮，直待黄河彻底枯。白日参辰现，北斗回南面。休却未能休，且待三更见日头。

——唐　敦煌曲子词《菩萨蛮》

四月十七，正是去年今日。别君时，忍泪佯低面，含羞半敛眉。不知魂已断，空有梦相随。除却天边月，没人知。

——唐　韦庄《女冠子》

这些情诗，着重写意、写情，忌讳写恋人的热恋的动作、形体及表情，采用隐喻，抒发情思，以弦外音为佳，“曲终人不见，江上数峰青”的用语为上乘。

中国古代情诗的这种遮掩式语言特点，与古代中国的封建礼教文化有直接关系。古代中国社会的伦理道德强调“男女授受不亲”、“男女有别”、“男女不杂坐”、“男女不共食”、“男女异群”、“男非眷属，莫与通名”、“男女无媒不交，无巾不相见”。所有这些封建礼教的禁规，都严格禁止男女之间的自由来往，更不必说什么恋爱了。这种封建礼教文化，造成了汉民族对男女社交来往和情恋的禁忌。由此，男女情爱常常是悄悄的、隐秘的。中国的古代情诗，在这种男女大忌的民族心理的影响下，表现情爱也只能是遮掩式、隐隐约约、藏形掩面，既不敢大胆、公开宣泄炽烈的爱情，更不敢描绘热恋的场面。[8]

四、古诗意象语言反映汉民族历史文化性

诗的语言是形象的语言艺术。休姆说：“（诗）不是一种计算机语言，而是一种可感的具体语言。……诗的意象不仅仅是一种藻饰，而且是这种直观语言的精华。”它“总是企图抓住你，使你不断地看到物质事物，阻止你滑向抽象的过程”。⑨

诗歌的意象语言是诗人通过巧妙生动的用词，使诗歌充满高雅的意境和丰富的意蕴，给读者以想象，留下回味的广阔空间。诗人往往运用富有民族文化性的形象词语，进行比喻或借代；采用富有民族艺术特征的语言，创造美学的艺术诗境。中国古代诗人在这方面有突出的表现。

上面我们已经指出过，汉语的许多比喻有民族性，中国古代人在诗歌中的用喻，常常广泛地运用有浓厚民族文化性的比喻，以反映民族文化心理和审美意识。

宋代大诗人苏东坡特别讲究“传神写照”，他的诗作中的生动比喻尤为令人难忘：

水光潋滟晴方好，
山色空濛雨亦奇。
欲把西湖比西子，
淡妆浓抹总相宜。

——《饮湖上初晴后雨》

诗人在诗中用“西子”比喻西湖，很富有民族的审美韵味。这是因为，西施是古代人所皆知的绝色美人。以她的天生丽质，比喻自然造化的西湖美景，极为贴切、生动，都是“淡妆浓抹总相宜”。诚如宋代袁文所说：此诗“虽与妇人不相涉，而比拟恰好，且其言妙丽新奇，使人玩赏不已”。

在古代诗歌语言中，还常常采用富有民族文化性的借代，以增强诗歌的意象性。沈义父在其《乐府指迷》中写道：“炼句下语，最是紧要，如说桃，不可直说破桃，须用‘红雨’、‘刘郎’等字。如咏柳，不可直说破

柳，须用‘章台’、‘灞岸’等字。又咏书，如曰‘银钩空满’，便是书字了，不必更说书字。‘玉筯双垂’，便是泪，不必更说泪。如‘绿云缭绕’，隐然髻发；‘困便湘竹’，分明是簟，正不必分晓。如教初学小儿，说破这是甚物事，方是妙处。”

沈义父所说的诗歌中常见的借代，可列成下列简表：

红雨、刘郎——桃花及桃

章台、灞岸——柳

银钩空满——书法

玉筯双垂——泪

绿云缭绕——髻发

困便湘竹——簟

这些诗歌语言中常见的借代，也有深刻的民族文化性。它们有的来自于历史民间故事；有的来自于古代民俗；有的来自于著名古代诗文的句子。

“刘郎”，用于指桃，这本源自历史民间故事。《绍兴县志》云：“刘晨、阮肇，剡人，永平中，入天台山采药，经十三日不得返，采山上桃食之。下山以杯取水，见芜青叶流下甚鲜，复有胡麻饭一杯流下，二人相谓曰：‘去人不远矣’。乃渡水又过一山，见二女，容颜妙绝，呼晨、肇姓名，问郎来何晚也，因相款待，行酒作乐。被留半年，求归，至家，子孙已七世矣。太康八年，又失二人所在。”这是说，刘、阮二人又赴天台山寻二女，故有“前度刘郎今复来”的名句。“刘郎”由此为桃的借代。

“章台”借代为柳。章台本是战国时秦宫内的一个台的名称，故址在陕西长安县西南。唐代的章台种了许多柳树，故以之代柳。

“灞岸”，即灞桥，在长安县东，桥横跨灞水之上。古人常在这里折下柳枝，送别远行的客人，这种社会习俗，使灞岸成为柳的借代。

“红雨”，指桃花。李长吉诗：“桃花乱落如红雨。”刘禹锡诗：“摇落繁英坠红雨。”

“绿云缭绕”，出自杜牧名作《阿房宫赋》：“绿云扰扰，梳晓鬟也。”鬟，即髻发。

“玉筋双垂”，玉筋，即玉箸。李白诗云：“玉箸日夜流，双双落朱颜。”

“银钩”，指苍劲有力的书法。《书苑》云：“晋索靖草书绝代，名曰银钩虿尾。”引代书法。

这些古诗中常用的借代，使诗歌语言意象更鲜明。然而，这些借代无不具有民族文化的内蕴。

传统的民族文化是历代积累的知识体系，是诗人创作过程中汲取养料的宝藏，也是读者理解和欣赏古代诗歌必须掌握的内容。传统的民族文化通过诗歌的语言，以及由这些诗的语言构成的各种意象，体现出民族的文化心理、审美意识，以及特定的联想意向（象征）。

注释：

① 《南京大学学报》，1988年第1期。

② 蒋寅：《〈左传〉和〈战国策〉说辞的比较研究》，载《南京大学学报》，1988年第1期。

③ 张晋藩、邱远猷：《科举制度史话》，中华书局，1980年。

④ 《文史知识》，1984年第3期。

⑤ 保尔·戴密微：《中国古诗概论》，转引自钱林森编《牧女与蚕娘》，上海古籍出版社，1990年。

⑥ 《诗人玉屑》，上海古籍出版社，1978年。

⑦ 《中国社会科学》，1990年第4期。

⑧ 参阅茅于美：《中西诗歌比较研究》，中国人民大学出版社，1987年。

⑨ 引自高友工、梅祖麟：《唐诗的魅力》，上海古籍出版社，1989年。

第七章　汉语与佛教文化

第一节　佛教文化的传入

在中国传统宗教文化中，佛教流传、发展了近两千年，吸引了无数教徒，创立了众多的佛教组织，并兴建数万个寺庙。佛教在历史上影响十分广泛，并深深渗透到中国传统文化之中。

佛教产生于古印度。释迦牟尼创立佛教大约是在公元前6世纪。

佛教在印度流行了两千多年，并在东方文明史上产生了极其广泛而深远的影响，形成了“东方佛教文化圈”。这个东方佛教文化圈所包括的地理范围有：印度、尼泊尔、斯里兰卡、缅甸、泰国、柬埔寨、老挝、越南、印度尼西亚、中国、朝鲜、日本，甚至还可扩大到巴基斯坦、阿富汗、伊朗、蒙古，以及苏联的亚洲地区。

佛教初传入中国，相传是在东汉明帝的时候。但是，不少史学家认为，早在汉哀帝元寿元年（公元前2年），佛教便已传入中国。根据是《魏略·西戎传》：“昔汉哀帝元寿元年，博士弟子景庐受大月氏王使伊存口授《浮屠经》……”这是说大月氏直接派僧侣来中国首都向博士弟子口授佛教《浮屠经》。

佛教从印度传入中国大致有两条路线：一条是陆路，经中亚细亚传入新疆地区，再深入内地；一条是海路，通过南海路线而传入中国。

佛教在中国是从西晋时代开始流传开来的。据《释氏稽古略》载，西晋时，以洛阳和长安为中心，修建佛寺180所，有僧尼3700余人，初步形成佛教传播的中心地区。

东晋十六国时期，尽管当时的中国四分五裂，南北对峙，而佛教却在封建统治阶级的支持和提倡下、下层群众的热情向往中，蓬勃发展起来。史载，南朝梁代最兴盛时，佛寺多达2846所；而僧尼之多，达82700人之多。当时的梁武帝三次到同泰寺舍身，不务朝政，要出家当和尚。群臣苦于国无君主，便先后捐出四万万钱的巨款，把他从寺里赎回来。皇帝成了虔诚的佛教徒，百姓岂能不受影响？于是社会上信佛的风气炽盛。

隋唐时代，佛教的发展进入鼎盛时期，又由鼎盛走向衰微。隋文帝结束南北对立局面，统一中国之后，大力扶持佛教的发展。霎时间，新增加的僧人多达50多万人。

唐高祖即位后，依然大力提倡信佛。唐代中叶，佛教在唐代统治者的支持下发展达到极盛。寺院比唐初增加一倍以上；当时，“富户强丁多削发”为僧人。寺院大量侵占民田，扩充庄园，形成巨大的寺院经济。唐睿宗时，辛替否曾指出当时佛寺占有社会财产的严重状况：“十分天下之财而佛有七八。”（《旧唐书·辛替否传》）这便形成尖锐的社会矛盾。至唐武宗时，开始不断出现灭佛事件。从会昌二年到五年，总共拆毁寺庙约4600所，僧尼还俗达26万人，没收大量寺院土地。这是对佛教发展的一次空前沉重的打击。从此，佛教由极盛而进入衰微，结束鼎盛阶段。

隋唐佛教文化的兴盛，还突出地表现在佛经翻译方面所取得的重大成就。

隋唐以前，安世高（安息人）、鸠摩罗什（龟兹人）、佛驮跋陀罗（尼泊尔人）都是很有名的佛经翻译家。其中，鸠摩罗什是成就最大的翻译巨匠。他所译的佛经共35部，294卷。译文优美，成绩辉煌。鸠摩罗什还建立500多人参与的译场，对后代有较大的影响。

唐代，著名的僧人玄奘以深厚的学养和顽强的毅力，大量译传佛经，译著多达75部，1335卷，取得卓著的成就。笔者据有关材料统计，隋唐所译的佛典，共有431部，2421卷。凡印度大乘佛教的经典都被翻译出来。学者们指出，不论在数量上或质量上，隋唐的译经都大大超过前代。

隋唐以后，佛教在衰落中延续。宋、明、清各代的统治者，大都采取保护与限制相结合的方针，使佛教在延续中发展，但已失去昔日的强劲势头。

佛教的宗教思想是很庞大芜杂的，它的宗教观富有哲学色彩和伦理色彩，并具有缜密的逻辑理论。佛教以其宗教思想为核心，形成自己的宗教文化圈，建立一套严格的戒律制度和仪轨制度，作为僧人修持的行为规范。

佛教传入中国之后，与中国文化相渗透和相组合，从而产生具有中国政治文化色彩的“汉地佛教文化圈”。佛教的伦理思想以人生为苦，因而提出一套去恶从善、“解脱”、“出世”的伦理道德准则。然而，这与儒家的家族观念、孝亲观念是相悖的。佛教提倡众生平等，这也与儒家的名分思想相抵触。可以说，这是对中国传统文化观念以及民族心理的挑战。然而，佛教在伦理观中提倡一套心性修养，“诸恶勿作”、“自觉觉人”、“自利利他”的主张，并不与儒家的伦理观相颉颃，而是有相互补充的作用。在这方面，佛教与儒家是可调和的。总之，佛教与儒家的伦理观既有尖锐矛盾、对立的一面，又有互相补充、互相吸收调和的一面。在历史上，汉译佛教经典中，不乏有人从儒家的伦理道德观念出发，删去佛经中不合儒家伦理观的某些部分，而有意识增加儒家的思想内容。

总之，佛教在中国影响深远，它与中国传统文化交参互函，并形成有中国色彩的“汉地佛教文化”。这种汉地佛教文化对汉语的发展变化产生了广泛的影响。它大大丰富了汉语的词汇，并形成佛教文化圈。它还影响汉语的一些表述结构，对汉语音韵的研究也有重要的开导作用。

第二节　佛教文化语言圈

佛教有其丰富而深刻的宗教思想理论体系，这表现在它的宇宙生成论、本体论、认识论和心性论之中。佛教还有一套完整而严格的教规和宗教仪礼，用于约束教徒的行为，培养佛性，规定佛事活动的仪式。佛教还建立各种寺院，雕塑各种佛像，以树立信仰的神像，开展佛事信仰活动，所有这些，形成佛教独有的文化意识和文化形态。

语言是文化形态的一种重要表现形式（符号），它在文化建构方面是必不可少的。中国佛教文化要依赖汉语来表述自己的教义、传播自己的宗教主张，同时还要依赖汉语来表述佛教特有的各种文化观念。这样，在长期的佛教文化发展、传播过程中，便逐渐形成了佛教文化语言圈。所谓“佛教文化语言圈”，是汉语与佛教文化相适应的社会语言变体，它用于表现佛教文化的教义、佛教的宗教制度和仪轨、佛教寺院殿堂及佛像名称等，同时还包括各种佛教中常用的习语。这种佛教文化语言有其特定的使用范围，并有浓厚的宗教语义色彩和表述特点。

在我们看来，汉语的佛教文化语言圈主要包含下列三个方面。

一、有关佛教教义的词汇

这是反映佛教的宗教信念、复杂的思想理论的语言层。在这方面它形成一大批体现佛教教义的独特语汇，这些语汇有其特定的内涵，兹举数例为证：

四谛——它由释迦牟尼提出，并为后人加以发挥。“谛”是真实的真理的意思。“四谛”即指“苦谛”、“集谛”、“灭谛”、“道谛”。“四谛”就是四种真理，说明人生痛苦现象，造成人生痛苦的原因，指明如何解脱人生痛苦以及达到理想境界的途径。这是佛教关于人生哲学方面的词汇。

涅槃——原意指“火的熄灭”。它通过修持，熄灭生死轮回而达到解脱痛苦的目标，是佛教的最高境界。又译为“泥畔”、“寂灭”、“圆寂”、“灭度”、“泥洹”。《贤首心经略疏》曰：“涅槃，此云圆寂。谓德无不备称圆，障无不尽名寂。”历史上，鸠摩罗什意译为“灭”或“灭度”，即灭烦恼、灭生死因果。唐代玄奘译为“圆寂”。

苦——汉语有“苦”，但佛教的“苦”是“逼恼身心名苦”。它体现佛教对人生价值的否定认识。佛教认为人生的苦有“无量诸苦”，其中有

“生苦”、“老苦”、“病苦”、“死苦”、“怨憎会苦”、“求不得苦”、“坏苦”、“行苦”……共有120种苦。

缘——释迦牟尼认为一切事物都是由因缘和合而成，人生是由无止境的痛苦的链条组成。对人生过程可进行“十二分”，即切分为“十二支”（阶段），“分”（切分）也称为“缘”。大乘佛教有“十二因缘”，包括：“无明缘行”、“行缘识”、“受缘爱”等等。过去、现在、未来三世轮回，所以称为“缘”，“生生于老死，轮回周无穷”。

八正道——即八种合乎正理的成佛的途径，又称为“八圣道”。《玄应音义》曰：“或言八直道，亦言八圣道，或言八正道，其义一也。”

定——音译为“三摩地”、“三昧”，意思是心专注于一境，不散乱的精神状态，又称为“定学”或“禅定”。

禅——音译为“禅那”，意译是“静虑”、“思维修”等。它的含义是心绪宁静专一，深入思虑义理。“禅”有“四禅”、“念佛禅”、“实相禅”诸种证悟般若理论和方法。历来佛教都把禅定作为教徒宗教实践“修道”（即修行）的主要方法。

六度——梵文的“度”音译“波罗蜜多”，意译是“度彼岸”、“度无极”。“六度”也译作“六度无极”、“六度到彼岸”。这是指佛教把人们从生死的此岸渡到涅槃的彼岸的六种方法或途径。

六度的内容包括：

布施度——慈心施物，用自己的人力物力去救助穷人。好善乐施。

持戒度——持佛戒而慎身、口、意之恶。要用佛教的戒规约束自己。

忍辱度——大乘佛教宣扬忠于信仰，要忍受一切苦痛，是万福之源。

精进度——在修善断恶的修行过程中，要勇猛前行，绝不退却。

禅定度——静坐沉思，悟解事物的实相。

智慧度——要运用缘起性空的佛理去认识一切现象的实相，证悟万物性空的“真理”，并强调随机“渡脱世人”。

《唯识论》进一步发展，提出“十度”。除这六度之外，还有“方便度”、“愿度”、“力度”、“智度”等。

佛教教义语言还有很多术语，如有：界、空、业、常、无常、我、无我、色、色心、色法、相、五大、般若、方便、瑜伽、纳戒、无生等等。这些佛教教义的语汇被赋予各种佛教的信仰、思想、理论的深层意义。它们是佛教的基本观念的标志。成为佛教文化语言圈的核心语言。

二、有关佛教内部人际称呼及仪礼的词汇

佛教制度是佛教内部僧团组织及寺院生活的制度。古代中国的佛教组织有两种组织形式：一是国家管辖制，封建王朝设有度牒、僧籍、寺籍制度。一是禅僧的丛林制度。东晋时，道安提倡僧人的生活要有严肃的戒律，并制定规式有：行香、定座、讲经、上讲之法；常日六时行道（日三时、夜三时），饮食唱时法；布萨、差使、悔过等法。在仪礼方面，包括入教仪式、行持的方式以及佛教节日的举行仪式等。这些佛教仪礼为后代所继承，成为后代佛教组织的宗教制度和仪礼。在这方面，它也形成许多习用的佛教语汇，包括佛教内部人际称呼、修行活动各种名称、佛事节日名称等。

1. 经师的称呼

南北朝始，佛教学者重视讲诵佛典，从而形成专攻某一经论的学者，出现“经师”、“律师”、“论师”。隋唐以来，由于佛教宗派纷纷出现，便出现各种佛教宗派的宗师。

历史上主要经师名称有：

成实师——研习和弘扬印度诃梨跋摩著的《成实论》的佛教学者。

涅槃师——研习和弘扬印度佛典《涅槃经》的佛教学者。

毗昙师——研习和弘扬小乘佛典《阿毗昙》的佛教学者。

摄论师——研习和弘扬印度大乘瑜伽行派的重要著作《摄大乘论》的佛教学者。

三论师——研习和弘扬印度大乘空宗的《中论》、《百论》、《十二门论》（合称“三论”）的佛教学者。

十诵律师——研究弘扬小乘的《十诵律》的佛教学者。

地论师——研究弘扬《十地经论》的佛教学者。

四论师——研究弘扬《大智度论》、《中论》、《百论》、《十二门论》（合称“四论”）的佛教学者。

四分律师——研究、奉行《四分律》的佛教学者。

楞伽师——这是禅师，研习《楞伽经》。

2. 教徒的称呼

佛教徒宗奉释迦牟尼为本师。所有教徒都是他的弟子。教徒称呼有：

比丘——又名“苾刍”，指出家后受具足戒的男僧。比丘的本义是指乞士，即托钵乞食的僧人或和尚。

比丘尼——女子出家受具足戒者之通称。俗称为“尼姑”。

沙门——又译作“桑门”、“娑门”、“丧门”，音译为“室摩那拏”。“沙门”的本义是止息一切恶行。然而，由于古代印度把出家修持称为沙门，所以，古代中国也把出家当和尚的称为“沙门”。

法师——对于佛教中精通佛理的上层人物称为法师。《法华经》曰：“常修梵行，皆为法师。”民间为表示对僧人的尊敬，也称僧人为法师。蒙藏地区称僧人为“喇嘛”，系藏语音译，其义为“上师”。

优婆塞（居士）——在家信奉佛教的男众称为“优婆塞”，女众称为“优婆夷”。古代俗称在家的佛教徒为“居士”。

住持—— 一寺之主的僧名为“住持”。这是由禅门起名，也称为“方丈”。

长老——通称道高年长之比丘，《金刚经纂要》曰：“长老者，德长年老。唐译曰具寿。”禅家也称住持为“长老”。《修清规·住持章》曰：“始奉其师为住持，而尊之曰长老。”

3. 日常修行及佛教节日名称

佛教徒的修行方式一般有：学习佛理和修习禅定两种方式。在这方面，僧人修行活动形成一批词语，如有：

课诵——僧人的法事活动，定时讽诵经咒、礼拜三宝和梵呗歌赞。此外，还有正诵佛经。僧人采用念诵法，实行朝暮课诵。

五堂功课——佛徒每日有早课两堂，诵读《心经》和《楞严经》。晚课三堂，诵读《佛说阿弥陀经》、《礼佛大忏悔文》等。

忏法——佛教徒自我修行的一种重要方法。

趺坐——修习禅定的方式。趺，即足背。足背于髀上，谓之趺坐。有全跏趺坐和半跏趺坐两种。

戒律——防止佛徒邪非的教规。有5戒乃至250戒各种规定。

打七——又称为“打念佛七”、“打净七”、“打佛七”、“打禅七”，这是净土宗和禅宗的重要佛教仪式。净土宗的“打七”是念佛活动，只念阿弥陀佛，伴以敲木鱼击磬；禅宗的“打七”是冬天进行参禅活动。一般从阴历十月十五日起至腊月八日止，共“七七”49天。

浴佛法会——又称为“浴佛节”，纪念释迦牟尼诞辰的重大节日。自元代起规定四月初八为浴佛节日。

盂兰盆会——又称为“盂兰盆节”、“盂兰盆斋”，这是佛教超度祖先的一种仪式。每逢夏历七月十五日，佛教徒为追思祖先而举行。

水陆法会——又称“水陆道场”、“水陆会”。中国佛教的一种隆重的超度亡魂的法会，诵经设斋，礼佛拜忏，追荐亡灵，以救度水陆鬼众的法会。少则7天，多则49天。

这些词语是佛教徒的常用语。此外，还有“袈裟”，又叫“福田衣”，以及“五衣”、“七衣”等僧人服饰名称。

还有在家居士的“归依佛”、“归依法”、“归依僧”的受持三归。还有“入院”、“退院”、“上堂”、“晚参”、“法堂”、“寮舍”、“行香”、“定座”、“上讲”等等日常用语，不胜枚举。

三、有关寺院殿堂及佛像的词汇

佛教的寺院殿堂是供奉佛和菩萨的地方，也是出家僧人修持、居住的地方。寺院殿堂体现佛教的信仰、偶像的崇拜，以及佛教文化艺术，具有宣扬佛教、教育佛徒的多种社会功能。在这方面有各种寺院殿堂的专有名称、各种佛像的佛号（名称）。所有这些，也是佛教文化语言的一个重要组成部分。如：

1. 寺院方面的词语

寺——音译“毗诃罗”，原为官司之名。汉代设鸿胪寺接待四方宾客，永平年间，佛教传入中国，另立白马寺为西方佛僧居住，“此中国有僧寺之始”。

《大宋僧史略》指出，寺有10种异名：

一曰寺，二曰净住（秽浊不可同住），三曰法同舍（法食二同界也），四曰出世舍（修出离世俗之所），五曰精舍（非暴戾之所居），六曰清净园（三业无染处也），七曰金刚刹（刹土坚固道人所居），八曰寂灭道场（祇园有莲华藏世界，以七宝庄严，谓之寂灭道场），九曰远离处（入其中者，去烦惑远，与寂灭近故），十曰亲近处。[①]

寺还有些别名，如“窟”、“院”、“庙”、“兰若”。

寺院——也称“寺刹”、“梵刹”，这是由于寺前的幡杆称为“刹”而得名。所有佛寺的总称。

僧伽蓝摩——又译为“僧伽蓝”或“伽蓝”，僧众居住的园林。“僧伽”，是指众僧；“蓝摩”是园的意思。

精舍——初为讲道场，后为众僧所居之所。

浮图寺——浮图，又作浮屠、佛图，指塔。浮图寺是塔庙，塔建在寺院中心。

伽蓝七堂——宋代以来，禅宗寺院盛行的一种建筑方式。七堂有：佛殿、法堂、僧堂、库房、山门、西净、浴室。比较宏大的寺院还有：讲堂、经堂、禅堂、塔、钟鼓楼等建筑。

山门——寺院的外门并立的三门，又称为“三解脱门”（即空门、无相门、无作门）。

三门殿——寺院一进门供奉两大金刚的地方。

天王殿——供奉大肚弥勒佛及左右四大天王像的地方。

大雄宝殿——供奉佛教教主释迦牟尼及五佛像的地方。“大雄”是释迦牟尼的德号，《法华经》曰：“善哉，善哉，大雄世尊。”这是对释迦牟尼的道德和法力的尊称。

菩萨殿——供奉各尊菩萨的地方。“菩萨”，音译。据云，释迦牟尼未成佛之前自称为菩萨。

地藏殿——供奉地藏菩萨的地方。佛经故事说地藏在释迦牟尼入灭而弥勒佛尚未降世之时，发大愿，普度众生。因他“安忍不动如大地，静虑深密如秘藏”，故称为地藏菩萨，很受古代下层人们的信奉。

祖师殿——供奉禅宗的祖师的地方。当中为达摩禅师，左侧为禅宗六祖（实际创宗人慧能），右侧为百丈怀海禅师。

罗汉堂——供奉五百罗汉的地方。

2. 佛像的名称

各种佛像的名称都有一定的来源，有的出自于古印度佛家故事，有的出自于中国的佛家故事。佛像的名称较多，这里略举一些：

金刚力士——据《大宝积经》说，金刚力士原是法意太子，他发誓在信佛后要当金刚力士护卫佛法，后来果真成了500名随从的首领，被称为“密迹金刚”。传到中国，金刚力士本只有一尊，后来中国人把它发展为四尊，成为四大金刚力士。不过，有的佛寺只供“二金刚”力士作为护法神。

四大天王——四大天王居于须弥山腰，“各护一天下”，掌管四大洲的山河大地，东方持国天王、南方增长天王、西方广目天王、北方多闻天王。古代中国人很喜欢多闻天王，因为他还是财神。音译为“毗沙门天王”。敦煌壁画中便有许多毗沙门天王抛撒金财的画像。明代把毗沙门天王演化为中国的“托塔李天王”。“四大天王”俗称“四大金刚”。

弥勒佛——弥勒，一说是五代时一位布袋和尚，浙江奉化人，原名“契此”。后梁贞明二年临终时，自称为弥勒化身。一说是南印度人，姓弥勒，名阿逸多，见于《弥勒上生经》。

三宝佛——在大雄宝殿中有释迦牟尼佛像，两旁还有毗卢佛（其莲座是千叶莲）和接引佛（即阿弥陀佛）。

阿弥陀佛——净土宗认为，他是西方极乐世界的教主，众生凡愿往生彼土，只要不断念他的名号，死时，阿弥陀佛便会前来接引，带他到西方极乐世界。

三世佛——三世佛有横、竖两种。

竖三世佛有：过去佛，指迦叶诸佛，亦指燃灯佛（居左）；现在佛，释迦牟尼佛（居中）；未来佛，弥勒佛（居右侧）。

横三世佛有：东方药师琉璃光佛（居左侧），中央释迦牟尼佛，西方阿弥陀佛（居右侧）。

罗汉——梵文音译“阿罗汉”。本义是“杀贼”，即杀灭一切烦恼，不再生死轮回，永远进入涅槃。小乘佛教修行的最高果位。又译为“应真”、“真人”。

十六罗汉——大乘佛教认为十六罗汉是释迦牟尼的弟子。他们亲受释迦牟尼嘱托，不入涅槃，在世间宣传佛法。

十八罗汉——由十六罗汉发展而来。

观世音——据梵文译为“光世音”、“观自在”，因能“观察”世界上一切声音而得名。《法华经》说，遇难众生只要一心念诵菩萨的名号“观世音”，“菩萨即时观其声音”，前往搭救。佛典说观世音有各种化身：七观音、千手观音、四十八臂观音等等。

佛像的名称还有很多，如罗汉的名称可多达500个。

从广义上说，佛教文化的语言，还可以包括佛教文学——如变文的语言。如果要展开来论述，所占篇幅便太多了。再则，变文作为一种文学体裁，其中有讲有唱、有描写、有比喻、有丰富的想象，它的语言是艺术化作品的语言，可留待探讨唐代变文文学的学者去研究。另外，变文虽然演述佛事，但到后来，许多变文却演述起史事、艳闻来，与佛事无关了。

佛教文化博大精深，佛教语言琳琅满目、丰富多彩。今人丁福保在他所编撰的巨著《佛学大辞典》中，收集了各种佛教文化词语，其中包括佛教各种专门名词、术语、典故、人名、物名、仪式名称、比喻词、杂语、故事等，共收词目达30000多条。这些词条数目相当可观，表明佛教文化语言圈的语汇极为丰富。

佛教文化思想体系严密，它为了探求人生的本质与宇宙世界的“真实”，形成了一套系统的宗教理论。语言作为这种宗教文化的载体，自然也有一定的系统性。在我们看来，佛教文化语言圈可分为三个层次：第一层次是反映佛教教义及其理论的语言，它具有深刻的思辨性和抽象性，是佛教语言的核心部分，也是最内在的、深层的部分。第二层次是反映佛教制度、仪轨的语言，它与佛教内部严格的组织制度和戒律生活相联系，具有一定的内在性，但并不是深奥莫测，可以说是佛教语言的中间层部分。第三层次是反映佛教寺院及佛的名称的语言，它与外界联系较密切，不论是教徒或非教徒，对这部分词语都有一定的了解，可以说，这是佛教语言的最外层部分。

如果我们进一步探究佛教语言圈具有什么特点的话，那么，我们可以发现——

1. 佛教文化语言具有鲜明的宗教社团性

佛教文化语言作为佛教文化建构的标志符号，它用于表达佛教的理论体系、佛教的仪礼制度以及佛教寺庙、神像名称等等。它属于佛教宗教团体的语言，不属于全民性的语言。大多数佛教文化语言只为佛教团体里的信徒所了解，尤其是佛教教义语言，没有诵读过佛经的人更是无从知晓。

佛教文化语言虽然是宗教团体的语言，但它没有保密性，不像一些民间团体的隐语有保密性。这是由于佛教团体并不是封闭性的组织，它的大门向一切愿意信佛的人开放。所以在佛教文化语言中，有一部分词语随佛教文化的普及而进入全民性的汉语中，成为人所皆知的汉语词汇。如，大众、正宗、出现、五体投地、“苦海无边，回头是岸”、衣钵相传、实际、世界、开山祖师等等。

2. 佛教文化语言具有佛理的深奥性

佛教经典十分丰富，阅读过佛经的人都知道，佛教文化语言有其特定的语义特征，它同佛理联系在一起，有其深邃的哲理性，读来不易。另外，有不少汉语词在佛经的表述中发生转义，这也是使人感到佛经文字深奥的一种原因。如：

“受”在汉语中是接受或授与的意思。在佛典中，“受戒”、“受食”是接受之义；“授衣”（师赐弟子衣服）是授与之义。然而，在佛教阐述“五蕴”之义时，认为人是由五种元素构成：“色”、“受”、“想”、“行”、“识”。“色”是指人体形象。而“受”却是指人的感官所产生的喜、怒、哀、乐、苦、忧之感情。这里的“受”完全转义，附着了佛教的教义色彩。

又如“法”，在汉语中原指“法律、法规”，而在佛经里，“法”就变成了能通于一切事物的“道理”。不论大的事物或小的事物、有形的或无形的、真实的或虚有的，处处都有道理在，亦即处处都有“法”在。

3. 佛教文化语言具有汉语的构成性

佛教词语均来自于印度的梵文或巴利文。佛经中采用音译、音译加意译，以及意译三种方式翻译印度的佛经。这三种译借词的方式，后来成为汉语通行的借词手段。

音译词在佛经中占有相当的分量。佛经中的人名、物名、经名、仙名、地名，绝大多数为音译词。如：

阿弥陀——Amita，即阿弥陀佛之名——人名音译。

阿祇尼——Agni，又译作阿拟尼——神名音译。

拘某陀——Kumuda，植物花名——物名音译。

陀毗罗——Davila，古代南印度国名——地名音译。

此外，还有一些特殊音译词，表示佛的笑声及骂人的话，这是汉语所没有的特殊成分，也采用音译。如：

阿呼——梵文Ahu，佛的叹美之辞。

阿呵呵——梵文Ahaha，佛的笑声。

阿拘卢奢——梵文Akrosa，佛骂人的词语。

这些音译词最没有汉语的构成特点。然而，就其语音对译方面而言，并不是完全照搬梵文的音。梵语有复辅音、舌尖滚音，汉语没有。对译时，人们便用汉语相似的音去代替梵文的音，这使这些音译词具有汉语的语音构成特点。

音译加意译以及意译词均具有汉语的构成特点。下面略举数例为证：

佛——梵文Buddha，原为两个音节的词。古代译为“佛陀”、“浮图”、“浮头”等，其本义为觉者、智者，后来简译为“佛”。

“佛”是一个音译词，汉译佛经中，常以“佛”同其他汉语语素组成复合词。这种复合词的构成，与汉语偏正式的构词方式相同。

佛化——佛之教化　佛世——佛在生之时

佛戒——佛性之戒规　佛宗——佛法之宗旨

与此相同的，如有佛月、佛门、佛心、佛使、佛骨、佛迹等等。与“佛”组合在一起的词素都是汉语的构词成分。

下面列举一些意译词：

众生——由梵文意译。指众多有生命之物。

无我——由梵文意译。它否定实在自体的存在。

圆寂——由梵文意译。佛教以为是最高的理想境界。后来也用指佛或僧侣逝世。

轮回——由梵文意译，意为流转、生死相续，也可说是生死轮回。

这些意译词，完全汉语化。它的意义显豁，易明。

上述表明，佛教文化语言既有其独特的宗教文化性，又有汉语构成的共性。这也就是说，汉语在吸收佛教文化时，既容纳了许多音译借词，同时，又改造或更新了许多佛教借词，使之汉语化，成为汉语词汇成分。

第三节　佛教文化对汉语词汇丰富性的影响

随着印度佛经的大量翻译和广泛的影响，随着佛教长久的、深入人心的传播，佛教的许多有新意、优美的词汇被吸收到汉语的历史词库之中。佛教典籍里还有许多生动、凝练、富有表现力的成语、典故，也成为汉语词库中的宝贵明珠。

佛教典籍的译文是汉语的一种再创造。它要根据印度佛典中梵文的原意和风格，然后用汉语创造性地去表述。在佛经译文中，展现许多用语造句的新特点，这大大丰富了汉语的表述手段。

众所周知，佛教文字源自古印度的梵文。梵文是一种拼音文字。在古印度语音研究的“声明论”的影响下，佛教文化还对汉语历史语音的研究起推动作用，并促使汉语音韵学的创立和发展。

王力先生说过：“佛教的传入中国，对汉语的影响是大的。‘声明’的影响只是在汉语体系上和说明上（如等韵学）；‘因明’则影响到逻辑思维的发展。唐代是佛教比较成熟的时期，唐代的汉族知识分子，在逻辑思维上或多或少地都受过佛教的影响。”②

显然，佛教文化对汉语的发展和研究都有着深刻的影响，它大大地丰富了汉语词汇和语句表述的手段，同时提高了汉语语音的分析水平。下面我们分别加以阐述。

在上一节中，我们阐述了佛教文化曾经在历史上形成一个丰富多彩的语言圈，它产生了大量的佛教用语，这些佛教用语，从整体上说，它们属于汉语体系的一个重要组成部分，也可以说是汉语的一种社会文化语言变体。然而，从来源上看，由于许多佛教用语来自印度的梵语，所以它们有相当浓厚的外来语色彩。有人估计，在古代汉语外来借词中，佛教的外来借词至少占90%左右。

在汉语历史发展过程中，有相当多的佛教用语被排斥在全民的汉语之外，但也有不少的佛教词语被吸收到全民的汉语词汇之中，成为汉语的基本词汇，显示了佛教文化对汉语的深刻影响。

被排斥在汉语全民使用范围之外的佛教语词主要有：

（1）印度佛教的许多人名、地名、物名，其中大多数为多音节音译词，如伴陀罗缚子尼（菩萨名）、佛陀密多罗（人名）、去提罗迦（植物名）、去罗帝耶（地名）。

（2）佛教中的专门术语、佛经音译名，如：但三衣、阿梨耶（术语）、何耶揭利婆像法（经名）。

（3）重复的名称，如：兰若（佛寺）、僧伽蓝（佛寺）、世依（佛之尊称）、世自在王（佛之异名）、五牒（佛典）、皮袋（人畜之身体）、玉柔（牛肉）、巨磨（牛屎）、傍生（畜生）……

（4）反映佛教特有观念的词语。这一部分词语有的进入全民语汇，但有相当多被排斥在全民语汇之外。如，佛教很重视人的生死轮回，有关人的生死，佛教有自己独特的分析，并由此产生出有关的词汇，如：生死云、生死园、生死野、生死渊、生死际、生死轮等等，这些有关生死轮回的佛语，并没有进入全民使用的汉语词库之中。

通过佛经的传播、宗教的宣讲、佛教文学的广泛影响，也有不少佛教用语演化成为全民汉语习用词语。如有：

世界、实际、如实、众生、觉悟、正直、正宗、正果、

净土、刹那、世人、毕竟、心地、心眼、心境、本行、

本身、护国、护法、投机、报应、报恩、因缘、三昧、

烦恼、出现、出世、出息、志愿、安心、安详、导师、

婆心、方便、解脱、平等、现行、相对、绝对、知识、

唯心、用心、身心、觉悟、悲观、功力、泡影、语录、

祝愿、可意、拍掌、因果、苦恼、苦行、现在、现行、

法宝、单位、定性、庄严、献身、大权、大纲、香火、

修行、鬼神、迎接、普通、真相、真理、真实、真空、

恶魔、律师、门外汉、口头禅、无明火、开眼界、大无畏、一刹那……

这些词语都是源自佛教用语，后来被吸收进全民汉语中来，如：

世界——梵文音译为“路迦”。《楞严经》曰：“世为迁流，界为方位。汝今当知，东、西、南、北、东南、西南、东北、西北，上下为界，过去、未来、现在为世。”佛典上的“世界”本是一个时空观念，后来只有空间观念，成为汉语的习用词。

实际——在佛教中指唯一、绝对、常住不变的本体，无所不容，无所不在的一切现象都是“实际”的表现。所以实际又称为“实际海”。《大智度论》曰：“实际者，如先说，法性名为实，入处名为际。”这是用法和法界来说明实际。后来，实际演化为指客观存在的真实情况。

刹那——原是梵文的音译词。慧琳《一切经音义》曰：“一日一夜有三十须臾，每一须臾计有三十腊缚，又于一腊缚之中计有六十怛刹那，又于一怛刹那中分为一百二十刹那，时中迅促不过刹那。”中国的计时法则说：“一日一夜有十二时，共分为一百刻，一刻之中约有七万刹那时也，言极迅疾，促于瞬息也。”慧琳对“刹那”的解释令人叹绝。《探玄记》、《俱舍论》、《西域记》等书对“刹那”的解释都远不如慧琳的探本求源的深入。“刹那”本是佛经上的词语，如《楞严经》曰：“沉思谛观，刹那刹那，念念之间不得停住，故知我身终从变灭。”如今它已成为汉语的一个习用词了。

本行——成佛之根本法，《维摩经·佛国品》：“大智本行，皆悉成就。”

正宗——谓初祖所传之宗派，《云峰悦师语录》序曰：“不受燃灯记别，自提三印正宗。”

出现——佛、菩萨以实身（一种化身）显出于世。《法华经》曰：“诸佛世尊，唯以一大事因缘故，出现于世。”

大众——也译为多众。《大智度论》曰：“大众者，除佛余一切贤圣。”《法华经》序曰：“世尊在大众，敷演深法义。”佛教中有一流派称为“大众部”。

功力——本是指念佛的功力。《观佛三昧经》曰：“念佛功力，自然开悟。”《六妙法门》：“心慧开发，不加功力。”在汉语中词义扩大。

真相——原出佛语，《洛阳伽蓝记》曰：“修梵寺有金刚，鸠鸽不入，鸟雀不栖，菩提达摩云‘得其真相也’。”俗用于事物的真实情况。

因果——佛教以为，一切事物均以因缘而生，有因必有果。过去、现在和未来，谓之“三世因果”。宋代《妙宗钞》云：“了达因果皆是实相，名为深信。”佛教徒要深信因果的观念。

律师——佛教徒称善解戒律者为律师。《涅槃经》：“如是能知佛法所作，善能解说，是名律师。”今指受诉讼当事人之委托或法院指派，在法庭上执行法定申诉职务的人。

佛教还有许多流行民间的俗语进入全民汉语的口语中，更是不胜枚举。如：菩萨、佛祖、如来佛、观音、罗汉、念经、念珠、和尚、尼姑、天堂、地狱、化缘、坐禅、烧香、拜佛、打坐、寺、庙……

这些佛教词语被吸收到汉语中，许多经过词义的扩大或引申，从而进入汉语，丰富了汉语语汇。

佛教文化还形成许多成语或典故。它们有许多也被吸收到汉语中，成为汉语成语中独放异彩的奇葩，这些成语有：

五体投地、清规戒律、聚沙成塔、一针见血、一切皆空、

一弹指间、三生有幸、三头六臂、三灾六难、生老病死、

伤风败俗、勇猛精进、不二法门、不生不灭、不即不离、

万劫不复、在劫难逃、劫后余生、功德无量、丈六金身、

恒河沙数、牛头马面、牛鬼蛇神、隔靴搔痒、拖泥带水、

邪魔歪道、大慈大悲、笑面夜叉、因果报应、六根清净、

心猿意马、左道右旁、泥船渡河、宝山空回、盲人摸象、

唯我独尊、骑驴觅驴、不可思议、冷暖自知、僧多粥少、

味同嚼蜡、快马加鞭、皆大欢喜……

八仙过海，各显神通；无事不登三宝殿；

放下屠刀，立地成佛；死马当成活马医；

道高一尺，魔高一丈；做一天和尚撞一天钟；

善有善报，恶有恶报；不看僧面看佛面……

这些成语的来源与佛教文化的各个方面都有密切的联系。③

有些成语源自佛教的教义理论。

“三生有幸”这一成语，源自佛教的生死轮回学说，“三生”即“三世”，指前世、现世、来世。据传，唐代有一个叫李源的人，与惠林寺的圆泽和尚来往密切，有一次他们同游三峡，圆泽和尚指着一个汲水的妇人对李源说：“这是我的托生之处，十二年后的中秋之夜，咱们在杭州的天竺寺外相见吧。”当天晚上，圆泽和尚便坐化了。十二年后，李源如约到了杭州，果然在天竺寺的后山见到一个牧童，那牧童吟唱道：“三生石上旧精魂，赏月吟风不要论。惭愧情人远相访，此身虽异性常存。”原来这牧童便是当年圆泽和尚的后身。人可以投胎转世，生死轮回，“三生有幸”便是指前世、现世、来世都很幸运，用以形容一个人很幸运。

佛教鼓励人在世行善积德，死后可进入西方乐土，而在世不行善，专做恶事，死后便要进入地狱，受阎罗王十八个判官的审判，地狱形形色色，有“八热地狱”、“八寒地狱”、“近边地狱”，还有八千四百个“孤独地狱”。地狱之中有成千上万的“牛鬼蛇神”。这种因果业报的佛教教义，便产生“因果报应”、“善有善报，恶有恶报”等成语。

有的成语来自对佛的崇拜、敬仰。

《大本经》里说：“（佛）从右胁出，堕地行七步，无人扶持，遍观四方，举手而言：‘天上天下，唯我独尊’。”——“唯我独尊”这一成语便是由此而来，它是对佛的降世神奇的赞颂。

《大萨遮尼乾子所说经》曰：“沙门瞿昙神行有六种：一者，天眼通；二者，天耳通；三者，他心通；四者，宿命通；五者，如意通；六者，漏尽通。”这是在宣扬释迦牟尼法力无边，无所不能至。——“神通广大”这一成语，便是来自对佛的法力的迷信与崇拜。

有的成语源自佛教的修持实践，特别是与禅宗有关的成语尤多。如“面壁功深”，这是由面壁端坐闭目的禅定修行方法而来。“六根清净”，六根指眼、耳、鼻、舌、身、意等感觉器官。修习禅定要做到没有任何欲念，必须“六根清净”。

“禅定”，源自古印度的瑜伽功，也叫做“三昧”。它重在修心养性，使心定在一处。禅宗的顿悟派在接待初学者时，往往用棒一击或大喝一声使其顿悟，所以有“棒法”和“喝法”两种。“有僧入门便棒”，“有僧入门便喝”，使其“不言而化”——“当头棒喝”、“当头一棒”的成语便是来源于此。汉语中借以指遭受突然的打击。如，孔子“好像受了当头一棒，亡魂失魄的坐着，恰如一段呆木头”。（鲁迅《故事新编·出关》）

有的成语源自佛教的制度、仪礼。

三国时，菩提达摩来汉地传授佛教，他宣称他的佛法“自释迦相传，有衣钵为记，世相付授”。（引《旧唐书·神秀传》）——“衣钵相传”这一成语便是由此而来，它反映佛教的世传制度。

印度佛教的最后一个时期出现了密教。密教在接收新佛徒时，要由师父把清水浇洒在他的头顶上，这种仪式便叫做“灌顶”，这也许是从古印度帝王即位时举行“灌顶”仪式继承下来的。——“醍醐灌顶”这一成语便是从密教的入教仪式产生出来的。“醍醐”是从牛奶里提炼出来的纯酥油，把它浇在人头上，使人彻底醒悟。后指人们听到某种高明的见解，受到很大的启发，但也可用来形容舒心清爽的感觉。《水浒传》第四十二回：“宋江觉道这酒馨香馥郁，如醍醐灌顶，甘露洒心。”

有的成语直接从佛经或佛书里引出来。

朱瑞玟在其《成语与佛教》一书中指出：一丝不挂、想入非非、蒸沙成饭、钻冰求酥、得未曾有、味同嚼蜡、五体投地、顶礼膜拜等等成语，来自《楞严经》；不可思议、不二法门两个成语来自《维摩诘经》；梦幻泡影、电光朝露、恒河沙数、香花供养、借花献佛、馨香祷祝、皆大欢喜、拣佛烧香等成语来自《金刚经》；三头六臂、悬驼就石、钻火得冰等成语来自《法苑珠林》；对牛弹琴来自《理惑论》。

还有一些成语来自佛教故事、寓言、传说。

宋代普济的《五灯会元》为佛教禅宗的重要史料，书中汇集佛教各种故事、传说，有关成语很丰富，其多数为全民汉语所吸收，口头流传。如叶落归根、冷暖自知、逢场作戏、敲骨吸髓、万古千秋、沉默寡言、家破人亡、抛砖引玉、摇头摆尾、一口吸尽西江水、张三李四、单刀直入、上天无路，入地无门、自作自受、忍俊不禁、见兔放鹰、挑雪填井、叶落知秋……据云，在与佛教有关的成语中，出自《五灯会元》的竟占了三分之一多。

佛教文化的词语大大丰富了汉语的词汇宝库。任何一种宗教文化对社会都有一定的渗透作用。在思想渗透的同时，往往伴随着语言的渗透。佛教文化在中国流传近两千年，它的思想文化对中国的哲学、伦理学、文学、艺术以及社会心理、民俗风情等等都产生重大的、不可低估的影响，在这种强大宗教文化思想渗透下，汉语广泛吸收佛教文化的词语，便是很自然的事了。

第四节　佛教文化对汉语复合词发展的重要影响

佛教文化的语言在促使汉语复合成词的发展方面起着重要的、不可低估的作用。

汉语词汇发展史表明，它由单音节词为主向双音节词为主发展。先秦之前，汉语绝大多数是单音节词，到了汉魏六朝之后，受佛教文化语言影响，复音词尤其是双音节词剧增。

任何一种语言词汇的发展都是越来越丰富、越来越多样。这是由于社会向前发展，各种新事物大量涌现，要求有相应的大量新词来表现。现代汉语单音构成的词汇十分有限。单音节词受语音音节组成数量的限制，所以，上古汉语的单音节词常常具有多义性。如“易”一词，郑玄在其《易赞》中指山：“易一名而含三义：易简一也，变易二也，不易三也。”实际上，“易”在上古有八种词义，包括：容易、平安、平坦、简率、散漫、轻贱、修治、利悦等义项（见于《诗经》、《孟子》、《礼记》、《左传》、《论语》等书）。除此，还有：交换（交易）、姓、名（《易经》简称）、改变（变易）等义项。这种单音节词的多义性，虽然符合语言使用的经济原则，但单词义负荷过大，便容易产生歧义，造成理解和交际的困难。显然，由于单音节词十分有限，单音节词产生歧义是不可避免的，当社会发展需要产生大量新词时，其出路只能是改变单音节构词方式，走向复音化，采用两个或三个单音节词合成构词的新方法。

汉语构词方式的改变不是突变的，而是渐变的。但在渐变的过程中，有较激烈的阶段，也有较平稳的阶段。据考察，先秦词汇中便已开始有复音词，然而，到魏晋时期，随着佛经的大量翻译、佛教文化的广泛流传，汉语词汇大大加速复音化，涌现大批的复音词。佛经的翻译带来大批多音节的外来借词。更重要的是，佛教文化还带来许许多多新概念、新事物，佛经的译者往往需要创造各种新词去转译佛经中的各种复杂语义。人们必然要创造许多复音意译词，音译加意译的新词汇。于是，魏晋时期，复音词大量涌现。这是佛教文化深入、广泛影响的直接结果。这促使汉语词汇迅速走上复音化道路。

如果进一步深入考察魏晋以来汉译佛经中的意译词，其构词方式也颇为复杂，这对于后来汉语词汇发展方式、借词方式有重要的影响。

据考察，佛经翻译中的意译词的构词方法，主要采用句法式构词。

句法式构词主要有如下几种类型：

（1）并列式——如：应当、分别、轻贱、呻吟、共相、侵略、庄严、自从。

（2）偏正式——如：法典、饿鬼、东方、百味、小乘、海外。

（3）动宾式——如：治生（谋生）、舍寿、数息（计算呼吸次数）、入定。

（4）动补式——如：减少、照明、证明、变成、经久。

（5）主谓式——如：轮转、自在、夜分。

（6）附加式——如：A加前缀——阿谁、第一、第二

B加后缀——“～子”、“～头”、“～然”、“～尔”，如：桌子、厨子、木头、下头、昭然、默然、赫然、怅然、必然、勃然、果然、欣然、自然、坦然、怡然、莞尔、率尔等等。

（7）综合式——三音节或四音节，如：四天下（四方）、大千土、功德田、西南角、东北角、如意珠、法眼净、五通仙……

这些句法式构词，大多数是由词组逐渐凝固而演变成双音节或多音节词的。开始时，词组的语素次序不稳定，可以相掉换，随着人们的长久使用，社会约定俗成，才逐渐凝固为合成词。如：

声音（《无极宝三昧经》）——音声（《佛说申日经》）

暴虐（《贤愚经》）——虐暴（《杂宝藏经》）

即便（《贤愚经》）——便即（《佛说申日经》）

有时，在一部佛经中，一个合成词两个语素次序互相对换。这表明，当时有些合成词的构成尚不稳定，它尚处于形成的过程中。如：

庄严——严庄（《佛说申日经》）

意志——志意（《佛说慧印三昧经》）

集合——合集（《顺权方便经》）

更改——改更（《六度集经》）

成熟——熟成（《大灌顶经》）

以及——及以（《百喻经》）

这种合成词中语素次序互换，在唐宋佛经或词曲中也不少见。不过，随着时代的前进，这种不稳定词序逐渐走向稳定。它们只选择一种，抛弃另一种，如选择“声音”、“养育”、“暴虐”、“庄严”，抛弃“音声”、“育养”、“虐暴”、“严庄”。

魏晋佛经中涌现大量的双音节合成词，为汉语词汇发展带来新变化。据颜洽茂《佛教语言阐释》一书对中古时期的《百喻经》、《贤愚经》、《杂宝藏经》三部流行佛经中双音节合成词的统计，合成词所占比例很大。

合成词所占百分比率：

	总字数	合成词	占总词数
《百喻经》	1080	956	96.2%
《贤愚经》	140400	4183	96.7%
《杂宝藏经》	77400	2606	95.8%

显然，在这三部佛经中合成词已占主要地位。

	合成词总数	附加式	并列式	偏正式	动宾式	动补式	主谓式	综合式
《百喻经》	956	1%	54.4%	28.2%	4.6%	3.4%	1.4%	2.2%
《杂宝藏经》	2606	1.1%	50.2%	29.7%	7.5%	2.8%	1%	3%
《贤愚经》	4183	2.6%	54.7%	27%	6.7%	1.1%	1.1%	3.1%

从上表中可以看出，并列式所占比例最大，其次是偏正式，再其次是动宾式、动补式。重叠式不计。④ 句法式合成词是能产型，至今依然如此。

佛教译经中还出现大量数法（禅数法）形成的缩略词，这对后来汉语数法缩略词的发展有重大影响。

在佛教译经出现之前，汉语数法缩略词极少，只有“四海”、“五谷”、“五行”等等。魏晋以来，随着许多佛教译经的出现，便涌现大量数法缩略词。其中有反映事物的缩略，也有反映佛教义理的缩略。如：“四大”，指地水火风四物。“四谛”指佛教义理中的苦谛、集谛、灭谛、道谛。其他还有：

二力（自力、他力）；二天（日天、月天）；二凡（内凡、外凡）；
二士（性士、相士）；二心（真心、妄心）；二我（人我、法我）；
二光（色光、心光）；二因（生因、方便因）；三车（羊车、鹿车、牛车）；
三戒（在家戒、出家戒、道俗戒）；三界（欲界、色界、无色界）；
三宝（佛、法、僧）；三因（生因、习因、依因）；
三光（少光天、无量光天、光音天）；三行（福行、罪行、无动行）；
三受（苦受、乐受、不苦不乐受）；三生（前生、今生、来生）……
七大、七知 、七宗、七垢、七逆、七曜、七众、七陀罗尼
十方、十王、十心、十玄、十世、十地、十住、十佛、
十身、十劫 十戒、十忍、十利、十快、十妙、十来、
十念、十法、十重罪、十重障……

这种用数词概称的构词法，在佛教词语中是比较多见的，这对汉语构词产生深刻影响。在现代汉语中便有许多用数词缩略的词语。如：三山五岳、八景、五爱、五讲四美、四化等等。

第五节　佛教文化对汉语语法的影响

佛经的译文都是比较通俗的口语文体。吕叔湘先生在《语文常谈》中说过："佛经的文字也包含较多的口语成分。……白话的兴起跟佛教大有关系。"⑤汉语若以东汉为界，那么东汉以前汉语以文言占绝对优势，而东汉以后则开始出现文言、白话二元化的语言并存局面。佛教译文吸收魏晋时代许多口语成分，并发展了自己的表达特点，产生若干新兴语法成分。在这方面，一些学者在论著中都指出过。

一、译经中增加较多的复式虚词，许多被汉语所吸收

上古汉语早已有各种虚词，但以单音节虚词为主。魏晋以来，译经中出现较多的复式虚词。如有：何况、非独、正使、已经、乃至、于是、不过、未几、自从、用以（以用）、即便（便即）、悉共、及以（以及）、

悉皆，这些虚词用作副词、介词、连词。如：

不久之顷，命终生天。（《杂宝藏经》）

何况大王一体之女。（《贤愚经》）

非独今日先度五人。（《贤愚经》）

出家学道，已经六年。（《杂宝藏经》）

世间有毒，不过三毒。（《杂宝藏经》）

用以笃信此经典故。（《佛说无希望经》）

一切有为法，及以无为法。（《月灯三昧经》）

二、判断句普遍使用系词“是”来连接主语和宾语，句末不再出现“也”、“矣”、“耳”、“焉”等语气词

在古代汉语中，用系词“是”的判断句用法早已产生，但早期文献例子很少。魏晋以来，佛典中却提供许多例证，这与当时的口语语法特征有密切关系，隋唐佛典中出现更多。沈锡伦等学者在这方面已作了不少探讨。[6]如：

夫答之言：“我妇久死，汝是阿谁，妄言我妇!”（《百喻经》）

弟子是岭南人，新州百姓，今故远来礼拜和尚。（《六祖坛经》）

师子是总相，五根差别是别相; 共从一缘起是同相，眼耳等不相滥是异相。（《华严金师子章》）

渠不是我，我本不是渠。（《抚州曹山元证禅师语录》）

三、多用被动句，被动句结构趋于复杂化

汉语早有被动句式，但使用不多。魏晋以来，“被”字之后出现施动者（或动作工具）的句式甚多。这可能是在梵语影响下形成的。另还有“为……之所V”的被动句式。

我见被人瞒，一似园中韭。日日被刀伤，天生还自有。（《寒山子诗集》）

雀儿被禁数日，求守狱子脱枷。（敦煌变文《燕子赋》）

远公当即不语，被左右道：“将军实是许他念经。”（《庐山远公

话》）

先秦两汉已有被动句式“为……所V”。如“世子申生为骊姬所谮”（《礼记·檀弓》），“屠氏明日出行，为虎所食”（《述异记》）。魏晋以来佛经中出现“为（被）……之所V”被动句式，这与“为……所V”并无本质的区别。洪诚认为，“之”不是借词，而是衬音词。《墨子·天志》：“我为天之所欲，天亦为我所欲。”两种被动句式功能完全一样。[⑦] 在魏晋佛经中这两类句式都出现，不过，佛经用被动句式较多，据颜洽茂考察，《百喻经》中这两类被动句式共有48个用例。其中，用“为……之所V”句式为23例。而在《史记》、《汉书》、《三国志》中均鲜见这种被动句式。[⑧]

四、“于/於”的特殊用法，在汉译佛经中大量用于动、宾之间，偶有用于介、宾之间，这是汉语原先所罕见的

周一良先生早在1948年便指出，汉译佛典中“於/于”用在动词和宾语之间是汉语原先所没有的，如，“击於大法鼓”，“供养於佛”。[⑨] 人们进一步研究，发现《马氏文通》、《汉语史稿》对此均无论述。颜洽茂对中古佛经深入研究，发现了这方面的大量的例子，并指出其用法大致有三种情况：

1. 置于单音动词后，动、宾之间。

昔者菩萨……每到斋日，乘于马车，巡回天下。（《六度集经》）

愿以我子为王，废於罗摩。（《杂宝藏经》）

割於自己肉，而用于彼鹰。（《大庄严论经》）

以善方便，转于法轮。（《大方等无想经》）

2. 用于双音动词之后，动、宾之间。

我见如来，虔心恭敬，注意於佛。（《佛说逝童子经》）

皆共同心，供养於佛。（《大方等无想经》）

婢到门外，遇见於佛。（《杂宝藏经》）

3. 置于介词之后，介、宾之间。

世尊尔时，如是求法，为於众生。（《贤愚经》）

经於数日，夫忽寿终。（《法苑珠林》）

不过，据考察，先秦两汉典籍中并非没有“於（于）”插入动、宾间的用法。只是此种用法不多见。杨伯峻在其《春秋左传词典》中认为是“古汉语中之罕见现象”。

五、处置式“把字句”或“将字句”出现

王力认为，处置式是指用介词“将”、“把”将宾语提到动词的前面，表示一种有目的的处理行为。处置式是汉语语法走向完善的标志之一。

在上古汉语中，“将”和“把”都有实在的语义，如：“之子于归，百两将之。”（《诗·召南·鹊巢》）“将，送也。”

中古时期，随着佛经译文的大量涌现，“将”和“把”词义虚化，处置句式随之出现。到了唐代，变文及唐诗中已广泛流行开来。如：

（王）便谓傍臣：“急将是梵志释逐出我国界去。”（三国译《佛说义足经》）

（波罗门）又告侍者：“汝将此人安徐杀之，勿损皮肉。”（魏晋译《佛说长阿念经》）

将竹插于腰下。（唐《敦煌变文集》）

不把门前足马骑。（唐《敦煌变文集》）

乾坤似把红罗展。（唐《维摩诘经讲经文》）

乾坤如把绣屏桢，世界似将红锦展。（唐《敦煌变文集》）

六、“着”、“了”虚化为动态助词

“着”、“了”在魏晋以前都是动词，魏晋以后虚化为助词，有人指出这种变化可能是梵语的语法形态在汉语中借助于助词的体现。其最早的例子如：

诸比丘尼不奉佛教……贪著（着）五欲；为声香味之所惑乱。（《百

喻经》）

借物莫交索，用了送还他。（王梵志诗）

梁启超很早就注意到佛经文体的特点。他说："吾辈读佛典，无论何人，初展卷必生一异感，觉其文体与他书迥然殊异。"这种"殊异"感便是佛经文体的特点，梁启超曾经加以分析，认为佛经文体在表述方面的特点在于如下十条：

（1）普通文章中所用"之乎也者矣焉哉"，佛经一概不用。

（2）既不用骈文家之绮词丽句，亦不采古文家之绳墨格调。

（3）倒装句法极多。

（4）提挈句法极多。

（5）一句中，或一段落中含解释语。

（6）多复牒前文语。

（7）有联缀十余字乃至数字而成之名词——一句词中含形容格的名词——无数。

（8）同格的语句，铺排序列，动致数十。

（9）一篇之中，散文诗歌交错。

（10）其诗歌之译本为无韵的。

凡此皆文章构造形式上划然辟一新国土。[⑩]

梁启超对佛经译文语言特点的这些见解很值得人们重视的。

下面我们引两段《阿弥陀经》为例，从这里可看到佛经语言表述的一些特点：

"舍利弗，彼土何故名为极乐？其国众生，无有众苦，但受诸乐，故名极乐。

"又舍利弗。极乐国土，七重栏楯，七重罗网，七重行树，皆是四宝周匝围绕。是故彼国名为极乐。

"又舍利弗。极乐国土，有七宝池，八功德水，充满其中，池底纯以金沙布地。四边阶道，金、银、琉璃、玻璃合成。上有楼阁。亦以金、银、琉璃、玻璃、砗磲、赤珠、玛瑙而严饰之。

“舍利弗，若有人已发愿、今发愿、当发愿，欲生阿弥陀佛国者，是诸人等，皆不得退转于阿耨多罗三藐三菩提。于彼国土，若已生、若今生、若当生。”

第六节　佛教文化对民间俗语的影响

佛教传播历史悠久，并在民间有广泛影响，全国各地都有佛寺、佛庙，遍布各地的城市、农村，甚至崇山峻岭。佛教圣地有千余处，佛教的名山有：山西的五台山、四川的峨眉山、安徽的九华山、浙江的普陀山等四大名山。佛教有五大石窟：山西大同的云冈石窟、河南洛阳的龙门石窟、甘肃敦煌的莫高窟、麦积山石窟以及炳灵寺石窟等，这些表明，佛教在我国，从古至今流传甚广，佛教文化深入人心，由此，在人们的口语中，也产生许许多多与佛教文化相关的流行俗语。——这里所说的民间佛文化俗语，除人们口头上流行的俗语外，还包括谚语、歇后语。下举数例：

一、俗语

做一天和尚撞一天钟——用于比喻对工作应付了事，干一天算一天。

无事不登三宝殿——“三宝”指佛、法、僧，三宝殿泛指佛殿，比喻没事不登门相求。

不看僧面看佛面——“面”指情面，比喻做事要照顾各方面的情面。

和尚无儿孝子多——和尚不结婚、无儿子，但敬重和尚的信佛的人多。用来比喻只要有钱或有权就有人前来“孝敬”。

僧多粥少——比喻人多东西少。

不受磨炼不成佛——比喻不经过艰苦锻炼不成材。

打入十八层地狱——佛说地狱有十八层，一层比一层厉害。比喻给以最严厉的惩罚，让他永世不能翻身。

一棍子打死——源出佛教禅宗语。比喻对人不加分析，全盘否定。

牛头不对马面——“牛头马面”系指地狱里的鬼卒。其意指两者毫不相干，对不上号。源于《景德传灯录》。

阎罗王撞着对面鬼——此谓人在世时作恶多端，死后成地狱里的小鬼，碰上阎罗王，无法逃脱受罚。

二、谚语

上天无路，入地无门——语自《续灯录》，比喻走投无路，陷入绝境。

好事不出门，恶事行千里——语见《景德传灯录》，说明坏事传扬得快。

如人饮水，冷暖自知——语见《六祖坛经》。比喻凡事通过直接体验，才能理解、明白。

不因一事，不长一智——禅宗用语。说明人的智慧因阅历多而增长。

放下屠刀，立地成佛——语见《五灯会元》。劝人停止作恶，改恶从善。

苦海无边，回头是岸——人生苦难无边，皈依佛教才能脱离苦难，比喻罪大恶极的人，只要悔改便有出路，用以劝人改邪归正。

人争一口气，佛争一炉香——比喻人要争气，像佛争一炉香一样，香火兴旺。

百尺竿头，更进一步——语见《景德传灯录》，用以勉励人们不要满足已取得的成就，要更求上进。

平时不烧香，临时抱佛脚——比喻平时不努力，事到临头才急忙求救应付。

一人吃斋，十人念佛——吃斋指佛徒吃素食，指一人信佛养性能带动很多人也信仰佛教。比喻一个人做某件事情，带动好多人也去做。

做一世和尚，吃坏一餐狗肉——比喻人一生的名誉、成就，有时会因偶然干一件坏事而毁誉。

早知今日，悔不当初——语见《五灯会元》，说明早知道今天这样结局，当初就不应该做。指后悔莫及。

佛在心头坐，酒肉穿肠过——只要心里有佛，有善心，即使喝酒吃肉也没关系。

人平不语，水平不流——禅语，见于《五灯会元》，说明人要心平气和，修心养性不诉说，如同水平不流动。

救人一命，胜造七级浮屠——浮屠，即佛塔。这指人要奋不顾身去救人一命，这比造塔的功德还要大。

善有善报，恶有恶报——语见《楞严经》，说明人的行为自因自果、自作自受。

道高一尺，魔高一丈——佛家告诫修行者要警惕妨碍修行的各种魔事出现。俗指人在前进中取得成就，有可能遇到各种障碍。

雷声大，雨点小——原为佛家的禅语。俗指虚张声势，说得多，做得少。见于《景德传灯录》。

三、歇后语

屠夫念经——假慈悲

和尚打伞——无法（发）无天

小和尚念经——有口无心

老和尚念经——句句真心

大佛殿罗汉—— 一肚子泥

和尚打架——抓不住辫子

阎罗王贴告示——鬼话连篇

尼姑思凡——心野了

城隍庙旗杆——独一无二

城隍庙内讧——鬼打鬼

城隍庙横匾——有求必应

药王庙进香——自讨苦吃

药王爷肚子——苦水多

土地庙着火——慌（荒）了神

丈二和尚——摸不着头脑

观音菩萨，年年十八——妙(庙)龄[11]

第七节　佛教文化对汉语音韵研究的影响

佛教文化的输入对汉语的研究也产生积极的影响，这主要表现在，汉语音韵（历史语音分析）研究的起步，深受印度的悉昙学（声明论）的影响。这种影响表现在三方面：一是关于汉语声调的分析；二是关于汉语声母的分析；三是等韵图来自佛家。

著名历史学家陈寅恪指出："盖中国自古论声（即声调——引者），皆以宫、商、角、徵、羽为言。此学人论声理所不能外者也。至平、上、去、入四声之分别，乃摹拟西域转经之方法，以供中国行文之用。""据天竺围陀之声明论，其所谓声svara者，适与中国四声之所谓声者相符合，即指声之高低言，英语所谓pitchaccent者是也。围陀声明论依其声之高低，分别为三：一曰udatta，二曰svarita，三曰anudtta。佛教输入中国，其佛徒转读经典时，此三声之分别当亦随之输入。……中国文士依据及摹拟当日转读佛经元声，分别定为平、上、去之三声。合入声计之，适成四声。"（引自《四声三问》）

关于声母（字母）的分析，始于唐代的僧人守温。"三十六字母，唐以前未曾有言之者，相传出于僧守温，温亦唐末沙门也。"（清代钱大昕语）"守温的方法，是从梵文中得来的。……他把华文所有而梵文所无的加了，把梵文所有华文所无的减了"，成了中古汉语的36个字母。（刘复语）。对古代汉语语音采用音素分析的方法（字母分析法），无疑是来自转译佛经梵文时所受到的影响。

《隋书・经籍志》说："自后汉佛法行于中国，又得西域胡书，能以十四字贯一切音，文省而义广，谓之婆罗门书，与八体六文之义殊别。”

这里《隋书》所说的“贯一切音”的“十四字”，即是梵文的十四个元音字母。如果把辅音字母也包括在内，却是“五十字母”能“贯一切音”。梵文中的元音与辅音相拼，可拼出所有的音节来，可谓“文省而义广”。南朝谢灵运说：“《大涅槃经》中有五十字以为一切字本，牵彼就此，反语成字。”可见，早在东汉，梵文的拼音原理及其“五十字母”便已传入我国，直到唐代，沙门守温才创造中古汉语的36个字母（声母），采用分析音素（字母）的方法及反切（拼音）的原理来研究汉语音韵，使音韵学及等韵学得以创立和发展。

大约自唐代末年开始，宋代才盛行等韵学，其等韵图表以声为经，以韵为纬，纵横排列而成。这种等韵学用图表反映汉语语音的结构系统，其影响十分深远。直到今天，我们还用音节表来表示普通话语音结构，这便是继承了等韵学的图表表示法。等韵学的这种方法，导源于悉昙学，也就是悉地罗窜靓，智广的《悉昙字记》说：“悉昙十二字为后章之韵，如用‘迦’字之声对阿、伊、瓯等十二韵呼之，则生得下迦、机、钩等十二字；次用‘佉’字之声，则生得佉、欺、丘等十二字……”这反映在体制上，等韵图导源于悉昙学，它是佛家的东西。郑樵在《通志·七音略》序中说得很清楚：“七音之作，起自西域，流入诸夏。梵僧欲以其教传之天下，故为此书。”又说：“臣初得《七音韵鉴》，一唱而三叹，胡僧有此妙义，而儒者未之闻也。”《宋史·艺文志》载有释元冲《五音韵镜》一卷，《玉海》载有宋僧宗彦《四声等第图》一卷，这都是等韵图出自佛家并与佛家有密切关系的明证。

注释：

① 参阅方立天：《中国佛教与传统文化》，上海人民出版社，1988年。

② 王力：《汉语史稿》（中册），科学出版社，1958年。

③ 朱瑞玟：《成语与佛教》，北京经济学院出版社，1989年。

④ 统计数据引自颜洽茂：《佛教语言阐释》，杭州大学出版社，1997年。

⑤ 吕叔湘：《语文常谈》，生活·读书·新知三联书店，2006年。

⑥ 沈锡伦：《从魏晋以后汉语句式的变化看佛教文化的影响》，载《汉语学习》1989年第3期。

⑦ 洪诚：《论古汉语的被动式》，载《南京大学学报》1958年第1期。

⑧ 颜洽茂：《佛教语言阐释》，杭州大学出版社，1997年。

⑨ 周一良：《魏晋南北朝史论集》，中华书局，1963年。

⑩ 梁启超：《饮冰室合集专集》（第14册），中华书局，1936年。

⑪ 本节参引中国佛教研究所编《俗语佛源》，上海人民出版社，1997年。

第八章　汉语与社会交际文化

汉语与交际文化的关系是一个很值得重视的问题，因为语言最基本的功能是用于人与人之间的交际，现代语言教学也常常强调，语言教育的重要任务是培养学生具有良好的语言交际能力。然而，语言交际能力并不是只懂得正确组织语言句子便够了，它还要懂得交际的民族社会文化知识，否则，说话不得体将被认为不懂礼貌；措辞或理解不当会造成交际的逆反心理。为此，探讨汉语与交际文化，以及跨文化交际中汉语与其他语言的差异是很有必要的。

第一节　交际文化和汉语交际称谓语

"交际"一词在拉丁语中为communicate，意为分享、互通信息。人们的交际行为主要是以语言为媒介进行信息交换的动态过程。

交际文化不等于交际。交际文化是一个民族文化的组成部分，或者说，它是一个民族文化大系统中的子系统。它要体现一个民族的文化精神、文化心理、价值观念、文化行为模式以及思维偏向特点。例如，有人认为美国社会的文化精神和价值观念是实用主义，这便形成美国人的交际文化特点：开朗、随便、不拘礼节，表现个人的实用性能。与美国人不同，英国人的交际受传统的影响，比较注重交际中的礼仪和风度。不同民族的交际文化特点往往是不相同的。由此，我们可以说，交际文化是一个民族（或人类群体）在以语言符号为主要媒介的交际过程中所表现出来的民族文化精神和行为模式。

交际文化的民族精神既有传统性又有时代性。它以民族传统文化观念为深层内涵，同时又以现实时代的价值观念为核心，决定着人们的交际行为和交际语言风格。没有一种交际文化能够完全抛弃本民族的传统习俗观念、认知方式等，与此同时也没有一种交际文化是完全守旧不变的。它要随时代发展的步伐而变化，适应时代新的人际关系，新的交际要求。许多民族的交际文化之所以不易为外国人很快理解、掌握，其原因便在于它是深层传统文化和新时代文化的复杂结合的产物。

交际文化的构成包括一个民族的习俗观念、价值观念、民族人际心理、社交交际礼仪、思维偏向等。这些交际文化的构成要素都要受一个民族的社会历史文化背景的制约。在语言交际中，这些要素都是相互联系并共同起作用的。

语言交际首先从打招呼、呼叫对方开始。不要以为打招呼、称呼对方是件很容易的事。有时，因为不恰当地称呼他人，往往会引起对方的反感，直接影响交际效果。汉语的称谓语便是交际中的最常见的习用语。

汉语的社交称谓语主要可分两大类：一类是他称词，另一类是自称词。

一、他称词

在古代汉语中，社交的他称和自称词都很丰富，它们可用于不同社交场合，表示不同的社会角色，并且展示汉民族传统文化的许多特征。下面分几个小类来介绍。

1. 古代相传尊称他人的文言词

对他人的尊称是我们自古以来的社会交际风尚，不过，古代更为盛行，有一套尊称他人的称呼词。清代梁章钜《称谓录》中，列举如下：

君、公、明公、叟、老、大雅、高明、尊、贤、子、卿、足下、阁下、执事、座前、相公。

下面，我们列举四个常见的尊称词为证：

（1）君——可用于上对下，也可用于尊称平辈。如：

上曰："君勿言，吾私之。"（《史记·张丞相列传》）

莫愁前路无知己，天下谁人不识君。（唐代高适《别董大》）

其妻献疑曰："以君之力，曾不能损魁父之丘，如太行、王屋何？"（《列子·汤问》）

（2）公——多用于长辈，但也用于尊称平辈。如：

乐池曰："吾以公为有智，而使公为将行，今中道而乱，何也？"（《韩非子·七术》）

李生曰："公如是。是轻薄，为复是好手？"独孤生乃徐曰："公安知仆不会也。"（唐代卢肇《逸史》）

（3）足下——战国时，多称君主为"足下"，后来成为朋友之间的尊称。如：

（咸阳令阎乐对秦二世云：）足下骄恣，诛杀无道，天下共畔（叛）足下，足下其自为计。（《史记·秦始皇本纪》）

且仆楚人，足下亦楚人也。（《史记·季布栾布列传》）

（4）先生——"先生"用于对他人尊称，从先秦起，不论什么人都可以使用。袁庭栋在《漫话"先生"》一文中指出：

"老成之人称'先生'（如史游《急就章》颜师古注）；博士等学官称'先生'（如《史记·蔡泽列传》中称相面士唐举："吾闻先生相李兑"）；工匠称'先生'（如《庄子·人间世》中木工匠石的弟子对匠石说："先生不肯视"）。丈夫称'先生'（如《庄子·让王》中，列子之妻对列子说："先生不受"。）文人自称'先生'……"[①]

明代冯梦龙撰《古今小说》第十四卷记述，后唐明宗皇帝于长兴年间召见无官职的道家名师陈抟时，说道："劳苦先生远来，朕今得睹清光，三生之幸。"

今人也用"先生"来尊称对方。不过，有的还用于称呼"老师"。港台地区，"先生"还用于妻子（太太）称呼丈夫。

2. 用亲属词尊称他人

他称词中还有一类，即用亲属称谓称呼他人，以表示亲切之情。如：

老爹、老大爷——对年长于自己的老年男性的称谓。

大哥、老哥、阿哥、老兄、老弟——对同辈男性友人的称谓。

小娘子、妹、小妹——用于称呼比自己年纪小的年轻女子。

大嫂、大娘——用于称呼年长于自己的中年妇女。

奶奶、婆婆、老婆子——用于对年纪大的妇女的称呼。

爷爷、奶奶、叔叔、阿姨、姐姐——今天儿童对不同年长者的称谓。

这类他称词多不胜举。举数例如下：

大哥，何处不寻你，却在这里饮酒。（《水浒传》第四十四回）

乔大户道："蒙列位老爹盛情，岂敢动劳。"（《金瓶梅词话》第七十六回）

（宋江）道："我这兄弟王英，虽有武艺，不及贤妹。"（《水浒传》第五十回）

李万（对张千）道："……老哥，烦你在此等候等候。"（《古今小说·沈小霞相会出师表》）

3. 爱称词

汉语社交他称词中，还有一类带有亲热情感色彩的称谓，既可用于亲属之间，也可以用于非亲属之间。这类爱称词常在词头加"大"、"老"，或在词后加"郎"。如：

（1）加"老"字

年纪大的人固然可以加"老"，但社交中许多用"老"的地方与年龄无关，只表示一种亲热的情感色彩，如：老兄、老弟、老哥儿们、老乡、老俵（江西方言）。

（2）加"大"字

古代夫妻之间可加"大"字互称：丈夫称妻子为"大姐"、"大嫂"；妻子称丈夫为"大哥"。现代社交称谓中也有：大哥、大姐、大娘、大婶、大伯、大爷的称呼，含有对他人亲热、敬重的意思。如：

林冲立在胡梯上，叫道："大嫂，开门！"那妇人听得是丈夫声音，只顾来开门。（《水浒传》第七回）

林冲娘子赶到布帘下叫道："大哥，少饮早归。"（同上）

（3）加"郎"字

旧时妇女对年轻男子加"郎"字，含有爱称的情味。尤其是年轻女子称呼自己心爱的男子时常用"郎"字，如：玉郎、刘郎、情郎、新郎等。

4. 用职务称他人

对于担任公职的人员，尤其是有官职的人员，为了表示敬重，社交中多采用职务称谓。这在今天的汉语中较多见。

古代曾出现用"座"为中心的称谓词。唐代的主试官曾被称为"座主"。国民党统治时期，蒋介石做国民党军事委员会的委员长，被称为"委座"。由此推及，军长称为"军座"，师长称为"师座"，局长称为"局座"，处长称为"处座"。如果担任副职的，便用"副座"。座，本指坐席上的主位而言。

现在社交中，用职务之称的，常在姓之后加职务。如：王部长、张军长、郭局长、李处长、许科长、杨主任、黄总裁、方经理、张校长等。

二、自称词

古人对别人用尊称，但对自己却常用卑称。这种谦己敬人的礼俗，在社交中是很盛行的。古代的卑称既用于男人，也用于女人。在上层社会中，只要是自称，便常要采用卑称词。

《称谓录》列举的卑称词有：

仆、蒙、愚、下走、鄙人、不佞、不才、贱子、末学、小生、下官、门下、小厮。

这些卑称均为男子使用。而女子自我卑称有：妾、奴家、贱人等等。

《称谓录》中还列举男人在对别人称自己妻子时，也要使用卑称词：内子、内人、室人、荆妇、山妻……

但称呼别人的妻子时，却要用尊称，如：德配、令阁、令室、令妻、邑君、夫人、孺人……

下面列举数例：

（1）仆——

元礼问曰：“君与仆有何亲？”对曰：“昔先君仲尼与君先人伯阳有师资之尊，是仆与君奕世为通好也。”（《世说新语·语言》）

（2）鄙——

始见《战国策》中。如：

客曰：“鄙臣不敢以死为戏。”（《战国策·齐策一》）

太子至许，遗妃书曰：“鄙虽顽愚，心念为善，欲尽忠孝之节，无有恶逆之心。”（《晋书·愍太子传》）

鄙夫寡识，而今而后，乃知大汉之德馨，咸在于此。（汉代张衡《东京赋》）

用“鄙”自谦的词有：鄙人、鄙夫、鄙老、鄙妇、鄙贱。

（3）不才——

何至更辱馈遗，则不才益将何以报焉。（明代宗臣《报刘一文书》）

不才明主弃，多病故人疏。（唐代孟浩然《岁暮归终南山》）

（4）小生——

臣江淮孤贱，愚蒙小生，经学行能，无可筭录。（《后汉书·文苑传》）

用“小”为自谦词的还有：小人、小子、小民、小可等。

（5）奴、奴家——

“奴”为妇女的卑称词，自宋代始。《宋史·陆秀夫传》：“杨太妃垂帘，与群臣语，犹自称奴。”如：

这妇人见不相怪，便叉手深深地道个万福，说道：“奴家一时失手，官人疼了!”（《水浒传》第二十三回）

在古代民间社交中，男性与女性、老人与年轻人、主子与用人所用的自称词均各不相同。如有：

老夫、老朽、老汉——男性老人自谦词。

老媳妇、老身——女性老人自谦词。

小子、小人、小生、某——男性自谦词。

奴、妾——年青女性自谦词。

奴才、小奴、老奴——用人自谦词。

贫僧、贫道——和尚、道士的自谦词。

老僧、老道——年长德高的僧人、道士的自谦词。

晚生、小生——读书人或文人的自谦称谓。

兹略举数例如下：

王婆子道："老身心中常想着娘子，只是不敢来亲近。"（《古今小说》第三卷）

妇人道："奴家排行第五，小字赛金。长大，父母顺口叫道金奴。"（同上）

阮小二笑了一声，说道："小人且和教授（指吴用）吃三杯却说。"吴用道："小生的来意，也欲正要和二哥吃三杯。"（《水浒传》第十五回）

晁盖道："你曾认得晁保正么？"那先生道："只闻其名，不曾会面。"晁盖道："小子便是，先生有甚话说？"（《水浒传》第十五回）

语言是社会的晴雨表，当社会发生变化，语言也要发生演变。现代社会的人际关系远比过去复杂得多，但重礼的风俗却比过去要淡化得多。这种新的社会关系特点，使汉语的社交称谓发生许多变化，有继承、有扬弃、有发展、有更新。在社交称谓词的结构方面，也比过去要复杂多样。这表现在：

1. 扬弃许多不能适应现代需要的社交称谓词。

古代有许多称谓词，由于社会制度和社会礼俗的变化，被时代的潮流所淘汰。例如，古代有一些奴仆婢女的称谓，今天已被淘汰。社交中许多卑称词，今天大多数也被扬弃。现代已没有谦称自己为仆、不才、下官、小生等等。此外，有不少尊称词也被扬弃，如：卿、座前、执事、相公等等。另外，还有一些他称词，由于社会语言用词习惯的变化而被扬弃，如：娘子、官人、大郎、老生、小厮等等。

2. 现代汉语中也继承了一些古代汉语的称谓词，但有的语用范围已发生变化。

现代社交称谓中也采用亲属称谓。不过，像“爷爷”、“奶奶”、“叔叔”、“阿姨”这几个称谓词的语用范围已大大地扩大，可以用来尊称年老或年长的男性和女性。此外，还有的称谓词的语用对象发生变化。例如，“教授”，在《水浒传》中，它的语用范围较大，可用来指所有教书先生。《水浒传》第十五回写道：“（阮小二）出来见了是吴用，慌忙声喏道：‘教授何来？甚风吹得到此？’”今天“教授”一词的语用范围却大大缩小。

3. 现代社交中，直称对方姓名的现象很普遍，不同于古代的社交称呼习俗。

现代社交中，朋友、同学、同事之间，年长者对年轻人说话时，常可以直呼对方姓名。如，“李方”、“铁柱”、“郎平”、“杨玉”等。古代也可以称人的姓名，但多不用于面称，而用于背称。如，《水浒传》第十八回记述：“……雷横道：‘也说得是。朱都头，你和县尉相公从前门打入来，我与你截住后路。’朱仝道：‘贤弟，你不省得，晁盖庄上有三条活路，我闲常时都看在眼里……’”这里，雷横面称朱仝，称之为“朱都头”，而不是朱仝名字。而朱仝面称雷横为“贤弟”，也不是名字。

4. 现代社交言语中有不少新称谓是古代所没有的。

时代在变化发展，社会的职业，人们的社会角色，人际的关系都会随着时代而发生深刻的变化。这些变化会直接引起社交称谓的改变，涌现许多适应新时代需要的称谓词。

例如，现代社交中用于他称的“同志”一词，适用范围广泛，这是古代所没有的他称词。又如现代社交中有许多职业性的称谓，这也是古代所没有的。如，工程师、会计师、作家、列车员、编辑、护士等等。

5. 现代社交称谓词的结构方式远比古代复杂多样。

据我们的初步考察，现代社交称谓词的构词方式有如下12种：

（1）词头（老、小）+姓

老王、老张、小李、小孙。

（2）姓+亲属称谓

刘大爷、李奶奶、张大伯、吴大婶、康大哥、黄阿姨。

（3）姓+老

董老、吴老、朱老、郭老。

（4）姓+公

廖公、苏公、齐公、茅公。

（5）姓+先生、太太、小姐

王先生、何先生、郑小姐、李太太。

（6）姓+职务或职称

郑部长、许局长、高团长、李老师、陈教授、徐工程师、滕研究员、张会计师。

（7）姓+师傅

白师傅、何师傅、赵师傅。

（8）姓（或名）+同志

张同志、老黄同志、王华同志、小吴同志。

（9）职务+同志

司机同志、警察同志、工程师同志。

（10）职务（面称时有的可以不加姓）

局长、处长、师长、团长、老师、大夫。

（11）通称

同志、师傅、先生、小姐、叔叔、阿姨、大娘、大爷（对不相识的人打招呼时的通称）。

（12）特称（绰号或表特征的词）

小胖子、大个子、大胡子、花妞儿、王麻子、馄饨侯、烧饼李[②]。

第二节　汉语交际的礼貌语

中国自古就被称为“礼仪之邦”。热情有礼是中华民族的美德和良好的社会风尚。子曰：“有朋自远方来，不亦乐乎。”（《论语·学而》）孔子这一句话充分体现出中国人的好客。

在人际交往方面，使用礼貌语言是文化价值层面的行为，它会使人际交往更成功，取得更好的效果。自古以来，汉语在交际文化中形成了一套习惯性礼仪语，为人们广泛采用。试分类举例说明：

一、敬词

在称呼他人时，古代多用敬词。即便在今天，也仍有人在采用。这方面的敬词较多，比较常用的有：

（1）令——用于称呼对方的亲属，有善美的意思。如：

称别人父亲为令尊、令翁。

称别人的母亲为令母、令堂、令慈。

称呼别人的妻子为令妻、令正、令阁。

称对方儿子为令郎、令子、令嗣。

称对方的女儿为令媛、令嫒。

称呼对方的女婿为令婿、令坦。

称对方的兄弟姊妹为令兄、令弟、令姊、令妹。

（2）尊——“凡与人言，称彼祖父母、世父母、父母及长姑，皆加尊字；自叔父母以下，则加贤字。”（《颜氏家训·风操》）如：称对方祖父为尊祖，父亲为令尊、尊父、尊翁、尊大人、尊大君，母亲为尊堂、尊上、尊夫人（今用于称呼对方的妻子）。

（3）贤——称对方叔父以下，如：

贤叔、贤足、贤弟、贤姊、贤妹、贤侄。

称对方妻子为贤内助、贤阁。

（4）贵——用于指对方姓名、年龄、身体、出生地，“贵”也属于敬词。

如：贵姓（也可以说尊姓）、贵庚（年龄）、贵府、贵体、贵国、贵乡。此外，也可以用于对方单位：贵校、贵厂、贵报、贵方。

（5）玉——美好的意思。如：

玉女（称对方的女儿），玉娓（称对方亲属），玉体（称对方的身体），玉颜（称对方的容貌），玉音（称对方的言辞），玉札（称对方的书信），玉趾（称对方的脚步）。

二、谦词

在传统的交际文化语言中，在相互交谈或书信往来中，除了对他人要使用敬词和尊称之外，对自己要用谦词自称，以显示谦逊礼貌。在上一节中，我们在介绍古代的自称词时，已介绍了一些自我的谦词，其有：“仆”、“鄙”、“不才”、“小生”，“奴”、“奴家”等等。这里，我们再略作些补充。

（1）愚

用于表示自我的谦称。如：“愚以为宫中之事，事无大小，悉以咨之。”（诸葛亮《出师表》）还用于表示自己阅历较浅，涉世不深的见解、认识。如：愚见、愚意等。今天，人们在书面交际语还采用。如：愚见、愚以为不可。对他人称自己人也可谦称之。如：愚兄、愚姐、愚伯等。

（2）敝

用于个人或单位、国家的自谦。如：敝人、敝处、敝国等等。“敝国虽狭，地方三千里。”（《史记·吴王濞列传》）。今天，此词仍为人采用，多见于书面交际语中。如：敝姓 、敝校、敝人、敝学友等等。

（3）窃

用于个人的自谦词。包括个人的见解、思考、听闻。如：窃谓、窃见、窃思、窃闻等。今天，此词仍在一些书面交际语中使用。如：窃以为、窃谓、窃胆小等等。

（4）晚

用于后辈对前辈、下层对上级的谦词。如：晚辈、晚生。现代的书面交际语中仍有人在使用。

此外，还有“家”、“舍”、“小”的谦称。对他人称自己的长辈和平辈均要冠一个“家”字，如：家父、家兄、家伯父、家母等。若对他人称自己的小辈，均用“舍”或“小”谦称。如：舍侄、舍妹、小儿、小弟、小婿等等。

三、祈求性的礼貌语

在现代汉语口语中，常用的祈求性礼貌语有：

请——请代转达、请坐、请进、请帮忙、请一定来。

劳驾——“劳驾，让一下”、“劳驾，把那东西拿给我”。

麻烦——“麻烦你替我寄封信”、“麻烦你带来”。

拜托——“这件事拜托你了”。

关照——“请多多关照”。

四、致谢性礼貌语

向人表示谢意，现代汉语中常用的礼貌语有：

谢谢——“谢谢你的美意”，“谢谢你的帮助”。

感谢——“十分感谢”、“太感谢了”、“感谢光临”。

感激——“非常感激”、“万分感激”。

不好意思——“收到你的贵重礼物实在不好意思”。

太客气——“你太客气了”，“你这样客气，我真不好意思”。

中国人传统的致谢方式比较隐晦，往往表现出不好意思，说些客气话，并再三推托。即便见到礼物也一般不会当着客人的面打开看看，需在客人走后才看，以示礼貌。

五、宴请场合的礼貌语

中国人在宴请宾客时往往是热情有加，总要做几道好吃的菜来招待客人。但是在宴请时，主人一边请大家尽情吃，一边却客客气气地说：“今天请各位吃家常饭，没有什么好吃的菜，请大家随便，爱吃什么就吃吧。”有一回笔者在南方朋友家中，主人甚至说：“这是骗一骗大家的嘴，实在没什么好吃的，请各位随意。”这种宴请的客气话听来很谦卑，也很合乎中国人的辞让社交习俗，但这若让不了解中国人礼俗的西方客人听到，会扭头便走，以为主人不欢迎他们。因为酒席上明明摆着美味佳肴，主人却说“没什么好吃的菜”，是不是不欢迎他们吃？

还有在别人家中做客时，主人若问：“要不要喝点饮料？”客人常常是客气地回答：“不要了，不要了，不渴。”其实真的不渴吗？未必。多半是客气话。这种隐晦的客气话，在汉语中被当作社交的礼貌用语。

汉语的社交礼貌词语是中国社交文化习俗的反映，但现代也有受到西方社交用语习俗影响的。通常中国人见面时，问候语有：“××你好，近来工作忙吗？”或“您好，您最近身体怎么样？”分别时，常要道声“再见”、“拜拜”。这种“你好”、“再见”、“拜拜”便是吸收了英美国家的社交礼仪用语而来的。

在我国传统文化习俗中，宴请时的礼貌用语里还流行一种祝辞，即用优美的词语祝贺宴请的主人或他人。这种祝辞大多数是宴请时举杯口头说出来，但也有书面写贺联，下面简介几种不同宴请的礼貌祝辞。

（1）寿宴祝辞——

福如东海，寿比南山。

天地比寿，日月同春。

寿星高照，身心愉快。

子孙贤又孝，全家乐融融。

（2）婚宴祝辞——

龙凤呈祥，金玉良缘。

志同道合，白头偕老。

喜迎东风双飞燕，且喜今日结良缘。

心朝旭日并蒂莲，新婚喜日月儿圆。

（3）开业宴祝辞——

开业大吉，财源广进。

自食其力靠经营，遵纪守法百路通。

信息灵通财源广，质优价廉声誉红。

利国利民又利己，大吉大利大繁荣。

（4）友谊宴祝酒辞——

焕发精神，雄才大展，前程似锦。

锐意进取，勇于拼搏，马到成功。

工作顺利，家庭和睦，万事如意。

友谊长存，青春永在。

第三节　社交汉语的文化透视

汉语的社交语言是丰富多彩的。如果我们深入地去挖掘旧式书信中的礼貌用语，不难发现那时蕴藏着更为丰富的礼仪语言。仅以书信开头的礼仪用语而言便有：××大鉴、惠鉴、台鉴、雅鉴、尊鉴、青览、英鉴、××大人尊前、××大人膝下、××收览、××表嫂大人妆次……等等。与其他语言相比较，汉语可以说是社交礼貌语很发达的一种语言。

汉语的社交用语，尤其是人际称谓词，无不反映汉民族社交文化的传统观念。它与中国传统社会的重礼文化习俗、自我贬抑、重宗族观念、避名的文化心态等有密切的关系。

一、丰富的尊称词，反映中国社会重礼的文化习俗

自古以来，中国就是一个重礼的国家。

孔子说过："夫礼，先王以承天之道，以治人之情，故失之者死，得之者生。是故，夫礼必本于天，肴于地，列于鬼神，达于丧、祭、射、御、冠、昏（婚）、朝、聘，故圣人以礼示之，故天下国家可得而正也。"（《礼记·礼运》）孔子的这段话，清楚地说明了礼来源于天，治于人。礼是治国之本，凡是人的生死大事，祭祀祖先、战争、成年、结婚、入朝、派遣使臣等一切活动，都要以礼作为标准，遵循各种礼仪。由此，历代帝王极力推崇各种礼仪制度，如有吉礼、凶礼、军礼、宾礼、嘉礼（即"五礼"）。

在这种重礼的社会氛围中，人们的社会交际行为也形成尊礼、守礼、重礼、行礼的风气。敬重老人，尊师重教，热情待客，谦虚谨慎，尊人卑己，成为人们赞誉的美德。在社会交际的语言互动中，人们遵循这种重礼的风俗，采用各种表敬的称谓词称呼别人，以显示对别人敬重和礼貌。如，称人为"明公"、"大雅"、"高明"有赞颂对方英明、有雅量之意。称对方的亲属用"令"，有美善之意，它不受辈分与年龄、性别的限制。如，令尊、令母、令郎、令爱、令兄、令弟、令妹等。这些都反映社交中重礼的语言习俗。

二、广泛使用卑称词，反映自我贬抑的文化心态

古代中国社交语言中，称别人用高贵的尊称，而称呼自己却用卑屈的谦称。如下表：

他称/尊称	自称/卑称
贤	愚
高明	不才、不佞
大雅、尊	鄙、鄙人
公	仆、小人

司马迁在《报任少卿书》的开头写道："太史公牛马走司马迁再拜言少卿足下。""太史公"是司马迁当时担任"太史令"的职称。而"牛马走"

是自己的卑称，意思是自己像被驱使的牛马那样，相当于“仆”，这分明是出于当时的社交礼节而采用的自谦称谓。在古代社交中，像司马迁这样采用谦称，贬抑自己的情况比比皆是。宋代诗人柳永身为县丞，然而，他同妓女交谈时，仍然要称妓女玉英为“卿”，而称自己为“小生”。《古今小说》第十二卷记述：“耆卿（即柳永）道：‘卿要识柳七官人否？只小生就是。’”即使是古代帝王与下属的臣民谈话时，也经常使用“孤”或“孤家”、“寡”或“寡人”等谦称。唐代以后，皇帝多谦称自己为“寡”或“寡人”。古人社交时，只要说到自己，都必须用谦称来自称，不论对方的身份如何。

在中国传统的文化意识中，十分强调群体精神，这与远古中国生产力水平低下，个人脱离群体便无法生存有密切关系。“凡世界古代农业文明发达的国家都是很早使用了金属工具。六千多年前的埃及、西亚和印度就开始使用木柄铜锄、铜铲等作为生产工具。四千多年以前西亚的赫梯就开始用铁犁耕地。而我国古代使用的耒、耜、镰刀等，长期以来都是木制和石制的。在龙山文化早期的庙底沟遗址和殷墟都常发现双齿木耒的痕迹。1929年殷墟的一次发掘，光石镰就有上千件，然无一件金属农具”。[③]在这种生产力极低的社会条件下，人们非常需要互爱、互助的精神。当这种精神从自在的无意识进到自为的有意识时，古代的哲人便大力倡导“仁者爱人”的群体精神，“圣人之道，至公而已”。“天下为公”，“世界大同”。这种群体的道德精神在中华民族的传统文化中曾经有过不可低估的积极作用，它产生无与伦比的民族凝聚力，维系民族和社会的统一。

然而，这种群体精神并不是没有缺陷的，它往往是以否定个人价值，牺牲个人的利益为代价的。儒家的道德取向便是“革尽人欲，复尽天理”。他们把群体精神的“公”作为“天理”，完全否定人欲、功利。朱熹便说过：“克得那一分人欲去，便复得这一分天理来。”孔子也倡导“克己复礼”。“礼”成为至上的理想，个人的一切都服从于礼。对于任何个人来说，“礼”意味着人人都被置于等级体系的层次中，而绝大多数人只能处于底层，个人的创造力遭到压制，成为群体的“公”和“礼”至上的牺牲品。

正是在古代社会的这种带有浓重封建色彩的群体精神之下，个人价值、个人的创造力、个人的功利遭到否定。于是社会的交际礼仪中，便出现各种自我贬抑的自谦称谓。“尊人卑己”，合乎封建的群体至上精神。在西方的交际语言中，很少有像汉语这样多的自我卑屈的自谦词。

三、亲属称谓的社会化，标志宗族文化精神在汉民族中根深蒂固

亲属称谓本只是用于有亲属关系的人们之间。然而，在汉语中，亲属称谓却扩大到非亲属的人际之间，成为社会上广泛使用的通俗社交称谓。这种现象，在其他语言中也是极少见的。

在古代社会中，民间社交口语称老人为“老爹”；称同辈友人为“大哥”、“老哥”、“小弟”；称老太婆为“奶奶”、“婆婆”；称姑娘为“妹”、“阿妹”等等，都是亲属词社会化的表现。唐宋以来，社会上人际交往使用亲属称谓便已相当流行。

在现代社会交际中，称年纪大的老人为“老大爷”、“大娘”、“大妈”；称比父亲年长的男性为“伯伯”，比父亲年少的男性长辈为“叔叔”，称与父母同辈的女性为“阿姨”；称比自己年长的非亲属同辈女性为“大姐”、“姐姐”，年少的女性为“小妹”、“小妹子”等等。同龄友人，可以相互称呼“老兄”或“老弟”。所有这些，都是亲属称谓词社会化的表现。

如今社会上还进一步泛化亲属称谓，如：

爷：款爷、倒爷、板爷、侃爷、股爷。

婆：富婆、肥婆。

哥：帅哥、的哥、吧哥。

姐：空姐、的姐、网姐、港姐、靓姐、富姐。

妹：打工妹、外来妹、吧妹、辣妹。

嫂：军嫂、空嫂、警嫂。

中国人运用亲属词相称，彼此容易产生一种亲近感。称他人为大哥、大姐或叔叔、阿姨，有一种把对方当做自己一家人的意味。在中国人的心目中，家庭有重要的地位，亲属称谓被作为亲切的称呼。因此，一个人若能被别人称呼为“叔叔”、“阿姨”、“姨”或“大哥”、“大姐”，一股暖流就会在心中油然升起。

显然，这体现出中国人重宗族、重亲缘人际关系、重社会和谐的心态。在今天，它是历史上宗法社会文化的一种积淀。

四、古代社会交际中的避名习俗，反映汉族人对名字的神秘感

古代社会称谓词除了有对他人的尊称之外，还有另一现象，即是避名。古代尊称别人为“阁下”、“先生”、“官人”，就表示不敢冒昧地叫人家的名字。即便是很熟悉的友人，两人在一起，也常常是用各种尊称相互称呼，避开名字不叫，而口口声声“贤兄”、“贤弟”。

现代社交中，称名道姓，直呼对方的名字的现象十分普遍。如：“小丽，你去哪儿?”“志纲，我明天上医院。”“培培，你好!”这种朋友间直呼名字的现象，在古代是较罕见的。

古代社交中的避名习俗，反映古代中国人对名字的一种神秘感。自阴阳家出，人们相信名字是代表命运的，名字同生命一样宝贵，不可轻易让人喊叫。道家的咒语之风盛行以来，人们更加担心名字被拿去念咒加害，所以迷信者多有对名字的保密意识。于是古代社交中多有避名习俗，这也许是古代为什么会有那么多社交称谓的原因之一吧。

由此看来，汉语社交的语言特色同汉民族传统文化有很密切的关系。

第四节　跨文化交际中汉语与外语的差异

跨文化交际也称为不同文化之间的交际，即指不同民族文化背景的人

们之间相互交际。通常，这种跨文化交际并不包括同一文化体系中，属不同亚文化人们之间的交际，例如，上海人和北京人之间的交际，上海人属“海派”文化，北京人属“京派”文化，他们虽然各属不同地方文化，但是不论“海派”或“京派”，都是属于中华文化体系内的两种亚文化。我们不认为这是跨文化交际。

跨文化交际主要以不同语言作为信息沟通的手段。由于交际的双方属于不同民族文化背景，所以在语言交际过程中，尽管存在对译后许多可懂的语言共性，但是语言文化方面的差异也十分明显地表现出来。

所谓语言文化方面的差异，并不是指双方语言沟通的发音偏误或语法的偏误，而是指与不同文化背景有密切关系的语义理解和措辞造句方面的分歧。在跨文化交际过程中，人们较易犯的语言文化的错误主要有如下几种：

一、不同文化背景，会造成语义的非对应性

例如，汉语的“红灯”，在京剧《红灯记》中被作为革命的信号灯理解，可是，英文翻译《红灯记》为“红灯”时，却会使西方人产生非对应理解。这是因为在西方社会文化中，红灯是用来挂在妓院门口，作为妓院标志的。西方国家的所谓“红灯区”，便是妓院集中的地区。怪不得西方对“红灯”的译名大惑不解：“为什么社会主义中国提倡办妓院？”这种误解完全是词语社会文化背景不同所造成的。

又如“胖”这词，中国人要是听见有人说：“好久不见，你越来越发福了（胖了）”，心里会觉得对方是在恭维自己，赞美自己，不会有什么反感的。因为中国文化传统中视胖为有福之相，有富态之美。如果听见有人说：“好久不见了，你怎么瘦得厉害？”反而会引起恐慌。因为过去中国人把胖视为健康，瘦视为不健康的病态。当然，今天的人们对胖的看法正发生变化。但是，西方人如果听到有人说他“发胖”便会很不高兴，认为你说话不礼貌。这是因为他们忌讳“胖”，尤其是西方的妇女更是如此。这种语义理解的非对应性也是不同社会文化背景造成的。

汉语中还有不少反映中国特有文化观念、特有文化现象的国俗词，在别的语言中找不到相对应的词，无法直译，只能改为意译。例如，“火气”、“肝火”、“老油条”、“跑龙套”、“三个臭皮匠，胜过一个诸葛亮”、“司马昭之心，路人皆知”等等。

二、不同传统文化赋予语词不同的文化内涵，会引起对相同词语理解的歧异

传统文化是一种历史文化范畴，它对一个民族心理的影响是很久远的。例如，中国传统文化视“龙”为圣物，崇拜“龙”神，所以“龙”这一词汇，在汉语中与吉祥、神圣、至尊等意义相联系。“龙凤呈祥”、“真龙天子”、“龙腾虎跃”中的“龙”都有这些积极意义。然而，在希腊、罗马神话故事中，“龙”却是像鳄鱼那样的凶残动物。《圣经》上把“龙”作为罪恶的象征。英国著名作家狄更斯的《艰难时世》中的斯巴塞太太就被人视为银行的“毒龙”（bank dragon）。中国人把自己称为“龙的传人”，西方人感到难以理解。正因为中国人和西方人（英美国家）对“龙”的传统文化内涵存在如此大的差异，所以，现在许多英美报刊中对“亚洲四小龙”的翻译都要经过文化转换，译为“亚洲四小虎”（four tigers），以便于英美读者理解。④

三、在不同社会文化背景中，人们语言交际的习惯方式不相同

在跨文化交际中，人们总是习惯于用本民族的交际习俗同对方交谈。例如，交际时的问候、寒暄，按照中国人的习俗和心理，可以问候朋友“吃饭了吗？”“你上哪儿去？”“你工作忙吗？”，几乎什么都可以问，表示对朋友的关心。但这在西方人看来，却会感到很奇怪，甚至会反感的。

在英国，“天气”是谈不完的话题。这与英国的地理环境有关系。英国人相见时，不论相识不相识，总爱先说一句“瞧这天，怕是又该下雨了!”或者说“真是难得的好天气，要是周末也是大晴天该多好!”英国人的这种交际的寒暄习俗，恐怕在别的国家是很少见的。⑤

中国人交际时，以谦虚、辞让为美德，不愿意锋芒毕露。所以作报告时，总要添几句谦辞：“本人才疏学浅，所作的报告定有不当之处，请各位多指教。”这要是让西方人听来，便会大惑不解：“明知学浅，为什么不去好好学习、研究？明知有不当之处，为什么还要来讲？”这种自谦的交际语言，还表现在中国人求职时不敢大胆肯定自己的才能，常要谦逊地说：“我可以来试试，学习学习。”这与中国过分强调谦虚，反对“狂妄自大”的社会文化有密切关系。

四、在不同社会文化背景中，人们语言交际的禁忌语不相同

在跨文化交际中，有人指出，与欧美国家的人打交道时，有“七不问”，即有七个问题不可随便问，因为这涉及西方人的“隐私”，忌讳公开谈论。

（1）收入。西方人视收入为个人隐私，不宜谈论，甚至个人的财产、存款状况都不可询问，应回避。

（2）年龄。西方人在社交场合中忌讳问年龄，尤其是妇女，她们过24岁之后，就再不会告诉他人自己的年龄了。

（3）婚姻。西方人视婚姻为个人的隐私，向异性打听婚否是不礼貌的行为。

（4）住址。西方人不随便告诉人自己的地址，因此也不希望别人打听自己的地址。他们若主动邀请你，自然会告诉你地址。

（5）经历。西方人把个人的经历也当作隐私，不愿意轻易让人知道。尤其是在社交场合中，不愿说个人的经历。

（6）工作活动。中国人爱问人：“你干什么去？”“你在忙什么？”这似是关心问候。但西方人不喜欢别人这样询问，会误以为你在窥探他的隐私。

（7）信仰。西方人认为宗教信仰或政治见解是严肃的问题，也不随便与陌生人谈论，所以不宜多打听。

上述这些“七不问”，在中国社交中大多数并不忌讳，这显示东西方

文化背景不同对社交禁忌的不同影响。如，在中国社交场合，一般并不忌讳别人问年龄。有的人还特别喜欢询问别人的年龄，表示对他人的关心。有一位新西兰籍女专家回国以后说，她在中国一年，年龄问题至少被人问过一百次，她对此自然很厌烦。[6]欧美的许多老人还忌讳别人说他“老人”、“衰老”，而中国人却没有这样的忌讳。

除此，在数词使用中，西方文化忌讳“13”这个数字。在荷兰人们用“12号A”代替13号房间号。在英国剧院，也找不到13排和13号座位。在法国剧院中，据说在12和14排之间开一条通道。为此，上海国际饭店也避开“13层”的标记。这种避讳据说与基督最后的晚餐上犹大（第13者）出卖耶稣的典故有关。日本人忌讳“4”和“9”，这与日本语“4”的发音同“死”相似，“9”的发音与“苦”相似有关。所以在跨文化语言交际中还要注意各种言语忌讳。

跨文化交际的这些语言差异，与不同民族的心理差异，文化价值观的差异，伦理道德的差异以及地理文化、生活方式、传统观念的差异有密切关系。这些文化差异涉及的范围很广，我们不在这里展开阐述。

下面，我们举出何新对东方（中国）文化和西方文化两种不同文化系统进行比较后所得出的结论，用表格说明如下：[7]

	东方文化	西方文化
①	相互依赖	个性独立
②	等级结构明显	重视平等形式
③	调和自我与社会	强烈鼓动个性自由
④	不承认隐私权	注重隐私权
⑤	数世同堂大家庭	婚姻子女小家庭

（续表）

⑥	个人缺乏自信	个人富有自信
⑦	尊重老人	重视儿童
⑧	压制对性的意识和表达	夸大性的表达和意义
⑨	认为现状美好	经常批评现实
⑩	多神论	一神论
⑪	重视实际（唯物论）的哲学基本倾向	富于玄想（唯心论）的哲学基本倾向

注释：

① 《文史知识》，1989年第9期。

② 本书中有关古代称谓词及用例，参引清代梁章钜《称谓录》。

③ 严耀中：《华夏民族意识中的整体主义背景》，载《中华文化源》，百家出版社，1991年。

④ 高永晨：《跨文化交际：差异与沟通》，载《苏州大学学报》，1991年第3期。

⑤ 参阅《当你踏上异国的土地……》，北京语言学院出版社，1986年。

⑥ 同上。

⑦ 何新：《中国文化史新论》，黑龙江人民出版社，1988年。

第九章　汉语方言与地域文化

考察汉语与传统文化的关系时，我们不能不考察汉语方言与地域文化的关系。

汉语是一种多方言的语言。古代汉语有许多方言。今天的现代汉语中也有7大方言区：北方方言区、吴方言区、湘方言区、闽方言区、赣方言区、粤方言区、客家方言区。汉语方言的形成经历漫长的岁月，它是民族社会历史以及文化演变的结果。它与历代社会变迁、人口迁移有十分密切的关系。

中华民族有主体传统文化，但同时又有各种地域变异的分支文化，它反映各地区人文、地理的文化特征、风俗习惯。任何一种方言都是地域文化的符号，不同的方言反映不同的地域文化。本章将对汉语方言与地域文化的历史形成及其特点，以及域外汉语方言文化等展开较广泛的探讨。

第一节　历史人口迁移与方言形成

人口迁移是社会历史文化现象。历史上常由于战乱、灾荒或人为迫迁，而造成一批又一批、一次又一次的人口迁移。古代许多人口迁移的规模都相当大，动辄十几万、几十万人。这种人口迁移和方言的形成关系很密切。例如，大批中原人南迁，意味着古代发达的中原文化南移，产生南北文化交融。与此同时，中原北方话也进入南方地区，落地生根，经过漫长岁月，与当地语言融汇、渗透，加上地理阻隔的原因，逐渐形成各种南方方言。

下面，我们考察不同历史时期人口迁移与汉语诸方言形成的关系。

一、上古人口迁移与方言

方言是相对于民族共同语而言的，没有民族共同语的存在，便没有方言可言。英国学者 R.R.K. 哈特曼和 F.C. 斯托克在他们合著的《语言与语言学词典》一书中指出：方言是“一种语言的地区、时间或社会的变体，这些变体无论在发音、语法和词汇上与标准语（standard language）都有不同”。①

周代已有一种社会流行的共同语——雅言。它既是周王朝的正式用语，又是不同地区人民的通用语。方言是相对于这种雅言的各诸侯国的地方话，而不是指异族的语言。

周初，周王朝开始了历史上大规模的封国建邦制度。周王朝统治者先后封了130个以上的诸侯国。如，封太公吕尚为齐侯，都营丘（今山东昌乐县）；封召公的儿子于燕，都易（今河北易县）等等。实行这种地方封建制度，对方言的形成起着促进的作用。一方面各诸侯国在政治和经济上取得独立，不同诸侯国之间彼此在地域上相分离，这便促使以诸侯国为核心，形成不同的大方言区。如，晋方言不同于齐方言，燕方言不同于鲁方言等等。②另一方面，诸侯国之间常常互相兼并，许多小诸侯国被大诸侯国吞并。这意味着小方言被占领者的大方言逐渐同化，从而使方言出现此消彼长的变化。如：东周初年，晋国先后灭了20多个异姓小国。可以想见，当时必然有许多小方言逐渐融汇到晋方言之中，扩大晋方言的区域。

在春秋战国时期的史籍中，便有一些关于方言的记述。如，《左传·哀公十二年》载，卫侯与吴会于郧，吴国扣留了卫侯。后来卫侯被释放回国，“卫侯归，效夷言”。这“夷言”便是当时的古吴语。又如《孟子·滕文公》，记述了楚人学习齐语，“虽日挞而求其齐也，不可得矣”等等。

这些记载，反映了春秋时期确实存在以不同诸侯国为核心的不同方言。这种诸侯国的方言，很可能奠定了后代汉语方言的基础。今天我们称山西话为“晋方言”、江浙话为“吴方言”，便是从这种诸侯国方言的名称沿袭下来的。

随着秦统一中国，各诸侯国的灭亡，秦汉间的大规模移民和征战的不断出现，汉语方言的地域分布发生较大变化。一方面打破了原诸侯国的方言格局，另一方面又保留某些诸侯国地区方言。

秦代在北方地区不断出现规模较大的移民，这对于北方地区方言的混合起了一定的作用。《史记·秦始皇本纪》记载，秦时徙天下富豪十二万于咸阳，徙黔首三万家于琅琊台下，徙三万家于丽邑，五万家于云阳，迁秦民于临洮，迫迁吕不韦舍人四千家到蜀地房陵定居。此外，秦始皇还征发刑徒70万人营造宫室，征发70余万“罪人”，到骊山为他建造坟墓。秦始皇还从各地征招50万人筑长城，50万人守五岭，派蒙恬率30万大军戍边。有人估计，由秦始皇的这种征发造成的移民不下300万人，占当时全国人口2000万人的百分之十五。这样大规模的人口迁移，肯定对原有的各诸侯国地区方言产生混合作用，尤其是在北方地区。另一方面，北人南移，这为南方方言的形成奠定了基础。

汉武帝进行了50年的战争，在北方击败了劲敌匈奴，在西方取得了36个属国，在南方平定了南越、闽越、东越等的反叛。在战争后，派遣了大批官吏和中原士兵进驻这些地区。这既扩大了汉语的影响，同时，对汉语方言分化、融合也产生一定作用。《后汉书·南蛮西南夷列传》说：“凡交趾所统，虽置郡县，而言语各异，重译乃通……后颇（频）徙中国罪人，使杂居其间，乃稍知言语，渐见礼化。”

学者们认为，对周代方言的研究，离不开对《诗经》的考察。不过，《诗经》语言存在同质性，不同地区的用韵较一致。因此，从《诗经》中归纳方言较困难，需要从其他先秦文献中进一步考察。

关于两汉时代的方言，汉代扬雄的《方言》一书，为我们提供许多有益的材料。

《方言》记载了当时“四方之通语”（或“凡通语”），即流行于不同地区的通用的词语，也记载了某地区的方语，即方言词语。它记下每个方言词时，都冠以地名，人们从地名的分合可推知当时汉语方言的地理分布。可以说，《方言》是一部方言地理学的先驱著作。

如卷一：“嫁、逝、徂、适，往也。自家而出谓之嫁也。由女而出为嫁也。逝，秦晋语也。徂，齐语也。适，宋鲁语也。往，凡语也。”

罗常培、周祖谟在他们合著的《汉魏晋南北朝韵部演变研究》一书中，提出汉代7大方言区。黄典诚在其《方言及其注本》一文中，提出14区。③

除了《方言》之外，从《说文解字》中也可以窥测两汉时代的方言地理分布。《说文解字》中所记录的方言词共有191条，所提到的地区计有68个。

二、中古人口迁移与方言

中古时期，由于北方兵连祸接，外族入侵，灾荒瘟疫等等社会各种动乱因素的作用，造成黄土地上人口的大量流徙，其规模之大，持续时间之长，都是前所未有的。这对于汉语内部的统一或汉语方言的形成、演变，无疑具有重大的作用。

中古大批的人口迁移，大致可分为三个时期：第一时期是汉魏的三国纷争时期；第二时期是西晋末年的永嘉之乱；第三时期为中唐的安史之乱时期。

第一时期是东汉末年至三国纷争时期，中原、关中两大北方经济区的士民，因各种战乱、饥荒、瘟疫而纷纷背井离乡，大规模举家南迁。当时人口迁移的总趋势是北方人向西南和东南方向移动。主要路线：一是由关中流入长江中游的荆、襄一带，然后，有的渡江南下，有的西奔入蜀定居于成都平原；一是直接从中原到荆楚，又经淮河一线流向东南地区的吴国、扬州、杭州，乃至更远的岭南，以及边远地区。

这在史籍中屡有记载。《三国志·魏志·卫觊传》：“关中膏腴之地，顷遭荒乱，人民流入荆州者十万余家。”中原一些名门望族举家南迁时，往往携带部曲、奴婢随行。如鲁肃南迁入东吴，即有“三百余人行”

（《三国志·吴志·鲁肃传》）。据《三国志·吴志》列传所载，60多位东吴名臣中，约有半数来自中原。建安十四年，曹操欲迁淮南民于河南，而“江淮间十余万众，皆惊走吴”（《三国志·魏志·蒋济传》）。这些记述表明，北方人民大批南迁，动辄10余万人，由关中、中原进入荆、襄一带或其他地区，扩大北方方言的地域，缩小荆楚方言的地域。

中原人向东南方向流徙，《三国志·吴志·张昭传》：“汉末大乱，徐方士民多避难扬土。”流入南方地区，如，北方大族桓晔“举家避地会稽，遂浮海居交趾”。（《后汉书》）连北方著名的学者刘熙、薛综等人也都迁往交州避乱。

周秦以来，汉族人口重心一直在北方，黄河流域的人口，约占全国人口的十分之七以上。“楚越之地，地广人希。”（《史记·货殖列传》）然而，汉魏以后，由于大批北方人口的迁人，南方人口激增。东汉时，汉中郡（属益州）户口最高人数为57200多户，而在北方移民迁入以后，汉中郡人口激增一倍，达10万户，人口约为50万人。这意味全国人口重心已渐渐由北向南转移。

此外，在北方地区内部还出现人口混合现象，不同地区的北方人随着战乱而互相迁移，规模较大的有洛阳“数百万”人迁入长安，洛阳一带的方言随之扩大到长安地区。《后汉书·董卓列传》：“卓……迁天子西都长安。初，长安遭赤眉之乱，宫室营寺，焚灭无余。是时，唯有高庙、京兆府舍，遂便时幸焉。后移未央宫，于是尽徙洛阳人数百万口于长安。”这些北方人口的混合，有利于北方方言内部的混化、统一。

第二时期是西晋末年的永嘉之乱的移民。

永嘉之乱是一场连续百年的激烈的民族斗争，它使人口大量死亡和流徙。大批北方汉族人民纷纷渡江南迁，其规模之大，时间之长，是史无前例的。《晋书·王导传》载：“中州士女避乱江左者十六七。”据史学家估计，从永嘉到元嘉年间，北方南迁人口约90至100万人，这个数量是相当可观的。

南迁的北方人，分布在南方广大地区，尤其是在浙闽赣一带，北方迁入的人口较多。

以福建为例，据《三山志》云："永嘉之乱，衣冠南渡，始入闽者八族。"晋初，福建人口大约只有3800户，18000多人。但在永嘉之乱后，福建人口骤增一倍以上，约40000人左右。北方人进入福建，深入到闽南地区，"晋江"的地名，便是来自于晋移民的命名。《金门志》云："金门，旧名浯州……晋中原多故，难民逃居者六姓：苏、陈、吴、蔡、吕、颜。"永嘉之乱后，由于闽南人口骤增，至公元557年，分立南安郡辖泉州一带，包括龙溪（漳州）。可以说，晋移民是形成"闽方言早期的最重要的语言集团"。

第三时期是中唐的安史之乱引起的大量人口迁移。

安史之乱是唐代统治阶级内部的一场激烈的争权夺利的斗争，它是唐代由盛到衰的转折点。

这场战乱，首先造成北方人口的大量死亡和混乱。安禄山、史思明的叛军与唐官军在河北、河南、陕西等地区进行激烈的厮杀，引起这些地区的人民大批死亡、流离失所。叛军所到之处，史载："宫室焚烧，十不存一"、"壮者死锋刃，弱者填沟壑"。"过宜阳、熊耳至于武牢、成皋，五百里中，编户千余而已。"唐大将军李光弼大破叛军时，"斩虏七万"。大将郭子仪于陕西新店大败叛军时，"斩首十万级，横尸三十里"。如此残酷的战争，迫使劫难余生的北方人逃离到较"安全"的地区，在北方地区出现人口混化现象。

值得注意的是，周边民族吐蕃、回纥、戎狄等趁安史之乱，大肆侵扰、掳掠，并迫使当时北方地区的人口迁移到民族地区。如，唐代宗永泰元年，"吐蕃三万余骑寇泾、邠、宁、庆、鄜等州……，俘掠人畜万计而去"。同年，"吐蕃移兵攻醴泉，……吐蕃大掠男女数万而去"。——这可能是造成西北边境、新疆一带有大批的汉族北方人的原因，这对北方方言区的扩大有一定影响。

安史之乱还造成大批的北方人迁移南方。史载："自至德后，中原多故，襄、邓（今河南、湖北相邻处）百姓，两京（长安、洛阳）衣冠，尽投江湘。故荆南井邑，十倍其初。"（《旧唐书·地理志》）这说明当时北方移民已抵达湖北江陵和湖南常德一带，移民的数量比土著多出10倍。④

除了江、湘之外，北方人还流徙到江西、福建等地。

中唐以来，北方地区人口锐减，而江西鄱阳湖和赣水中游地区由于北方人的大量迁入，人口却大增。以饶州（上饶地区）为例，开元年间有1344户，而到元和年间户数达到7万左右，净增加5倍多。其他地区，如洪州（今南昌地区）、吉州（今吉安地区），人口增加也相当多。

唐代北方移民如此大量进入江西，这为赣方言的形成奠定了重要的基础。

江西还是北方移民南迁的中转站。许多北方移民经江西，有的进入福建，有的进入广东。

唐代中叶开元年间，唐王朝为镇压闽、粤的畲族，便派唐将陈政、陈元光父子为首的123名将领率领近万人的中原军队进入广东地区，随后，陈政之兄又受命率58姓军校入闽救援，经过多年转战，这支队伍最后在闽南地区安顿下来，这对于闽南方言形成有重要的影响。

安史之乱后，唐朝末年出现藩镇割据的局面。北方为唐五代，南方为十国称王。河南唐将王潮及其弟王审知，乘战乱带领数万军队入闽，在福建转战八年，公元926年，王审知之子王延翰建立闽国。王氏的军队大批永久驻扎在福州，这对于闽东北方言的形成有重要作用。——北方大批军队进驻南方，永久居留下来，这实际上也是一种移民现象。

综上所述，中古时期社会动荡，引起几次大规模的人口迁移。在战乱之时，人们成群结队地迁到"安全"地带，放弃故乡的土地。在恢复正常之后，大多数人在迁居地生活下去，部分人返回原有住地。这些大量人口流徙对汉语方言的形成有重要的作用，这表现在：

（1）北方人民因战乱而在北方地区跨省区流徙的现象十分普遍。如河南人迁到陕西，山西人迁到河北、河南，或陕西人迁到河南、山西，随战争的活动，无定性流徙。这造成北方方言的混化。它有利于北方话内部的统一，促使北方方言区的扩大。

（2）北方人口流向东南地区，使人口布局发生重大变化，由北向南扩散，使南部人口骤增。北方人的方言与当地人的语言相互渗透，经过漫长的岁月，便逐渐形成许多南方方言。如，吴方言、闽方言、湘方言、赣方言、客家方言的语言集团，大都是在中古时期的人口迁移时奠定了根基。

（3）北方人流向西南地区，形成今天的西南官话。

（4）大批北方人被掳掠到西北边远民族地区，这对于汉语与少数民族语言的融合有重要影响。

三、近代人口迁移与方言

近代也出现过较大规模的人口流动，但是，总的说来，远距离的大批人口流动现象已逐渐减少。明清以来，人口流动大多是近距离、小规模的，这使方言区的形成趋于稳定和明朗化。近代汉语方言区基本上已接近现代汉语的方言区的规模。下面分别介绍：

1. 北方方言大区

北方汉语在两汉时代还是很不一致的，这从扬雄《方言》，以及晋代郭璞《方言注》中可以看出，他们都没有把北方汉语作为一个大方言区来看待，而是揭示它的各种差异，北方话尽管有雅言、通语，但还分成许多小区。经过汉末动乱、三国争雄、五胡十六国的混乱，再加上安史之乱后，北方地区人口流动极大，在北方不同地区，人民经常因战乱互相迁徙，这使北方汉语混化。所谓“混化”，实际上是方言的融合，不同北方地区的方言互相影响、渗透。经过长时期的方言融合过程，北方汉语便大大缩小差异，增强内部的一致性。于是北宋时，沈括第一次提出“北人音”这个概念。至少在沈括的心目中，北方人已有近似统一的语言了。

到了元代，周德清在《中原音韵》中指出，“余尝于天下都会之所，闻人间通济之言……四海同音，上自缙绅讲论治道，及国语翻译、国学教授言语，下至讼庭理民，莫非中原之音。”这表明，元代的北方地区的人民，人人都以王都的“中原之音”为标准。当时的“北人音”已有明显的趋同性，出现“欲正言语，必宗中原之音”。

鲁迅指出：“元谕用白话，我看大概出于官意，然则元曲之杂用白话，恐怕与此种风气有关。白话之地位忽尊，便大踏步闯入文言营去了。”⑤“白话之地位忽尊”，一语道破了元代的北方口语白话正在崛起成为汉语的主导语言，开始替代原有的文言文。

至于此时北方方言分布区域，大约北至长城（不包括长城以外地区）；西北至沙州（今敦煌一带）；西至吐蕃为界；西南至今四川、广西、贵州、云南一带。不过少数民族语言仍占一定优势。

关于长城以外，即今东北地区，在宋元时期仍以少数民族为主。从清代起，由于几十万满人入关，东北地区人口稀少，农业经济又亟待开发，这便促使长城内的大批北方汉民出关移居东北。

据《清朝文献通考·户口》记述，顺治年间，东北人口大约只有27000多人。经过200多年，到了光绪十七年（1891年），人口猛增到500万人左右。到民国初年，即1911年，东北人口已陡增到1800万人。这种人口增长速度简直令人难以置信。有学者认为，如果扣除东北人口自然增殖的因素，可以说，东北人口猛增的主要因素是大批河北人、山东人、河南人移居东北的结果。据推测，在清代，山东移居东北的流民最多，它约占全体出关移民的70%~80%，估计在700~800万人之间。⑥

从这一人口迁移的历史事实，可以认为，东北地区北方方言的形成，主要在清代中叶以后，它以山东移民为主体，扩散到整个东北地区。“汉人至，逐成聚落”、“商民萃集”，汉族移民还使居住地各族人民“渐习汉语”。东北成了真正的北方方言区。

2. 吴方言区

吴方言形成的历史悠久。早在春秋时，已有吴国、越国，即古吴越方言区。汉代扬雄《方言》称之吴扬、吴楚。明清以来，吴方言的昆曲、弹词、小说盛行，多运用苏州话，如《海上花列传》。

周振鹤、游汝杰认为：南宋时代吴语的分布地域比现代要大一些。大致包括今上海市和苏州市的全部，浙江省全部、苏南（除宁镇地区以外），苏北的通州和海门，江西的婺源、玉山、上饶、永丰，福建的浦城。此外，整个皖南地区也属于吴语方言区。

至于吴方言区内部并不完全一致，这在今天仍然如此。⑦

3. 闽方言区

在魏晋与唐代，已有大批北方人移居入闽。然而，魏晋的移民与唐代的移民（军队），相距将近4个世纪，当唐代移民进入福建时，晋代的移民很可能已初步形成闽方言了。

唐代诗人顾况（约公元727—820年，浙江人）的《囝》诗为我们透露了这方面的信息。《囝》诗写道：

“囝生闽方，闽吏得之，乃绝其阳。为臧为获，致金满屋。为髡为钳，如视草本。天道无知，我罹其毒；神道无知，彼受其福。郎罢别囝：‘吾悔生汝，及汝既生，人劝不举，不从人言，果获是苦。’囝别郎罢，心摧血下：‘隔地绝天，及至黄泉，不得在郎罢前？’”

顾况在诗旁注：“囝，哀闽也。囝音蹇；闽俗呼子为囝，父为郎罢。”现在闽南话呼“囝”音kia，即儿子；“郎罢”，音lan pe，即父亲，与顾况所述的音义完全一致，顾况使用这两个闽方言词，有其重要的历史价值，它透露唐代的福建话已有自己的方言词汇。⑧

宋代以来，福建的人口上升较快。北宋至元末，官方册籍上福建人口约350至400万之间。至明代末年，福建人口达640至768万人之间。至清代道光九年，福建人口总数约在1240万左右。这种人口上升意味着福建地区的社会和经济稳定。“闽省僻在南部，地狭民稠”、“生齿日繁”，而方言区的形成离不开人口和社会的稳定发展。

近代的福建地区除闽西长汀地区为客家方言外，其他地区很可能存在比较一致的闽方言，包括闽北、闽东和闽南的方言。

台湾属于闽方言区。南明永历十五年郑成功入台，带领大批的闽南人进入台湾，并收复与开发台湾。据光绪三十三年（1907年）《日台大辞典》公布的人口统计数字表明，当时台湾讲汉语的人数计284万，其中讲闽南话的有230万人，占81%。此时，闽南人已成为台湾主体居民。从宋末至清末，闽南地区由于人多地少，人们纷纷远走他乡。除了大规模迁徙台湾之外，还有5条外迁路线：（1）向广东和海南岛外迁，如大批闽南人迁移广东潮州、汕头、普宁、海丰、陆丰、饶平等21个县市，据现代统计，人口约有一千多万。此外，还迁到海南岛的三亚、文昌、琼山等地，约有四百万人。（2）向浙江和江苏外迁。浙江的平阳、温岭、瑞安、舟山群岛等地区（主要在农村），约有一百万闽南人，此外，江苏宜兴县的一些农村也有闽南移民。（3）向江西、四川的一些地区（农村）外迁。（4）向省内其他县市农村外迁。（5）向东南亚许多国家外迁，据现代有关统计，闽南人外迁印尼约有361万人，新加坡168万人，马来西亚391万人，菲律宾有55万人。[⑨] 显然，闽南人向外迁移是很广泛、突出的。由此，闽南方言和文化在国内外流播也十分广泛，这是国内其他方言所罕见的。

4. 粤方言区

粤，古称百粤（又作百越）。据载，秦始皇派尉屠睢率50万大军进攻岭南，与百越交战。唐贞观元年（627年）设岭南道、辖两广及安南（今越南），计有49州之多。

宋代设广州府、英德府、潮州府等，宋代末年，北方元兵破境，大量汉人因避战流亡，许多北方人经由江西、福建，辗转入粤。这对粤方言区的影响较大。岭南的许多望族，都是在宋末随王室仓皇南下而落地生根的。

清末以来，海禁大开，海内外贸易大为发展，广州逐渐发展成为重要的商业城市，广州府、英德府都讲粤语。此外，粤语还扩散到广西的东南部，相当于两宋时的廉州、钦州、郁林州、横州、浔州、容州、梧州、藤州、贺州、昭州等地。

广东省内还有闽南方言和客家方言。

5. 客家方言区

所谓“客家”是相对于土著居民而言，“先入为主，后来为客”。

1933年罗香林在《客家研究导论》中考证客家人原都是北方地区的汉民，他们原住地北达黄河以至上党一带，西届司州弘农，东达扬州淮南，中至豫州新蔡、安丰。

历史上，客家的先民，即北方汉民，有五次大规模南迁，逐渐形成今天的客家方言集团。第一次是西晋末年永嘉之乱以后，第二次是唐末至宋代，主要是河南西南部、安徽南部的汉人，迁入江西一带。第三次是元代，由于蒙古人南下，致使大批北方汉人南下至粤东北一带。第四次和第五次移民是在清代。

“客家”的名称始自宋代人的著作。客家保持近代汉语的北方语音，与当地南方人语言不相同，故被视为“客”。清末诗人黄遵宪（客家，广东梅县人）曾指出：此客人者，来自河、洛，由闽入粤，传世三十，历年七百而守其语言不变。有《方言》、《尔雅》之字，训诂家失其意义，而客人犹识古义者；有沈约、刘渊之韵，词章家误其音，而客人犹存古音者。乃至市井诟谇之声，儿女噢咻之语，考其由来，无不可笔之于书。余闻之陈兰甫先生，谓客人语言，证之周德清《中原音韵》，无不合。这表明，客家话还是元代比较标准的中原之音。

客家人居住地，罗香林曾做过两次调查，他们主要居住在福建、广东、江西毗邻的地带，计有184县，其纯客住县有33个县，非纯客住县有151个县。如广东的梅县、大浦、兴宁、平远，福建的长汀、连城、武平、永定、清流，江西的寻乌、安远、定南、崇义等等。

6. 湘语区

东汉扬雄在《方言》一书中，就已屡次提到“南楚江湘”很可能包括今天的湖北、湖南两省。这里“楚”与“湘”并提，意味着湘语在上古很可能是楚语的嫡亲。

随着历史的变迁，北方人南迁入湘，湖南的湘语早在西晋末年时，便已失去一大片地盘。后来，唐代中期安史之乱，再次迫使一大批北方人迁入湖南，于是造成今天湖南西北部一带，大约有30多个县为北方话区。

真正的湘语实际上只分布在今天的湖南湘水、资水流域和沅水中游东岸的一些地区，大约包括35个县市。此外，广西东北部与湖南邻接的全州、资源、灌阳、兴安四个县也说湘语。

湘语的形成尽管与楚语有关，但是直到宋代，它还处在形成过程中。宋代置荆湖北路，把整个沅澧流域的湖北南部纳入以江陵为中心的行政区。这一带都是五溪地区少数民族的地域，宋代仍然有许多少数民族居住，所以，宋神宗熙宁年间，派章惇领兵平定沅水南北的少数民族。

南宋时代，洞庭湖以西的荆湖北路和荆湖南路为湘语和北方话的分界线。

7. 赣语区

赣语区分布在今天的江西和湖南的一部分地区，江西赣方言是由北方人大批迁移，并与当地土话相互渗透而形成的。在汉语方言中，赣语的形成较晚，它很可能与客家话共生，约形成于宋代。

湖南的赣语是唐五代以来由江西移民带来的，大批的江西移民是在明代迁入湖南的。所以湖南东部的赣语的狭长地带（北起临湘，至汝城）的形成，乃是在明代以后。

上述各方言区的形成，都是历史上几次北方人口迁移的直接结果。

人口群体迁移并不是单纯的人口迁居。几十万人，甚至上百万人从一地迁移到另一地，它必然会引起社会的大变动，并且会波及到社会的各个方面。从文化和语言的角度来看，我国历史上的人口迁移，曾经是北方的中原文化扩散到南方广阔的其他民族居住区。中原文化代表着中华民族文化的主流。但与此同时，它也要同南方文化相交融，互相影响，发生变异，产生新的南方各地的地域文化（如楚文化、吴文化、闽文化等）。

与文化变异相并行的是语言变化。历史上，我国的人口迁移可分为近距离迁移和远距离迁移。近距离迁移是大批的人口流动只局限在北方方言区，它使北方各地的方言互相接触，互相影响，从而促使北方方言内部“混化”、趋同，增强北方话内部的一致性。远距离的人口迁移是，北方人口大批南移，跋山涉水，甚至进入兄弟民族的聚居区，经过漫长的岁月，逐渐形成各种汉语南方方言。可以说，人口迁移是历史的社会文化现象，方言是社会历史文化变化的产物。

第二节　地域文化在方言中的展示

地域与文化有密切的关系。18世纪法国启蒙思想家孟德斯鸠曾经大力倡导地理环境决定文化、政权的理论。20世纪我国伟大的学者梁启超也在其许多论著中，运用地理环境的不同来解释古今中外各种历史文化现象的不同。

地理环境对文化的产生与发展有重要的影响，这是人们普遍的认识。“人离不开自然的手，像小孩子离不开引绳一样。”（马克思语）我国幅员辽阔，从东到西，从南到北，地理形势、自然气候条件相差甚大。东北地区严寒，西北地区干燥，多风沙，而东南和西南地区气候温暖，多雨水。这些地理环境条件，使不同的地区产生不同的地域文化差异。以衣食住行的生活方式而言，各地的差别便很大，不同的地域文化还包括许多不同的地方风俗、不同的民间文化活动、民族信仰和观念文化等等。所有这些地域文化的差异往往也在各地的方言中反映出来，方言是地域文化的重要载体。

地域文化是民族共同文化的变异，它带有浓郁的地方色彩，它通过方言来展示过去和现在存在的各种风俗、地方的物产、饮食文化、婚丧嫁娶的习俗以及地方的民间文化活动、价值观念等等。下面，我们从几方面简单阐述。

一、不同方言的物产词汇，反映不同地域物质文化的差别

自然物质不属于人类的文化产品。但是，如果自然物质被人们所认识、开掘、利用制造成各种器具、用品，那么，它们便成为人类的物质文化产品，它与不同的地域特有的物产有密切的关系，它为人们所认识、开发和利用。

山西盛产煤，有丰富的煤文化产品。在山西方言中，被开采的大块状煤称“炭”，小块状的煤称“炭块块”，烟煤称“肥煤”，无烟煤称“笨煤”或“笨炭”，粉状煤叫“煤面面”，块状焦炭叫“篮炭”，块状有烟煤叫“希炭”，煤核儿叫“烂炭”。在其他方言中尚未发现有这么多的煤产品名称。

南方盛产竹，人们利用竹子制成各种用具，造成竹物质文化。于是在许多南方方言中，有关竹子的物产词特别丰富多彩。以闽南方言为例，其有：竹席、竹床、竹筒、竹盘、竹桌、竹椅、竹楼、竹坪等等。

透过方言的物产词汇，我们可以看到不同的地区物质文化的差异。

二、从不同方言的饮食词汇，考察不同地区饮食文化的特色

老北京流行吃小吃，过去街头巷尾常有各种食品叫卖声。今天北京仍然流行风味小吃。夜市里，在明亮的灯光下，仍然热热闹闹叫卖各种传统京味小吃。于是，在北京话里有丰富的小吃方言词汇，如：

豆汁——据说是老旗人的吃食。

灌肠——本是大肠灌上碎肉和淀粉，而今天却用淀粉点上红曲灌入大肠里。大油煎后，浇上蒜汁盐水。

扒糕——用荞麦面和榆皮面做成。

凉粉——有块粉、粉皮，还有小拨鱼儿。

茶汤——炒熟的糜子面，放红糖，用开水冲成。

油茶——用牛肉或素油炒面粉，有的加入“八宝”果料。

豆面糕——又叫“驴打滚”，由乡下传进城里，是一种年糕。卖豆面糕的小贩常常吆喝道：“滚糖的驴打滚啦。”

炒肝——实际是烩肥肠加一点肝。

豌豆黄儿——这种食品过去常在春节庙会上出售，卖者吆喝道：“哎，这小枣的豌豆黄儿大块的咧！”

艾窝窝——由蒸熟的江米擀成小饼，包上冰糖、山楂糕、芝麻、青梅等。

此外，还有炸糕、炸肠、炸蛋、杏仁茶等等。这些北京风味小吃的方言词，展示北京有丰富多彩的地方饮食文化。

地方饮食文化受自然条件的限制。北方地区多以主食为主，副食比较很简单。而南方地区，副食很丰富，主食却相对简单。在一些干旱的北方地区，饮食文化的方言词很有限，反映了食物的贫乏。例如，晋东南农村地区，旧时，青年男女结婚常不大办酒席。新娘上轿前只吃个鸡蛋饼作为告别。俗语说：“三颗鸡蛋一壶酒，打发闺女上轿走。”途中，亲人要请新娘吃面条，叫“下马面”。到男家，新婚之夜，新婚夫妇要喝“疙瘩汤”，汤中放些枣或花生，并唱道：“左手拌疙瘩，儿女一不沓（很多），小勒（儿子）会念书，闺女会纺纱。”在这大喜的婚礼上，这山区里的人吃的不过是“鸡蛋饼”、“面条”、“疙瘩汤”。但是在南方一些地区，结婚时要大办酒席，鸡、鸭、鱼、肉各种美味佳肴，摆满酒席。每桌酒席上要有八盘或十二盘热炒。至于平日的三餐，也常有三菜一汤。

不过，随着南北饮食文化的交流，在今天许多城市都能尝到南北各地的美味。

三、方言词还反映某些地区特殊的地方节日民俗文化

老北京的方言词里有“花会”或“武会”的叫法。所谓“花会”是老北京传统的一种热闹的民俗杂戏活动。每逢山坛庙集或乡村举行盛典庆祝时，都要举行“花会”庆贺。是时，观者如潮，十分热闹。

伴随“花会”产生许多特殊方言词表示花会组织、表演人员和活动方式，如：

把儿——管理花会的人。

钱粮把儿——专管挑笼子的人，笼子里面装各种走会用的物品。

神堂把儿——专为祭神行礼准备物品的人员。

拔旗—— 一种令箭。花会开始后，有拔旗前引并负责指挥。

打三参儿——表演前要统一打三通鼓，表示对神的虔诚，要三次参拜。

开路会——开始表演时要舞叉。“开路”即舞叉的意思。舞叉有“十字披红”、“玉带横腰”、“旱地拔葱”等节目。

五虎棍——演员勾着花脸，扮上角色，舞棍有单打、双打或“五打一”、“六打二”等。

中幡——类似旗帜，它用一大竹竿，上有一顶小伞，并缀上铜铃，重约百斤，走时居中而立。

跨鼓——也叫大鼓。每次走会时，都用八面大鼓。

高跷秧歌——演员“踩高跷”，表演者穿戏装，有的扮演渔翁、渔婆和樵夫，有的还扮演农夫、傻小子和小娘子等人物。

地秧歌——不用高跷的纯秧歌。演出分“堆山子”、“走场”、“别篱笆”、“逗场”和“演唱”5个部分。动作粗犷有力。

扛箱——由8个人抬 4 个有环的箱子，有时翻筋斗，有时跳着走，很有节奏，边走边喊。

跑驴——演员腰中结上一头假驴进行表演。

旱船——演员肩荷竹扎的彩船，旁边有两个小孩敲打锣鼓。表演时，边扭边唱。

小车会——用竹竿绑成一个“担架”，上边有一彩棚，下边围上布帘，一边画一个车轱辘，表示一辆车。

耍龙灯、耍狮子——走会的最后是耍龙灯和耍狮子。龙灯一丈五尺，由10多人执杆表演。舞狮子由人工表演，有滚珠、戏水、过桥等花样。

从这一系列与花会相关的方言词里，我们似乎可领略到老北京特有的民间花会风俗活动。

山西北部的忻州、定襄、原平三市素有“摔跤之乡”的称号，那里常在节日里举行摔跤比赛。比赛时，也是热闹非凡。围绕着摔跤这一文化活动，这些地区也产生许多摔跤的方言词。如：

勾手——用脚勾拉对方的脚或腿。

泼脚——用脚横踢对方的脚或腿。

挠腿——紧抱对方的腿把对方扛起来。

搂腿——弯腰往回扳或抱住对方的腿。

小穿——猛然下蹲，一臂插在对方两腿之间，拖住屁股，另一只手抱住对方的手，头抵住对方腹部一侧，将对方摔倒在身后。

抖架子——正式开始交手。

大砍子——正面抱住对方腰部，用小腿勾打对方小腿。

俗话说，“千里不同风，百里不同俗”。北京的“花会”和山西忻州地区的“摔跤”反映出来的地方民俗风采很不相同。

四、从不同地区方言词中，我们可以观察各地旧葬俗文化的不同

旧时北京很重视葬俗。然而，今天我们已不大能见到老北京人的葬俗仪礼了。这是由于现代实行火葬，一切从简。不过，我们从老北京的一些葬俗方言词中，依然可以窥见昔日北京社会流行的葬俗礼仪。如：

太平床——又叫“吉祥板”，停放死者的小床。

装裹——也叫寿衣，它是装“老”的衣裳。旧时北京人称死去叫“老了”，避讳说“死”。

铺金盖银——给死者的衾物，多数为“三铺三盖”，少数有钱人家达“九铺九盖”。

长明灯（焖灯）——在死者灵前放一供桌，上有一盏长明灯，不准熄灭，给亡人到阴间照路。

倒头饭——在死者供桌摆一碗饭。

打狗棒——这是给亡人路过恶狗村时打狗用的。

绊脚丝——为了防止诈尸，要把亡人双脚捆上。

入木——即入殓。

垫背钱——用大烧纸包锯末，根据亡人享年多少岁便包多少包垫在棺底。

辞灵——即出殡。要举行“搛罐”和“扫材”的仪式。搛罐是最后一次大祭奠，死者亲属要搛酒食填满罐子，供与死者，之后要把所有筷子全折断，全体举哀。“扫材”起棺，要用新扫帚扫棺材的浮土。

起杠——即抬棺材，分为“大杠”、“小杠”。

摔盆——起杠时，长子把一个带孔的瓦盆摔碎，全体孝属随之举哀，杠头要大喊：“本家大爷，请盆子。”这种习俗的由来据说是阴间里有王妈妈，要强迫死者喝一碗迷魂汤，使其迷魂，以致不能超生。儿子为其准备有孔的瓦盆可使迷魂汤漏掉。

喊“加钱”——起杠后，杠头高喊：“加钱儿。”否则死者下辈子要托生成哑巴。丧家要向杠夫加赏钱。

老北京葬仪的风俗，在老北京话方言词中留下了难于磨灭的痕迹。这些葬仪虽然今天已经消失，但这些方言词语在北京一些小说或曲艺中仍然保留下来，它保留了地方葬俗文化的信息。

同样的葬仪，各地风俗并不相同，其方言词也不一样。山西西北部的五寨方言中也有许多关于旧葬俗的方言词语：

号丧——人死后，亲人的号啕大哭。

上板——把死者抬到一块床板上。

装老衣——上板时给死者穿上寿衣。

打麻绊——装老衣后给死人手脚缚上麻披。

打扇面纸——给死者脸上盖上一张麻纸。

安魂——轻轻地给死者揉合眼皮。

坐草——入殓前，在棺材上铺上干谷草。

送孝——入殓后，由孝子到死者舅舅家报丧。

开土——按阴阳先生所定的墓穴位置，用银针在穴上开十字。

开悼——墓穴开好后，发丧前一天祭奠死者。

叫庙——开悼当晚为死者招魂。

开光——叫庙后开棺，由死者长子给死者洗脸。

送纸——出丧之前烧化纸车、纸马和死者的枕头。[10]

比较老北京和晋西北的葬俗方言词，我们可以看到两地的葬俗有许多不同。如：给死人送衾物，北京人有“铺金盖银”习俗，但晋西北却没有。晋西北有“坐草”习俗，即在棺材上铺上干谷草，但北京却没有。在研究民俗文化方面，方言词是很重要的参照系。

五、有些方言词可以帮助我们考证历史文化，观察民俗心理

方言词的价值并不局限于反映地域文化，有的方言词可以用来考证历史文化，成为古代历史文化的“活化石”。如，“玉米”这种农作物，各地有各地的叫法：老玉米、棒子、玉麦、玉茭、红须麦、包谷、苞米、麦穗等等。这些名称，似乎表明玉米是中国土产的农作物。然而，在厦门话里，却把玉米叫做“番大麦”。这个“番大麦”中的“番”字，意味着这种农作物来自外国，而不是本国的土产。据现在农史学家的考察，玉米原产于南美，后经两条不同的路线传入我国：一条是海路，它是16世纪（明代）由南美传到印尼的爪哇，然后辗转传入我国；另一条是陆路，由阿拉伯人带到麦加再经中亚输入我国。厦门与印尼古有海路交往，爪哇有许多来自闽南的华侨。厦门一带的玉米很可能由海路传入，故称为“番大麦”。

不同地区的方言词在反映相同的事物方面，各有不同的理据，所以存在许多同物异名的现象，这反映不同地区的人民观察事物时联想心理的不同。例如，向日葵，许多地区都称之为“向日葵”或“朝阳花”、“向阳花”。这都是由观察太阳与花的关系得出的名称。然而，河北任丘地区称之为“望天葵”，联想的是葵花与天的关系。湖南邵阳人称之为“盘头瓜子”，联想的是葵花的圆盘形状，其果实可当瓜子食用。——对事物的观

察和联想不同，其取名的理据自然不同，名称也就不同，这些从一个侧面反映了不同地域的民俗心理。

在北京方言词中，赞颂别人的词汇比较多，而且很生动、活泼。如有“棒”、“真棒”、“太棒了”、“棒极了”、“没说的”、“盖了帽”、“绝了”等等。笔者曾听到几位北京青年议论世界著名男高音歌唱家帕瓦罗蒂的北京演唱会。一个说：“昨晚帕瓦罗蒂的演唱真是棒极了。”另一个青年说：“那歌声让人像喝醉酒似的，都迷了，真是盖了帽了。”还有一个青年说：“我们从小到大听人唱歌也不少了，就数人家的歌唱得真叫绝，没的说。”这三个北京青年的议论，生动地运用了北京方言特有的赞颂词，这反映北京的民俗心理——喜欢称赞别人。而相反的，在其他一些方言中，赞颂词贫乏，人际关系较冷淡，不太喜欢夸别人。

六、方言与地域文化的密切关系还突出地表现在地方戏曲和民谣方面

各大方言区都有自己的戏曲文化。如，北京有京剧，吴方言区有越剧、沪剧、锡剧，闽方言区有福州戏、莆仙戏、歌仔戏（芗剧）、潮剧，粤方言区有粤剧，湘方言区有花鼓戏，四川西南官话有川剧，陕西西北话有秦腔等等。地方戏曲都用当地方言演唱，这使当地方言升华为艺术语言，大大推动地域文化的发展。地方戏曲的方言戏多用文读音念唱，它进一步促使地方方言向书面语靠拢，从而使方言地区文化事业蓬勃发展。

这里我们需补充指出的是，汉语各方言间的差异和特色并不仅仅表现为地域文化的不同，它还更突出地表现为语音、词汇、语法等方面的不同。汉语方言学在这方面已做了许多研究，故本书不拟详述，只做一简要说明。

汉语各方言之间的差别最明显的表现在语音方面，其次是词汇，再其次是语法。语音的差别使不同方言区的人难于交际沟通。上海人听不懂广州话、厦门话、客家话是平常事，北京人听不懂上海、广州、厦门、梅县等南方方言，也是平常事。即便在同一个省里，由于方言不同，也互相

听不懂对方的方言。方言语音不同，如“队”，北京话为[tui]，温州话为[dai]；“肥”，北京话为[fei]，厦门话为[pui]；“洁”，广州话为[kit]，梅县（客家方言）为[kiat]。这其中有声母、韵母以及声调等的不同。南方不少方言有浊音声母、入声韵母等古音。

在声调方面，各方言的差异体现在调类和调值的不同。调类不同有：8个声调（温州话、潮州话），7个声调（厦门话、苏州话、福州话），6个声调（南昌话、长沙话、梅县话），5个声调（上海话、太原话），最少的只有3个声调（银川话、天水话）。汉语中古音有8个声调，显然，南方方言保留较多的上古音、中古音，而北方方言保留较少，其近代变化较大。

在词汇方面，各方言之间的基本词汇基本相同，但也有一些差异。不少南方方言保留较多的上古、中古词汇，与历史联系、对应较多。如行（走）、走（跑、逃跑）、肥（胖）、面（脸）、卵（蛋）、无（没有）、目（眼睛）、索（绳子）、厝（房子）、食（吃）、细（小）等。这些上古词汇，至今仍保留在闽、粤、客等南方方言中。在闽南方言中有：“我食（吃）饱了”、“她很肥（胖）”、“我已行（走）了三里路”、“他走（逃跑）了”等等说法。除了这些历史的传承词之外，各地方言还有不少变异词、创新词。如北方话里的“白天”，各地有“白日、白儿、白下、白地”等变异词。“馄饨”，武汉、扬州称“水饺”，南昌称“清汤”，厦门称“扁食”。

明代音韵学家陈第说：“时有古今，地有南北，字有更革，音有转移。”（《毛诗古音考》）显然，汉语方言之间各种差异变化是汉语和社会历史文化发展的必然现象。汉语各地方言尽管差别较大，难于用不同方言进行交际，但全国通行的普通话使人们能克服这一困难。还有全国统一的汉字，也是全国人民重要的书面沟通工具。

第三节　中国大陆以外汉语方言文化的差异

香港、台湾、新加坡等华人地区通行汉语普通话和方言。这些地区的汉语方言与内地的方言基本上相同，但也有其不同的特色。我们把这些中国大陆以外地区（包括中国香港、中国台湾、中国澳门）以及其他国家的华人汉语称为“域外方言”。“域外方言”也包括其他海外华人聚居区的汉语。

域外方言区社会是一个多元结构系统，其文化更是多元文化。以新加坡为例，新加坡是一个多元民族的国家。1965年8月9日新加坡宣布独立之后，国家规定的官方语言有四种：马来语、华语、泰米尔语和英语。英语是政府及大多数人使用的工作语言。然而，自1987年开始，学校统一语文教育，规定英语为各种学生的第一语言，而各族的母语为第二语言，学校实行双语教育。

域外方言区的华人多元文化与这些地区的社会历史背景紧紧联系在一起。这些地区的华人大多是汉族。他们的先民都是来自中国内地的福建、广东一带的人民。大陆人民带着汉族传统文化到这些地区来生根开花，儒家的文化观念、佛教的信仰、汉族的许多传统文化意识和风俗习惯也都在这些地区得到传播和弘扬。除此之外，这些地区本身也存在着浓厚的地方文化，包括许多地方的文化观念、信仰风俗习惯。

这些地区受外来文化的影响很深，这种外来文化的影响当然与这些地区的殖民地历史密切相连。台湾受日本文化的影响较深。香港、新加坡受英国文化的影响较深刻、广泛。这种外来文化的影响表现在许多方面，如人们的价值观念，人际交往的礼仪、衣着穿戴、饮食习惯、信仰等等的变化。除此，有些地区还受当地土著居民文化的影响，如新加坡便有许多文化现象源自本地马来族文化。总之，这些域外方言区里文化是多源性的，主要是包括汉族传统文化、地方文化以及外来文化三方面。

域外方言主要源自大陆的闽方言、粤方言，少数源自客家方言和北方话。域外方言一方面保持它的本色方言的特点，尤其是在语音、基本词汇和语法结构方面，基本上保持不变。另一方面，由于它所处的社会文化背景的不同，这些域外方言词语发生许多不同于大陆方言的变化。近几年来，已有一些学者对此进行了探讨。

域外方言不同于大陆方言的新变化，主要表现在：

一、涌现出许多大陆方言中没有的新词语

域外方言所处的社会，其历史文化背景、政治制度、社会构成都与大陆很不相同，自然会产生许多不同于大陆的文化现象。与此相联系，必然会产生一批特殊方言词语。

现代香港电视节目在华语区十分受欢迎，而人们又很喜欢看电视。从电视中传播出来的语汇常在社会上很快被吸收、引用。例如，上世纪80年代香港有“大哥大”一词，这是当时手机的名称。为什么会有这个怪名呢？原因是香港警匪电视中，黑社会组织的头头被称为“大哥”，而那些资格更老，势力更大的头头称为“大哥大”。由于“大哥大”常在电视中手握手机指挥黑组织，人们由此把这种无线电话称为“大哥大”。如今，“手机”一词盛行，大陆没有人用“大哥大”。

香港还流行“劲秋”一词，这是最带劲儿、最好的意思。“秋”字是来自香港电视红星郑少秋的名字。此人主演的电视剧《楚留香》风行港台，很受观众的喜爱。后来，由他演出的一连串演唱会便叫“劲秋”。由此，“劲秋”成为一个时髦的形容词。年轻港人说话中常带“劲秋”一词，如“呢副眼镜好劲秋”、“你（的）新车好劲秋”。由“劲秋”而推演出“劲歌”、“劲舞”。陈宁萍在《香港粤语词杂论》一文中指出，查1985年香港电话簿竟有43家公司的字号用“劲”字。如：

劲力PVC吸塑公司　　劲威时装有限公司

劲抽录影中心　　劲伟制造厂公司

劲亚贸易制衣厂　　劲杰企业有限公司

劲富来国际有限公司　　劲治贸易公司[11]

香港还有“动感”一词的流行，据说，这是由香港红歌星徐小凤的演唱会的名称而来的。由此，许多音乐会以“动感”为名。充满“动感”的音乐会最具吸引力，而充满“动感”的女性也很有吸引力。这几年，大陆的一些年轻歌星在演唱时，也以“动感”来吸引人。

台湾、香港城市热闹、繁华、嘈杂，所以出现“繁嚣”这一词是不奇怪的。他们的生活节奏快，工作时，人人很繁忙、紧张，所以有“奔扑”的劲头；讲效率，故有“绩效”一词。随着港台和大陆交流的日益频繁，不少“港式词”、“台式词”也开始为大陆人所使用。

在新加坡有些特殊的语汇反映其特殊的社会组织及事物，如，联络所、人协（人民协会）、公民咨询委员会、邮区、学警（学生警察）、私会党、万字票、岁金、贷学金、限制区等等。

二、域外方言有许多与大陆同实异名的词汇

域外方言的构词方式与大陆大致相同，但许多相同的事物，叫法并不完全一样。在不同社会文化背景中，人们概括、表达事物的方式往往有许多不相同之处，如：

域外方言	**大陆**
太空穿梭机	航天飞机
计程车、的士	出租汽车
机车、电单车	摩托车
衣车	缝纫机
救伤车	救护车
雪柜	冰箱
飞弹	导弹
录影（机或带）	录像（机或带）
炒鱿鱼	解雇
镭射	激光
按柜金、按金	押金

蛙人	潜水员
影印	复印
波道	频道
固打	限额
土风舞	民间舞

这些词汇，有些是域外方言叫法不同于大陆，如：衣车、炒鱿鱼、救伤车等等。有的是外来词的翻译域外方言区与大陆不同，如：飞弹、镭射、固打等等。有的是方言构词时选择了不同的近义语素，粤方言凡带“冰”的词均用“雪”，如“雪条”（冰棍），“雪糕”（冰激凌），所以有“雪柜”（冰箱）等词。

三、域外方言有些词与大陆本土方言同名异实

域外方言中有些词的名称同大陆一样，但其含义却很不相同。如：

“检讨”指总结、研讨。

“地盘”指建筑工地。

“警戒”告诉别人应注意改正某种错误。

“外路”指捞外快。

“导师”可指中小学的班主任老师。

“小妹”指机关、学校打杂的年轻女工。

“想念”可以指念头，当作名词。台湾吴浊流《波茨坦科长》：“忽而看见蕙英的便便大腹，心有一点怪异想念掠过。”

“传习”一般指传授，学习。但台湾话中却有传统观念的意义。如，台湾宋泽莱《麋城之丧》：“但港镇的传习是如何深植于这种小人物的身上，可怜单薄的民族的家乡的羞耻心来支撑他了。”

四、域外方言有些新造的形容词与大陆不同，其中有的是构词方式不同，有的是构词语素不同

40年前，台湾曾移入许多北方人，形成所谓台湾的“国语”。黄丽丽在《港台语词的一些特点》一文中指出，台湾“国语”中常用ABB、

ABCC、AABB以及ABAC等格式造出新形容词。它们是大陆方言或普通话中少有的。如：

ABB——黑乌乌、脏兮兮、苦兮兮、薄稀稀、冷兮兮、哈嘻嘻、苦哈哈、惨兮兮、活跳跳、横霸霸、口花花、颤悠悠、死丁丁、赤炎炎、圆敦敦、亮宁宁、无端端、死寂寂。

ABCC——神秘兮兮、紧张兮兮、神经兮兮、艰苦巴巴、好听溜溜、热闹滚滚。

AABB——热热切切、扶扶拥拥、和和蔼蔼、粗粗鲁鲁、心心念念、哩哩啰啰。

ABAC——精勤精励、矫神矫情、气生气死。

黄丽丽还指出，台湾还有一些词汇的构词语素顺序不相同，如“随伴”（伴随），龙瑛宗《植有木瓜树的小镇》：“我认为社会的不幸，在于因为知识过剩，知识经常随伴着不满。”又如“误失”（失误），奚淞《吴李锦凤的礼拜天》：“由于镇静剂吃得太多，锦凤精神恍惚所造成的误失和经常‘交通失事’的消失，早已成了她所服务的办公室里的笑谈了。”⑫

五、广泛吸收其他语言的外来词

域外华人社区地处一个更自由开放的商业贸易区，不论台湾、香港或新加坡都与各国广泛进行经济贸易和文化交流活动。这些地区华人和洋人杂处，在不同的语言或方言的接触过程中，相互渗透、吸收词语本是常见的事。不过，在汉语的各种方言中，域外方言吸收外来词最多、最迅速。有人甚至称它为“最洋化的方言”。

首先，在口语中夹杂外语词。时下，香港人讲话时，几句话里便要加上一个外语词，尤其是在工商界、文化教育界的人士以及在英属工作部门工作的人员中，其口语夹杂英语词更是常见。如，双方见面时，说声hello，分别时说声good-bye，表示谢意说声thanks，表示歉意说声sorry，表示同意说声of course，表示不以为然说声so what，表示惊讶说声my god等等，这都是习以为常的事。

有一本香港文学杂志里刊载了一篇作家访问记，作家在答问时，便常常夹杂英语词：

“好像有一次在旺角，看到一个很punk的男孩……”

“有时走过六合彩投注站，也会主动地蹲下和人交谈，我会自己break the ice，好aggressive……”

“我很小已经受波希米亚人的影响，他们的民族性就是爱wine woman and song。”⑬

在商业注册中，有的商号使用英文注册，还有些政府部门也是如此，或以华文与英文并用。如，新加坡许多公司常用英文称说。如：

HDB（Housing & Development Board 建屋发展局）

PUB（Public Utilities Board 公用事业局）

SAL（Singapore Airlines Ltd. 新加坡航空公司）

SBS（Singapore Bus Service Ltd. 新加坡巴士公司）

DBS（Development Bank of Singapore 新加坡发展银行）

这些英文略语，在口语中也常被引用。在新加坡你可听到人们谈话中夹杂这些公司的英文略语，如：“我买的是HDB的屋子。”“PUB中的账单还没有付。”“我搭SLA的飞机。”“我到DBS去一下。”

此外，还有用英文词的开头字母构成一个词。如：“三A奖”，这是给雇员的一种奖赏。“三A”是指Achievement（成就），Action（行为），Attachment（感情）。还有MRT（mass rapid transit 地铁），如：“我要搭MRT，还得先搭区内巴士到转换站，再转搭长程巴士才到地铁站。”⑭ 这些地区的报馆、广播电视部门、公私机构等，随时都要接触大量的英文文稿，并把这些英文稿译成中文，引入许多外来词，有不少语词是直接音译，也有一些是采用意译。如：

巴士（公共汽车）

的士（计程车，出租汽车）

恤（衬衫）

菲林（胶卷）

晒士（尺码）

芝士（奶酪）

镭射（激光）

杯葛（抵制）

以上是音译的英文词。

跳蚤市场（flea market）

反向工程（reversed engineering）

垃圾邮件（junk mail）

咨询港（teleport）

录像盘（光碟）（video disk）

上面这些是意译的英文词。

在这些域外方言区里也吸收了当地土著族的词汇。

新加坡原来的土著民族是马来族。今天新加坡社会中马来人也有相当一部分。新加坡的国歌需用马来语唱。现役军人受训时，长官发号令也都采用马来语。华人在新加坡与马来人和睦相处，在相互交往中，马来语自然也会渗透到华语中，为华语所吸收、融合。这主要是一些表示马来人特有食品的词以及特有的衣饰、用具、地名的词汇。如：

摩摩喳喳（bubur caca 一种用椰浆制成的甜品）

椰浆饭（nasi lemak）

龙冬（lontong 一种饭团加蔬菜汤料制成的马来食品）

沙爹（sate 烤肉串）

纱笼（sarung 马来人和印度人的长筒裙）

卡巴雅（kebaya 马来妇女的长袖上衣）

巴迪（batik 蜡染印花布）

在大陆本土中，闽南方言也吸收了许多马来语的词汇，但不少是从印尼、菲律宾传入的。如：

咖啡（kopi）

巴刹（pasar 市场）

洞葛（tongkat 西式拐杖）

雪文（sabun 肥皂）

相比而言，新加坡华语方言中，吸收马来语的词汇要比闽南方言多得多。

这些域外方言还吸收了别的相邻方言的词语。如：粤方言和闽方言的词汇相互吸收，此外还吸收少量的吴方言词汇。

新加坡闽方言的口语或书面语中，还吸收了一些广州方言的词汇。如：老千（骗子）、爆冷（爆冷门）、爆棚（满座）、云吞（馄饨）、落力（卖力气）、私家车（私人汽车）、王老五（大龄未婚男子）等等。

六、大陆普通话与域外方言相互影响

近20多年来，中国的改革开放政策，促使大陆与海外华人经济贸易活动迅速开展，文化交流也频频进行，这些活动的往来伴随着语言文化的交流。大陆人需要了解海外华人社区的经济文化背景和现状，就必须阅读有关的各种报刊文章、书籍、文件，而域外的华人为了了解大陆，与大陆人交往，自然需要学习普通话，阅读大陆的报刊文章、书籍、法律、商业、贸易文件等等。这样，双方的语言文字便有可能相互吸收相互影响。

首先，许多域外方言区都在努力推广普通话，如香港、新加坡，还有马来西亚的华人学校等。普通话是汉语的代表，它已成为人们了解祖国文化，与祖国人民交往必不可少的语言工具。

大陆普通话的许多词语也被吸收到域外华人的方言中，尤其是在报刊文章中。如：倒爷、官倒、彩电、电大、业大、人均、反思、空调、紧俏、个体户、万元户、外汇券、创汇、复印、高干、高校、家电、老大难、面包车、铁饭碗、大锅饭、包产、一国两制、经济特区、劳动密集型、大字报、补偿贸易等等。

另一方面，域外方言的一些词语也被吸收到大陆普通话中，如：心态、心智、行为科学、组织行为学、社群、社区、创意、纯情、人际、人际关系、爱心、爆冷门、抢手、年资、炒鱿鱼、激励、权变等等。

从上面这些论述中，我们可以看到，域外方言同大陆方言相比，具有明显的混合性和“洋化”的特点。它大量吸收其他国家的语汇、土著民族的语汇以及汉语普通话语汇，在这些地区的华人日常用语中，也常夹杂英文的语汇，具有浓浓的“洋味”。这种方言特点的产生与域外华人社区的多元社会结构、多元文化有密切的关系。在这种特定的社会里，各种文化相互接触，激烈碰撞，并在冲突中互相交流、沟通，相互补充、兼容。华人在保持传统中华文化的同时，必然也要接受其他文化。由此，在华人使用的华语方言中，自然要大量吸收其他国家或民族的语汇，表现出混合性和“洋化”的特点。

域外方言比大陆方言更具吸纳新词的活力。它吸纳新词又多又快，这与中国大陆以外地区的商业文化具有国际性，竞争激烈，信息传输快捷有密切关系。我们注意到，域外方言中有许多经济、商业、交通、金融方面的新词语，有的已被大陆吸收，但相当一部分仍未被吸收。

尽管域外方言有不少特点，但它仍不失为汉语方言的一个组成部分。从域外方言区来到大陆的人，用方言与大陆相应方言区的人交际，并无多大语言阻碍。

注释：

① R.R.K. 哈特曼、F.C. 斯托克：《语言与语言学词典》，上海辞书出版社，1981年版。

② 笔者补述：上古汉族尚处于同其他民族激烈兼并融合过程中，语言的界限，汉语与方言的界限，有的是很不明确的。这里所说的“方言”并非是严格定义的方言。

③ 《辞书研究》，1982年第3期。

④ 周宏伟：《安史之乱后唐代人口损耗原因论》，载《青海师范大学学报》，1987年第3期。

⑤ 《鲁迅全集·书信·（1933年致郑振铎）》，人民文学出版社，1981年。

⑥ 路遇：《清代山东闯关流民问题研究》，载《东岳论丛》，1987年第4期。

⑦ 关于方言详见周振鹤、游汝杰：《方言与中国文化》，上海人民出版社，2006年。

⑧ 郭锦桴：《人口迁移与闽南方言及其方言岛的形成》，载《语文论集》（一），外语教学与研究出版社，1985年。

⑨ 参引郭锦桴：《闽南人外迁及其方言文化的流播》，载《闽台文化交流》2008年第1期。

⑩ 温端政：《方言和民俗》，载《中国语文》，1988年第3期。

⑪ 《中国语文》，1985年第6期。

⑫ 《语文建设》，1990年第3期。

⑬ 庄泽义：《香港话，最洋化的方言》，载《语文建设通讯》，第3期。

⑭ 汪惠迪：《新加坡华语词汇的特点》，载《语文建设通讯》，第16期。

第十章　汉语与中外文化交流

一个民族传统文化的发展，并不是在孤立的环境中进行的。每个民族都要不断吸收、融合其他民族的文化，作为自己的养分和补充，从而更加丰富自己的传统文化。社会的发展，文化的进步，都是在中外民族文化交流中不断前进的。

汉族自古以来便不断与其他民族进行各种经济、文化的交流。这种中外民族的交往源远流长，可追溯到公元前5世纪左右，迄今已有2000多年的历史。中外民族的交往，既可以丰富我们的物质文化，又可以丰富我们的思想、艺术、文学等等精神文化。

随着中外民族文化交流的开展，汉语中不断涌现各种外来借词。这些外来借词出现在各个历史时期，尽管有些年代已相当久远，但它们为我们留下了各个历史时期中外文化交往的历史踪迹。汉语文化的丰富性，离不开对外族语言的吸收、调适。一种民族语言只有对外族文化语汇具有较强的吸纳能力，才能更好地适应国际文化交流的需要。在近代与现代汉语中，大量外来词的涌入，表现了汉语具有很强的吸纳外来文化语汇的能力。

第一节　上古民族文化交流的语言遗迹

从西周至两汉数百年间，中西的经济、文化交流不断进行。春秋战国时期，中国纺织品便已陆续运往西方。据里希特的《希腊丝绸》一文推断，公元前5世纪时，中国的丝绸已经成为希腊上层人物喜爱的服装料子。两汉时代，中国与匈奴及西域各国的往来更为频繁。大概在公元二三世纪之际，中国商人已经往来于地中海东岸的安提阿克（古代译名“驴分”）和尼罗河三角洲的亚历山大里亚（古译“迟散”），而不再经过居于欧亚大陆之间的游牧部落斯基泰人的中间贩运。从中国经新疆运往西方的货物有丝织品、铁器、铜器、漆器以及各种珠宝。而从西方运入的商品，主要是从罗马（古译“大秦”）运入的棉、毛织品、矿物、动物、珠宝、玻璃、香料等等，琳琅满目，十分可观。

在南方，中印的经济、文化的往来早在公元前一世纪时就已开始，它由四川、云南经伊洛瓦底江流域通达印度，公元一世纪，印度（古译“身毒”）的物产便源源不断运入中国，有象、犀、玳瑁、金、银、铜、铁、铅、锡以及细布、胡椒等等。汉和帝时（公元89—105年），印度曾多次遣使前来进贡各种物产，以结友好。中缅的往来更早，有记载公元前四世纪中缅间就已有陆路商道。

上古时代中外的经济、文化交流活动随着历史长河的流淌早已成为过去。然而在汉语中，却保留着许多不可磨灭的遗迹。这种中外交往的语言遗迹，主要反映在上古汉语的许多借词和译词之中。

一、国名

上古汉语中出现的许多外国国名，大多数来自那时的音译词或转译词。它反映汉族人的足迹已到达这些国家，并与之发展经济文化的交往。仅举葱岭以西的国名为例：

大夏——古读为吐火罗，《史记》、《汉书》均有记述。

大月氏——原为我国古代西北的少数民族，后迁至阿姆河流域，有一部分进入今天的阿富汗地区，《史记》、《汉书》均有记述。

康居——位于中亚细亚北部的大国。汉初居属匈奴。张骞通西域时，曾由大宛到康居。

奄蔡——《史记》记述为奄蔡国，又叫阿兰。位于伏尔加河下游。当时伏尔加河称为聊河，奄蔡又名聊国。

罽宾——在喀布尔河下游和克什米尔之间。汉武帝时已有交往，以后始终保持贸易关系。今音译克什米尔。

乌弋——《汉书》称其为乌弋山离国。今阿富汗之赫拉特。《后汉书·西域传》："前世汉使皆自乌弋以还，莫有至条支者。"

身毒——即今之印度。因信度河而得名。汉代中印贸易经塔什库尔干出明铁盖山口沿赤河西行,又南转至旁遮普，这是中印贸易的雪山道。

大秦——即罗马帝国。又名犁鞬，《后汉书·西域传》："大秦国一名犁鞬，以在海西，亦云海西国。地方数千里，有四百余城。小国役属者数十。"汉代后期，中国商人已直接同罗马人进行贸易往来。

安息——即波斯国，《汉书·西域传》有详细记述。

此外，还有焉耆、大宛、于阗等等。西域的各国和地名的借词，有许多是从别的语言转译而来，所以读音难于对应。这些国名出现在上古汉语之中，反映了那时中外文化交往的地理范围已相当辽阔。

二、物产借词

匈奴（包括北狄、胡）以及西域各国的物产，汉代源源不断进入中国，各种异域物产的借词，便很自然地出现在上古书中。如：

氍毹——来自阿拉伯语，是一种供坐卧的毛褥，即毡毯。

榻登——源自波斯语。即榻上的毛席。榻登是放在大床之前小榻之上用来登床的。

罽——《说文》："西胡毳布。"这可能是从安息、月氏来的高级毛料。公元前199年，汉高祖曾下令禁止商人穿这种高级毛料衣服。

胭脂——又作"燕支"、"焉支"、"燕脂"，均为音译词，来自匈奴语的借词。匈奴歌谣云："亡我祁连山，使我六畜不蕃息；失我焉支山，使我妇女无颜色。"

琵琶——《释名》："批把本出于胡中，马上所鼓也。推手却曰批，引手却曰把，象其鼓时，因以为名。"它与今天的乐器琵琶的形状似不相同。

涂林——即石榴。因此物从"安"、"石"二国而来，故得名"安石榴"。安国，今布哈拉；石国，今塔什干。陆机在《与弟云书》中说道：

"张骞为汉使外国十八年，得涂林、安石榴也。"

葡萄——或作"蒲陶"，来自伊兰语。汉代借自大宛国的词，见《史记·大宛列传》。

苜蓿——来自大宛国的借词。《史记·大宛列传》："（大宛）俗嗜酒，马嗜苜蓿。汉使取其实来，于是天子始种苜蓿、蒲陶（葡萄）肥饶地。"

上古汉语中还有许多意译词。这些意译词的出现，是随西域各国物产的输入而产生的。许多意译词都加"胡"字作标志。如：

胡麻——今称芝麻。陶弘景说原产于大宛。

胡桃——今称核桃。原产于波斯北部和俾路支。汉武帝时，始在上林苑种植。

胡豆——今蚕豆、豌豆。从波斯和中亚传入。

胡瓜——原产于埃及或西亚。大月氏、匈奴都有种植。四世纪初因石勒避讳，改称"黄瓜"。

胡荽——又称芫荽，产自尼泊尔，别名香菜。

胡蒜——今称大蒜。《古今注》引张骞《出关志》，认为产自大宛。

胡椒——产自印度。

此外，还有来自索马里的"没药"、"芦荟"、"苏合香"，另有"安息香"来自伊朗，还有来自北非的"迷迭香"、东非的"紫檀"、罗马的"火浣布"、印度的"琉璃马鞍"。

一些动物的名称，如"狮子"、"猩猩"、"安息雀"等也是借词。

汉武帝时，京都集四方奇物、怪兽珍禽、奇花异草，"殊方异类，至于三万里"（班固《西都赋》）。汉武帝后宫陈列七宝床、杂宝案、列宝帐，充塞火浣布、切玉刀、明珠翠羽，外囿饲养巨象、狮子、大雀等等。所有这些从西域来的珍奇宝物，在上古汉语中都留下不可磨灭的语言遗迹。[①]

第二节　中古民族文化交流的语言遗迹

中国与世界其他国家的经济、文化往来，在中古时期，尤其是在唐代，得到了很大的发展。首都长安十分繁华，成为当时最热闹的国际城市。

长安是中国封建社会鼎盛时期的象征。当时，中国与外国的各种往来，都集中表现在长安城里的国际交往中。各国使臣、权贵、留学生、商人、僧侣、乐工、画师和舞蹈家聚居长安，彼此频频交往，并与中国各阶层的人士进行广泛的交流活动。当时，长安朝廷中有诸多蕃将、蕃相。公元755年唐玄宗采纳安禄山的建议，以外族将领32人代替汉将。安禄山本人也是有名的蕃将。外国侨民留居长安人数，占长安100万人口总数的百分之五左右。公元787年查检长安“胡客”（侨民），凡有田宅的胡客竟达4000人。日本、高丽、百济、新罗等国子弟进入长安国学的竟达8000多人。这些留学生成为中国与亚洲各国文化交往、传播中国文化知识和典章制度的骨干力量。各种宗教在长安竞相流行传播，如有：佛教、祆教（又叫琐罗斯德教）、景教（基督教）、摩尼教（波斯）、伊斯兰教等等。各国商人携来各种异邦的珍奇宝物和服饰、药材等等，与华人进行广泛的贸易活动。

唐代开元、天宝年间，长安、洛阳等大城市人们的衣、食、住、行都受西域之风的熏染，崇尚西域已成为当时的时尚。汉人流行模仿胡人的衣饰。长安不分贵贱都“好衣胡服，为豹皮帽，妇人则簪步摇”。——所谓“簪步摇”，是仿效波斯妇女戴耳环。在饮食方面，开元年间，“贵人御馔，尽供胡食”。在居住方面，天宝年间，朝中自玄宗至各大臣，都竞相模仿拜占庭的引水上屋，悬波如瀑的建筑风格。当时的音乐、舞蹈，也是胡音、胡舞为时尚。唐代著名诗人李白、元稹、王绩、张祜等都喜欢出入外国人的酒家，沉醉于外国人的声色。

李白《前有樽酒行》诗云：

胡姬貌如花，
当垆笑春风。
笑春风，舞罗衣。
君今不醉将安归？

元稹《法曲》诗云：

自从胡骑起烟尘，
毛毳腥膻满咸洛。
女为胡妇学胡妆，
伎进胡音务胡乐。
火凤声沉多咽绝，
春莺啭罢长萧索。
胡音胡骑与胡妆，
五十年来竞纷泊。

这些诗作反映唐代崇尚西域异邦的风气炽盛。

正是在这种自由开放的世风之下，中外经济贸易、文化、科学知识的交流活动格外活跃，而社会生活的这种变化必然在中古汉语中留下不可磨灭的语言遗迹。在中古汉语中，有大量的音译借词和意译借词。除此，由于各种外国著述的翻译，尤其是大量佛经著作的翻译，也使汉语的表达方式受到某种程度的影响。汉语从外语中吸收了某些自己所没有的表达方式。所有这些语言变化，都投射中外经济文化交往的影子。

一、在中古汉语中有大量的外国国名和人名

《隋书》、《新唐书》中，外国国名、人名颇多，通过它们可以知道中古时期的中国曾与哪些国家相交往，有哪些外国人跋山涉水，远涉重洋来到中国。例如，在唐代史书中便记述了一个叫“卑路斯”的人，他原是波斯国王，浪迹异乡，后来同儿子“呢涅斯”先后客死在长安。又如“苏失利芝”（人名），他是勃律国（在今克什米尔西北部）国王，公元748

年到长安，朝廷赐给他紫袍金带和官宅，自此长期留住长安。这些人物的故事，反映出唐王朝与波斯、勃律国亲密无间的关系，连国王也到中国来，久居长安不归。

二、在唐代史籍中，有大量的外国物品借词

在唐代史籍中，大量的外国物品借词，反映了中外经济贸易物质交流的盛况。如：

幂离——用缯巾制作的大方巾，可以掩蔽全身，来自波斯语。

长裙帽——帽子周围垂网，来自吐火罗语。

白皮帽——男人所戴的帽子，意译自波斯语。

饆饠——一种抓饭，中加蒜，音译自印度语。

波棱（菜）——又作菠菜。源自尼泊尔语，古代称尼泊尔为“波棱国”。《新唐书·西域传》：“泥婆罗（尼泊尔）……（贞观）二十一年遣使入献波棱、酢菜、浑提葱。”

合庵摩勒、毗梨勒、诃梨勒三种果子酒名，来自波斯语音译词。

三、文化艺术方面的借词很多

文化艺术方面的借词，包括舞蹈、音乐方面的借词也有很多，标明中古时期中外文化交流也很广泛、深入。如：

波罗球——来自波斯语，这是一种马上球戏，骑马者以鞠杖击球，以先入网为胜。

苏摩遮——歌舞曲调名，来自粟特语。

阿连舞——来自里海的萨尔马提。

拂林舞——来自拜占庭。

胡腾舞——来自石国（前苏联塔什干）。

胡旋舞——来自康国。

这些舞蹈名称音译加意译，都来自中亚一些国家的语言。

筚篥——一种龟兹乐器的名称。来自印度语。

贝—— 一种龟兹乐器的名称。来自印度语。

苏祇婆——音译借词，印度北宗音乐，有七调音阶。见于隋书的有：娑陀力、鸡识、沙识、沙侯加滥、沙腊、般赡、埃利箑。这些苏祇婆七调的名称全是梵语的音译词。

四、宗教方面的借词十分丰富

中古时期，随着佛经的大量翻译，大批的佛教词汇进入汉语，有音译词，有意译词，还有音译加意译的，这里略举几例：

塔——各种佛塔的简称，《大唐西域记》译作“卒堵波”、“偷婆”，从梵文与巴利文译来。

佛——梵语音译词，东汉译为“浮屠”，魏晋以后译为佛。《世说新语·言语》，“庾公尝入佛图，见卧佛。”

魔——梵文音译，也译作“魔罗”。初译写作“磨”，梁武帝始改为“魔”。

禅——梵文音译，也译作“禅那”、“祥定”。一般指“安静而止息虑”的修行。

菩萨——梵文音译，也译作“菩提萨埵”。唐人作“扶薛”或“菩萨”。原是释迦牟尼未成佛的称号。

罗汉——梵文音译，也译作阿罗汉。其地位仅次于菩萨。能为人杀贼去烦恼，永不受生死轮回果报。

袈裟——梵文音译，也译作迦沙曳。唐代《玄应音义》对这个词的字体变化作了介绍，是佛教僧尼的法衣。

夜叉——梵文音译，也译作“药叉”、“夜乞叉”。佛教认为是一种吃人的恶鬼。不过，夜叉有好几种，有一种是护佛的天龙八部之一。

三昧——梵文音译，也译作“三摩提”、“三摩地”。其含义是“正定”、“正受”，指佛的一种修炼方法。后来引申指事物的诀窍。凡懂得某种奥妙或造诣深湛的，叫做“得其三昧”。

这方面的佛教借词还有很多，前面我们有专门一章进行讨论。据唐代

《一切经音义》和宋代《翻译名义集》两书收集的佛教词汇，不下千条。这反映印度佛教文化的深刻影响。

中古时期，还有西亚一些宗教传播到我国，也带来许多不同宗教的词汇。这些宗教有：祆教、景教（基督教）、摩尼教、伊斯兰教（回教）等，其宗教借词多彩多样，但影响有局限性，恕不列举。

第三节　近代中外民族文化交流的语言借词

宋元及明清时期是我国广泛开展对外经济贸易和文化交往的重要时期。当时，在华的西域种族便有24种之多。外国商人纷纷前来进行经济、文化、宗教的交流和传播。当时的首都有许多阿拉伯人、波斯人，他们主要从事贸易和传播伊斯兰教。他们还有从海上来，在扬州、杭州、宁波、泉州、广州等沿海城市经商和传教。

元代的蒙古统治阶级还发动大军西征欧洲，震撼欧洲各国，并打开了亚洲和欧洲的交通大道。当时，罗马、法国、俄罗斯、英国、匈牙利、塞浦路斯等国家都与中国进行各种交往，而中国的商人和使团的足迹也踏遍欧洲各国。如1338年，元顺帝派出的使团，由居住在福建泉州基督教主教安德鲁（法兰克人）、威廉（日耳曼人）率领，共16人前往意大利拜会教皇，然后在意大利各地参观，后来还前往君士坦丁堡，度过黑海，到达萨雷、乌尔鞬赤，并于1341年到达察哈台汗国都城。直到1342年8月才回到大都，历时4年。像这样派出使团到国外，以及外国使团和大批外商到中国的事件，显示了元代的国际交往已十分频繁。

明代的海上贸易以航海家郑和七下西洋为盛举。从1405年郑和初次出洋，至最后一次返国的1433年，历经28年，前后七次。郑和率领的数十艘远洋船只，到达的地方，东起琉球、菲律宾，西至非洲莫桑比克海峡和南非沿海各地，所到的国家和地区有数十个之多。

国际贸易的开展，使许多外国物品进入中国，由此带入一些特有的词汇。如：

褐里丝、门得丝、怕里呵；

镔铁（一种质地坚硬的精炼铁，用于制造兵器）、硇砂；

琥珀（突厥语，一说来自叙利亚语，一种黄褐色矿石，可作为装饰品及药用。一说来自中古的波斯。）；

白叠布、斜合里皮、花蕊布。

随着蒙古人征讨欧洲，首先是统治俄罗斯和波洛伏齐草原，中国的物品也大批运到俄罗斯以及欧洲各地。其中，最著名的是中国的“金锦”，它是由浑金线织成，为金、元皇室贵族所用服饰，有时也赐给功臣。“金锦”的种类有金缎匹、销金绫罗、金纱罗。“金锦”作为高级的中国织物销售欧洲。西欧在12世纪已出现这个词。库曼语、拉丁语、英语、法语、意大利语中的这个词都是由契丹人借自波斯语，而波斯人是从中国引入的金锦。俄语和波兰语中的“金锦”一词的读音则是由中国经波斯，又经阿拉伯语转读来的音。[②]

大约13世纪，蒙古人把中国饮食习惯传到欧洲，蒙古语、波斯语、俄语、印地语中“茶”这个词的发音都接近cai，是由汉语直接音译的。

明代郑和下西洋，不仅带去数量可观的、独特的中国物产，而且从印度洋沿岸国家带回大量的异国物产。《明会典》、《星槎胜览》等书中，记录的异国物产名称有185种之多。如：

佛朗双刃刀——叙利亚。

戗金琉璃器、糖霜（冰糖）——孟加拉。

桌泥布、红八者蓝布、沙马打里布、红番布——科罗曼德。

条纹布、苾布——科泽科德。

这些意译词是中国与印度洋沿岸国家经济往来的语言遗迹。

在蒙古人统治下的俄罗斯，也受到中国文化生活的影响。

俄语中的靴（ьашмак）、长衫（кафман）、束腰带（кушак）、圆帽（коллак）都是来自蒙古语和契丹语的音译借词。

波斯被蒙古征服后，建立伊利汗，波斯的伊利汗国于1294年7月下令制钞，颁行全国。纸币上印有中国汉字“钞”字，四边印有阿拉伯文字，表明宝钞颁发的年份。这反映，13世纪波斯伊利汗国受中国发行纸币的影响，模仿中国颁发纸币。——世界上最早的纸币制度由中国创立，并由中国西传。

在文化交流中，宗教的传播是一个重要的内容。元代出现“也里可温”一词，元代《至顺镇江志》（公元1331年）记述，镇江有“也里可温”人，即“西洋人也”，信“天主教”。

“也里可温”，元代也写作“阿勒可温”。波斯史学家志费尼在《世界征服者史》中指出，蒙古人称基督教徒“阿勒可温”，也叫“也里可温”，即“奉福音者”，或“有福分的人”。它很可能源自阿拉伯语中的“阿罗”（阿拉）这一词语，元代也常用于指信奉基督教的国家。《元史·马八儿传》便是这样使用。元代政府还在1289年设立崇福司，专管也里可温，并设立十字寺（教堂）。据统计，元代信奉也里可温（基督教）有三四万人，仅次于佛教。1315年，全国共有也里可温掌教司72所，教徒遍及16个省。“也里可温”这一词语在元代较为习用，它反映元政府对基督教的推崇及教徒的普遍性。

元代还出现“穆斯林”一词。13世纪中叶，周密《癸辛杂识·续集》：“今回回皆以中原为家，江南尤多。”“回回”大多是“穆斯林”。穆斯林为伊斯兰教徒自称，译自波斯语，源自阿拉伯语。元代音译作：木速蛮、没速鲁蛮。据说，宋代作“菩萨蛮”，与此同源。这表明元代伊斯兰教已传入中国，其教徒已为数不少。③

中外科技文化交流，元代已积极开展。天文、数学、医学、建筑、炮术等方面，都有广泛交流。元代引入阿拉伯的天文知识、古希腊欧几里得的《几何原本》，并使中国数学家从13世纪40年代起，开始采用数码，以及用0表示空位。在医学、建筑方面，阿拉伯的影响更是处处可见。元代的杭州甚至办起阿拉伯医院，埃及的木乃伊制作技术也在14世纪传入中国。另一方面，阿拉伯人又是中国科技文化传播欧洲各国的主要桥梁。

到了明清，介绍西方自然科学知识已发展成为热潮。当时，来华的西方传教士，如意大利人利玛窦、熊三拔，瑞士人邓玉函都译述了许多西方科技著作。中国学者王征、方以智、黄履庄等也深入研究西方物理学和机械制造。《几何原本》、《天学实义》、《奇器图说》、《建筑论》、《物理小识》等书先后问世。

这些中外科技的交流，使近代汉语出现许多新词。如：

奇器（机器）、虹吸、轮壶、几何、风扇、重心、机车、螺丝、地球、齿轮、比例、起重、测量、曲线、轮盘、自旋、自动、数学、标本、解剖、性能、自行车、经度、纬度。

这些自然科学新词的出现，都是近代中外科技知识交流的语言遗迹，是近代中国意译西方科学著作的借词。其中，还有少数音译词。如“络日伽”即逻辑的最早译名，“斐西加”即物理学的最早译名，“额各诺摩加”即经济学的最早译名。

近代中国，自甲午战争之后，激起民族的革新自强运动。清代末期，出现维新学派，它以康有为、梁启超为代表，向社会和清王朝提出革新方案；同时鼓动维新思潮，传播西方近代的哲学、政治学和科学知识，努力翻译西方有关的著作，并注重办好报纸，把新思想传播到全国、全社会。与此同时，大量的外来借词也涌入到汉语中。

从辛亥革命到“五四”新文化运动时期，以陈独秀、李大钊、胡适为代表倡导的白话文运动轰轰烈烈在全国展开。各种白话报刊、口号、传单、演讲队，在全国一百五十多个城市铺天盖地地展开，震撼神州大地。当时创办的白话文的新刊物便有《新青年》等一百多种。这一时期，既有许多创新的白话文词汇，同时，也涌入大批外来借词。如：

（1）音译词

磅、巴力门（议会）、芭蕾、咖啡、乌托邦、德谟克拉西（民主）、可可、可卡因、德律风（电话）、塞门脱（水泥）。

（2）音译加意译词

必耳酒（啤酒）、来复枪、泡打粉、基督教、古龙香水、克拉克电池、浪漫主义、摩托车、逻辑学。

（3）意译词

保险、报纸、公司、电灯、电气、电线、火机、画报、公会、衣物、积分、委员、文学、轮船、马力、南极、汽车、气灯、全权、全体、热带、湿带、寒带、总统、总理、消息、新闻、邮票。

（4）来自日语的借词

出版、代表、电话、干事、百货店、不动产、辩护、归纳、无机、物质、写真、行政、信号、化妆、银行、意见、主义、劳动、脉动、主观、客观。[④]

第四节　借词反映的中外文化交流内容

不同民族之间的经济、文化交流，往往使语言产生各种借词。这种借词常常是双向的。我们都知道汉语中有不少外语借词，其中以英语、日语为多。但是英语、日语同样也有不少汉语借词。例如，现代英语silk（丝），便是从汉语借去的。英语的silk是从盎格鲁—撒克逊语seolc演变而来的。考汉语“丝”的古代读音，中古时代为si:，上古时代为sig。显然，英语的silk，追本溯源是从上古汉语借过去的。[⑤]这与我国早在上古时代丝织品便传到欧洲的历史是相吻合的。日语中汉语借词之丰富，众所周知，无须赘述。

词语的译借是不同民族经济交流、思想传播必不可少的中介手段，因为语言是信息传递的媒体，语言中的借词成为文化交流的记录和载体。考察汉语借词，可从中洞察中外文化交流涉及的各方面内容。

一、借词反映物质文化交流

不同民族的文化交流首先是物质文化产品的交流。因为物质文化产品最容易为人所认识和喜欢。物质文化产品是经济贸易交换的主要物品，是人们对自然物进一步加工制造后形成的人工制品，包括人工种植的果品、农产品等。

古代中国输往西方的物品有丝织品、铁器、铜器、漆器、首饰等等。而从西方运入的物品有棉、毛制品、玻璃、珠宝及各种农产品，如榻登、毡毯、胡瓜、胡桃、胡豆、安息香、褐里丝、白叠布、花蕊布、红番布等等。现代从西方运入的物品更为丰富，我们从部分借词中知道的物品便相当多，如：

药品类——维他命、盘尼西林、阿尔科尔（酒精）、雷米封、荷尔蒙、吗啡、普鲁卡因。

食品类——培根、白脱（奶油）、吉士（奶酪）、啤酒、巧克力、可可、布丁、三明治、威士忌。

日用品与电器——沙发、铅笔、霓虹灯、电视机、录像机、吸尘器、电冰箱。

武器及交通工具——卡宾枪、汤姆枪、加农炮、坦克、卡车、巴士、的士、摩托车、拖拉机、吉普。

其他还有建筑类，如士敏土（水泥）；纺织类如，咔叽、涤纶、法兰绒、开司米、哔叽、T恤衫、夹克衫等等。

借词还保留着汉民族向外迁徙所留下的文化交流的遗迹。在东南亚地区，我国大批移民迁徙到那里。据有关材料显示，东南亚各国的华人、华侨共1600万人。越南以广东移民居多，泰国以潮州移民居多，而印尼、菲律宾、新加坡、马来西亚等地华人以福建闽南人居多。由此在这些东南亚国家中，有许多汉语的借词。如印尼语中的pecai（白菜）、kucai（韭菜）、taohu（豆腐）、leici（荔枝）等等，都是从闽南话借去的词汇。另一方面，闽南方言也有来自印尼语的借词，如“洞葛”（手杖）、“雪文”（肥皂）、“珠律”（雪茄）。这也反映中外文化交流。

二、借词反映文化艺术交流

文化艺术，包括舞蹈、音乐、体育等。早在中古时，这方面的交流已相当活跃，现代更甚，从借词也可以看出。当然，文化艺术方面的交流本来还应该包含文学、诗歌、艺术理论等方面的术语借入，但这方面因为有较深的专业内容，故略去。

古代借词如波罗球（一种马术球戏）、阿连舞、拂林舞、胡腾舞、胡旋舞以及胡琴、琵琶、胡笳等等，都是从中亚地区借入的球戏、舞蹈、乐器名称。

现代借词中，也有不少从西方借入的文化艺术方面的借词，其中大部分是音译词，但也有少数意译词。意译词已不大容易看出借词的面貌。如，排球、篮球、网球、钢琴之类。比较容易看出的借词是一些音译词，或音译加意译借词，如踢踏舞、芭蕾舞、摇滚舞、恰恰舞、布鲁斯、桑巴、探戈，以及弗柳特（横笛）、巴斯（低音大提琴）、萨克斯管、汤薄铃（手鼓）等等，这些反映了西方的舞蹈、乐器传入了中国。此外还有一些借词，如“扑克”、“卡拉OK”、“舞厅”等反映了西方娱乐活动的传入。

三、借词反映中外宗教文化的交流

宗教信仰可超越国界，宗教文化更是冲破国界，在世界各地自由传播开来。尽管有的君主也禁止过人民的自由信仰，但宗教文化始终作为一种社会文化现象为人们所接受。

古代中国接受印度佛教文化，这是人所皆知的。汉语中有大量借词源自印度佛教语汇，甚至汉语成语中也有不少来自佛教成语。如“三生有幸”、“放下屠刀，立地成佛”、“三灾六难”等。有人估计，汉语外来的成语中，从佛教来的成语约占90%以上。

近代汉语借词中，也有不少反映宗教文化交流的词汇，如基督教、也里可温、伊甸、耶和华、撒旦、夏娃、亚当、马可福音、圣经、教堂等等，反映近代我国已传入基督教文化。又如，伊斯兰教、安拉、阿訇、穆罕默德、穆夫梯、伊玛尼、古兰经、穆斯林等借词，反映近代我国已传入伊斯兰教文化。此外，在古代汉语的借词中，还有“摩尼”一词，这是伊朗古代的一种宗教，原文读音类似Mani，又称为“明教”。在近代汉语借词中有“莫利那教”一词，这表明西班牙基督教的Molina派也曾经传入我国，或为我国所了解。所有这些表明，不论东方佛教，西方基督教，还是中亚的伊斯兰教，它们的宗教文化都曾经在我国传播，并产生不同的影响。

四、借词反映中外科技文化交流

古代中国便与西方进行过科技文化的交流。中国四大发明传入欧洲便是一个明证。汉代蔡伦发明了造纸术，后来这种技术经中亚到非洲，最后传入欧洲。它的传播路线是：264年突厥斯坦开始有人造纸，793年传至巴格达，约900年传至埃及，约1100年摩洛哥，1189年巴黎，1276年意大利，1391年德国，1494年英国。[⑥]

近代，西方科技知识大量传入中国，包括从日语借来的科学知识的借词。如，引擎、马达、赛连、机械、奇器（机器）、电车、电讯、电力、电流导体、蒸气、体积、伏特、安培、赫兹、达因等等，反映西方物理及机械知识的传入。又如，代数、方程式、三角、几何、对称、未知数等等，反映西方数学知识的传入。又如，进化、静脉、动脉、甲状腺、淋巴、消化、动脉硬化等等，反映西方医学知识的传入。

五、借词反映中外制度文化的交流

古代中国的制度文化曾经对亚洲一些近邻国家产生较大的影响。如，历史上的日本、高丽、越南等国家，政治制度文化便受过中国的重大影响。这种影响不仅包括各种政治制度，还包括其他社会制度。然而近代的中国，确实是受西方社会制度影响较多的国家之一。辛亥革命要建立“共和制”，讲究“平等”、“自由”、“博爱”、“人权”，这些新词语无疑都是从西方资产阶级思想家那里借入的外来词。另外，清末汉语中便已有护照、照会、通牒、裁判、断交等借词，反映西方外交制度的传入。现代还有法人、法医、引渡、法律、判决、法庭、故意、出庭、制裁、拘留、取缔、传票等日语转借词，反映西方法律制度的传入。这些都属于制度文化交流的表现。

此外，还有些借词反映政治、哲学等方面的文化交流。历史上，日本受中国的影响，从中国借用许多封建时代的政治、哲学词汇。但在近代，日本比中国早受西方文化的影响，因此，近代中国从日本借入许多政治、哲学的词汇。如有：方针、政策、政党、反动、公民、公报、公认、反对、反映、方案、否决、特权、投机、哲学、分析、范畴、概括、观点、概念、观念、真理、规则、唯心论、元素等等。[7] 此外还有经济学、心理学、医学等等领域的借词，恕不一一列举。

显然，借词是中外文化交流的记录，它为我们展示中外不同民族交往中，各种经济文化交流的历史踪迹。

注释：

① 沈福伟：《中西文化交流史》，上海人民出版社，1988年。

② 同上。

③ 同上。

④ 参阅周光庆：《汉语与中国早期现代化思潮》，黑龙江教育出版社，2001年。

⑤ 罗常培：《语言与文化》，语文出版社，1989年。

⑥ C. 恩伯和M. 恩伯：《文化的变异——现代文化人类学通论》，辽宁人民出版社，1988年。

⑦ 参引高名凯等：《汉语外来词词典》，上海辞书出版社，1984年。

第十一章 汉语色彩词及其传统文化内涵

第一节 汉语色彩词的渊源和发展

世界五光十色，灿烂多彩。人类各民族都有各种各样的色彩词。应该说，人类对色彩的感知是基本一致的。这是由于物体的颜色光谱对人眼有相同的作用。不过，各民族的辨色能力，从语言上区分色彩细微差别的能力并不完全相同，而汉民族可以说是世界上辨色能力很强，能从语汇上区分色彩的细微差别，有十分丰富色彩词汇的民族。

早在甲骨文时代汉语便出现表示颜色的文字。众所周知，甲骨文是以象形和会意为基础的，但颜色无形可模拟，只能靠意会造字。如：

黑，有说借戴黑面具的跳舞人的象形来表示黑色。

黄，有说是黄鸟形，借用表示黄色。

据有关研究，在甲骨文中，单纯表颜色的只有幽、黑、白、赤、黄等少数几个词。

后来，在《诗经》中，用以表示动物不同毛色的色彩词便大大发展起来，这与畜牧社会有密切的关系。如《诗·小雅·六月》中有“比物四骊”一句，这是说，要按照马的毛色选择四匹深黑色的马。又《诗·鲁颂·駉》颂扬鲁僖公牧马之盛，借马喻指其人才之众多。诗中写了16种马，各有不同的颜色：“有骊有黄”、“有骓有駓”、“有骍有骐”、“有驒有骆”等等。其中，“骊”是纯黑色的马，“黄”是黄赤色的马，“骓”是毛色苍白相杂的马，“駓”是黄白色毛相杂的马，“骍”是赤色的马，“骐”是青黑色相间的马，“驒”是黑色斑纹的青色马，“骆”是騽呈黑色的白马等等。《诗经》中出现的色彩词已有：黄、玄、黑、缁、乌、赤、朱、赫、彤、白、素、缟、皎、青、绿、蓝等。

随着社会的发展，人们对颜色的喜爱并不停留在自然界，包括植物、动物、矿物的天然的色彩上，而是进一步通过人工制作各种丰富、动人的色彩来美化人们的生活。在这方面，我们的古人具有很高的智慧，这主要表现在丝织品的印染业、彩陶制造业以及绘画艺术三个领域中。

丝织品的印染技术，早在夏商周时期便已蓬勃发展起来。在周代已有专门掌管印染的机构，从工匠的选拔、染料的提取、彩绘工艺到印染都有专人负责。那时的人们已会采桑养蚕，缫丝纺线，并染成玄色、黄色、大红色等美丽颜色，为贵人们做锦衣裳。这可以从《诗·豳风·七月》一诗中看到。

印染技术的大发展促进了色彩词的进一步丰富。汉代《说文解字》丝部收了丝帛色彩词近30字，其中有红、绿、绀、紫、玄、绛、绯、素、缟等等。

唐代以后，印染工艺有更大的发展，随之色彩词也更加丰富。明代宋应星的《天工开物》一书中，便介绍了20多种印染颜色的配方和染法。这些新的色彩词有：莲红、大红、桃红、银红、水红、木红、紫色、赭黄、鹅黄、金黄、茶褐、豆绿、油绿、天青、葡萄青、蛋青、翠蓝、天蓝、元色、月白、草白、象牙色、藕荷色等。

中国不仅是世界闻名的"丝绸之国"，同时也是"陶瓷之国"。陶瓷釉彩工艺也调配各种颜色。考古发现，远古的仰韶文化时期，即新石器时代便已有许多陶器，以细泥红陶和夹砂红褐陶为主。随着社会的发展，各种色彩美丽的彩瓷纷纷涌现。如唐代著名的"象牙白"，欧洲称之为"中国白"。还有著名的"唐三彩"，由黄、绿、白三彩组成的彩釉，烧制出多彩的瓷器。同时，色彩词也进一步丰富起来，如有：孔雀绿、孔雀蓝、苹果绿、茄皮紫、冬青、胭脂红、秋葵绿、青铜色、松黄色、海棠红、秋香色、宝石色等等。色彩词由此进一步发展丰富。[①]

据有关统计，东汉许慎的《说文解字》中所收的表示色彩字汇共有75字之多，如：

白部有：白、皎、皙、皑、哓……

黑部有：黑、黔、黪……

丹部有：丹、青、彤。

……

古人把颜色分为“正色”和“间色”：正色即基本颜色，只有五色，即青、赤、黄、白、黑。而间色由两种以上颜色相杂而成。

今人认为，汉语的“正色”，即基本颜色在扩大——《同义词词林》收录11个，《简明汉语义类词典》列出9个，姚小平（1988年）认为有10个，刘云泉（1990年）也认为有10个，叶军（2001年）认为有7个……综合各家列举，共有的基本颜色词有13个：红、黄、青、橙、绿、蓝、靛、紫、赭、褐、白、灰、黑。——这比古人的五色大大丰富了。

至于间色，现代汉语中更是灿烂多彩。它既继承古代的各种间色词，又发展增加许多新的间色词，多用以物喻色来表示。如黄色有：

乳黄、奶黄、柠檬黄、枇杷黄、姜黄、油黄、芽黄、松花黄、土黄、象牙黄、金橘黄、菊黄、蜡黄、麦黄、牙黄、水黄、橙黄、朱黄、杏黄、柿黄……

有人研究指出，现代汉语中表示“黄”的色彩词有129个，大大超过英语57个表示黄色的色彩词。可以说，汉语是世界上色彩词最为丰富的语言之一。

第二节　汉语色彩词的表述特点

在我们生活的天地间、社会里，各种各样的色彩琳琅满目，万紫千红，五光十色，真是无穷无尽。那些纯颜色词早已无法表现人们创造的各种奇光异彩。于是，在汉语中便涌现出许多以物喻色的色彩词，以及形式结构多样的色彩词，展示各种颜色的特点。列举如下：

（1）以植物喻色

这是人们借助植物天然色彩来喻指颜色，它表述的特点是：先写出植物名或花名，后写出所修饰的中心纯色词。这类色彩词很多，如：

樱桃红、姜黄、枇杷黄、柠檬黄、杏黄、橘黄、芭蕉绿、菜绿、桃青、橄榄青、绿豆青、草青、竹青、枣花绿——这些都是用常见的植物为色彩词。

菊花青、松花绿、海棠红、莲花红、桃花红、石榴红、马兰花色、荷花色——这些都是借用花色来表示的色彩词。

（2）以动物喻色

利用动物本身的毛色或皮色，甚至器官、粪便的颜色来喻指事物色彩。如：

鸭蛋青、燕黄、狮黄、蟹壳色、肉色、鼠灰、豹皮色、虎皮色、孔雀蓝、虎黄、鹅黄、牙色、鸭嘴黄、驼绒色、驼色……。不论是地上跑、空中飞、水上游的动物，都可以用来喻色。

鱼肚白、鸭屎灰、狗屎黄、马粪色、猪肝色、牛肝色、鸡血色……这是利用动物器官、排泄物来喻色。

（3）以食物喻色

食物是人们非常熟悉的，用它来喻色十分自然、通俗易懂。如：

咖啡色、巧克力色、酱褐色、板栗色、茶色、蜂蜜色、奶白、枣红、米黄、茶红、葡萄灰、藕色、乳白、盐白、粽子色、豆绿、茶绿。

（4）以珠宝金属喻色

用人们佩戴的珠宝或使用的金属器物喻指颜色。如：

琥珀黄、铬黄、黄铜色、铁黄、金箔色、金黄、银白、金翠色、白玉色、玉色、翠玉色、宝石色、翡翠绿、珍珠白、玛瑙色、玉青色、青铜色、青玉色、蓝宝石色……还有像“钢蓝”、“烤蓝”，这是人们制造钢铁产品时一种工艺加工制造出来的蓝色，又蓝又亮，并非天然之色。[②]

（5）ABB式色彩描述词

何谓ABB式？这是指绿油油、绿葱葱、黄晶晶、黄楚楚、黄烁烁之类的色彩词。其组成：A为颜色词，BB用表示色彩的浓度和亮度的词组成。如“绿油油”，表示此绿色不同于一般，它闪亮油光。而“绿葱葱”表示此绿色具有葱色的浓度，也不同其他绿色。这类色彩词很多，几乎各种颜色都有ABB式。如：

红色：红鲜鲜、红腾腾、红彤彤、红焰焰、红闪闪、红艳艳、红灿灿、红橙橙；

黄色：黄糊糊、黄姜姜、黄焦焦、黄澄澄、黄晶晶、黄蜡蜡、黄苍苍、黄宣宣；

绿色：绿油油、绿葱葱、绿幽幽、绿生生、绿茵茵、绿沁沁、绿澄澄；

蓝色：蓝幽幽、蓝莹莹、蓝森森、蓝晶晶、蓝瓦瓦、蓝澄澄、蓝闪闪、蓝盈盈；

紫色：紫乌乌、紫郁郁、紫巍巍、紫微微；

黑色：黑森森、黑麻麻、黑楂楂、黑墩墩、黑墨墨、黑沉沉、黑茫茫、黑油油、黑亮亮、黑瓮瓮、黑压压；

白色：白亮亮、白嫩嫩、白茫茫、白花花、白生生、白雪雪、白皑皑、白蒙蒙、白漫漫。

上引这些ABB式色彩词，它们各有不同色彩语义特征，其适用的对象也不尽相同。如，“绿油油”表示葱绿、绿得发亮；而“绿幽幽”表示其绿色浓度偏浓，亮度偏暗。又如，“白茫茫”适用于表示云、雾、雪、大江、大湖、大海的白色气体。“白蒙蒙”适用于月色。“白嫩嫩”适用于表示人体皮肤的细白、娇嫩。

在汉语色彩词中，还有一些在颜色词之后加三字后缀的词语。如：黑咕隆咚、灰不溜秋、紫不嘟噜……这些不用来表示色彩的异同，或浓度、亮度的不同，其后缀一般没有什么色彩的含义，主要是用于表示厌恶或不喜欢的贬义感情色彩。如，“她长得黑不溜秋的，我不喜欢。”“这屋子四面墙灰不叽叽，让人讨厌。”

显然，汉语色彩词的表述具有丰富多彩、深入细致的特点，它用植物、动物、食物、珠宝、金属来喻色，生动、形象、逼真，又后加重叠词来形容色彩的不同浓度和亮度，其表现色彩真达到惟妙惟肖的地步，充分展示了中国人识别色彩和表述色彩的能力，这在世界语言色彩词语中也是独具特色的。

汉语色彩词表述的丰富性、形象性、生动性，使汉语纯色和混合色色彩词的数量大大增加。所谓混合色色彩词，一般指两种颜色混合在一起而构成的色彩词。如：汉语“朱黄”，指略有红色的黄色。英语中off-white指略带浅黄的白色。汉语“赤黑色”指略带红的黑色；“铁黑”，略带灰的黑色。英语sloe-black指略有微蓝的黑色。有人把汉语与英语颜色词相比较，发现汉语各类色彩词的数量，大大超过英语同类颜色词的数量。如：

红色：纯色——汉语有127个，英语只有85个。

混色——汉语有26个，英语有27个。

黄色：纯色——汉语有129个，英语只有57个。

混色——汉语有32个，英语有24个。

绿色：纯色——汉语有142个，英语只有41个。

混色——汉语有33个，英语有18个。

蓝色：纯色——汉语有75个，英语只有28个。

混色——汉语有16个，英语有20个。

黑色：纯色——汉语有115个，英语只有63个。

混色——汉语有16个，英语有5个。

白色：纯色——汉语有95个，英语只有55个。

混色——汉语有11个，英语有15个。[3]

第三节　汉语色彩词的文化内涵

人类生活在五彩缤纷的世界里，人们普遍都很热爱异彩纷呈的色彩，用各种各样优美动人的色彩装饰物品，粉饰建筑，修饰人的外表，包括美容、服饰……自古以来，人类与色彩便结下不解之缘，难分难舍。由此，人类对色彩的珍视，也使人类对色彩产生各种联想，赋予民族情感、时代精神等丰富、深刻的文化内涵。在不同民族的社会文化背景下，同样的色彩词，其文化内涵往往会不相同。例如，古埃及人用金色象征太阳，绿色象征植物生命和人的青春，紫色象征大地。而希腊人用红色象征火，绿色象征水，紫色象征气。我们中华民族的色彩语汇，自古至今一直有自己独特的社会文化和民族文化内涵，显示深刻的尚色心理和丰富的联想力。这表现在如下几个方面：

一、远古图腾信仰与尚色渊源

在远古时代，华夏族（中华民族的前身）的一些主要部族便开始出现图腾信仰和尚色心理。如：

黄帝号有熊，崇尚黄色。《史记索隐》指出：“号有熊者，以其本是有熊国君之子故也。”这“有熊”与图腾崇拜有关。据传，“有熊”主要指一种黄熊。为什么称黄帝呢？“有土德之瑞，土色黄，故称黄帝”。一方面与土色有关，另一方面因为它是图腾“有熊”（黄熊）之子，所以黄帝部族崇尚黄色。

神农氏炎帝，崇尚赤色。《帝王世纪》云：“（炎帝母亲）游华阳，有神龙首，感生炎帝，……有圣德，以火德王，故号炎帝。”按此，“神农氏”应为“神龙”。传说他“人面龙颜”，表明以龙为图腾。又传说其为“炎帝”之号，“以火德王”，也以奉火之色，崇尚赤色。——今天湖南炎帝陵大殿上，炎帝的衣冠、大殿门檐、梁柱，全是赤色。

伏羲氏有青帝之号，崇尚青色。《帝王世纪》云，伏羲生下来是“蛇身人首”。这蛇，据传说，“苍曰灵威仰”（《广雅疏证》）。《河图》进一步说，“苍帝神灵威仰”。这表明伏羲所崇尚图腾为青蛇（又云青龙），故称为“苍帝”，其崇尚的色彩为青色。

此外，少昊据传为“白帝之子”，其父被称为“太白之精”，崇尚白色。

颛顼号黑帝，以黑龙为图腾，崇尚黑色。

远古的这种图腾崇拜和尚色习俗，一直传承到后来的夏、商、周，甚至秦、汉。

夏代以玄玉为图腾，崇尚黑色。

商代以玄鸟为图腾，《诗·商颂·玄鸟》曰：“天命玄鸟，降而生商”，但却崇尚白色。《礼记·檀弓》云：“殷人尚白。”这是由于后来成汤改宗，以白石为图腾的缘故。

周代以赤鸟为图腾，崇尚赤色。《史记·周本纪》云：“武王渡河……既渡，有火自上复于下，至于王屋，流为乌，其色赤，其声魄云。”“赤者，周之正色也。”

秦代以玄鸟为图腾，崇尚黑色。《史记·秦本纪》云：“秦之先，帝颛顼之苗裔。”所以秦文公专奉黑龙，但后来秦始皇则以玄鸟为图腾，崇尚黑色。

显然，汉族的尚色文化习俗，早在远古便开始。这种尚色心理来自图腾的崇拜，具有神秘的色彩——颜色与神灵紧密相关。尚色心理是图腾崇拜的投影。这可以说是汉语色彩词传统文化内涵的开端，民族尚色心理的渊源。

二、色彩词与阴阳五行

古代色彩词分为正色和间色。正色只有青、赤、黄、白、黑五色。而间色是不纯正的颜色。这里我们要阐述的是正色词与阴阳五行的关系。

周代形成的阴阳五行学说是古人以此来解说一些自然现象和社会现象的朴素唯物观。阴阳五行学说认为，世界万物的起源和多样性的统一都离不开阴阳之气和五种基本元素。古人把五个正色与阴阳五行的五种基本元素“木、火、土、金、水”联系起来，认为五行对五色即是：木为青、火为赤、土为黄、金为白、水为黑。

五行还代表空间的五方：木为东、火为南、土为中、金为西、水为北。于是，人们又进一步联想，把五色与五方联系起来。许慎《说文解字》指出：“青，东方色”，“赤，南方色”，“白，西方色”，“黄，中之色”，“黑，北方色”。这里，“土”处中央，“土”是黄色，所以古代黄色代表大地的中央，为历代最尊之色。

古代哲人还进一步把五行与五德联系起来，形成“五德始终说”。根据这一观点，所谓五德是：土德、木德、金德、火德、水德。这五德相生相克。如夏、商、周三朝代更迭是，火（周）克金（商）、金克木（夏）的结果。五色与五德相配：土德为黄、木德为青、金德为白、水德为黑、火德为赤。——这五德配五色，直接影响到古代用不同颜色的服饰来区别人的尊卑地位、人的等级，从而在封建制度中出现以服饰不同颜色区别不同官阶的制度。自隋唐始，历代沿袭。（可参阅周锡保《中国古代服饰史》一书）

随着历史的发展，古代的尚色文化并不只局限在物色的范围中，而是进一步扩大到其他的色彩词，在人们的文化心理上形成对各种色彩词的特定文化内涵的认识。

三、黄色的文化内涵

“黄”这个色彩词，除了表示黄颜色之外，在古代它还具有最尊贵、庄严、辉煌的象征意义。因为“黄者，中和之色，自然之性，万古不易”（《白虎通义·号》）。中国古代皇帝服黄袍，并禁止庶民穿着黄色的衣服。这种制度大概自隋朝开始。“唐高祖武德初，用隋制，天子常服黄袍，遂禁止庶不得服，而服黄有禁自此始。”（《野客丛书·禁用黄》）唐、五代及宋代都禁止百姓用黄色布料做衣服。宋代开国皇帝赵匡胤就是在陈桥兵变后，以黄袍加身而称帝。从此，“黄”这个色彩词在人们心理上，便具有崇高、尊贵的附加意义。瑞士画家约翰内斯·伊顿说过，在中国，最明亮的色彩黄色是保留给皇帝即“天子”专用的，任何人都不得穿黄衣服，黄色就成了最高智慧和文明的一种象征。

在汉语中，“黄”在古代象征中央集权，由此形成一批具有汉民族特色的“黄”色彩的文化词。如：

黄袍：指古代帝王穿的服装。

黄屋：皇帝专用的车舆。

黄钺：皇帝的仪仗。

黄榜：皇帝发布的文告。

黄敕：皇帝发布的诏令，即圣旨。

黄封：宫廷制造的佳酿。

黄道：天子所行经的道路。

在这些词语中，“黄”绝非是单纯的色彩词，它在人们心目中，具有神圣、高贵、尊严的民族文化内涵。

清朝末代皇帝溥仪在其《我的前半生》中回忆道：

“每当回想起自己的童年，我脑子里便浮起一层黄色：琉璃瓦顶是黄的，轿子是黄的，椅垫子是黄的，衣服、帽子的里面、腰上系的带子，吃饭喝茶的瓷制碗碟……无一不是黄的。这种独家占有的所谓明黄色，从小把唯我独尊的自我意识埋进了我的心底，给了我与众不同的‘天性’。”

历史在变化，随着辛亥革命的爆发，我国封建王朝彻底崩溃，“黄”作为皇权特有的色彩，也结束了它的尊贵、崇高、尊严的地位。从此，“黄”这个色彩词的传统文化内涵也成为历史了。

在现代汉语中，“黄”的文化内涵受英美语言的影响，变成贬义词。在英语中，yellow（黄色）含有胆小、可鄙的文化语义。如，yellow-bellied 胆小的；yellow dog 卑鄙可耻的小人。如果有人说你是yellow（黄色），那么，你在他心目中变成了胆小鬼。在美国，人们还多用黄色纸张出版淫秽、色情刊物。由此，受外来文化的影响，在现代汉语中，“黄”成为贬义词语，如：黄色、黄色刊物、黄色歌曲、黄色录像带、扫黄等等。可见，色彩词的社会文化内涵各民族并不相同。随着历史的变化，外来西方文化的影响，汉语的“黄”这个色彩词既有汉文化独有的传统文化内涵，也有现代西方文化影响的贬义的文化内涵。

四、“红”的社会文化内涵

上面我们说到远古的炎帝崇尚赤色。“赤”是火红色，它产生很早。“红”与赤同义，但它是一种浅红色，产生较晚。《说文》曰：“红，赤白也。”古代正红色称“朱”。朱、赤、红和丹都是同义词。

朱、红在漫长封建社会中是高贵、吉祥的象征色彩。贵族的门第是朱漆大门。古诗中有“朱门沉沉按歌舞”，“朱门酒肉臭，路有冻死骨”之名句，这都显示朱色与富贵人家的密切关系。其实，早在唐以前，“朱”便是象征帝王、贵族的色彩。如：

朱衣：《礼记·月令》：“（天子）衣朱衣，服赤玉。”

　　《后汉书·蔡邕传》：“臣自在宰府，及备朱衣。”

朱轩：古代公侯贵族所乘的红漆车辆。

　　《后汉书·陈忠传》：“朱轩骈马，相望道路。”

朱邸：古代诸侯王第宅，以朱红漆门，故称。

唐代规定，朝廷命官五品以上服朱服，三品以上服紫服。白居易《歌舞》诗云：“雪中退朝者，朱紫尽公侯。”

“红”与朱相同，在民俗中，红也是吉祥、富贵、喜庆的象征色彩。新年时，家家要贴红对联，挂红灯笼，放红炮，给孩子送红包；结婚时要张红灯、挂红彩、点红烛，新娘要穿红衣服、戴红花。有关红的吉利词语有：

红运、红榜、红利、走红、红人、开门红、满堂红……

显然，在传统文化中，朱、红具有吉利、吉祥、富贵的文化内涵。

“红”的文化引申义，又与女性种种美称相联系，如：红颜、红妆、红粉、红楼（富贵人家女子所住的楼房）等等。

在现代社会里，“红”还产生代表革命的象征意义。因红使人联想战火，热血沸腾，献身革命。所以早在上世纪三四十年代大革命时期的广大解放区，便出现红军、红区、红旗、红色政权、红色根据地等等词汇。上世纪六七十年代“文化大革命”中，“红”的革命含义更多。如：红太阳（指毛泽东）、红卫兵、红卫军、红宝书、红小兵、红心、红色造反、（让全世界）红通通等等。——这“红”在现代汉语中产生了新的社会文化内涵。当然，它依然保留传统的吉利、艳丽的社会文化内涵。

五、“白”的社会文化内涵

“白”这个色彩词除了表示白色以外，它的社会文化语义则与丧事和低贱联系在一起。

《说文》曰：“（白）西方色也。阴用事，物色白。”这是说在阴阳五行说中，白属西方之色，西方属阴，因此白色在古代被选作丧服之色。《礼记·郊特牲》云：“素服，以送终也。”素服，是指冠、衣、裳皆白色。《史记·刺客列传》记述，荆轲奉燕太子丹之命，入秦刺杀秦王，临行时“太子及宾客知其事者，皆白衣冠以送之”。因为大家都知道“壮士一去兮不复返”，故皆服白衣以示永别。随此，白色也与凶丧联系在一起，成为不吉之词。现在时代变化，但办丧事时，戴白花，穿白衣服仍多见。

“白”在古代还用于表示低贱贫民。这是很普遍的。如：

白丁：指平民或没有学问的人。

白屋：用茅草盖成的穷人的屋子。

白户：平民户口。

白民：平民。

白衣：古代平民穿白布衣，又指无功名之人；丧服。

白士：清贫寒苦的读书人。

当然，“白”指社会地位、等级低时，并不涉及个人的品格、才能。因此，古代有些很有才能的文人也被称为“白衣秀士”、“白鹤仙子”，有些清高的文人也故意自称“白衣文士”。

在现代汉语中，“白”产生新的社会文化语义。它与“红”相对立，表示反动或落后。如：白匪、白军、白区（旧国民党军队和统治区）、白色恐怖、白色政权等等。

可见，“白”的社会文化内涵，有传统的文化语义，表示丧服和低贱平民的语义，但又有现代的，表示与“红”相对的反动军队，反动统治区、反动政权。

除此，现代的“白”还受外来文化的影响，也表示纯洁、洁白，如：“白衣天使”、“白衣战士”指医护人员，还有“白领”、“白皮书”。

六、“黑”的社会文化内涵

前面我们已经指出，夏朝以黑为尊。秦代更是崇尚黑色，高举黑旗，金戈铁马。《史记·秦始皇本纪》云，秦代“衣服旄旌节旗皆上黑”。然而，“黑”的社会文化语义大多为贬义。

“黑”是黑暗的颜色，古代有表示贫贱和邪恶的贬义。“黎民”、“黔首”皆指贫贱的平民百姓。屈原在《九章·怀沙》里指责楚国当权者混淆邪正，是非不分：“变白以为黑兮，倒上以为下。”这里“变白以为黑”与“倒上以为下”相对举，“黑”已有代表邪恶之贬义。

古代有“五刑”之说，其中有一种“墨刑”，即在犯人的额上、脸上用刀刻画，同时用黑墨涂之，使之成为永远抹不掉的耻辱，故有“抹黑”一词，“黑”成为不光彩的贬义词。

在现代汉语中，“黑”的贬义色彩更突出。如：“黑社会”指进行非法犯罪活动的团伙，包括地下帮会、盗窃集团、贩毒团伙等有组织的犯罪团伙。还有“黑帮”、开“黑店”、“黑道”、相互联络说“黑话”等等。

“文革”时期，“黑”与反动、反革命语义联系在一起，成为政治斗争的贬义词。如：“黑帮”、“黑帽”、“黑干将”、“黑后台”、“黑秀才”……还表示奸恶，如：“黑心”、“黑手”等等。——所有这些带

“黑”的词语，都含社会文化贬义内涵。

七、“青”、“绿”的社会文化内涵

“青”与“绿”色彩词与低微的文化内涵意义相联系。因为唐代官制规定，六品、七品官身着绿服，八品、九品官身穿青服。白居易《琵琶行》诗云：“座中泣下谁最多，江州司马青衫湿。”白居易谪居九江郡为司马，官列九品，用“青衫”代称。白居易的《忆微之》诗中有：“折腰俱老绿衫中”。由此可见，“青”、“绿”的色彩词在人们心理上含有低微的象征义。

元、明、清时，伶人、乐工，甚至娼妓，这些从事“贱业”的人，必得常服绿、青色的衣服，带绿色巾。沈德符《万历野获编》云：“按祖制，乐工俱戴青字巾，系红绿搭膊，常服则绿头巾，以别士庶。”明清时，“绿头巾”、“绿帽子”成为卖淫者的别称。《中国娼妓史》云：“后人又呼妻女卖淫者为绿头巾。”所以，青、绿为古代贱色，其次有微贱下流之义。

在现代汉语中，青、绿都没有贬义的文化内涵。人们热爱大自然，赞美山林、江湖的诱人美景，都在大量使用表示青、绿的词语。

上世纪八十年代末以来，随着人们环保意识的不断提高，“绿色”成为社会热门词语。报刊上涌现了许多“绿色”相关的新词语。如：

绿色工厂——喻指林、果、菜的加工基地。

绿色产业——主要指林业。

绿色长城——喻指抗御风沙、保护水土的防护林带。

绿色食品——既有营养又无公害的蔬菜、水果、粮食等食品。

绿色工程——植树造林工程。

绿色警察——保护森林的警察。

此外还有绿色市场、绿色危机、绿色银行、绿色能源、绿色建材、绿色住宅、绿色家电等。

在现代汉语中，“绿”色彩词具有与生态平衡、环境保护语义密切相联系的社会文化内涵。

综上所述，汉语的各种主要的色彩词都具有自己独特的传统社会文化内涵。不过，随着社会的发展，在现代社会中，世界文化相互交流、影响，有些汉语的色彩词的文化含义也发生了新的变化，这是不足为奇的。

注释：

① 参引骆峰：《汉语色彩词的文化审视》，上海辞书出版社，2004年。

② 参引张宝明：《颜色词汇的渊源和分类》，载《汉字文化》，2003年第4期。

③ 参引解海江、章黎平：《汉英语颜色词对比研究》，上海辞书出版社，2004年。

第十二章　汉语数词与传统文化

第一节　汉语数词与传统文化语义的多样性

数是什么？东汉许慎《说文》：“数，计也”，即用以计算。《汉书·律历志》清楚指出：“数者，一、十、百、千、万也。”

人类的历史表明，早在文字产生以前，人类便已会计数，美国数学家托比亚斯·丹齐克在其名著《数：科学的语言》一书中指出：“人类在进化的蒙昧时期，就已经具有一种才能，这种才能因为没有恰当的名字，我姑且叫它数觉。……数的产生，远在有史以前。”①

在我国，《易·系辞》称：“上古结绳而治，后世圣人易之以书契。”郑玄为其注曰：“事大，大结其绳；事小，小结其绳。结之多少，随物众寡。”这表明，结绳是远古人们的原始计数方法。据有关学者考古证明，中华民族数观念的形成，远在公元前五千年左右新石器时代早期便已产生，最典型的证据是西安半坡遗址的陶器上，有从一至九递次整齐排列的点，这些点组成一个三角形图案，如：

·
· ·
· · ·
· · · ·
· · · · ·
· · · · · ·

远古中华民族计数的习俗还有：图画计数、刻契计数、串贝计数等，但这些都不是数文字。真正的数文字的产生见于殷墟的甲骨文。在甲骨文中已经有不少数字，除了一到十之外，还有百、千、万，其数字字形有两种：一种是象形计数符号，即模仿结绳形态而成的数字字符，如：一（一）、二（二）、三（三）、亖（四），另一种用较抽象的符号表示，如：㐅（五）、∧（六）等等。

数词的最基本的语义是表示事物的数量，用于计算。正如《汉书》所说："数者，一十百千万也，所以算数事物。"世界上所有语言中的数词都具有这一基本的语义。

值得人们注意的是，汉语的数词在古代具有许多神秘性的传统文化语义。古人认为，数是一种"先天地而已存，后天地而已立"的神来之物，具有不可抗逆的自然法则。世上万物，人的吉凶、生存，国运的兴衰都离不开数的机理。如自然界的阴阳，受数字"二"的限定；水、木、金、火、土的物质存在和发展，与数字"五"对应。在古人的思维里，"万物莫逃乎数也"。由此，汉语的数词滋生许多独特的传统文化语义，这是世界上其他语言的所罕见的。有人认为，这是我们古人在人类文明史上的一种创举。但是，这种创举的文化内涵并不一定合乎科学。

这里，我们先就基数词一到十的传统文化语义做简单的介绍。

一、关于"一"

许慎《说文》云："一，惟初太始，道立于一，造分天地，化成万物。"汉代刘向《说苑·反质》云："一，数之始而物之极也。"《淮南子·诠言训》："一也者，万物之本也，无敌之道也。"《老子》："道生一，一生二，二生三，三生万物。"这些关于"一"的说解，表明汉语"一"的文化语义是指从无形的道派生出来的混沌之气（太极），这是万物之本源，也是数之始。这是古人关于"一"的抽象哲学思维的认识的文化语义。它反映传统哲学关于宇宙发生论的观念。据云，其最初来源于远古神话传说。

二、关于“二”

《说文》：“二，地之数也。”《说文段注》解释说：“《易》曰：‘天一地二。’惟初大始，道立于一，有一而后有二。元气初分，轻清阳为天，重浊阴为地。”这表明，“二”为地数，宇宙万物都是一分为二，分阴阳。是故有天地之别：“一”为天数，“二”为地数。

三、关于“三”

《说文》云：“三，天地人之道也。”《老子》云：“三生万物。”这进一步表明，宇宙万物皆由天地人三者产生。

四、关于“四”

《说文》云：“四，阴数也，象四分之形。”段玉裁进一步说明所谓“象四分之形”乃“谓口象四方。”这指明，“四”是人们时空区分的尺度，在空间上，四象指四方，在时间上四象指四时（四季）。

五、关于“五”

《说文》云：“五，五行也。”段注：“古之圣人知有水火木金土五者，而后造此字也。”这种说明似很牵强。托比亚斯·丹齐克说：“几乎所有的原始语言中，都能找到屈指计数的这种起源的确切遗迹，在大多数语言中，‘五’这个数，就用一手表示；而‘十’则用双手。”不过，在《说文》中，已经将“五”与《易经》奥秘的数术关系联系起来，表示五行。

六、关于“六”

《说文》云：“六，《易》之数，阴变于六，正于八。”这又是以玄妙的《易经》解释“六”。属于阴变之数，即“六爻”，在中国古籍中，即表示空间的六极。东西南北四方加上天地为六极。

七、关于“七”

《说文》云：“七，阳之正也。”所谓“七正”是指日月和五星。这是一个天象的数字。也用于表示三才与四时。

八、关于“八”

《说文》云：“八，别也，象分别相背之形。”这是说，“八”是会意字，原本应是人相分别之意，后来假借为数字。不过，“八”与八卦相连，便有深刻的哲理含义。

九、关于“九”

《说文》云：“九，阳之变也，象其屈曲究尽之形。”就是说，甲骨文“九”是人体屈曲之象形，用来表数字，乃是借音字。何谓“究尽”？《说文》又云：“究，穷也”，“穷，极也”。

十、关于“十”

《说文》云：“数之具也，一为东西、丨为南北，则四方中央备矣。”这是表明，“十”字的字形象征东西南北四方加之中央。

人们都知道，汉代许慎的《说文解字》是历史上很有名的早期字典，它对一到十基数词的字义的解释，完全离开数的含义，而是与《易经》相联系，即与传统文化观念和哲理思想相联系，解释汉语数与阴阳、五行相关的文化语义。（当然，其中也有少数从字形构造来释义。）显然，在中国传统文化中，数具有神秘的色彩，它不仅表示数，而且还表示数以外许多哲理含义，反映古代人的宇宙观念、命数观念、占卜迷信观念等等。

在古代道教、佛教中，也有从自身教义出发，解释汉语这些基数词的，恕不赘述。

第二节　汉语数词的神秘色彩

上面我们已经指出，数词在我国古代很早便产生了，早在原始社会仰韶文化中便有数的刻画符号。甲骨文中的数词已相当完备，从一到十，数目齐全，而且已经有了十进位制，有十、百、千、万等。李约瑟在《中国科学技术史》中，对商代的计数法给予很高的评价，他认为，总的来说，商代的数字系统比古巴比伦和古埃及同一时代的字体更为先进，更为科学。

数词的基本功能是用于计数，即用于表示事物的数量关系。然而，在中国历史文化背景下，汉语的数词除了具有表示数量功能之外，有些数词还兼有神秘的意义色彩，成为“玄数”。所谓“玄数”，是指在古人心目中，数词成为与“天”、“道”、“阴阳五行”相关联的神秘数字，有的进一步发展成为包罗万象的数词模式。

在古代，数词很早就成为卜筮推演的工具，“筮，数也”，即按一定方法求得数字，以定吉凶。《易·系辞》记述：“大衍之数五十，其用四十有九，分而为二以象两，挂以象三，揲之以四，以象四时，归奇于扐以象闰，五岁再闰，故再扐而后卦。……是故四营而成易，十有八变而成卦。”这段话略而不详，不过，它大致说明了卜筮的推演方法。

所谓“十有八变而成卦”即“八卦”。《易经》的八卦是典型的卜筮符的文化密码，它由阳爻（⚊）和阴爻（⚋）（爻，八卦的基本符号）作三重排列组合，构建八种图形，故为八卦，分别被命名为：

乾（☰）震（☳）离（☲）兑（☱）

坤（☷）艮（☶）坎（☵）巽（☴）

卜卦寓指的内容十分丰富，它象征宇宙万物的基础：

乾—天、坤—地、震—雷、艮—山、

坎—水、离—火、巽—风、兑—泽。

这里所列的天地雷风水火山泽均是构成宇宙万物的基础，八卦还象征人的种种属性，据《易·说卦》所说：“乾，健也（刚健）。坤，顺也（柔顺）。震，动也（活动）。巽，入也（进入）。坎，陷也（险陷）。离，丽也（附丽）。艮，止也（静止）。兑，说也（愉悦）。”

八卦还象征着人体的各个部位：乾—首、坤—腹、震—足、巽—股、坎—耳、离—目、艮—手、兑—口。这是人的生命的完整系统。

八卦又象征家庭的亲缘关系的观念：乾—父、坤—母、震—长男、巽—长女、坎—中男、离—中女、艮—少男、兑—少女。

显然，八卦把宇宙和人的各种属性、关系融合在一起，这完全体现了传统的“天地人合一”的哲学观。后来，八卦又进一步演化为六十四卦以及二百八十四爻的解说辞。均由“八”这个数词衍化而生，它可为人占卜命运，占卜吉凶，预示未来的前途。这里，“八”象数推演，具有神秘性。

在汉语中，“五”也是一种富有神秘性的玄数。

“五”的玄化与五行说有密切关系。“五行”观念最早见于《尚书·甘誓》，但它的思想起源可能还要早一些，可能是远古人们观察星象运行而提出来的，认为天上有金、木、水、火、土五星运行，随之比附地上提出五材（金、木、水、火、土），五方（东、西、南、北、中），逐渐形成对“五”这个数字的崇拜，并赋予“五”无所不包的观念，同时，也代表事物各种作用、功能、属性，“相克”、“相生”，从而使“五”这个数词带有神秘的色彩。在古代“五”逐渐成为跨越时空、渗透五行思想的观念符号：天上有“五星”，地上有“五材”，行业有“五工”，行政有“五官”，兵器有“五械”，刑罚分“五等”，人伦有“五常”，道德有“五德”，人体有“五脏”，动物分“五虫”，饮食有“五味”，音乐分“五声”，色彩有“五色”……一切无不与“五”发生关系，无不用“五”来概括。其实，行业并不止于“五”，行政官并非只有“五官”，动物也并非只有“五虫”，色彩也并非只有“五色”……“五”成为玄化的数词，反映阴阳五行观念无所不在，无处不发挥作用。

五行化观念的一个明显特点是，绝对强调五个要素一组的配列，不论是自然界还是人类社会伦理，“数字五是它们与五行发生感应的纽带”。[②]

请看下表，我们从中可以感受到古人崇尚“五”（五行）之风的炽烈。

名称	五数配列					出处
五行	木	火	土	金	水	《尚书》
五色	青	赤	黄	白	黑	《吕氏春秋》
五音	角	徵	宫	商	羽	《礼记》

（续表）

五味	酸	苦	甘	辛	咸	《尚书》
五脏	肝	心	脾	肺	肾	《黄帝内经》
五谷	麦	黍	稷	麻	菽	《礼记》
五牲	鸡	羊	牛	犬	豕	《礼记》
五方	东	南	中	西	北	《礼记》
五季	春	夏	季夏	秋	冬	《礼记》
五用	恭	明	睿	从	聪	《太玄经》
五兵	矛	戟	剑	戈	铄	《礼记》
五常	仁	义	礼	智	信	《春秋繁露》
五伦	父子有亲	兄弟有序	朋友有信	君臣有义	夫妇有别	《河洛精蕴》
五官	司农	司马	司营	司徒	司寇	《春秋》
五刑	墨	劓	剕	宫	大辟	《尚书》

此外，“三”、“九”也成为玄化的数词。

“三”的玄化，有人认为很可能由“三辰”（日、月、星）衍化而来。人类早期对自然界有很大的依赖性，不论到哪里，自然环境虽然发生变化，但天上的日、月、星总是伴随着他们，这容易引起人们对“三”产生崇拜心理。由天象推及气象有“三时”（春、夏、秋），由气象推及自然界有“三川”、“三山”，宇宙有“三才”（天、地、人），推及人间，人有“三世”、王有“三皇”、“三王”，祭祀有“三礼”（祭天、祭地、祭宗庙）、“三牲”（古代祭祀的牛、羊、猪），“三纲”（君臣、父子、夫妇），“三宝”（《孟子》：土地、人民、政事），“三生”（前生、今生、来生）等等。由此推演，“三”也同为玄数。

《老子》第四十二章：“道生一，一生二，二生三，三生万物。”《易经》六十四卦，每卦画六爻，阴爻称六，阳爻称九，都是三的倍数。通过这六、九变爻，相互移易，以显示变化无穷的千品万类。这大概是“三生万物”观念的体现。“三”成为最神秘的数词，天文、历数、律吕、度器以及宫殿建筑、王朝设官等等，无一不“以三为法”。

《周礼·考工记》说过，王城的建筑制度是九里见方，城的每一面各开三个城门，城内南北、东西道路各为九条，路宽七十二尺（周尺比现在的市尺约短五分之二），全是“以三为法”。

《白虎通义·封公侯》说，王者立“三公、九卿、二十七大夫、八十一元士”，其中“九”、“二十七”、“八十一”全是三的倍数。古代帝王自称“受命于天”，干什么事情都要打着“行天之道”的旗号。既然是“三生万物”，王朝要兴盛，自然要“以三为法”。

“九”玄化后也产生了一系列用它概括而成的概念，如：“九天”、“九日”、“九星”、“九方”、“九州”、“九土”、“九山”、“九河”、“九门”、“九光”、“九色”、“九府”、“九饮”、“九庙”、“九服”、“九品”、“九畿”、“九锡”、“九泉”、“九鼎”、“九霄”等等。

为什么天要分“九天”，地要分“九州”，帝王立庙祭祀祖先要立“九庙”，设官阶要分“九品”？为什么不用别的数？徐元济、徐石在《从神话看“九”字的原始意义》一文中认为，“九”的玄化，很可能源于远古的图腾崇拜。“蚩尤部落一向以强悍、善战著称，其图腾源于九头龙强大、凶猛、强悍、人口繁盛的集团象征”。因此，“人们另眼看待，并用以比喻强大的部落，渐渐地，‘九’由实指变为虚指，成为大、多的形容”。出于对“九”的神秘感，便把什么都与“九”拉扯上了。③

古人还称皇帝为“九五之尊”，这里以《易·乾》的“九五，飞龙在天，利见大人”引申而来。孔颖达疏曰：“言九五阳气盛至于天，故飞龙在天……犹若圣人有龙德，飞腾而居天位。”李山乔《上雍州高长史书》：“利见九五，差踪二八。”“九五”指帝位，“二八”谓朝臣。这是用奇数和偶数表示尊卑的不同，其内在意蕴却是神圣的阴阳观念。

北京天坛是明清两代帝王祭天和祈谷之所。始建于明代永乐十八年（1420年）。它以奇特的建筑结构，瑰丽的建筑装饰而著称于世。天坛呈圆形，共有三层，每层铺砌的石料有九圈，形成一个以“九”为基数的序列，各层每圈铺砌的石料数目都是“九”及其倍数：

第一层：9、18、27、36、45、54、63、72、81；

第二层：90、99、108、117、126、135、144、153、162；

第三层：171、180、189、198、207、216、225、234、243。

全部二十七圈。天坛圆丘的这种建构非常鲜明地表现出人们对“九”数字的崇拜，把“九”看成为天数，象征天道，展示人们对天的无限崇敬和虔诚的心理。

远古社会最先发展的科学研究是天文学，数学随之而产生。古人观察天象，产生各种数的观念，而数的观念由此容易与“天”、“道”相结合，附上神秘的色彩。古人驰骋想象，穿凿附会，使一些数词由实数而变为玄数、虚数。除了“三”、“五”、“七”、“九”之外，学者们还认为“十二”、“三十六”、“七十二”也有神秘色彩。

关于十以上的数词也同样构成神秘的体系。杨希枚先生在《中国古代神秘数字论稿》中认为，中国古代十以上数字有两个主要公式：

（1）x（大于12的神秘数）= n（3×4），这是“参天两地”小衍神秘数数式。

（2）x（大于72的神秘数）= n（8×9），这是“参天两地”大衍神秘数数式。

这两种算式中的数字都含有天地交泰之意。周王曾请教何谓“七律”，伶州鸠却从天象谈起，提出“凡人神，以数合之”，因为“自鹑及驷七列，南北之揆七同”，“故以七同其数……于是乎有七律”。（《国语·周语》）《左传》记述，昭公九年夏四月，陈国遭灾，郑裨灶断言：“五年，陈将复封”，子产问其故，郑裨灶用五行相克的道理解释，认为“妃以五成，故曰五年，岁五及鹑火……天之道也”。这里的“七”、“五”皆非一般的实数，而是与“天”、“道”相应的玄数。

这种玄数观念在汉代及其以后都有发展。汉代刘安、董仲舒等人把上述的数词当作“天之数”，并与“人之数”相对应：天有“三辰”，人有“三公”；天有“九重”，人有“九窍”；天有“十二月”以制御“三百六十日”，人有“十二肢”以制御“三百六十节”等。这可证明董仲舒的“天人合一”的思想。由此，三、九、十二、三百六十等数，皆“备天数以参事”。

数词的神秘色彩在各个原始民族中都不乏其例。而且至今仍影响着人们。乌塞纳的《论三》一文，详细介绍了许多原始民族以“三”为“多”的例证。这可追溯到远古民族，最初可能仅识三数，所以三可作为“多”的代表。古代中国人以“五”为玄数，但印第安人却以“四”为玄数。“几乎在一切红种印第安人部族那里，四及其倍数都具有神秘的意义，因为他们谈及东南西北四方以及从这四方吹来的风”，所以“所有神都是四个一组地出现，他们全都按四个方位排列，并被涂上每个方位所固有的颜色，这里可见到四个熊神、四个豪猪、四个松鼠、四个身材高大的女神、四个年轻的圣徒、四只闪电鸟，等等”。④

从荷马的史诗里，人们可发现古希腊军中丧礼为12天；奥德赛发12箭射穿12 斧柄孔，这是偶然的巧合么？南美土人在瓶塞上插9根针捉鬼；英国女子用9粒黄豆的豆荚求爱；美国男子于半夜绕教堂3圈，据说可幻见未来的配偶；日本人做了噩梦，要念咒文7遍，再向东往复7次吸气，面西吐气，即可免灾。这里的数词“3”、“7”、“9”、“12”，同中国古代玄数一样带有神秘性，而在这神秘色彩中，显然也包含语言迷信的成分。

古希腊著名的毕达哥拉斯派有一句名言，即“一切都是数”。凡现存事物都可在最后归结为数的关系。他们甚至认为，每个数字都有神秘含义：“1”是至高无上，“2”意味爱情，“3”是等量齐观，“6”是非凡的，“7”是最神圣的（因为每周有7天，天上有7大行星，地球有7块大陆）。

第三节　数词与俗语

在汉语中有许多由数字或数词加其他词语构成的俗语。这里所指的俗语是指流行于民间文化土壤上的成语及其他流行语。它自古就产生，根植于传统文化底座，具有深厚的民族性。在现代汉语中，依然有许多带数词的俗语。

值得注意的是，数词在流行俗语中，其词义常发生变化。如“二百五”这一宋代便产生的俗语，至今仍流行。它并非表示具体数量，而是喻指“半疯”或办事粗心大意，言语鲁莽粗俗的人。又如，“七十二行，行行出状元”，这里的“七十二”喻指各行各业，并非确定的数词。还有一些由数词组成的格式化的俗语，如，“七×八×”式：七上八下、七拼八凑、七嘴八舌、七零八落等等。这里的“七”和“八”并非表示实际数量，而是形容多而杂乱的意思。数词在许多俗语中，其表述数字之义已发生异化，转化或引申为其他相关的词汇意义。换句话说，数词词义已融入俗语的整体语义中，许多已不再单独表示数词本义的数量。

下面，略举一些带数词的俗语：

一窝蜂——喻指人多声杂，一拥而上。

一刀两断——坚决断绝关系。古代也表示做事干净利落。

一毛不拔——为人吝啬、自私。“一”表示极少。

一目了然——一眼便看得明明白白。“了然”是明白的意思。

一日三秋——形容殷切思念。“一日”表示很短的日子。

一鼓作气——表示鼓足勇气，振奋精神，完成任务。

一劳永逸——用一次劳作便得到永久安逸。

一心一意——全心全意。“一”表示专心。

一尘不染——佛教谓色、声、香、味、触、法为六尘。此谓为人清静廉洁，不为社会坏习气所沾染。

一龙一蛇——比喻人或出或隐，随情况而变化。

一叶知秋——从事物某些小变化或迹象，测知其未来发展趋向与结果。

一曝十寒——曝（pù），晒也。比喻学习、工作没有恒心。勤奋一时，荒废多时。“一”表示少；“十”表示多。

一言既出，驷马难追——形容话已说出，无法改变、收回。

一蟹不如一蟹——比喻一个比一个差，越来越不行。“一”为泛指。

一失足成千古恨—— 一旦犯大错，无法补救，成为终身遗憾。千古，指终身。

一五一十——原原本本地叙说事实或情况。

三六九等——指多种等级或差别。三六九表示多种。

三三两两——指成群的人数不多，三或两为泛指，表示少数。

三令五申——三、五表示多次，即多次发命令和告诫。

四通八达——交通便利，处处可通行。

四平八稳——原指身体各部匀称、结实。引申指人的思想保守、平稳、缺乏创新精神。

四分五裂——不统一、不团结，分裂成多块或多种团体组织。

五光十色——色彩和花样繁多。五、十表示繁多。

五花八门——比喻花样、门类多而杂（多含贬义）。五、八表示多而杂。

五十步笑百步——指彼此缺点、错误性质相同，只不过程度上有些轻重不同而已。

五体投地——五体指两手、两膝和头。这是佛教最恭敬的跪拜行礼仪式。比喻佩服到了极点。

六神不安——道教指心、肺、肝、肾、脾、胆为六神。指心慌意乱，不知所措。

七老八十——指年纪很大，一般泛指六十岁以上的老人。

七十三八十四——说话啰唆无味，唠唠叨叨。

七上八下——形容心里慌乱。数词为虚指，表示多次。

八水三川——指路途遥远，经过许多河流。八、三表示许多。

八面玲珑——指为人处世圆滑周到。八面表示各个方面。

八九不离十——喻指很接近成功或实际情况。

八字没一撇——比喻事情还没有眉目。

九牛一毛——比喻微不足道。

九牛二虎之力——比喻用很大的力量。

九死一生——形容经历极大、极多的生死危险而幸存。

十全十美——各个方面都很完美。“十”表示方方面面。

十拿九稳——喻指很有把握。

十万火急——形容事情紧急到了极点。“十万”表示非常。

十万八千里——形容距离远或者有极大的差距。

十年九不遇——指某种情况或灾祸极少遇到。

十年树木，百年树人——比喻培育人才很不容易。“十年”、“百年”表示很久。

百无一失——形容绝不会出差错。

百无聊赖——感到十分无聊。

百无禁忌——什么都不忌讳。

百思不解——反复思索仍不能理解。“百”表示很多。

百折不挠——不论受多少挫折都不退缩。

百足之虫，死而不僵——比喻人或团体虽已失败，但其影响或势力仍然存在。（多用于贬义）

自古以来，含数词的民间俗语还有很多。如：千军万马，万无一失，千方百计，推三阻四，黄梅天十八变，大姑娘十八变，一不做、二不休，万里江山一点红，眼观四面、耳听八方，一娘生九子、子子弗相同等等。

下面，我们把数词在各种成语、俗语镶嵌结构中所发生的变义现象分别列表如下：

镶嵌结构	数词的结构变义
千山万水　　千家万户	“千、万”表示很多
七喊八叫　　乱七八糟	“七、八”表示杂乱
朝三暮四　　三心二意	“三、四”表示不定

（续表）

三令五申　　三番五次	“三、五”表示多
一言半语　　一知半解	“一、半”表示少
千娇百媚　　千奇百怪	“千、百”表示很多

镶嵌结构	数词的转义
一针一线	“一”表示“每”
一生一世	“一”表示“终”
一心一意	“一”表示“全”
一心一德	“一”表示“同”
一穷二白	“一、二”表示“又”
百战百胜	“百”表示“每”

汉语数词融入民间俗语，渗透着民族文化的丰富内涵，焕发民族智慧的光彩。在这里，数词具有双层语义性。既有数的含义，又有引申、融合于俗语的特定深层语义。

在历史上或旧社会中，数词还被运用于各种行业或秘密团体的隐语中。这种隐语只有同行、同团体的人才能听得懂，其他人都听不懂。它具有秘密性，其数词也成为隐码，让人难懂。俗话说“隔行如隔山”，这与行业隐语的使用有关。今天，社会上已不再使用行业隐语，这里我们不再阐述。

注释：

① 托比亚斯·丹齐克：《数：科学的语言》，商务印书馆，1985年。

② 俞晓群：《数术探秘》，生活·读书·新知三联书店，1994年。

③ 《民间文学论丛》，1983年第3期。

④ 布留尔：《原始思维》，商务印书馆，1981年。

第十三章　汉语别称、比喻的文化内涵

第一节　别称的传统文化内涵

汉语中有许多别称现象，其中有人物别称、器物别称、年月别称、气象别称等等。如：

墨客——文人　　　儒冠——读书人

须眉——男子　　　裙钗——妇女

蛾眉——女子　　　青衣——婢女

皓首——老年人　　梁上君子——窃贼

这些别称丰富多彩，突出事物的某一具体特征，使各种人物或事物更加形象生动。别称与本称之间是同义关系，然而，别称更具有艺术审美价值。

值得指出的是，汉语中有一部分别称植根于民族传统文化的土壤中，有深刻的文化内涵。有的别称源自传统的“五行”文化观，有的别称源自传统的礼乐文化，有的别称源自古代典籍诗词的著作。这些别称的出现，反映某些传统文化的扩散现象。

古代秋风别称为“金风”，秋天别称为“金天”。如：《文选》中张景阳《杂诗》：“金风扇素节，丹霞启阴期。”《三国演义》第十三回：“时值秋天，金风骤起。”又如，陈子昂《送著作佐郎崔融》：“金天方萧杀，白露始专征。”

古人为什么用“金”来称秋呢？“金”与秋有什么关系呢？“金”在这里并非指金黄色，想要弄清这个问题必须联系阴阳五行学说。

古人认为宇宙生生息息存在着基本规律，它表现为太极→阴阳→五行→万物的演化规律。大自然的一切由此而生。以“五行”而言，它不仅主五方：东南西北中；而且配以四季：春夏秋冬。《汉书·五行志》云：“木，东方也。”“火，南方，扬光辉为明者也。”“土，中央，生万物者也。”“金，西方，万物既成，杀气之始也。”“水，北方，终藏万物者也。”与此同时，阴阳家又进一步引申，把木火金水，配以四季：木—春，火—夏，金—秋，水—冬。而“土分寄于四时”（见《白虎通义·五行》）。

据上所述，五行与五方、四时的配列关系如下：

木——东方——春

火——南方——夏

金——西方——秋

水——北方——冬

土——中央——四时

这是古人的“五行”生万物的宇宙本体论。把秋风称为“金风”，秋天称为“金天”便是由此而来。

《文选》李善注“金风”一词云：“西方为秋而主金，故秋风曰金风也。”

古代秋风又别称为“商风”，秋天别称为“商秋”。《楚辞·沈江》：“商风肃而害生兮，百草育而不长。”《文选》中何晏《景福殿赋》云：“结实商秋，敷华青春。”

“商”为古代律吕（音乐）的五音之一，但它也是源自五行文化观。古人又以五行配五音，正好“金”配“商”，“西方金，其音商，故商属金”。（《淮南子》）金主秋，所以，秋风、秋天又可称为“商风”、“商秋”。

大自然气候变化，形成季节，故有春、夏、秋、冬四季之名。然而，古人从“五行”文化观来审视，凡物皆由五行演化而来，气候也不例外，是故，四季都被冠上五行的文化符号——别称。

古代还用律吕名称来作为月份的别称，这种把古代音乐和历法联系在一起的现象，大概只有中国古代文化才有。它既反映了古代中国人传统比附思维的特征，同时也反映古代音乐文化的扩散现象。

古代音乐一向被作为礼仪文化的重要组成部分。宫廷庆典、宴饮、祭祀，都要以音乐伴随。任何重大的礼仪活动，也必有音乐。群臣拜见或退朝，也常要奏乐、和歌。所以，乐和于礼是中国古代礼仪制度的一大特点。音乐在传统文化中占有重要的强势地位，它自然会产生扩散的文化势能，故年月以律吕之名为名。

用律吕之名为月份别称，一年十二个月正好和十二律相配。

正月别称“太簇”，《吕氏春秋·音律篇》：“太簇之月，阳气始生，草木繁动。”

二月别称“夹钟”。韩愈《忆昨行和张十一》：“忆昨夹钟之吕初吹灰。”“夹钟”指二月。

三月别称“姑洗”。《淮南子·天文训》：“音比姑洗。”高诱注：“姑洗，三月也。姑，故也；洗，新也。阳气养生，去故就新，故曰姑洗也。”

四月别称“中吕”。《礼记·月令》：“孟夏之月，律中中吕”，故四月又名为中吕。

五月别称“蕤宾”。三国时曹丕《与吴质书》云：“方今蕤宾纪时，景风扇物。”

六月别称“林钟”。《白虎通义·五行》曰：“六月谓之林钟何？林者众也，万物成熟，种类众多。”

七月别称“夷则”。欧阳修《秋声赋》：“夷则为七月之律。”

八月别称“南吕”。《国语·周语》：“五间南吕。”韦昭注：“八月，南吕。”

九月别称“无射”。陶潜《自祭文》：“岁惟丁卯，律中无射，天寒夜长，风气萧索。”

十月别称“应钟”。《吕氏春秋·音律篇》：“应钟之月，阴阳不通，闭而为冬。”高诱注曰：“应钟，十月。”

十一月别称“黄钟”。《礼记·月令》：“仲冬之月，律中黄钟。”

十二月别称“大吕”。[①]

中国古代音乐的“律吕”，即音乐的律学，主要研究各音阶标准音高及其关系。中国古代最早用“三分损益”的方法求出各律吕的音高。伶州鸠按十二律次序分单数、双数排列。后世把其中单数各律称为“六阳律”，双数各律称为“六阴吕”。如下图：

十二律吕

黄钟 大吕 太簇 夹钟 姑洗 中吕 蕤宾 林钟 夷则 南吕 无射 应钟

下列十二律吕与现代音阶名以及月份的对照表：

黄钟	大吕	太簇	夹钟	姑洗	中吕	蕤宾	林钟	夷则	南吕	无射	应钟
C	#C	D	#D	E	F	#F	G	#G	A	#A	B
十一月	十二月	一月	二月	三月	四月	五月	六月	七月	八月	九月	十月

显然，古代纪月的别称映射着古代音乐文化。十二月的别称恰好与十二律名相对应。这反映古人把日月时间的运行，看成像律吕那样有规律地、和谐地变化着。这也可以说是从音乐的视角来观察时间的变化，赋予时间以音乐的文化符号。

有些别称来源于古代的一些人名或名作。它们经过世代相传，为后代文化所继承、吸收使用。

“东道主”是主人的别称，它源自《左传·僖公三十年》一文。春秋时，郑大夫烛之武见秦穆公，要求秦军停止进攻郑国，今后，郑国作为东路上的主人将热情招待秦国使者。烛之武告诉秦王说：“若舍郑以为东道主，行李（指外交使者）之往来，共（供）其乏困（物资），君亦无所害。”后代以“东道主”作为接待或宴请宾客的主人的别称。

“梁上君子”为窃贼的别称，它源自《后汉书·陈寔传》：“有盗夜入其室，止于梁上。寔阴见，乃起自整拂，呼命子孙，正色训之曰：‘夫人不可不自勉，不善之人，未必本恶，习以性成，遂于至此。梁上君子者是矣!’盗大惊，自投于地，稽颡归罪。”

有些别称是古代某种文化现象的扩散。

战国时，楚国伟大诗人屈原创作宏篇巨作《离骚》，对后世诗歌创作产生深远的影响。后代诗人多仿效《离骚》的创作风格，即“离骚”的诗风，人们便用“骚人”一词作为诗人的别称。柳宗元《酬曹侍御过象县见寄》：“破额山前碧玉流，骚人遥驻木兰舟。”范仲淹《岳阳楼记》：“迁客骚人，多会于此。”可见“骚人”这一别称乃是骚体诗风对后世产生深远影响的文化现象的表现，也可说是“骚体”诗歌的文化扩散的表现。

宋代，范仲淹《祭石曼卿文》：“曼卿之笔颜筋柳骨，散落人间，宝为神物。”——“颜筋”，乃唐书法家颜真卿书法的别称。“柳骨”，乃唐代书法家柳公权书法的别称。这两个别称词反映颜、柳书法艺术对后世的影响。到元代，人们还在使用这两个别称词。王实甫《西厢记》：“这的堪为字史，当为款识。有柳骨颜筋，张旭张颠，羲之献之。”

显然，汉语中的许多别称有丰富的文化内涵，它们从各方面反映传统文化的内容，并表现某些传统文化现象的扩散、流传，使一些专名泛化。

第二节 词义引申与思维心理偏向

词义引申是词汇发展历史中常见的现象。各种语言都有词义引申，但不同语言的词义引申往往很不相同，这同民族文化社会背景的影响有密切关系。

通常，词义引申是建立在相似联想的思维基础上的，往往由于事物之间具有某种相似性而引起。这种相似性，有的是外表形状相似，有的是性质相似，有的是作用相似等等。这些相似性容易使人产生联想，使本是表示甲物的词，扩大到表示相类似的乙物上。如“时候”一词，古代本义是指“时令”。《唐语林》：“九月衣衫，二月衣袍，与时候不相称。”这里的“时候”是指时令。由于时令的变化是时间的变化，属于时间范畴，所以后来人们进一步把“时候”引申为时间了。如：“现在是什么时候？”

然而，在词义引申中，有些词义引申与相似联想并无多大关系。如果深究它的词义引申的发展轨迹，则可以发现这些词义引申与民族的文化思维、传统文化观念和民族心理等因素的发展变化有密切关系。如：

一、“美”的词义引申与中国古代审美意识发展的影响

“美”是个很古老的词。《说文》云：“美，甘也，从羊从大。”可见，它的本义只是指一种味觉美，这就是说，中国人的原始审美意识来自于饮食的味道。在《说文》中，“美”又可训为“好”。“媄，色好也。”这便进一步使“美”与“色”的意义相连在一起了。在《说文》、《广雅》等书中，凡有“女”旁的字，大都可训为“美”。如：娓、姗、娧、姝、姣、婉、媚等等，都与女性相关，都可以训为“美”或“好”。日本学者笠原仲二指出：“中国人原始审美意识，首先，在根源方面，是来自于关系到所谓‘食’的某种特殊的官能性的悦乐感——味觉美；其次，……也常被用作表达对于古来与食并称、被看作是人生另一最重要的欲望之一的所谓‘色’。”②

随着古代人审美意识的发展，美的词义也逐渐被引申、扩大到许多方面。

首先是，中国人的审美观念，由“食”、“色”之美扩大到物质美方面，于是，“美”的词义便被引申到许多物品上。如，一般的器物、服

饰、天地、山川等，都可以与“美”相结合出现许多美物的名称。如：

美物、美玉、美剑、美珥——器物；

美衣、美裘、美锦、纤美之服——服饰；

美景、美池、美田、泉石之美——自然物。

其次，随着中国人审美意识的进一步扩大，迁移到意识文化方面。如：政治、人情、人心等方面，“美”便引申用来表示政治、道德、诗文等精神文化方面。如：

美政、美治、美官、至美之道——政治；

美材、美质、美贤、奇逸之美——人才；

心之美、德之美、义之美、和之美、美意、人情之美——伦理；

美名、美事、功之美、名誉之美——事业；

诗之美、赋之美、辞之美、曲之美、美音、美声、美学、舞之美——文学艺术。

这些例子表明“美”的词义的引申和扩大，是随着中国人审美意识的发展、变迁而变化的。中国人的审美意识是逐渐推移变化的。它由味觉美到视觉美到听觉美到精神美，美的词义引申也是沿着这条路线推移发展。显然，“美”的这种词义引申与扩大，表现了中国人有广泛的审美对象，其审美意识也是很丰富和深刻的。

二、“数”的词义引申与易学思维的影响

“数”的本义是计算事物的数量。《说文》云：“数，计也。”“数”也用于表示事物的量。《汉书·律历志》：“数者，一、十、百、千、万也，所以算数事物。”然而，在易学思维的影响下，“数”被引申为“数术”。“数术”以太极、阴阳、三五之道、干支五行的运筹和谐原理，认为数能定天下之象，一、三、五、七、九代表“天”，二、四、六、八、十代表“地”，万物由天地之数而生。“天数五，地数五，五位相得而各有合……此所以成变化而行鬼神也。”（《易经·系辞》）《周髀算经》也说：“数之法出于圆方。圆方者，天地之

形，阴阳之数。”汉代张衡对此作了高度概括，他说：“数术穷天地。”音律、历法、星象、气候、地理、医学等都可以由“数术”来探索它的征兆和形态。

显然，数由计数、数量的词义，进一步引申为“数术”，赋予玄化的抽象内容，这完全是在中国古代传统易学文化思维的直接影响下产生的。（详见第十二章）

三、“龙”、“凤”的词义引申与传统神物信仰观念扩散有密切关系

中国古代有四种神灵动物的信仰。《礼记·礼运》：“麟、凤、龟、龙，谓之四灵。”这四灵在古代神话传说中都是神异的动物，也都是中华民族所崇仰的吉祥、神圣之物。它们似乎同远古的图腾信仰有关。正由于这样，“龙”、“凤”最早的引申义，都用于表示帝王及帝王的居所、服饰、用具等。后来，“龙”、“凤”的词义才又进一步引申为表示杰出的人才、贵重之物及其他吉祥之物。

“龙”的本义是神灵的动物，它是“能兴云雨，利万物”的神异动物。

古老的中华民族信奉“龙”这一神物，于是“龙”引申指帝王，随之又进一步引申指帝王的一切重要物品。李白《赠从弟南平太守之遥》：“天门九重谒圣人，龙颜一解四海春。”“龙颜”即君王。其他引申词如：

龙飞——皇帝即位

龙袍——皇帝穿的绣有龙形的衣袍

龙床——皇帝睡卧的床

龙体——皇帝的身体

古代民间把龙当作吉祥之物，于是“龙”进一步引申——登科及第的状元为“龙头”。诗云：“惟爱君家棣华榜，登科记上并龙头。”（《渑水燕谈录》）成语“望子成龙”，这“龙”是杰出人才的意思。

“凤”的本义是古代传说中的神鸟，雄的叫“凤”，雌的叫“凰”。

“凤”引申指帝王的重要用具、居所。赋予帝王神圣的色彩。如：“凤辇”，皇帝乘坐的车辆；“凤邸”，帝王即位前所居的府第。许敬宗《尉迟恭碑》：“太宗俯离凤邸，亲御龙韬。”“凤楼”，帝王宫内的楼阁。“凤城”，京都的别称。

“凤”又进一步引申到其他方面。“凤穴”，指文才荟萃的地方。“凤藻”指华美的文辞。扬夔《送张相公出征》诗：“挥毫飞凤藻，发匣吼龙泉。”“凤凰于飞”形容夫妻相亲相爱。“龙跃凤鸣”形容才气纵逸，不同凡俗。

四、词义引申方向与民族心理的影响

词义引申还受民族心理的制约。一个词的词义究竟是沿着褒义方向引申、扩大，还是沿着贬义方向引申、扩大，这往往与一个民族对该词的情感、心理的好恶有密切关系。不同语言中相同事物的名称，往往由于不同民族心理的影响而产生不同方向词义引申和扩大。

以“狗”为例。《尔雅·释兽》：“未成毫，狗。”郝懿行疏：“狗犬通名。若对文，大者名犬，小者名狗。”“狗”有小兽、卑微的意思。由此引申其义，“狗”便有微贱、令人厌恶的意思。《荀子·荣辱》：“则是人也，而曾是狗彘之不若也。”从这种对狗的厌恶心理出发，汉语中狗的词义引申便沿着贬义的方向发展。现代汉语中，许多骂人的话都带“狗”字。如：“狗东西”、“狗杂种”、“狗头”、“狗屁”等等。

然而，在西方国家中，人们视狗为心爱的宠物。报载，西方国家的某地，人人视狗如亲人，狗死了，还要立墓碑安葬。这种爱狗的社会心态，使英语中dog（狗）一词的词义引申均沿着褒义的方向发展，与汉语截然相反。下面是汉语与英语关于狗词义引申不同的比较：

汉语“狗”	英语“dog”
（1）这是一条狗（中性） （2）狗东西、狗杂种 （3）狗头、走狗 （4）狗屁、狗腿子 （5）狗仗人势 （6）狐群狗党	√ × × × × ×
（7）狼心狗肺 （8）× （9）× （10）× （11）× （12）×	× a lucky dog（幸运儿） a dumb dog（阔气） an old dog（老手） a jolly dog （快活的人） be top dog （身居高位）

这里，英语的a lucky dog 直译为“幸运的狗”，但其语用义是“幸运儿”；a dumb dog 直译为“沉默的狗”，但其语用义是“阔气”；an old dog 直译为“老狗”，但其语用义是“老手”；a jolly dog 直译为“快活的狗”，但其语用义是“快活的人”；be top dog 直译为“顶级的狗”，但其语用义是“身居高位”。从这里，我们可以看到，英美人对狗有深厚的感情，他们可以用dog（狗）这个词来比喻人、赞扬人。而在我们的汉语中，绝不可用“狗”来赞扬人。如有人技术很熟练，干活很利索，你称他是“一条老狗”（an old dog），对方一定会非常生气。

五、“心”的词义引申与民族传统把心看成是思维器官有密切关系

自古以来，“心”一直被认为是五脏之一，即指心脏。如：心坎、心窝、心病。古代人们认为是思维器官。早在周代《诗·小雅·巧言》就说：“他人有心，予忖度之。”春秋时，《孟子·告子》：“心之官则思。”在上古文献中，尚未出现“脑”一词，即使唐代有“脑华”一词，指的是头发，与思维无关。由此，凡是有关人的思维、思想等都用“心”的组词来表示。随着词义的进一步引申，出现许多有关人的领悟、感情、意志、品德、观察力等等由“心”组成的词汇。这是汉语特有的语言文化现象。如：

心力　心算　心智　心想——反映人的思维能力、活动。

心术　心计　心机　心怀叵测——反映人的计谋和思虑。

心得　心领神会　别出心裁　心不在焉——反映思维领悟的情况。

信心　决心　上进心　野心——反映人的意志。

善心　良心　慈爱心　同情心　孝心——反映人的良好品格。

狠心　毒心　心如铁石　心狠手辣——反映人的恶劣品行。

多心　疑心　嫉妒心——反映人的猜疑和狭窄的心胸。

心醉　知心　心意　心心相印　心心念念——反映人的情感。

欢心　心满意足　心旷神怡——反映人的情绪。

粗心　细心　小心　心细——反映人的观察力。

心境　心态　心情　心声　心扉——反映人的内在心理活动。

显然，汉语有关“心”的这些组词，在别的语言中是极难找到的。它是我们传统语言文化观念的一种展示——心是思维中枢，又是人的一面“镜子”，它能映照出人的意志、品德、情感、计谋、观察力、心理活动等。

第三节　比喻的民族文化性

各民族语言中都有许多生动的比喻。然而，不同民族语言的比喻方式和喻体使用常有许多不同。有的民族爱用“马”来比喻勇敢，而有的民族爱用“鹰”来比喻英勇。有的民族爱用“火”来比喻热烈的爱情，而有的民族却爱用“浓烈的酒”来作比。这反映比喻有不同的民族审美意识。

关于比喻的民族性，潘肖珏在其《爱情作品中比喻的民族性形成》一文中，对比了中外爱情作品中的380条比喻，并对其喻体使用及使用频率做了统计分析、指出：

（1）在各类爱情喻体的使用频率中，中国作品多用自然物、植物和动物做喻体，占统计总数的70%强；而外国作品则多用货币、音乐及其他物品做喻体，占统计总数的51%强。

（2）在以自然物做爱情喻体中，中国作品喜用双栖偶居、终生成对、比翼双飞的小动物，外国作品却爱用那些其貌不扬的动物。

除了爱情诗的比喻之外，其他方面的比喻也显示不同民族的文化特色。下面我们分析汉语常见比喻的民族文化性的表现。

一、反映情操信念的“松柏”比喻

自古以来，中国人就很重视坚强、忠贞的道德信念，并以“松柏”作为比喻的喻体。这是因为松柏在严寒中不凋落，终年常青不败的缘故。《论语·子罕》：“子曰：‘岁寒然后知松柏之后凋也。’”《史记·伯夷列传》中，司马迁赞颂伯夷的坚贞，写道：“岁寒，然后知松柏之后凋；举世混浊，清士乃见。”这里是用“松柏”来比喻伯夷、叔齐的高洁品行。

在汉语中，“松柏”用作比喻时，历来是与坚贞、高洁的情操信念联系在一起的。怪不得《红楼梦》中的贾宝玉自惭不是高洁之士，不敢以松柏相比。《红楼梦》第五十一回写道：“松柏不敢比，连孔子都说：‘岁寒然后知松柏之后凋也’，可知这两件东西高雅，不怕羞臊的才拿他混比呢。”

至今，人们仍然赞颂松柏，用它来比喻为他人作出无私奉献、为人民事业坚贞不屈的志士仁人。“松柏”的比喻与民族赞颂的高尚情操信念联系在一起。

二、反映民族审美意识的“花”比喻

在汉语的许多文学作品中，尤其是在诗词中，处处可见到用花作比喻的例子。牡丹花、梅花、桃花、菊花、梨花、荷花、海棠花等等，都是我们民族自古以来所喜爱的花。人们常用它们比喻女性的容貌和纯洁的心灵。从不同的花容、花色，发现不同的审美因素。人们还常借花来抒发对女性的思念之情，不同的花有不同的象征意义。

桃花颜色鲜红，它具有热烈的、青春少女的美色。自古以来，人们常用桃花来比喻少女艳红的美色。形容少女“艳若桃李”、“人比桃花红”。《诗经》中有：

桃之夭夭，灼灼其华。

之子于归，宜其室家。

这是以盛开的火红的桃花起兴，比喻少女的美满婚姻。

唐代崔护《题都城南庄》诗：

去年今日此门中，

人面桃花相映红。

人面不知何处去，

桃花依旧笑春风。

这是用桃花比喻一位不知名少女的美色。

梨花以其洁白为美，虽然它不像桃花那样艳红，但它的纯净、洁白，依然被用于比喻女性的美色。白居易用它来比喻杨贵妃的玉容美色：

风吹仙袂飘飘举，

犹似霓裳羽衣舞。

玉容寂寞泪阑干，

梨花一枝春带雨。

梅花，古人把它作为“岁寒三友”之一。它生在恶劣的自然环境中，却能“凌寒独自开”。古往今来，吟咏梅花的诗歌很多，陆游就写了100多首。梅花常作为标格秀雅、节操坚贞的象征。陆游云：

“驿外断桥边，寂寞开无主。已是黄昏独自愁，更著风和雨。无意苦争春，一任群芳妒。零落成泥碾作尘，只有香如故。”

元代赵孟頫《梅花》诗云：

潇洒红梅似玉人，

倚风无语澹生春。

曲中桃李元非侣，

梦里梨花恐非真。

这些诗词咏颂梅花，并以梅花比喻美女和高雅的情操。

荷花，又名莲花、芙蕖，从《诗经》至历代许多文人的作品中，都有不少赞颂荷花的佳作。曹植在他的《洛神赋》中用荷花比喻洛神，荷花成为美的化身。后来的诗人更是把荷花喻作妩媚、天生丽质的美女。“清水出芙蓉，天然去雕饰”（李白）。不过，荷花也用于比喻“出淤泥而不染”、“亭亭净植”的高贵品质。

蔷薇，杜牧称它“朵朵精神叶叶柔，雨晴香拂醉人头”，白居易也把它比作美丽的少女。不过，在我国古代，用蔷薇的比喻并不普遍。因为它的枝上带刺，人们似不太喜欢。

欧美国家都喜欢蔷薇，多把它喻作爱情的象征，不同颜色的蔷薇比喻义不同：白蔷薇比喻深闺思恋；黄蔷薇比喻失恋；红蔷薇比喻羞耻等等。这些蔷薇比喻义在中国人的文化心理上是不存在的。显然，同样的花，因不同民族有不同的审美体验，其比喻象征意义也不同。

牡丹花以其端丽妩媚，秀、色、韵俱佳而著称，被人称为“国色天香”的“花王”。“牡丹，花之富贵者也”（《爱莲说》）。人们爱牡丹，并用它来比喻艳丽的少女或雍容华贵的贵妇人。

在《红楼梦》中，曹雪芹从花的审美体验中，发现花的艺术价值，他不仅用花来刻画少女美丽的形象和性格，而且用花来抒情托意。比如：

林黛玉“娴静时如娇花照水”。

探春如“玫瑰花”，“又红又香无人不爱，只是有刺扎手”。

宝钗“眼同水杏”。

晴雯“就如同一盆才抽出嫩箭的兰花”。宝玉还把她比作“芙蓉”，在《芙蓉诔》中，宝玉用设喻的方法，对晴雯从内心到外貌都作了描述：“其为质则金玉不足喻其贵；其为性则冰雪不足喻其洁；其为神则星日不足喻其精；其为貌则花月不足喻其色。”他用芙蓉花喻人，并使之人格化，“触物以兴情”，抒发了他对晴雯的深切怀念。

尤二姐，不以花喻其貌，而以花喻其心地。“花为肠肚，雪作肌肤”。

写金桂“比花朵儿还轻巧”，“外具花柳之姿，内秉风雷之性”。

麝月等丫环，在宝玉的眼中是才开的“海棠花”。宝玉道：“我就如那野坟圈子里长的几十年的一棵老杨树，你们就如秋天芸儿进我的那才开的白海棠。”

曹雪芹是一位善于从民族审美意识中吸取艺术养分的文学巨匠。他用花来比喻大观园众多女性的不同丽容美质和性格，栩栩如生，“任是无情也动人”。按理，人不是花，花不是人，但人们的心理体验往往可以“异质同构”，可从那对物的审美体验中，沟通人与物的相似点，并引起情感的效应，借物“以达其情”。在这些借物比喻中，往往含有深层的民族审美意识，它与汉民族对各种花的爱心和观赏审美体验默契相通。所以，读者可从曹雪芹的描绘中引起深刻的共鸣。

澳大利亚著名华人散文家沙予（许德政）在其《花似伊，柳似伊》一文中指出：“中国诗人以其天马行空的想象力，把人的感情、品性、举止，一一移植到花朵上，使花变成人的化身。”“将美人与鲜花融合为一，已构成中华文化一大特色。”③

三、反映世俗文化的比喻

比喻中有不少反映社会世俗文化。这种世俗文化在民间有根深蒂固的基础，即便在今天，它也是有广阔社会基础的。

《水浒传》中有一段文字写鲁达拳打镇关西的场面，其用喻十分通俗、生动，历来为人所称道。

鲁达一拳打在镇关西的鼻子上：“打得鲜血迸流，鼻子歪在半边，却便似开了个油酱铺，咸的、酸的、辣的，一发都滚出来。”

另一拳打在眼眶眉梢上：“打得眼棱缝裂，乌珠迸出，也似开了个彩帛铺：红的、黑的、紫的，都绽将出来。”

第三拳：“太阳上正着，却似做了一个全堂水陆的道场：磬儿钹儿铙儿一齐响。”

这里用“酱油铺”、“彩帛铺”、“水陆道场”等社会世俗之物作比喻，有味、有色、有声，形形色色，使人的味觉、视觉、声觉都能感受，实在是无与伦比了。

《红楼梦》中焦大醉骂“爬灰”，这是世俗的隐喻，用于暗示贾府中公媳通奸。傅憎享解释道：“爬灰者必然弄脏膝头，污膝与污媳谐音，以作喻翁媳间有私。”[④]

“吃醋”一词也是反映世俗文化的比喻。贾琏说：“我不是拈酸吃醋之辈。”（《红楼梦》第六十五回）凤姐也说：“我并不是那种吃醋调歪的人。”（第六十八回）“吃醋”在世俗文化中形容嫉妒。《续文献通考》云：“狮子日食醋酪各一瓶，吃醋之说本此。”古人用狮子比喻妒妇，因为狮子爱吃醋，所以便用“吃醋”来比喻妒妇的特性。

四、反映民族心理的动物比喻

汉语中用动物作比喻的例子不少。有的动物用于比喻人们的爱情关系，如“鸳鸯”。有的动物用于比喻人的勤劳，如“牛”，“吃进去的是草，挤出来的是奶和血!”（鲁迅语）。有的动物用于比喻人的温顺性格，如“绵羊”，“她好像一头温顺的小绵羊”。有的动物用于比喻人的勇猛，如“老虎”，“他犹如猛虎下山，勇敢冲上前去”。有的动物用于比喻人的胆小怕事，如“老鼠”，“他胆小如鼠”。有的动物用于比喻人的贪婪、凶恶，如“狼”，“他像一条恶狼一样凶狠”。还有的动物用于比喻人的机灵、聪敏，如“猴子”……所有这些动物的比喻义，乃是汉族人在长期的历史社会中逐渐形成的，是汉族人对各种动物的不同的观察体验所产生的不同喜恶心理的反映。

在《红楼梦》中，就曾经用“猴儿”来比喻凤姐和宝玉。

以“猴儿”比喻凤姐主要在于刻画凤姐的机灵性格和善于随机应变的口才。

贾母：“猴儿，把你乖的!”（第五回）

贾母：“你们听听这嘴，也算会说话的，怎么说不过这猴儿。”（第二十二回）

以“猴儿”比喻宝玉，侧重于动作形态方面。如，第十四回写宝玉“猴向凤姐身上”。第二十四回宝玉“猴上身去（要吃鸳鸯嘴上的胭脂）”。宝玉有时还会“如同开了锁的猴儿一般”（第二十二回），活泼可爱。怪不得邢夫人看到贾琮的一副呆相，不免埋怨起贾琮来，“那里找活猴儿去……”。

上述各种比喻，显然都有汉民族传统文化性。

世界上所有语言都有各种各样的比喻。但在不同民族文化和社会背景下，各民族所喜用的比喻喻体，或相同喻体的含义常常很不相同。例如，以动物为喻体，据有关研究表明，澳大利亚喜用袋鼠，美国喜用负鼠，爱斯基摩人喜用海豹，巴西人喜用鹦鹉等等。北美印第安人的武士们常把自己比喻为雷鸟和杀人鲸，把结婚仪式比喻为猎鲸。北美印第安的某部落，还把客人比喻为鲑鱼，来了许多客人，说成来了一群鲑鱼。

即使是相同动物为喻体，不同民族也会有不同的含义。如，“喜鹊”，汉语用“喜鹊”比喻喜事的使者，“喜鹊叫，喜事来”。然而，英美人用喜鹊比喻唧唧喳喳，令人讨厌的人。还有斯拉夫人也不喜欢喜鹊，用它比喻“小偷”。⑤

注释

① 徐传武：《谈谈古代纪月用语》，载《山东教育学院学报》，1987年第2期。

② 笠原仲二：《古代中国人的审美意识》，生活·读书·新知三联书店，1988年。

③ 沙予：《花似伊，柳似伊》，载《香港文学》，2005年第4期。

④ 参阅《红楼梦学刊》，1982年第2期。

⑤ 朱文俊：《人类语言学论题研究》，北京语言文化大学出版社，2000年。

第十四章　成语——历史文化和智慧的凝聚

第一节　成语的特征

在汉语广袤的词林中，成语以其典雅、含蓄、生动、犀利而独放绚烂的异彩。

有些语言学家认为，成语在句子中的作用相当于一个词。这若从语法角度来看，有一定的道理。但若从词义的角度看，一个成语的语义容量远比一个词要丰富得多。有些成语表述的内容是一个故事、典故，它远远超出一个词所能表述的范围。从语义、从结构等方面来考察，成语的特征都是很鲜明的。

一、丰富、多层次的语义色彩

任何成语都有其基本的语义。例如，“死里逃生”表示幸免于死；“四分五裂”表示一个国家民族或社会群体分裂、不团结；“肃然起敬”表示产生敬仰之情。然而，成语除了有这种基本的语义之外，它还有丰富、多层次的附加语义色彩。这种语义色彩，有的富于形象性，有的富于联想性，有的富于深邃的哲理性。如：

“俯首贴耳”这一成语，它的基本意义是表示顺从的意思。但这一成语还形象地再现了那些甘心听命于人的奴才的丑态，形容像狗那样低头，耷拉着耳朵，跟随主人，唯命是从。所以这一成语还具有贬义色彩。

“拂袖而去”除了表示生气地离开这一基本语义之外，它还展现生气时的样子，一甩袖子，傲然地走开。

有的成语给人联想。如，“鹤立鸡群”，它表示人的才能出众。然而，这一成语通过鹤与鸡的对比，使人联想鹤在鸡群的卓然超群，从而使这一成语具有更强的赞美色彩。

“人面兽心”表示为人卑鄙、阴险，但是这一成语通过“人面”和“兽心”的对举，使人联想隐藏在善人表面下的禽兽心肠，狠毒、没有人性。这一成语具有更深刻的揭露丑恶的语义色彩。

有的成语给人深邃的哲理启迪。如，“揠苗助长”表示急于求成的意思。但这一成语还含有哲理性的语义色彩，它暗示做事若违背事物的客观规律，往往欲速则不达。

“举一反三”这一成语是由此知彼的意思，但这一成语所含的哲理性是表述一种认知的规律，即触类旁通，善用类推的学习方法。

成语的语义色彩虽然是附加性的，但它却是成语的一种特色，说明成语的含义远比构成成语的词组本义要丰富得多。

二、浓缩性的语言结构

成语有稳定的结构，它通常以四字格为基本的结构式。但是成语的这种四字格，许多并不是语言的原型，例如，“拨乱反正”这一成语，它源自《公羊传·哀公十四年》：“拨乱世，反诸正，莫近诸《春秋》。”它的语言原型是“拨乱世，反诸正”。许多成语的四字格结构，不论从内容或从语言形式看，都是它的语言原型的浓缩、概括，它比语言原型更为精练、凝固。

成语，有些是从神话、寓言故事或历史故事浓缩而来的。如：

叶公好龙，是从寓言故事浓缩而来的。汉代刘向《新序·杂事》：“叶公子高好龙，钩以写龙，凿以写龙，屋室雕文以写龙。于是天龙闻而下之，窥头于牖，施尾于堂。叶公见之，弃而还走，失其魂魄，五色无主。是叶公非好龙也，好夫似龙而非龙者也。”

画龙点睛，是从神话故事浓缩而来的。唐代张彦远《历代名画记》卷七：“（梁）武帝崇饰佛寺，多命（张）僧繇画之……金陵安乐寺四白龙不点眼睛，每云：‘点睛即飞去。’人以为妄诞，固请点之。须臾，雷电破壁，两龙乘云腾去上天，二龙未点眼者见在。”

草木皆兵，是从历史故事浓缩而来的。《晋书·苻坚载记》：“坚与苻融登城而望王师，见部阵齐整，将士精锐；又北望八公山上，草木皆类人形，顾谓融曰：‘此亦劲敌也，何谓少乎？’怃然有惧色。”

有的成语是从古代一些文史名著的句子浓缩而来的。

面命耳提，《诗·大雅·抑》：“匪面命之，言提其耳。”

明察秋毫，《孟子·梁惠王》：“明足以察秋毫之末，而不见舆薪，则王许之乎？”

名正言顺，《论语·子路》“名不正则言不顺。”

鹏程万里，《庄子·逍遥游》：“鹏之徙于南冥也，水击三千里，抟扶摇而上者九万里。”

浓缩后的成语具有语义整体性，它的意义并不是成语中各个语素意义的简单相加，而是与成语的来源有密切关系。如，“华亭鹤唳”这一成语，从字面上看，似乎是表示华亭（古地名）有鹤在凄叫。然而，这种字面上的理解是不恰当的。这一成语出自《世说新语·尤悔》：“陆平原（即陆机）河桥败，为卢志所谗，被诛，临刑叹曰：‘欲闻华亭鹤唳，可复得乎？’”“华亭鹤唳”用于表示留恋昔日的生活和旧物的怀旧之情。李白《行路难》诗云：“华亭鹤唳讵可闻，上蔡苍鹰何足道。”

三、古词语的积淀

大多数的成语是历史文化的产物，它产生于古代汉语的土壤中，有大量的古代词语的积淀，这使成语显得典雅、深奥。

尔虞我诈——“尔”：你。“虞”：欺骗。

老骥伏枥——“骥”：骏马。“枥”：马槽。

色厉内荏——“荏”：软弱。

殚思极虑——“殚”：竭尽。

跌宕不羁——“跌宕”：放纵无拘束。

以蠡测海——“蠡”：瓢。

鸡鹜争食——“鹜”：鸭子。

得鱼忘筌——“筌”：用竹或草编制的渔具。

众目睽睽——“睽睽”：睁大眼睛注视的样子。

汗流浃背——“浃”：湿透。

戎马倥偬——“戎马”：军马。“倥偬”：繁忙。

高屋建瓴——“建”：倾倒。“瓴”：水瓶。

倜傥不羁——“倜傥”：豪放洒脱。

遐迩闻名——“遐”：远。“迩”：近。

成语中的古词语十分丰富，举不胜举。一般说来，弄清楚这些古词语成分的含义，有助于我们对成语整体意义的理解。

四、匀称而多样的结构关系

汉语的成语具有匀称的特点，这是为人们所熟知的事实。所谓匀称结构是指成语的四字格中，通常前半部两字组成一个意义单位，后半部两字也组成一个意义单位，前后两个意义单位相对称。成语中联合式结构最普遍，而联合式成语最具有匀称的特点。如：

你死我活　内忧外患　能说会道　难兄难弟　南辕北辙　难分难解

装腔作势　难分难舍　男盗女娼　耳濡目染　栉风沐雨　谋财害命

铭心刻骨　摩拳擦掌　民脂民膏　眉飞色舞　眉开眼笑

在这些联合式中，前后两两意义相对，形成和谐、匀称的语言搭配关系。如，“你死”和“我活”、“出生”和“入死”、“内忧”和“外患”、“难兄”和“难弟”前后形成同义搭配关系。

成语内部结构关系具有多样化的特点，这可从两方面来考察：一方面，从成语内部的语法关系看，它有联合式、偏正式、主谓式、动宾式、后补式、连谓式、兼语式、复句式等结构；另一方面，从语义关系看，它有不同的语义搭配关系，如：近义搭配、交错搭配、相对搭配、镶嵌搭配、比喻搭配、重叠搭配等。

下面简要举例说明成语内部语法结构关系：

（1）联合式

深入浅出　古今中外　冰天雪地　一唱一和　三心二意　千真万确

（2）偏正式

梁上君子　世外桃源　后起之秀　吹灰之力　近水楼台

（3）主谓式

鸡犬不宁　孤掌难鸣　毛遂自荐　生气勃勃　人定胜天　积重难返

天马行空　昙花一现　人言可畏

（4）动宾式

感人肺腑　颠倒黑白　重振旗鼓　闪烁其辞　平分秋色

（5）后补式

坚持不懈　大惊失色　轻于鸿毛　俗不可耐　感激涕零

（6）连谓式

画蛇添足　杀人越货　量材录用　奋发图强　得胜回朝

（7）兼语式

纵虎归山　调虎离山　官逼民反　望子成龙　引人入胜

（8）复句形式

船到桥头自会直

船到江心补漏迟

树欲静而风不止

城门失火，殃及池鱼

一般说来，成语都是一种固定词组，它的结构成分不可以随便更换，作为独立的句子形式是很少见的。

第二节　成语中的历史文化积淀

成语并不是汉语的独有的现象，其他语言也都有成语，例如英语有：as poor as the church mouse（直译为“穷如教堂之鼠”，即“家徒四壁”）

burning one’s bridges（过河烧桥）

尽管成语在各种语言中都有，但不同语言的成语表现方式不同，其语义的深层文化内涵更是有很大差异。如欧洲各国语言中有不少成语源自古希腊、罗马的神话传说、寓言、故事以及基督教《圣经》。而汉语的成语却完全是在中华民族文化的土壤中产生，它有自己的独特的历史渊源。

汉语成语与民族文化的联系十分广泛，这里简要介绍几个方面：

一、成语中“龙”图腾崇拜的文化心理表现

“龙”是中国人心目中所崇拜的神物。《说文》指出：“龙”，鳞虫之长，能幽能明，能大能小，能短能长，春分而登天，秋分而入渊。其形象是由几种动物综合而成：象鼻、牛头、鹿角、马鬣、蛇躯、麟身、鳄棘、鱼尾、鹰爪、鼍足。古代人对龙是很尊敬的。传说中，有些远古氏族便是以龙为图腾。《山海经·海外南经》：“南方祝融，兽身人面，乘两龙。”这透露远古祝融部族与龙有密切关系。有人认为，祝融部族以龙为图腾。《诗含神雾》：“天不足西北，无有阴阳消息，故有龙衔火精以照天门中者也。”这是把龙看成神物的表现。正是在这种历史文化背景下，汉语中用“龙”构成的成语便具有对龙神的崇拜和褒扬的比喻义。如：

龙眉凤目——形容人的神态英俊，气度不凡。《水浒全传》第九回：“马上那人，生得龙眉凤目，皓齿朱唇。”

龙驹凤雏——比喻聪明有为的少年。《红楼梦》第十五回：“北静王见他（贾宝玉）语言清朗，谈吐有致，一面又向贾政笑道：‘令郎真乃龙驹凤雏，非小王在世翁面前唐突，将来雏凤清于老凤声，未可量也。’”

龙飞凤舞——有两种比喻义：第一，用于形容山势蜿蜒起伏；气势磅礴。苏轼《表忠观碑》：“天目之山，苕水出焉，龙飞凤舞，萃于临安。”第二，用于形容书法笔势生动、秀逸。《老残游记》第九回：“抬头看见北墙上挂着四幅大屏，草书写得龙飞凤舞、出色惊人。”

龙跃凤鸣——比喻才华出众。《世说新语·赏誉》：“张华见褚陶，

语陆平原曰：君兄弟龙跃云津，顾彦先凤鸣朝阳，谓东南之宝已尽，不意复见褚生。”

龙骧虎步——形容人昂首阔步，气势威严的样子。《三国志·陈琳传》：“今将军总皇威长，握兵要，龙骧虎步，高下在心；以此行事，无异于鼓洪炉以燎毛发。”

龙行虎步——形容人的威武姿态。《宋书·武帝纪》：“刘裕龙行虎步，视瞻不凡，恐不为人下。”

龙章凤姿——比喻人的神采非凡。《清史稿·世祖本纪》：“上生有异禀，顶发耸起，龙章凤姿，神智天授。”

所有这些与“龙”有关的成语，其比喻义都有褒扬、赞美的含义。这反映汉族人民对古老龙图腾崇拜的文化心理。“龙”在这些成语中，用于象征人的气度不凡，英俊神态，才华出众，以及书法的奔放、超逸的气势。

二、成语中民族群体观念

中华民族有很强的群体观念。在宗法社会中，任何一个人在家要服从家庭整体、宗族整体，进入社会之后要服从国家民族整体。封建社会的一套礼仪制度，确立了父子、夫妇、君臣上下关系的准则，其实质是在强化群体意识，否定个人自由、平等、竞争意识。人人讲求为家庭、为宗族、为国家、为民族献力献身，以图一己之私为耻。

在这种民族群体意识影响下，汉语中有一部分成语生动地映射这种群体观念，如：同心并力、同心协力、同声相应、同心戮力、同气相求、同舟共济、同心断金、同生共死、同甘共苦、同归于尽、同心同德、同仇敌忾、齐心合力、齐心并力、齐头并进、齐足并驰、众口铄金、众志成城等等。

这些成语从不同侧面反映群体观念。《梁书·王僧辩传》：“讨逆贼于咸阳，诛叛子于云梦，同心协力，安邦定家。”《三国演义》第一回：“我三人结为兄弟，协力同心，然后可图大事。”这里“同心协力”（协力同心）被作为“安邦定家”、“图大事”的必要条件。《金史·太祖本纪》：“朕得天下，皆我君臣同心同德以成大功。”《旧唐书·马燧传》：“长城压境，巨舰济川，同德同心，扶危持颠。”汉代朱穆《复奏记梁冀》：“夫将相大臣，均体元首，共舆而驰，同舟而济，舆倾舟覆，患实共之。”以上文献中出现的“同心同德”、“同舟共济”，反映共同完成大事业、共渡难关、患难与共的群体观。“同仇敌忾”反映抱着共同的愤恨，一致对付敌人的群体观。梁启超便提出过效法德意志，以造成“君国一体同仇敌忾之国民也。”（《论教育当定宗旨》）

三、成语中的忠贞意识

古代中华民族有很强的忠贞意识。为人民要忠诚，为臣要忠君，为夫妇要忠贞，为人子要忠孝，为人要忠信。“忠”是封建社会的伦理道德准则。历代封建统治阶级都很重视宣扬忠贞观念，以培养义务型的人格，以巩固封建帝王的专制地位。“王者执一”、“以一治国”、“朕即国家”，所以为国尽忠，绝对服从君王，成为古代人们最高的道德要求。

宋代儒学大师朱熹对“忠”的含义作了界定：（1）忠是孝的表现，对国君、对父的尽忠，便是尽孝，“以孝事君则忠”。（2）忠就是诚实、守信，不许有任何欺骗。“尽己之心而不隐，所谓忠也。”“忠者，诚实不欺之名。”“为臣之道，不可不事君以忠。”（均见《朱子语类》）“贞”指贞节、节烈行为。妇女事夫要贞一不二，“从一而终”。为人臣在政治上也讲究贞，忠臣不事二君便是贞的表现。

在汉语的一些成语中凝聚着古代这种普遍的忠贞意识，如，忠君爱国、尽忠报国、忠心贯日、忠肝义胆、忠臣义士、忠臣孝子、忠臣烈士、忠孝节烈、忠孝两全（忠孝双全）、忠心耿耿、忠心赤胆、忠孝节义、忠贞不渝、忠臣不事二君，烈女不更二夫，以及披肝沥胆、宁为玉碎，不为瓦全等。

古代忠君与爱国常常联系在一起。元代郑德辉《伊尹耕莘》：“大丈夫生于天地之间，济世安民，忠君报国，乃是男儿所为。”《杨家将》第

第五十二回："忠君报国之丈夫，马革裹尸，肝脑涂地所不辞也。"忠与孝互相沟通。"忠孝双全，方是好汉"。关于忠的表现在成语中较多，有忠心耿耿、赤胆忠心、忠言谠论、披肝沥胆、忠肝义胆等。元代无名氏《射柳捶丸》楔子："忠肝义胆扶王业，立国安邦作柱石。"《三侠五义》第五十七回："那一番赤胆忠心为国为民一派的正气，姓白的，你见了也就威风顿减。"宋代欧阳修《又乞外郡第三札子》："臣之忧危迫切，披肝沥血之诚，亦已屡渎于天聪。"

成语"忠臣不事二君，烈女不更二夫"是最深刻地反映古代忠贞意识的，忠君之臣不降敌，节烈的女子绝不改嫁。这在宋元明的话本中常被使用，可见这种忠贞意识的深入人心。《隋唐演义》第四十九回："忠臣不事二君，烈女不更二夫。我为隋臣，不能匡救君恶，致被逆贼所弑，不能报仇，而事别主，有何面目立于世乎？"《京本通俗小说·冯玉梅团圆》："妾闻忠臣不事二君，烈女不更二夫。妾被贼军所掠，自誓必死，蒙君救拔，遂为君家之妇，此身乃君之身也。"

四、成语中礼俗文化的反映

中国是有名的礼仪之邦，自古以来，社会的各个层面便很重视建立各种礼仪文化。封建皇朝有各种宫廷礼规，社会与家庭的人际交往也有各种礼规。在成语中有一些有关礼俗的成语，这里略举一二例子：

"三衅三沐"或"三浴三薰"，反映古代一种重要礼仪。所谓"衅"，指以香料涂身。这成语的意思是多次沐浴并以香料涂身。《国语·齐语》："庄公将杀管仲。齐使者请曰：'寡君欲亲以为戮。若不生得，以戮于群臣，犹未得也，请生之。'于是庄公使束缚以予齐使，齐使受之而退。比至，三衅三沐之，桓公亲逆之于郊，而与之坐而问焉。"李清照《投翰林学士綦宗礼启》："再见江山，依旧一瓶一钵；重归畎亩，更须三沐三薰。"

"桑弧蓬矢"表现了古代生男子的一种祝贺仪式，用桑弧作弓，蓬梗作箭，射向天地四方，以象征男子的远大志向。《礼记·内则》："国君世子生……射人以桑弧蓬矢六，射天地四方。”

五、成语中反映古代物质文化的表现

成语与古代物质文化也有密切的联系。

古代女子以罗绮（丝织品）为高贵的衣料，以珠、玉、翠（翡翠）为华丽的装饰品，在汉语中便出现映射衣饰文化的成语，如有：“珠光宝气”、“珠翠罗绮”形容古代妇女闪烁光彩的富丽装扮。宋代周密《武林旧事·观潮》：“江干上下十余里间，珠翠罗绮溢目，车马塞途。”又如“珠绕翠围”（又“珠围翠绕”），形容妇女饰容华贵的装扮。《孽海花》第十八回：“一个是中年贵妇，一个是姣小的雏姬，都是珠围翠绕，粉滴脂酥，款步进门而来。”

在建筑方面，“朱阁青楼”、“朱甍碧瓦”、“朱门绣户”等成语，反映古代富贵人家的华美精致的建筑。那朱红色的屋脊，碧绿色的瓦片，朱漆的大门，绘有花鸟华丽的居室，都是达官贵人的豪华住宅。宋代苏辙《黄楼赋》：“战马成群，猛士成林；振臂长啸，风动云兴；朱阁青楼，舞女歌童。”清代洪升《长生殿》：“可知他朱甍碧瓦，总是血膏涂。”相反，成语“桑枢瓮牖”所反映的却是穷苦人家的房舍，它以桑木作门轴，以破瓮为窗户，没有朱漆，没有碧瓦，没有绣户，这是两种迥然不同的建筑在成语中的反映。元代关汉卿《裴度还带》一折：“久淹在桑枢瓮牖，几时能勾画阁楼台。”元代卢挚《举子》曲：“辞辛苦桑枢瓮牖，夸荣华凤阁龙楼。”

成语与古代文化的联系还有许多方面，不可能在此一一列出。此外，成语还有许多来自佛教文化，如，聚沙成塔、天花乱坠、梦幻泡影等等方面。第七章已叙述，此略去。此外，还有近代从西方引进的成语，如，火中取栗、天方夜谭等等。除此，成语中还有许多来自民间的口语、俗语。如：轰轰烈烈、后浪推前浪、欢天喜地、精兵简政、快刀斩乱麻、空头支票、七上八下、青黄不接、不成体统等等，恕不细述。

第三节 成语与汉语历史对应

成语是各个历史时代的产物，并不是在一个时代产生的，因此，在成语中，有的文字很艰深，而有的文字却很浅显；有的与古代名物相联系，反映古代语言用词习惯和特点，而有的与近代名物相联系，反映近代语言的用词习惯和特点。在成语中，显然存在着不同的历史语言层次。如“斗筲穿窬”这一成语源自上古汉语。上古的“斗”和“筲”都是量器。一斗可容十升，一筲可容十二升，它是竹器。这两种量器的容量都不大。《论语·子路》：“子曰，噫！斗筲之人，何足算也。”“斗筲”用于比喻气度狭小的人。又“穿窬”的“穿”是穿墙；“窬”是翻墙。《论语·阳货》：“色厉而内荏，譬诸小人，其犹穿窬之盗也与。”“斗筲穿窬”这个成语用于形容鄙陋苟且之人。在宋代还有人使用这一成语，明清便很少见。这是一个文字较艰深的成语，在今天已鲜为人知。成语“斗酒百篇”是源自唐代杜甫的名诗《饮中八仙歌》，其诗云：“李白一斗诗百篇，长安市上酒家眠。”它与中古汉语相联系，文字并不艰深。成语“斗转星移”源自元代的戏曲，元代白仁甫《墙头马上》一折：“莫疑迟，等的那斗转星移，休教这印苍苔的凌波袜儿湿。”斗，指北斗星，这与近代汉语相联系，今天仍为人们所习用。“斗筲穿窬”、“斗酒百篇”、“斗转星移”三个成语来自三个不同历史语言层次。

成语的历史层次与汉语发展史有一定内在联系。不同历史层次的成语反映不同历史时期汉语的语义和语言结构特点，以及不同的用词习惯。

一、上古时期

“华而不实”，“华”即花，这是上古的语义。《诗·周南·桃夭》：“桃之夭夭，灼灼其华。”后代“华”改为“花”，如，“花枝招展”、“花香鸟语”。

“天网恢恢”、“恢恢有余”中的“恢恢”形容宽广貌，见于上古典籍中。《太玄经·廓》："廓之恢之。"这两个成语的出处见于《老子》："天网恢恢，疏而不漏。"《庄子·养生主》："彼节者有间，而刀刃者无厚，以无厚入有间，恢恢乎其于游刃必有余地矣。"

"弃甲曳兵"，"兵"，兵器，见于上古典籍中。这个成语出自《孟子·梁惠王》："兵刃既接，弃甲曳兵而走，或百步而后止，或五十步而后止。"后世"兵"的意义变了，只指兵士，不指武器。如，"兵多将广"里的"兵"，便不指兵器。

"风行草偃"，"偃"，倒伏，见于上古典籍中。这个成语源自《论语·颜渊》："君子之德风，小人之德草，草上之风必偃。""偃"一词，后代一般用"伏"、"倒"代替。

"如丧考妣"，上古称父母为"考妣"，后世便不这样称呼。《尚书·舜典》："二十有八载，帝乃殂落，百姓如丧考妣。"

"无声无臭"（xiù），"臭"在上古汉语中表示气味，并无香臭之别。在这个成语中，保留"臭"的上古语义，它出自《诗·大雅·文王》："上天之载，无声无臭。"后代"臭"转义为难闻的味道。

"风马牛不相及"，源自《左传·僖公四年》："君处北海，寡人处南海，唯是风马牛不相及也。"孔颖达疏引服虔云："牝牡相诱谓之风……，此言'风马牛'，谓马牛风逸，牝牡相诱，盖是末界之微事，言此事不相及，故以取喻不相干也。""风"作为动物发情的语义，只见于上古典籍中。这一成语保留了上古"风"的这种语义。（在今天闽南方言中，动物发情亦称为"风"。）

有些成语直接引自上古典籍，它保留上古词语结构的原型和语义。如：

"箪食壶浆"，《孟子·梁惠王》："箪食壶浆，以迎王师。""箪"，为上古盛饭的圆形竹器。

"妇姑勃谿"，《庄子·外物》："室无空虚，则妇姑勃谿。"上古公婆称为舅姑，这里的"妇"是指媳妇，"姑"是指婆婆。上古称争斗为

“勃谿”。这个成语比喻婆媳为无关紧要的小事而争吵。

“进退维谷”，《诗·大雅·桑柔》：“人亦有言，进退维谷。”

“是可忍，孰不可忍”，《论语·八佾》：“孔子谓季氏，八佾舞于庭，是可忍也，孰不可忍也。”

有些成语保留上古汉语语法中的宾语前置的特点。如：

“唯命是听”，《左传·宣公十二年》：“孤不天，不能事君，使君怀怒，以及敝邑，孤之罪也，敢不唯命是听。”“命”作为“听”的宾语。

“人莫予毒”（即“人莫毒予”），《左传·宣公十二年》载：晋楚战于城濮，楚败，统帅子玉自杀。晋文公得讯后，高兴地说：“莫予毒也已。”意思是再没有人能加害于我。“予”作“毒”的宾语。

二、中古时期

中古时期也涌现一批成语，在这批成语中，有相当一部分是来自佛教文化，保留许多佛经特有的语汇。关于这部分成语，我们在佛教文化与汉语关系一章中有详细介绍，这里从略不述。除此之外，还有一部分成语源自诗词，在这一部分成语中保存许多中古汉语特有的语汇色彩和语义特点。如：

“老骥伏枥”，曹操《龟虽寿》诗：“老骥伏枥，志在千里；烈士暮年，壮心不已。”

“扬眉吐气”，李白《与韩荆州书》：“而君侯何惜阶前盈尺之地，不使白扬眉吐气激昂青云耶？”

“飞黄腾达”，韩愈《符读书城南》诗：“飞黄腾踏去，不能顾蟾蜍。”

“绿肥红瘦”，李清照《如梦令》词：“知否，知否，应是绿肥红瘦。”

“眉来眼去”，辛弃疾《满江红》词：“落日苍茫，风才定，片帆无力。还记得，眉来眼去，水光山色。”

“如堕烟雾”，李白《嘲鲁儒》诗：“问以经济策，茫如堕烟雾。”

“如泣如诉”，苏轼《前赤壁赋》：“客有吹洞箫者，倚歌而和之，其声呜呜然，如怨如慕，如泣如诉。”

这些源自诗词的成语，生动、形象、优美，反映了中古诗歌艺术语言的丰富多彩。

有些成语源自中古的文章、名句、名物故实，这些成语具有中古语言的用词习惯或口语特点。

“家常便饭”，宋代罗大经《鹤林露》卷一“范文正公云：‘常调官好做，家常饭好吃。’”

“如入无人之境”，宋代欧阳修《再论置兵御贼札子》：“及一旦王伦、张海等相继而起……入州入县，如入无人之境。”

“寝食不安”，《敦煌变文集·叶净能诗》：“皇帝自此之后，日夜思慕，寝食不安。”《水浒全传》第二十四回：“教嫂嫂生受，武松寝食不安。”

“甘心情愿”，宋代王明清《摭青杂说》：“此事儿甘心情愿也。”

“欢欣鼓舞”，《宋史·司马光传》：“海内之民……欢欣鼓舞，甚若更生。”

上述这些成语出自中古口语，反映中古口语的通俗特点。

有的成语来自唐宋的故实。如，“觥筹交错”，宋代欧阳修《醉翁亭记》：“射者中，弈者胜，觥筹交错，起坐而喧哗者，众宾欢也。”觥，古代的一种酒器；筹，唐宋时行酒令的一种筹码。在这个成语中有反映中古名物的名称。

三、近代时期

近代时期所产生的成语，大多数有较强的口语化的特点，并保留近代汉语特有的语汇成分。

从语言发展史的角度看，近代汉语是古代汉语向现代汉语演变的重要过渡阶段的语言。它既处于古代汉语的末期，又处于现代汉语的预前期，许多近代汉语的成语，读来通俗易懂，既没有什么艰深的古词语成分，也没有什么特殊的结构，至今仍活跃在现代汉语之中。如：

千里迢迢	（明）	马到成功	（元）
麻木不仁	（元）	巧立名目	（清）
清闲自在	（元）	花枝招展	（清）
如花似玉	（元）	乔装打扮	（明）
请功受赏	（无）	口诛笔伐	（明）
无时无刻	（明）	昏天黑地	（元）
无容身之地	（清）	三心二意	（元）
千依百顺	（明）	两相情愿	（明）
狼心狗肺	（明）	狐群狗党	（元）
牛头不对马嘴	（明）	后会有期	（元）
好梦难圆	（明）	好言好语	（明）
公报私仇	（明）	奋发有为	（清）
恩深义重	（明）	相安无事	（明）
继往开来	（清）	东张西望	（明）
江河日下	（清）	莫名其妙	（清）
人情世故	（明）	心如刀割	（元）

历代都有一些来自口语的成语，而元明清时期的口语化成语的数量居于首位。这些口语化较强的成语，采用近代通俗词语，没有艰涩难懂的古词语，所以它能够一直流传到今天，成为现代汉语的重要组成成分，这表明近代汉语和现代汉语的相近性。试以写春色的成语来进行比较，宋代用“春和景明”形容春色，这成语出自宋代范仲淹《岳阳楼记》：“至若春和景明，波澜不惊，上下天光，一碧万顷。”而元代却用“春光明媚”、“春暖花香”来描绘春色。“春光明媚”见于元代宋方壶《斗鹌鹑·踏青》套曲：“时遇着春光明媚，人贺丰年，民乐雍熙。”“春暖花香”见于元代奥敦周卿《蟾宫曲》：“春暖花香，岁稔时康。”明代无名氏《打

韩通》头折："春暖花香，和风淡荡。我则见东郊上，男女成行。处处闲游赏。"在这三个描绘春色的成语中，"春光明媚"、"春暖花香"两个成语比起"春和景明"来要通俗、鲜明。

总之，成语的构成与汉语历史发展有一定联系，不同历史时期的成语与不同历史语言层次相对应。

第四节　成语与民族智慧

成语不仅是历史文化的凝聚，而且也是民族智慧的结晶。在成语中，我们可以领略到千百年来汉族人在治理国家方面、经济发展方面、克敌制胜的军事方面、用人和人际交往方面，以及外交和斗争艺术等等方面的谋略和智慧。成语以其简洁的语言，精练地概括那些在历史上闪烁智慧火花的经验和真知灼见。

下面，我们分几个方面举例说明。

一、政治谋术

政治谋术，这既是历史上许多统治者治理国家和社会要深究的学问，同时也是许多关心国家命运前途的先哲们热心探究的问题。在这方面有许多成语表现先哲们的独到的见解。这种政治谋术的成语本身并无善与恶的含义，它只有谋略上的意义。如：

未雨绸缪——语出《诗·豳风·鸱号》。据传，这是周公写给他的侄儿周成王的誓言，劝他治国要勤政，要防患于未然。孔子很赞赏这一成语，认为这是治国之良策。明代朱柏庐的《治家格言》云："宜未雨而绸缪，毋临渴而掘井。"许多高明的政治家、军事家或企业家，无不筹划于前，行动于后，预作准备，防患于未然。

居安思危——《左传》云："居安思危。思则有备，有备无患。"历来，许多有远见的统治者都知道这一谋略的重要性。在国家安定之时，保持适度的危机感、警惕性是有必要的，不可忘乎一切。

大智若愚——《老子》说："大直若屈，大巧若拙，大辩若讷。"大智若愚是一种成功的政治谋求，为了实现一定的政治或军事的意图，要考虑各种复杂曲折的因素，需要作些掩盖，用"愚"来掩盖"智"，甚至忍受耻辱与折磨，最后达到大智的目标。

项庄舞剑，意在沛公——这一成语出自《史记·项羽本纪》。该故事广为人知，也是一种政治谋术概括。它也运用于外交或军事上。指为了达到某种目的，表面上的言语或行动，常常不是真实意图的表现。

螳螂捕蝉，黄雀在后——语出汉代刘向的《说苑》："园中有树，其上有蝉，蝉高居悲鸣饮露，不知螳螂在其后也；螳螂委身曲附欲取蝉，而不知黄雀在其傍也；黄雀延颈欲啄螳螂，而不知弹丸在其下也。此三者皆务欲得其前利，而不顾其后之有患也。"这个成语被作为一种政治谋术而广泛地用于各个方面。它说明事物总是互相牵制的，在制定一种决策时，不能不考虑各种互相制约，互相影响的因素。

在政治谋术方面还有许多意蕴深刻的成语，如：先发制人、以毒攻毒、丢卒保车、隔岸观火、后发制人、攻心为上、将计就计等等。

二、军事谋术

汉语中有许多成语凝聚古代军事家、政治家的聪颖智慧。兵贵精、将贵谋，以谋制胜、多谋善断乃是兵家之常。历代兵家一向把军事谋术放在首要地位，由此产生许多军事成语，概括各种战略、战术的可贵经验。如：

兵贵神速——语出《三国志·郭嘉传》："太祖将征袁尚及三郡乌丸……嘉言曰：'兵贵神速!'"《孙子兵法》早指出："兵之情主速。"历史上有许多先发制人，用兵神速取胜的战例，将士们善于捕捉战机，以迅雷不及掩耳之势给敌人以沉重的打击。

出奇制胜——《孙子兵法·兵势》云："凡战者，以正合，以奇胜。故善出奇者，无穷如天地，不竭如江河。"出奇制胜中的"奇"，即"攻其不备，出其不意也"。这也是无数精彩战例用兵要领的高度概括。

避实击虚——《孙子兵法·虚实》云："兵之形，避实而击虚。"这又叫"避实就虚"，即避开敌人的主力，攻其力量薄弱的地方。兵家作战历来很重视目标的选择，避实击虚是成功的指挥官选择目标的重要格言。

知难而退——用兵之道，要善进，也要善退。《左传·宣公十二年》云："见可而进，知难而退，军之善政也。"对于那些明知无法取胜的情况，要有计划地退却，不可盲目进攻，自我毁灭，而应伺机再战。

缓兵之计——用兵要有"急"，有"缓"，有"速"，有"慢"，语出《兵经百字》。这是一种用兵的成功谋略，如果敌人以优势的兵力进犯，宜沉着应对，可采用拖延时间的办法，而后图之。

声东击西——《六韬·兵道》云："欲其西，袭其东。"《百战奇法·声战》说："声东而击西，声彼而击此，使敌人不知其所备。""三十六计"也把"声东击西"作为胜战的第六计。历史上有许多故作佯态迷惑敌人，然后出奇制胜，击败敌人的战例。

军事上的谋术很多，概括这方面真知灼见的成语也很多。如还有：调虎离山、引蛇出洞、诱敌深入、虚张声势、擒贼先擒王、以攻为守、穷寇勿追等等都是人们所熟悉的成语。

三、用人谋术

古代还有一些用人方面的精彩成语，它反映了历史上许多成功用人的例子。如：

用人不疑——《傅子》云："用人无疑，唯才所宜。"宋代欧阳修也说过："任人之道，要在不疑，宁可艰于择人，不可轻任而不信。"（《论任人之体不可疑札子》）

身先士卒——又称为"以身先人"。《纪效新书》云："所谓身先士卒者，非独临阵身先，件件苦处要当身先。"这本是带兵的格言："以身先人，故其兵为天下雄。"后来，它成了各行各业用人的格言。要用人，应先严以律己，以自己的榜样力量去感化他人。

因人施言——用人要根据对象的不同，施加不同的教育和影响。

任人唯贤——《尚书·咸有一德》云："任官惟贤材，左右惟其人。"古人把任人唯贤，知人善任，当作用人的良策。只有贤人才能成为治国的栋梁。

化敌为友——用人不仅指用自己的人，而且还要善于用反对过自己的人，化敌为友，广取人才，繁荣事业。

用人谋术方面的成语还有：群策群力、取人之长、诛大赏小、赏不逾时、德威并施等等。

四、经济谋术

在行业经营竞争中，也出现过许多反映经济谋术的成语，不过其中有的借自军事或政治领域。

巧借东风——这本是来自军事上东风借箭的成语故事，用于经济谋术上，即是要善于抓住机遇，当机立断，推销产品，发展产业。

奇货可居——语出《史记·吕不韦列传》。吕不韦是先秦"家累千金"的大商人，他的经商谋略便是囤积货物，待到货物缺乏时，把奇货抛出便可以赚大钱。经商以"奇货"赚钱的例子很多。

舍金求玉——不少聪明的商人或企业，往往放弃大多数人追逐的"第一目标"，而去捕捉被人们所忽视的，但又有良机相伴的"第二目标"，这种"取人之弃，独到其利"的经营方法，有助于开发新的市场。

投桃报李——语出《诗·大雅·抑》："投我以桃，报之以李。"比喻甲赠送给乙礼物，乙应有所报答。在经营方法上，"投桃报李"是一种"利润三分法"，商人若要争取高额利润，就要善于创造良好的"人和"环境。企业赚钱不可独吞，而应让利给消费者、批发商以及本企业的职工。大家有利，年年有余。

捷足先得——语出《史记·淮阴侯列传》："秦失其鹿，天下共逐之，于是高材疾足者先得焉。"现代经营者都注意快速收集信息，更新产品，快速投放市场。在应付瞬息万变的市场方面，"捷足先得"乃是一种重要的经营方法。

在经济谋术方面还有许多成语，如：借鸡生蛋、践墨逐本、借冕播誉等等。①

五、培养善良人品之道

在成语中，还反映着有关人的品性、人际交往、人的情爱、学习、工作等方面的格言，给人有益的启示，凝聚我们民族的智慧。在有关培养善良人品方面的成语不少，如有：

光明正大——做人要胸怀光明坦荡，作风正直无私。与此相似的成语有“光明磊落”。

表里如一——做人要内心和外表、思想和言行完全一致，不可做口是心非的伪君子。

大公无私——为人民的利益着想，办事公道，无贪欲，无私心。

廉洁奉公——为人和办事，要公正清白，遵纪守法，不贪污受贿，反对营私舞弊。

吃苦耐劳、发愤图强——要经受困苦生活和劳累，立志谋求富强。

先人后己——遇到好处，总先想到别人，后考虑自己。

助人为乐——把帮助别人当成快乐的事。

疾恶如仇——憎恨坏人坏事如同憎恨仇人一样。

刚直不阿——为人正直，不阿谀奉承。

天下兴亡，匹夫有责——国家的兴亡大事，每个公民都有责任。

忠肝义胆——形容为人要忠诚，行事要仗义。

乐善好施——要富有同情心，乐于为人做好事，以财物救助他人。

在这方面还有许多成语，如：任劳任怨，大仁大义，不念旧恶，两袖清风，舍生取义等等，展示民族传统的做人美德。

六、良好人际交往之道

在建立良好的人际关系方面，也有一些成语值得人们珍视，如：

礼尚往来——在人际交往时，礼节上要重视有来有往。《礼记·曲礼》云："今人而无礼，虽能言，不亦禽兽之心乎？"在人际交往中一定要重视礼。"非礼勿视，非礼勿听，非礼勿言，非礼勿动"。

和睦相处——与人要和好相亲在一起。

精诚团结——真心实意地团结在一起。

和衷共济——要同心协力，共同渡过难关。

同甘共苦——比喻与亲人好友要同享幸福，共渡患难，情同手足。

不忘故旧——交朋友不要喜新厌旧，应该不要忘记老朋友。

海内存知己，天涯若比邻——四海之内有知心朋友，即使在远方，也如同住在一起一样亲近。

路遥知马力，日久见人心——比喻日子长了，才会看出一个人心灵的善恶。

七、勤学成功之道

成语中还有许多是劝人努力学习，教人如何取得成功的，如：

笃志好学——人要立志专一地勤奋学习。

好学不倦——爱好学习，从不厌倦。

熟读精思——反复地阅读，深入地思考。

融会贯通——要把学习的知识，融合贯穿起来，从而得到全面而透彻的理解。

勤学苦练——读书学习要勤奋，还要刻苦练习。

心无二用——读书学习要专心一致，不可三心二意。

读书百遍，其义自见——指反反复复地读很多遍书，内容自然就会明白。

勤能补拙——勤奋刻苦地学习可以弥补笨拙造成的不足。

满招损，谦受益——骄傲自满会招来损失，谦虚学习才能得到好处。

少壮不努力，老大徒伤悲——年轻力壮时不努力学习上进，年纪大了悲伤也没有用。

一寸光阴一寸金——人要珍惜时间，多多努力学习。

在汉语成语中，蕴含着我们民族各个方面的无穷智慧，除了上面所述的几个方面之外，还有揭示奸诈、丑恶之术的成语。如：两面三刀、含沙射影、暗箭伤人、无中生有、嫁祸于人等等。这可以提醒善良人要学会识破各种奸诈之术。

汉语成语，绝大多数是在中华历史文化的大背景中产生的。上面我们所举出的成语，都蕴藏各种智慧，有些是历史成功经验的归结，有些是政治家、军事家的真知灼见。而所有这些，都没有超越历史时代的文化传统而独立存在。它们既是民族传统文化的一部分，又是闪烁民族智慧光芒，富有生命力的部分。至今，这许许多多充满智慧的成语，仍然为人们所广泛运用。

注释：

① 参引柴宇球等：《谋略库》，蓝云出版社，1990年。黄涛等：《袖珍分类成语词典》，知识出版社，1993年。

第十五章　姓名与传统文化

第一节　姓氏的起源和历史文化

人生伊始，便要立个姓名。当婴儿还未降临世上时，父母亲便已在思索如何给孩子取个好名。儿童牙牙学语，先要知道自己的乳名；童蒙识字读书，第一步便要学写自己的姓名。姓名是人们初学语言必不可少的内容。

13亿中国人便有13亿个姓名。姓名是多么浩瀚、丰富。在汉语中，姓名的形成有其悠久的历史，它的发展与中国社会的历史文化紧密联系在一起。

一、姓的起源

约在两千多年前，我国古代学者便意识到姓的起源与远古人们的图腾信仰有密切关系。汉代许慎在其《说文解字》中说："姓，人所生也，古之神圣母感天而生子……从女从生，生亦声。"这表明在远古时代，生育是"神圣母感天而生子"，即图腾入居妇女体内，才使之怀孕生育。《诗含神雾》云："大电光绕北斗枢星，照郊野，感附宝而生黄帝；瑶光如霓贯月，正白，感女枢，生颛顼。"著名历史学家吕振羽在他的《史前期中国社会研究》中曾说："在中国今日的姓氏中，也保留不少的原始图腾名称的遗迹。如：马、牛、羊、猪、邬、凤、梅、李、桃、花、叶、林、河、山、水、云、沙、石、毛、皮、龙、冯、蛇、风……。"①

许多学者都指出，姓的产生还与远古母系社会有关。证据是，远古帝王的姓，如，炎帝姓"姜"，黄帝姓"姬"，以及妫、姒、姞、姚、妘等姓都带有“女”字旁。姓从女，意味着姓与母系社会的部落或部族有关。一个姓往往是一个部落的族号。后来，母系社会发展到父系社会，姓便以父系血缘关系为主，不再从“女”旁了。相传黄帝有25个儿子，为4母所生，分为12姓：姬、姞、酉、祁、己、滕、箴、荀、任、僖、儇、依。这意味着有12个胞族，散居各地。这些姓便很少有“女”字旁了。

二、姓和氏的区别和演化

秦汉之前，姓和氏是既有联系又有明显区别的两个词。姓是族号，氏是族的分支的名称。《资治通鉴·外纪》云：“姓者，统其祖考之所自出；氏者，别其子孙之所自分。”这表明，姓为宗族的标志，氏是同姓大族的分支。如：商人祖先是“子”姓，后来随着子孙的繁衍，便分出“殷”、“宋”、“空”、“向”等氏称。其实“氏”的由来比姓要复杂得多。吕思勉在其《中国制度史·宗族》中指出：

“命氏之法：诸侯即以国为氏，若践土之载书，晋重、鲁申、卫武、蔡甲午、郑捷、齐潘、宋王臣、莒期是也。诸侯之子曰公子，公子之子曰公孙。公孙之子，不得上系于诸侯，则别立氏。立氏则追溯其祖，故以王父字为氏。其中又分为二：嫡夫人之子，以五十字伯仲为氏，若鲁之仲孙，季孙是也。庶子以二十字为氏，如展氏、臧氏是也。”②

这是周王朝及其各诸侯国的子孙命氏的方法。

氏的命名后来却发生蜕变，成为表示不同爵位、官位，拥有不同土地，甚至不同职业的标志。“氏以别贵贱”，只有贵族才有氏。贵族男子可称氏，表示他们地位高。而贵族女子不可称氏，只有姓。郑樵在《通志·氏族略》中，把氏的由来归纳为34类，其中有：“以爵系为氏”、“以国系为氏”、“以官为氏”、“以邑为氏”、“以地为氏”、“以名为氏”等等。

秦汉以来，姓和氏混同。司马迁的《史记》中，便把姓氏混在一起。如记载孔子，说字仲尼，姓孔氏。清代学者顾炎武在《日知录·氏族》中云：“姓氏之称，自太史公始混而为一。《本纪》于秦始皇则曰姓赵氏。”其实，司马迁在史书中把姓氏“混而为一”，并不是他个人要别出心裁，这只不过是秦汉社会姓、氏混同的实际状况的如实笔录而已。

从战国时期开始，许多诸侯国已普遍建立郡县制。秦统一全国后，确立郡县制为国家组织形式，废除周代的宗法分封制。这样“氏”本可用来表示爵位、官位等社会地位不同差别的意义便丧失，只剩下标志直系血统的作用，它与姓便无多大差别。另一方面，秦汉以来，社会经过大动荡之后，产生一大批新族，如：刘邦，本为布衣，后来却贵为天子。彭越本为打渔人，后来却升为梁王。樊哙本为屠狗户，后来却为舞阳侯。这些新贵族自然欢迎破坏旧的姓氏制度。

历代姓氏变化纷繁复杂，若追溯各种姓氏的来源，每一个姓氏都有其产生、变化的历史演变过程，不过，中国人的许多姓氏在追溯始祖时，往往都指向黄帝和炎帝那里，这表明我们中国人都是一个民族共同体。以“赵钱孙李”四姓的历史演变线索为例，便可见一斑：

（1）赵姓

黄帝——昌意——颛顼——大业——造父——赵

（2）钱姓

黄帝——颛顼——彭祖——彭孚——钱

（3）孙姓

黄帝——颛顼——舜——田完——田书——孙

（4）李姓

黄帝——少昊——皋陶——理氏——李

这种追溯姓氏始祖的做法，显然带有浓厚的民族的认知心理。人人都以“炎黄子孙”为荣。

三、历史上姓氏构成的多样化

蔡盟在《怎样起名·姓名趣谈》一书中认为，中国汉民族姓氏来源主要有如下几方面：

（1）　以祖先的图腾为姓，有祖先崇拜的生物和自然现象，如云、龙、熊、牛、马、羊、鹿、骆、鱼、鲍等。

（2） 以祖先的称号为姓，如：轩辕、高阳等。

（3） 以祖先的谥号为姓，如周朝的文王、武王，他们的后代分别姓文、姓武。

（4） 以祖先建立的或被封的国家为姓，如齐、鲁、秦、晋等。

（5） 以祖先的字或名为姓，如郑国公子偃，字子游，其子孙便姓游；伍员的后人以员为姓，是以祖先的名为姓等。

（6） 以爵位为姓，如王、公、侯等。

（7） 以居住地为姓，如东门、南宫、西郭等。

（8） 以官职为姓，如司马、司徒、帅、尉、司空等。

（9） 以职业为姓，如陶、卜、巫、商、乐等。

（10） 以皇帝赐姓为姓，如唐沙陀族的朱邪赤心因镇压农民起义有功，赐姓李，赐名国昌，后代就袭用李姓。

（11） 因避讳等各种原因而改姓，如丘姓，因避讳孔子的名（丘）而改为“邱”；有的原姓“庆”，因避讳皇帝名而改姓“贺”；汉武帝时田千秋为丞相，因年老，特许乘小车出入朝廷，时人号为“车丞相”，其后代姓车；明代“靖难”以后，黄子澄的后人因避祸改姓“田”；明朝皇帝朱元璋的后代，在清灭明之后，为免遭杀身之祸，纷纷改为李姓。这种种原因导致许多姓的出现。

（12） 以少数民族姓氏的译音为姓，如呼延、宇文等。

在历史上，姓氏凝聚着宗族观念。古人以同族同姓为血缘亲属关系，形成紧密的宗族共同体。同姓氏联宗，互相联结，互相攀附，渗透强烈的宗族情感。许多宗族共同体世代同居，有的几百口，有的上千口在一起。宋代以后，许多同姓氏宗族共同体，分布在同一个村落，同一村的人同一姓氏的现象十分普遍。

宋代理学家张载曾指出，姓氏的宗法观念“管摄天下人心，收宗族，厚风俗，使人不忘本”（《经学理屈》），这倒是把姓氏的社会历史作用说出来了。

围绕着姓氏的宠辱，历史上也有过一些政治斗争，魏晋以及唐代都掀起过姓氏政治斗争的风浪。

姓氏在民族融合的历史过程中也有过一定作用，许多少数民族汉化之后，常归入某些姓氏，有的自立姓氏。如南北朝时，羯族人石勒父亲乞翼加、祖父耶奕于，并无姓氏可言。后来汉化，建立后赵政权，即以“石”为姓，相沿不改。元代的蒙古族和清代的满族，在民族融合的过程中也有许多从汉人姓氏的情况。如清宗室爱新觉罗（氏），在辛亥革命以后，有的改姓金，有的改姓罗，有的改姓洪。

历史上，我国的姓氏以单姓为多，双字复姓次之，三字、四字的复姓很稀少，这多字姓常是少数民族姓氏的译音。

单字：王、李、郭、张、周、黄、吴

双字：欧阳、司徒、南宫、司马、司空

三字：朱可浑、步六孤、侯莫陈

四字：井疆六氏、自死独膊、爱新觉罗

中国的姓氏有多少呢？如果古今姓氏一起统计，台湾出版的《中国姓符》收集各种单姓、复姓共有6363个。这是不是最完善的统计数字呢？谁也难下这样的断语。有人统计认为有8000个。

在现代汉语中，哪些姓氏使用频率较高呢？1987年5月3日《人民日报》根据抽样资料统计，公布百家姓的新座次是：

李、王、张、刘、陈、杨、赵、黄、周、吴、徐、孙、胡、朱、高、林、何、郭、马、罗、梁、宋、郑、谢、韩、唐、冯、于、董、肖、程、曹、袁、邓、许、傅、沈、曾、彭、吕、苏、卢、蒋、蔡、贾、丁、魏、薛、叶、阎、余、潘、杜、戴、夏、钟、汪、田、任、姜、范、方、石、姚、谭、廖、邹、熊、金、陆、郝、孔、白、崔、康、毛、邱、秦、江、史、顾、侯、邵、孟、龙、万、段、雷、钱、汤、尹、黎、易、常、武、乔、贺、赖、龚、文。

不过，据徐俊元等在其撰写的《贵姓何来》一书的估计，“在中国，以张、王、李、赵、刘这五大姓属人口最多，再往下排大概要数陈、杨、林、徐、周了。姓这十姓的人起码有二亿人，占全国人口的五分之一以上”，“全国姓张的人可达一亿人左右，至少在七千五百万以上，……全国每十个人或每十一、二个人中便有一个姓张”。③

每个国家都有人数最多的姓氏，朝鲜有金、朴、尹三大姓；日本有铃木、佐藤、田中、山本、渡边、高桥、小林、中村、伊藤、斋藤等十大姓。至于欧美国家，如英国为史密斯、琼斯、威廉斯；法国为马丁、勒法夫瑞、贝纳；苏联为伊凡诺夫、华西里耶夫、彼得洛夫。

翻开姓氏的类书，历史上的姓氏五花八门，琳琅满目。有的姓氏令人惊讶，超出我们的常识太远。如以动物名称入姓的有：狗、蛇、狼、大狐……汉朝有个著名人物便叫狗未央，以狗为姓；春秋晋国有个大夫叫狼镡，齐国有人叫狼蓬，以狼为姓；古代还有一个建武将军叫蛇元，以蛇为姓。几乎所有常用汉字都可以入姓氏。《贵姓何来》一书中指出：

东、西、南、北、上、下、左、右、前、后、高、低，这些表示方向方位的字，都是姓氏。

春、夏、秋、冬、阴、阳、日、月、秒、分、时、日、旬、月、季、年、岁，表示时令时间的词，也是姓氏。

一、二、三、四、五、六、七、八、九、十、壹、贰、叁、肆、伍、陆、柒、捌、玖、拾、零、百、九百、千、万，表示数字的汉字，皆为姓氏。

甲、乙、丙、丁、戊、己、庚、辛、壬、癸、子、丑、寅、卯、辰、巳、午、未、申、酉、戌、亥等天干地支，两组22个字，都是姓氏。

工、农、商、学、兵、艺、医、师，诸行诸业，也是姓氏。

金、木、水、火、土，五行为姓。

金、银、铜、铁、锡，五金为姓。

宫、商、角、徵、羽，五音为姓。

麻、黍、稷、麦、豆，五谷为姓。

泰、衡、华、恒、嵩，五岳为姓。

貌、言、视、听、思，五事为姓。

牛、马、羊、鸡、狗、猪，六畜是姓。

风、雨、雷、电、冰、雪、雹、云是天气现象，也是姓氏。

赤、橙、黄、绿、青、蓝、紫、黑、白、灰、褐，诸种颜色，也是姓氏。

天、地、人、仙、神、鬼、怪，是姓。

花、草、树、苗、林、木、杨、柳、桃、李、桂、栗、枣、蒲、兰、菊，是姓。

夏、商、周、秦、汉、晋、魏、蜀、吴、隋、唐、宋、辽、金、元、明、清，诸朝代名，同为姓氏。

松、竹、梅，岁寒三友为姓氏。

龙、凤、虎、豹、狼、狐、猩、彘、貂、犀、蛇、虫、鱼、禽、鸿、鹅、蛾、鸽，许多动物名，为姓氏。

青牛、白马、白象、白鹿、大狐、青鸟、三鸟、五鸠、长鱼，这些偏正式的动物名，是复姓。

第一、第二、第三、第四、第五、第六、第七、第八，八个序数，是复姓。

将军、冠军、大师、牧师，是复姓。

京、津、沪、冀、晋、鲁、豫、苏、皖、鄂、湘、赣、粤、桂、浙、闽、台、滇、黔、川、陕、甘、宁、青、藏、黑、吉、辽，这些省、自治区、直辖市的简称皆为姓氏。

中、朝、日、菲、泰、缅、越、柬、老、印、苏、波、捷、匈、保、罗、南、美、英、法、德、意、奥、比、荷，这些国家的简称，为姓氏。

汉、满、蒙、回、藏、苗、彝、侗、瑶、白、傣、黎、畲、土、羌、怒、京，中国许多民族的名称，为姓氏。

邯郸、安国、高阳、商丘、偃师、即墨、洛阳、中山、鄯善、且末，是中国现在的一些市、县名，但也是复姓。

诸如此类，不胜枚举。

第二节　名、字、号的多层互补及其结构特点

一、名、字、号的多层互补性

名字是姓名的重要组成成分，早在夏商两代，便已有许多人名，如孔甲、武丁、盘庚、帝辛等。自古以来，各种人名数不胜数。在人名中，既留下时代的文化烙印，又蕴含着社会的期望心态。从语言角度看，人名既是一种习见的语言现象，同时又是独具特色的名称用语。探讨汉语人名的语言特点是一项艰难的工作，因为人名的构成成分很简单，绝大多数人名是一个字，或两个字。越是简单，研究便越不容易。下面，我们从三个方面分析汉语人名的语言特点。

1. 名字——个人的特称

姓氏和名字的重要区别在于：姓氏是宗族的共称，而名字是个人的特称。姓氏是用于“崇恩爱，厚亲亲，远禽兽，别婚姻”，而名字则是用于个人“吐情自纪”，以别于他人。

名字作为一种语言符号，它的命名与人之间没有必然的关系。为什么张冬梅必须叫“冬梅”，一般并没有什么必然性。事物的名称对于物的本性来说是外在的，名与物之间或人的姓名和人的本性之间是不可论证的。如果我们只知道一个人的名字，是无法从中了解那个人的。

然而，名字作为个人的特称，它与个人的关系是十分密切的。个人荣誉、耻辱、成功、失败、人格、品性……都与自己的名字紧紧联系在一起。

“名”是个人的正式名字，又称为“大名”，以区别小名。所谓“尊

姓大名”，便是询问别人的正式的名字。周代贵族的取名在出生百日之后，而现代人的取名常在孩子报户口或上学读书时确定。有的人有小名和大名。有的人只有一个名（大名）。

每个人取名都有一定意义，取名的语义学意义受人们命名用意规约。而人们命名的用意，又受社会文化心理的深刻影响，因此，从命名中往往可窥视历史时代的社会文化心理。

不同时代有不同的命名心理取向。如：

商代的商王常用天干取名。殷商的青铜器上的铭文便有很多天干命名的人名，如：父辛鼎、父癸鼎、父丁爵、父己爵、龟父丙爵等等，这表明夏商已用干支纪日。汉代人认为，殷人是以生日来命名的。班固在《白虎通义·姓名》中云：“殷以生日名子何？殷家质，故直以生日名子也。”商代，不光是王，臣民也采用天干命名。

汉代人命名，多取豪迈、勇猛的词汇，气势非凡。如：苏武、何武、马武、黄霸、扬雄、孔奋、张霸、魏霸、班超、张超、贾彪、邓彪、高彪、杨彪、班勇、夏侯胜、龚胜等。这反映汉代人的蒸蒸日上，开拓边界的勇敢精神。

与此不同的是，“宋人字名多用老字”。清代学者赵翼在《陔余丛考》中记述：

唐臣有薛廷老，又范传正字西老，此偶见也。宋人字名则好用老字，其以为名者如：胡唐老（靖康时御史）、王同老（王尧臣之子，见《富弼传》）、孟唐老（宋末人，与元兵战）、孟元老（作《东京梦华录》者）、苏元老（苏辙族孙，见《苏辙传》）、王廷老（字伯敭，见刘挚奏疏及《王古传》）、陈朝老（太学生，见《何执中》及《蔡京传》）、赵学老（赵野之子，见《野传》）、杜莘老（《宋史》有传）、王涣老（王回子，见《邹浩传》）、胡唐老（宿之曾孙）、刘唐老（见《任伯雨传》）、刘德老（见《李翼传》）（以上俱见《宋史》）；李商老（公择侄孙，见《东菜诗话》）、曹醇老（见《瓷牖闲评》）、俞冯老（见《萤雪杂说》）、郑唐老（见陆游诗）、李汉老（见《隐窟杂志》）。其以为字者尤多，如：孙莘老（名觉）、刘莘老（名挚）、赵德老（名彦逾）、李延老（名寿朋）、吴敦老（名居厚）、钱醇老（名藻，乃明逸之从子）、彭岩老（名汝霖）、彭宜老（汝霖弟）、张宾老（名康国）、吕安老（名祉）、胡茂老（名松年）、薛直老（名弼）、黄通老（名中）、程冬老（名松）、薛德老（名徽言）、程惠老（名迪）（以上俱见《宋史》）；李商老（名彭，江西派诗人）、潘邠老（名大临，见苏诗）、俞秀老（名紫芝，见《石林诗话》）、俞清老（名子中，见《直方诗话》）、尹商老（名躬，见《独醒杂志》）、陆蒙老（名元光，见《庚溪诗话》）、钱正老（见胡程《苍梧集》）。其他如《夷坚志》所称吕辨老、张茂老、邹圆老、安行老、何国老、杨吉老，则未知其为名为字也。

马叙伦在《读书续记》里说："宋人自名叟老，可谓创一时之风气。"

2. 字与名的互补性

古代"男子二十，冠而字"，"女子许嫁，笄而字。"（《礼记·曲礼》）这是说，周代礼制，男子年二十结发加冠，才取"字"；女子十五及笄，即结发加笄，方取字。字是男女成年后加取的名，用于表示成人受到的尊重。屈原在《离骚》里写道："皇览揆余于初度兮，肇锡余以嘉名，名余曰正则兮，字余曰灵均。"名与字常并举，先写名而后写字。《史记·项羽本纪》："项籍者，下相人也，字羽。"又如诸葛亮，字孔明；赵云，字子龙；张飞，字翼德；赵孟頫，字子昂。

名和字还有表示在家族中行辈的作用。常在字之前面加上孟（伯）、仲、叔、季表示长幼。即：老大、老二、老三、老四之义。孔子字仲尼，"仲"表示老二，其兄字孟皮，"孟"表示老大。

名和字都是人的特称。它们相辅相成，有语义上的关联和互补关系。《白虎通义·姓名》云："闻名即知其字，闻字即知其名。"指出了名和字之间语义的关联性。清代训诂大家王引之撰《春秋名字解诂》中，把春秋时期的名和字在语义上的关联、互补性归纳为五体六例（变例）。其五种正体：

一曰“同训”，名和字同义互训。孔子弟子宰予，字子我。“予”和“我”同义，都是第一人称。

二曰“对文”，名和字是反义词。楚公子黑肱，字子皙。“皙”是“白”，与“黑”的意义相反。

三曰“连类”，名和字的字义有部分重合。鲁南宫括，字子容，括和容都有包纳的意义。

四曰“指实”，名与字虚实相生，动静配合。如齐公子固，字子城，坚固如城的意思；孔子弟子冉耕，字伯牛，耕地需用牛，动静相配。

五曰“辨物”，名和字是部分与整体的关系。孔子的儿子孔鲤，字伯鱼，鲤是鱼的一种。

3. 号与名的互补性

“号”又叫别号，这是人的别称。封建社会中的士大夫阶层常有取号的习惯，尤其是文人，更热衷于取号，以显示风雅。

古代文人的号由自己取定。

杜甫号少陵野老　　　贺知章号四明狂客

李商隐号玉溪生　　　秦观号淮海居士

王安石号半山　　　陆游号放翁

关汉卿号已斋叟　　　文天祥号文山

有不少文人以“山人”或“居士”自号。

吴承恩号射阳山人　　　李白号青莲居士

白居易号香山居士　　　欧阳修号六一居士

李清照号易安居士　　　苏轼号东坡居士

唐寅号六如居士　　　蒲松龄号柳泉居士

这些号的取定都有一定的来源。如宋代欧阳修晚号“六一居士”，其

“六一”是指一万卷书、一千卷古金石文、一张琴、一局棋、一壶酒，加上他本人一老翁，合为六个“一”。所谓“居士”，常指在家信佛修道的人。

明清取号的风气尤盛，号的文字不规定长短，所以出现一些怪号，如：落落庵、咄咄翁、小小园、惺惺叟、辟仙之不欲升天者、仰视千七百二十九鹤斋、西北之西北老人等。最长的号如“万里行脚僧、小浮山长、统理天下名山风月来、兼理仙鹤粮饷，不醒乡侯”，共28字。辛亥革命前驱邹容，取号“革命军中马前卒”，表现了从事反清，不畏生死的革命气概。

号还有官号、地望、绰号、谥号之分，这常是由别人给取的号。

官号——杜甫又号称“杜工部”，这是以他所任的官职为号。

地望——王安石地望称“王临川”，这是因他生于江西临川。

绰号——《水浒传》中，赤发鬼（刘唐），鼓上蚤（时迁），浪里白条（张顺）都是绰号。有的绰号实际上是恶名，如曾国藩的恶名“曾剃头”。

据萧遥天先生的研究，绰号在春秋时已见端绪，汉以后逐渐兴盛。司马迁因受过宫刑，又被称为“腐迁”；唐李义府以柔害物，得诨号“笑中刀”和“人猫”；唐李林甫妒功嫉能被称为“肉腰刀”；宋代杨畏，进于元丰、显于元祐、迁入绍兴，时人给绰号“杨三变”；宋祁为《玉楼春》词，有“红杏枝头春意闹”句，世人因而称之为“红杏尚书”。取绰号之法，有以状貌取、以威望取、以命运取、以财产取、以职业取、以德性取、以武勇取……共有20种取绰号的方法。④

谥号——人死后被盖棺论定的称号，这是由后人给予的。据张守节《谥法解》所述，谥号可分为好谥、恶谥、夭谥三类。不同的谥号，即在每个谥号前加不同的修饰语作区别。如果一生有功、有德，就给予昭、恭、敬、庄、烈等词赞美，此为好谥。如果一生行为不端，滥施淫威，有悖礼义，需用恶谥，即给予暴、炀、错等贬义词，此为恶谥。如果登位夭折或志向未申，需加上怀、悼、哀、闵等词，以表示同情、哀念，此为夭谥。

谥号有官谥和私谥两种，官谥是由朝廷颁布给文武百官的（三品以上），私谥是宗族亲属给德昭懿行的长辈的谥号，或弟子门生给先生的谥号。官谥如：曹操谥号“武皇帝”、刘邦谥号“高皇帝”、吕雉谥号“高皇后”、李世民谥号“文武大圣大广孝皇帝”、慈禧太后的谥号最长——“孝钦慈禧端佑康颐昭豫庄诚寿恭钦献崇熙配天兴圣显皇后”。

由上所述，中国古代人从幼年到成年，从成年到死后，伴随着各种名字。这些名字丰富多样，并构成相互关联的互补关系。取名随时间的不同，其意义也有不同的文化色彩，正因为如此，这种复杂的命名系统，曾在我国的历史上存留相当长的时间，直到民国年间，还有人死后由后辈或学生给取谥号。下面，我们列出这些名字在命名时间上的互补关系：

	婴儿	少年	成人	死后
小名	+	–	–	–
大名	–	+	–	–
字	–	–	+	–
号	–	–	+	–
谥号	–	–	–	+

小名是在婴儿阶段的命名，大名在少年或儿童阶段命名，字是成人时的命名，号与字的命名时间重叠，谥号在人死后命名。

古代中国人的这种多名互补性，似乎表明一种古老意识，即不把人看成是固定不变的。相反地，是把人的每个阶段看成是一种新的人格，一个新的“自我”。婴儿、少年、成人都是不同阶段的新自我，所以应该用不同命名去表示。若从迷信转生观点看，人的死亡，意味着原生命的失去，新生命的转世，所以也应该有个“谥号”。如今，在一些原始落后的部族中，仍然有这种多名互补现象。如，澳大利亚的一些土著民族和生活在婆罗洲的游牧皮南人。人类学家认为，这种多名现象同他们把人看成是不固定的原始意识有关。

现代中国人的姓名大大简化，“名”和“字”合而为一，称为“名字”，取号的习俗已基本消失，死后封谥号也被取消。但是，号的孑遗却依然可见。如作家的笔名、演员的艺名，类似号的变种。取绰号的雅谑照样流传。有些英雄人物牺牲了，国家或单位要追认他的功绩，常要正式赐予“烈士”、“英雄”一类佳名，这不是谥号，却有谥号的影子。

二、名字的语素分析

名字的语素构成很丰富。就名字构成而言，它只有单音语素和双音语素两种，但就名字语素的成分来源看，几乎所有汉语语素都可以成为名字的构成成分。

首先，我们分析名字中的单音语素和双音语素的构成成分。

1. 单音节语素

人名中单音节语素占有一定的比重。历史上，东汉与三国时期，大部分人名是一个字（单音节语素）。如：东汉的邓禹、黄昌、王昌、孔奋、侯霸、张武、董卓、王允、王莽，三国时期我们所熟悉的人物：刘备、曹操、孙权、周瑜、关羽、张飞、马超、鲁肃、赵云、马谡。

单音语素在现代人名中也相当普遍，其中以独立语素为名的最多，如：王芳、陈风、赵玉、王力、李光、薛江、周民、黎水、刘贺、李南、王燕、周农、尹红、李群、孟君、夏雷、卢江、王钢、常新等等。这里的芳、风、玉、力、光、江、民、水、贺、南……都是可以独立成词的语素。除此，还有用现代汉语中不能独立的语素为名的，如：王之、张颖、江灏、沈亚、叶贞、方谟、马斌等。

这里我们顺便谈一下现代人单名存在的问题。

据有关部门统计，新中国成立初期，我国单名的人口不多，只占总人口1/14。然而，1983年已上升到1/3。单名大幅度增加，最突出的问题是同名同姓的现象越来越严重。如，广州叫“梁妹”、“陈妹”的，各有2400多人。天津叫“张力”、“张英”的各有2000多人。武汉市地区，16岁以上叫“王红”、“李斌”的便超过2000多人。北京叫“李伟”的有3000多人，叫“李杰”的也有3000人。这种同名同姓现象，有时会给社会治安及社会生活带来许多不便，所以有人常写文章呼吁人们改单名为双名，增加名字的区别性，以免造成姓名的混淆。

2. 双音节语素

人名中大多数是以双音节语素（双名）为名。

名字中的双音节语素的构成有三种不同的情形：

（1）取汉语中双音词入名，如：

王建国　李红梅　张爱民　陈庆贺　张振兴　王春雨　吴美丽

罗青春　郑松柏　林玉石　黄光明　游昌盛　潘卫国　邓艳丽

邵秋月　武黎明　杨可歌　王壮志　张富贵　李建设

（2）取数词入名

宋元年间，下层社会有不少人取数字为名。宋代洪迈的《夷坚志》便记有：鄱阳城的刘十二、黄州市民李十六、临川人董小二。明太祖朱元璋父亲名五四，即朱五四，二哥叫朱重六。明开国将领常遇春的曾祖名叫四三、祖父叫重五、父亲叫六六。汤和的曾祖叫五一、祖父叫六一、父亲叫七一。

清代，以数词入名字之风在满族人之中犹存，《听雨丛谈》记载：“八旗幼童，喜从数目字命名，如七十二、八十三等名，多出于祖父母之纪年，因以为寿也。”又《春在堂随笔》记述，清代绍兴乡间尚有这种以数字命名的习俗，如夫年二十四，妇年二十二，合四十六，生子即命四六。鲁迅的《社戏》中还有一个人物叫六一公公，这也是用数字为名。今人名字有：李五四、陈乃六、陈乃五、黄六一等。

（3）名字中独特的组合语素

相当多的双音名字的语素组合不符合汉语复合词的构成习惯，这些名字中的双音语素，不可作为复合词在汉语中使用。如：

高庆灵　李京生　赵子贞　陈法今　罗福腾　李庆海　孟守介
郑文今　林寒生　胡士宝　郭隆林　施志静　李小凡　陈晓如
徐彭华　汪兆兰　朱希章　汤光育　吕枕甲　纪树钧

这里的庆灵、京生、子贞、法今、福腾、庆海、守介……都不是汉语中通用的复合词，这些双语素的组合，只在名字中才出现。这表明名字有自己独特的语素组合形式。

中国人的名字中有许多双音语素，有其特殊的复杂的来源。有的是以出生地取名（杜京生、严沪生），有的以时代取名（张抗美、李卫东、张大跃），有的以排行取名（王伯仪、王仲力），有的以出生时间取名（林寒生、郑夏生）……这种取名来源的复杂性，使人们采用各种各样的语素组合，以表示命名的用意。由于大多数中国人的名字只用两个语素（字），而命名取意又很复杂，这不得不使命名人采用独特的语素组合方式，或用简括，或用摘字，或用不合规矩的组合方式来创造名字。

上面有关名字语素成分分析中，前两类的语素取自汉语双音复合词，而第三类却是名字独特的语素结构。第三类的名字语素结构，带有很强的个人言语创造性，从名字的取意，到名字语素结构的形成，都体现个人言语创造的过程。古往今来，个人创造的名字语素结构五花八门，举不胜举。下面以作家张恨水和旧时代女杰施剑翘名字的取名过程，展示名字的个人言语创造性。

作家张恨水，本名张心远，“恨水”二字令人费解。汉语复合词中没有“恨水”这个词。张恨水在回忆录《我的创作和生活》中说到，他自幼酷爱古典文学，他的“恨水”取名，是由于他读了李煜的词《乌夜啼》（又名《相见欢》）中的诗句“……胭脂泪，相留醉，几时重？自是人生长恨水长流。”由此诗句中摘取“恨水”以成。

旧时代有位枪杀军阀孙传芳的女杰叫施剑翘（原名施谷兰），为何用这怪名字？汉语中没有“剑翘”这个词。原来她年幼时，父亲被孙传芳杀害，家仇国恨使之决意报仇。不满20岁的她，有一天吟出“翘首望明月，拔剑问青天”的诗句，她便用饱蘸浓墨的笔在“剑”和“翘”字下重重地点了两点，自言自语道：“从今以后，剑翘就是我的名字了，让它伴随我杀向仇人吧。”后来，果然如愿以偿，震惊了社会。——“剑翘”这名字，便是从“翘首望明月，拔剑向青天”的诗句中摘取而来，浓缩了这两句诗的深意。⑤

名字中语素的组成关系有：

（1）同义关系——高开启、郑晓晨、陈远遥、林江河

（2）反义关系——林方圆、张文武、赵少增、白损益

（3）连义关系——姓和名连成一个意义整体，清代学者顾炎武在《日知录》中指出：“古人取名，连姓为义者绝少。近代（按：清代）人命名，如陈王道、张四维、吕调阳、马负图之类，榜目一出，则此等姓名几居其半，不知始自何年。”

今人如豫剧演员牛得草，还有护封、沙千里、关山月等均如是。

（4）谐音关系——有双声、叠韵、同音三类。

李莉、方峰、离娄（双声）

扶苏、郭丽尼、张泰来（叠韵）

魏巍、林林、杨扬（同音）

冯梦龙《古今谈概·巧言部》辑录一则用同音名字开玩笑的笑话：

“贾黄中与卢多逊俱在政府。一日，京中有蝗虫，卢笑曰：‘某闻所有乃假蝗虫。’贾应声曰：‘亦闻不伤禾，但芦多损耳。’”

名字中语素的选择，或文雅，或深奥，或粗俗，直接反映命名者的文化素养、地位、职业的不同。现代人如取名椿年、锦椿、大椿者，其命名者必是有较高文化修养的人，因为“椿”字非通俗字，它取自《庄子》书中的句意。《庄子》云：“上古有大椿者，以八千岁为春，八千岁为秋。”“椿”是象征长寿之义。反之，取名“福来”、“长寿”、“有福”这些通俗的名字，其命名者文化层次似低些。

第三节　名字的传统文化审视

人们生活在历史文化氛围之中，处处要受传统文化的浸透和影响，即使是小小的名字，也不可避免地要与民族文化紧紧相连。在名字的寓意上，人们往往寄托着传统文化的伦理精神、价值观念以及宗教的理想。在名字的用字上，人们刻意搜求那些闪烁文化光彩的字汇。绝大多数人都是郑重其事地命名，很少有人漫不经心，胡乱取个名字。

从传统文化史的角度来审视名字的内涵，每每会给人有趣的启迪，怪不得有人说："偶然捡起一张人名录，肯下工夫深沉玩索，其中告诉你的东西，也许比一篇历史文物的报告还丰富。"

一、重视伦理精神的命名

中国的古代文化一向重视伦理道德的教育。儒家的思想体系在对待社会政治问题上，强调重视礼制；在对待社会人生的问题上，强调重视道德修养。仁、义、礼、智、信成为社会的精神支柱。在人名中，我们可窥见重伦理精神的表现，它们多用美德的词汇命名。

用"德"命名者。古代有曹操，字孟德；刘备，字玄德；北宋初大将高怀德；今人有许德政、张思德、许崇德、吴玉德、董立德等等。

用"仁"命名者。儒家认为"克己复礼为仁"，"夫仁者，己欲立而立人"，"仁者爱人"。唐代有薛仁贵、鲁景仁，明代有王守仁，今人有郑有仁、张惠仁、林爱仁。

用"义"命名者。子曰："君子喻于义，小人喻于利。"孟子曰："生，亦我所欲也；义，亦我所欲也。二者不可得兼，舍生而取义者也。"古代有李义山（唐诗人李商隐），今人有卢志义、肖永义、甘义。

用"忠"命名者。臣忠于君，尽忠报国，为人忠信，乃是古代的道德准则。唐五代有朱全忠、邓进忠，宋代有韩世忠、李显忠，明代有项忠，清代有耿精忠，今人有李国忠、张大忠、杨干忠。

用“孝”命名者。孔子说：“其为人也孝悌，而好犯上者，鲜矣。”明代有方孝孺、姚广孝，今人有张孝颜、方孝纯、李思孝。

用“信”命名者。信是诚实不欺，信守诺言，此乃为人的道德准则。古有汉代大将军韩信、北宋大将石守信，今人有郭友信、齐有信、黄信达、李存信。

这些以传统美德词汇充当的命名，反映人们道德精神的取向，重视儒家的伦理教育，并希望一代代能弘扬仁义礼智信、大忠大孝的美德，做一个高尚的人。

二、阴阳五行在名字中的折射

阴阳五行是儒学的哲学观，也是传统文化中重要的理论思维模式。宇宙万物无不表现为阴阳两极，天和地是一阳一阴，男和女也是一阳一阴。万物的形成，处处由五行相生相成。据清代著名学者钱大昕研究发现，有些人名反映阴阳五行的观念。唐朝有一位进士名字叫毕构，做官颇有政绩，两《唐书》都有他的传记，他的名字是木旁，据五行的木生火的相生之序，他儿子的名字便带火旁，取名毕炕。又据五行的火生土的相生之序，毕构孙子的名字便带土旁，取名叫毕增。

宋代大理学家朱熹一家的取名排行也是依据五行的相成顺序来排列。朱熹的父亲名朱松，“松”为木旁，木生火，朱熹的“熹”字下面四点，古字是火旁，《说文》：“熹，炙也。”据五行的火生土之序，朱熹两个儿子的名字叫朱埜（野的异体字）、朱塾，又据五行的土生金，朱熹的孙子名字带“金”字旁，称朱钜、朱钧等等。

钱大昕在《十驾斋养新录》卷十九“五行命名”条里写道：

“今人好以五行偏旁命名，递及子孙，取相生之义。盍盛于宋时，尹源弟洙，源子林，林子焞，洙子构。秦桧兄梓、弟棣，桧子熺，孙埙、堪，曾孙钜，元孙浚、澤。朱松子熹（即朱熹），孙塾、埜、在，曾孙钜、钧、鑑、铎、铨，元孙渊、洽、潜、济、濬、澄。……予读昌黎集，有王屋县尉毕坰墓志，其大父名构，父名炕，弟名增，子四人，镐、钚、钵、锐，则唐人已有之。今东雅堂本炕作杭，注云：杭本作炕。考《唐书·毕构传》亦作炕，则杭本是也。又唐史，崔铉子沆，裴均子锷，高钱弟铢、锴，钱子湜，锴子湘、涣。皇甫湜子松，当亦取此义。”

阴阳五行学说被宣扬迷信的阴阳家利用，作为卜卦算命的理论依据，阴阳家把五行配以天干、地支，测算人们命运的生辰八字。一般说法：

天干与五行相配——甲、乙属木，丙、丁属火，戊、己属土，庚、辛属金，壬、癸属水。

地支与五行相配——寅、卯、辰属木，巳、午、未属火，申、酉属金，亥、子属水，土则寄于辰、戌、丑、未之间。

萧遥天先生在《中国人名研究》中指出：

“今人迷信星命，为求五行盈虚调和，常取五行金、木、水、火、土加于名字，藉以补救‘生辰八字’的欠缺。像名森的必其八字缺木，名鑫的必缺金，名焱的必缺火，名垚的必缺土，名淼的必缺水。也有的置金、木、水、火、土于偏旁的，分量的增减，视其欠缺多少而定。打开一切人的名录，这一类的名字触目皆是。很多使用这类字的人，本身并不相信星命，但星命在家庭里面已有传统的根苗，幼年时代父母给他定名如此，长大也无法改了。”⑥

名字还与八卦有联系。八卦源自《易经》，人们为了趋吉避凶，便要根据八卦的推演，为自己撷取嘉名。例如，南宋末年有一位学者叫黄震，字东发；清代也有一位大学者名戴震，字东原，这两位学者的取名都是“震”，而字又是都含“东”，这难道是一种巧合吗？其实，深究一下这两个名字与八卦的关系，便可发现它们的文化意义。八卦与八方相配：震为东方，巽为东南，离为南方，坤为西南，兑为西方，乾为西北，坎为北方，艮为东北。从八卦与方位相配，“震为东方”，可知取名黄震、戴震，其字为东发、东原，正符合这种对应关系。

《易·说卦》云：“（震卦）其于稼也，为反生。”孔疏云：“取其始生，戴甲而出也。”这是说，“万物出乎震”。所以，名叫“震”，字叫“发”或“原”，这也是符合八卦的取意。

三、名字中的宗族观念

中国古代非常重视宗族，整个封建社会乃以宗族体系为基础。

在人名中，体现宗族观念，首先表现在名字的排行字辈上。一个宗族不同辈分的族人的名字，用不同的汉字来区别，这汉字便称为字辈。

排行字辈最有代表性的，莫过于孔氏宗族了。《清稗类钞》记述曲阜孔氏族名中排行字辈，其“孔氏命名之字派”云：

“曲阜孔氏为孔子之后，命名皆有字派，其迁徙他郡县者，但系孔子嫡传，亦必同一字派。盖自元代之五十四代衍圣公名思晦者起，于是凡五十四代孙，均以思字为派，思字下为克字派，克字以下，则为希、言、公、彦、承、弘、闻、贞、尚、衍十派，再次则为兴、毓、传、继、广、昭、宪、庆、繁、祥十派，又次则为令、德、维、垂、佑、钦、绍、念、显、扬十派。”

上述孔氏族名的不同字派，其实便是孔子后裔不同辈分的用字。这是元代前后的辈分用字。到了清代，乾隆皇帝特地颁赐孔氏宗族30个辈分用字：

希言公彦承　弘闻贞尚衍

兴毓传继广　昭宪庆繁祥

令德维垂佑　钦绍念显扬

从这里，我们可推知孔祥祯、孔令朋、孔德懋三位全国政协委员的辈分，孔祥祯为孔子的第七十五代孙，孔令朋为七十六代孙，孔德懋为七十七代孙女。

1919年，第七十六代孙衍圣公孔令贻，又在这30字后续了20字：

建道敦安定　懋修肇彝常

裕文焕景瑞　永锡世绪昌

孔氏家族人名的辈分用字，表现一个宗族的连续的尊卑有序性，恪守礼法，维系宗族的团结。不论同一宗族的人居住在何方，通过名字便可引出骨肉之情，分清长幼尊卑。如：明人吕元善《圣门志》中列出，孔子第五十五代用“克”字为字辈，有克坚、克钦、克伸、克昌、克纯、克勋、克纲……，五十六代用“希”字为字辈，有希学、希说、希范、希进、希麟、希凤、希顺、希尹、希大……。

有趣的是，颜回、孟子、曾子的后裔也一律按此排行。可以说，这是四大“圣裔”的字辈，是很有代表性的。

从帝胄皇室至平民百姓，凡修有家谱的宗族，在命名时都要按字辈来排列。

《清稗类钞》中记述：

“乾隆间，皇太子永瑢绘《岁朝图》进呈孝圣后，高宗题诗，有‘永绵奕载奉慈娱’之句，其后命取‘永绵奕载’四字为近支宗室命名行辈，然未有明谕也。……道光丁亥，钦定续拟‘溥毓恒启’四字，其时溥字辈已命名奉字，皆令改之。咸丰丁巳，又钦定续拟‘焘闿增祺’四字，均见谕旨。”

看来，我们中国末代皇帝爱新觉罗·溥仪，其“溥”字也属于字辈。

著名画家张大千1899年生，他父亲依家谱的字辈排列“正心先诚意”的“正”字辈（第10代），给他取名正权。

作家艾芜生于四川繁县连丰村，父亲给他取名，用族谱“道继宽仁著，功昭勇智闻”的排行字辈中的头一个“道”字，为他取名道耕。

此外，在名字中还有一些隐含光宗耀祖、昌大后裔的内容，也是宗族观念的反映。如：

南朝有蔡兴宗、垣荣祖、徐兴祖。

宋代有洪兴祖、刘光祖、史达祖。

明代有汤显祖。

今人的名字有王耀祖、高承宗、郭启宗、林继祖、陈恭祖。

这些名字中光宗耀祖的内容是显而易见的。

赵瑞民在《姓名与中国文化》一书中指出，昌大后裔的名字“如《三国志》作者陈寿，字承祚，晋代学者王弼字辅嗣，宋代学者吴昌裔字季永，明代刘永祚、刘熙祚兄弟，因镇压李自成义军失败而自毙的杨嗣昌，清代学者万斯年字绳祖、万斯大字充宗二兄弟，学者王念孙字怀祖，还有卢雅雨先生名见曾，字抱孙，企望四世同堂，最能代表这类名字的精神”。⑦

四、名字中的宗教色彩

魏晋南北朝是道教兴盛的时期，道教对社会政治曾经产生重大的影响，不论是高门望族，或庶民百姓，信仰道教的人相当广泛。陈寅恪指出，信仰道教（天师道）的世家如有琅玡王氏、高平郗氏、吴郡杜氏、会稽孔氏、义兴周氏、陈郡殷氏、丹阳葛氏及东海鲍氏、丹阳许氏、丹阳陶氏、吴兴沈氏等。

在名字中，“之”或“道”字乃是信仰道教的一种重要遗迹。陈寅恪曾说：“六朝人最重家讳，而‘之’、‘道’等字则在不避之列，所以然之故虽不能详知，乃是与宗教信仰有关。”有人曾认为，魏晋六朝时，道教组织曾在二言之名中以“之”字作为暗号，如南朝琅玡王氏名字中用“之”字甚多。

六世名字有：晏之、允之、羲之（王羲之）、颐之、胡之、耆之、羡之、彭之、彪之、翘之；

七世名字有：崑之、希之、玄之、凝之、操之、献之、茂之、随之、伟之、越之、临之、望之；

八世名字有：陋之、肇之、桢之、静之、裕之、镇之、弘之、韶之、纳之、泰之。

除了用“之”以外，还有用“道”、“玄”、“仙”等字。这与道教的信仰有一定联系。如：南北朝宋宗室刘道怜、刘道规，齐高帝萧道成、其兄萧道度，梁代有檀道济、刘道产、蔡道恭、范道根、郝道福……今人有王道成、简立道、郑志道等等。古代有高仙芝、牛仙客、马仙人、李玄通、李玄道、吴通玄、李敬玄、郑玄等等。今人有陈未仙、郑水仙、王阿仙。

名字与佛教也有密切关系。佛教僧、尼的各种法号不计在内，从一般人的名字来看，南北朝时期，随佛教影响的扩大，已有不少人使用与佛教的神将有关的名字。赵翼在《陔余丛考》中，专列一条“元魏时人多以神将为名”，写道：

“北朝时人多有以神将为名者。魏北地王世子名钟葵（即钟馗），元叉本名夜叉，其弟罗本名罗刹。孝文时又有阉人高菩萨。尔朱荣子一名叉罗，一名文殊。梁萧渊藻小名迦叶。隋时汉王谅反，其将有乔钟葵。隋末有贼帅宋金刚。唐武后时，岭南讨击使上二阉儿，一曰金刚，一曰力士，即高力士也。”

这些神将名，佛教都有。

萧遥天在《中国人名研究》中进一步指出：

“自汉季佛法东渐，至六朝而盛，张陵的五斗米道也于此时盛行，故当时的知识分子，思想多仙佛圣贤杂糅，命名也受影响，小名已（有）不少僧哥、摩诃之类。观《南北史表》，僧字在命名上的流行，仅次于‘之’字。如乌丸王氏有僧辩、僧智、僧修。琅玡王氏更不避同名之讳，八世有僧郎，九世有僧达、僧谦、僧绰、僧虔。河东柳氏有僧习、僧珍、僧景，吴兴姚氏有僧垣，兰陵萧氏有僧珍，陇西李氏有僧伽，济阳江氏有僧安，清河崔氏有僧护、僧估、僧深，陈郡殷氏有僧首……。此外有王昙首、王昙亨、荀昙、李瞿昙、姚悉达、周法僧、殷梵童、刘法护、姚菩提、崔目连，陈的显宦萧摩诃，尤为出色。”⑧

这里使用佛教词语作为人名是显而易见的。又如，唐代诗人王维，字摩诘——维摩诘是释迦牟尼在世时的大居士，传有《维摩诘经》，王维以“维”为名，字为“摩诘”，连起来读正好是“维摩诘”，这难道是巧合吗？辽时道宗的皇后姓萧，小名观音，北周宇文护的哥哥宇文导，小名菩萨，杨津字罗汉，这都是佛教用语对名字的渗透。

著名语言学家吕叔湘先生在《南北朝人名与佛教》一文中，也大量列举了自晋到隋，与佛教有关的各个人名，如：

宋，南郡王有个儿子叫悉达；北齐陆令萱也有个兄弟叫悉达。——悉达，义为“成就”，又作悉达多，是释迦牟尼的名字。

宋有王罗汉，魏孝文帝有个太监叫高菩萨，魏高阳王有个儿子叫弥陀，周有个将领叫席毗罗，北齐有个席迦叶——迦叶为释迦牟尼大弟子的名字。[⑨]

古代许多文人以“居士”自号。居士有两种含义：一是指居财之士，一是指在家修佛之士。文人的“居士”称号，大多数与信佛有关。信佛的“居士”，取自梵文。《法华玄赞》曰：“守道自恬，寡欲蕴德，名为居士。”

五、名字中的诗文用典

在名字中吸取中国古代诗文的佳句或典故成语也是弘扬民族文化的一种表现。它使名字具有简洁、精练、优美的特色，同时还富有民族语言文化的风采。

唐代茶圣陆羽，字鸿渐，出自《易·渐》：“鸿渐于陆，其羽可用为仪，吉。”唐代诗人孟浩然，取自《孟子·公孙丑》：“我善养吾浩然之气。”

曹操字孟德，取自《荀子》“夫是之谓德操”句。刘备的大将赵云，字子龙，取自《易经》的“云从龙，风从虎”句。

明人易三接，清人王子接，字晋三，取自《易·晋》：“康侯用锡马蕃庶，昼日三接。”

清人钱大昕，字晓徵，取自《礼记·文王世子》中“天子视学，大昕鼓徵，所以警众也。”——“大昕鼓徵”，只把其中的“鼓”字改为“晓”，其名其字皆取于此。清代曹寅，字子清，源出《尚书·舜典》：“夙夜惟寅，直哉惟清”，取其“寅”和“清”二字。

宋人李心传，字微之，这是来自宋代理学十六字传心之要：“人心惟危，道心惟微，惟精惟一，允执厥中。”宋代诗人王默，字识之，源出《论语·述而》：“默而识之，学而不厌，诲人不倦。”

今人当中，彭德怀，别号“石穿”，取自成语“水滴石穿”。张太雷学名“泰来”，取于《易经》“否极泰来”。诗人傅仇，学名傅永康，字有余，据云，这是他父亲从“年年有余”、“长寿永康”两个成语中给他取的名字。

这些用典的人名，反映人们重视历史文化、喜爱古典诗词的传统。

六、人名中的审美意识

汉族人多有追求美名的习俗。春秋以来，人名较为质朴，汉代以后，追求美名的习俗便盛行起来。追求美名与审美意识密切相关。虽然，美名的深层文化密码是人们盼望交上好运，通过美名能给自己带来好的命运。但这里也隐藏着社会的审美意识，那些男性或女性的美名，反映了人们对男性美和女性美的追求。

男子的命名中，多用“伟”、“景”、“刚”、“壮”等字，这表现了人们对有阳刚之气男性的雄伟、刚健的审美心理。如：

以“伟”为名：陶伟、方志伟、陈伟志、钱伟长、徐伟容、胡伟则、王伟平、吴大伟——伟，盛大也，壮美也。

以“景”为名：赵景云、赵景环、吴景亮、王景兴、刘景升、徐景山、郭景纯、韩景然——景，远大也，明也。

以“刚”为名：陈刚、郭晓刚、林志刚、方铁刚、韩刚平、王立刚、孙国刚——刚，紧也，强直也。

以“壮”为名：吴大壮、李壮、陈壮伟、王壮君、吴壮秀、刘可壮、陈天壮、赵壮元、扬壮彦——壮，大也，健也。

女性命名中，多用花鸟、珠宝、柔辞为名，表现人们对女性阴柔之美的审美心理。

用花鸟为名：许彭梅、吴玉花、郭小兰、林蕙、郭美英、吴兰英、李芝兰、程晓荷、吴凤桃、李荃君、林莉莉、陈香梅、王素菊、郑美凤、王鸣凤、李玉鸾、黄金鸾、郑彩凤、赵飞燕、黄秋雁、颜莺莺、林小鹃、郑紫鹃。

用珠宝为名：李玉珍、林珊珊、赵琼琼、赵秀宝、郑玉贞、李盘珠、王佩金、苏玉环、林金钗。

用柔辞为名：李淑芳、王娇娇、顾媚、程静婉、郑嫣然、柳媚娜、谢彩云、吴秋云、时晓雪、王晨露、许微霞、赵燕妮。

上面这些女性用名的常用词，反映人们对女性的审美心理。在汉族人的传统观念中，女性以柔美为善，像田野里美丽的小花，像空中娇小的飞鸟，像云彩、像雾露那样轻柔，又像多姿多彩的珠玉珍宝那样，放射迷人的光彩。

注释：

① 吕振羽：《史前期中国社会研究》，生活·读书·新知三联书店，1961年。

② 吕思勉：《中国制度史》，上海教育出版社，1985年。

③ 徐俊元等：《贵姓何来》，河北科学技术出版社，1983年。

④ 萧遥天：《中国人名研究》，国际文化出版公司，1987年。

⑤ 孙汝建、李树平：《取名的学问》，江苏人民出版社，1989年。

⑥ 转引自赵瑞民：《姓名与中国文化》，海南人民出版社，1988年。

⑦ 同上。

⑧ 萧遥天：《中国人名研究》，国际文化出版公司，1987年。

⑨ 《中国语文》，1988年第4期。

第十六章　地名与社会文化

第一节　地名的语言分析

地名多如牛毛。一个地方有的不止一个地名。每条街道、每条巷子或胡同都各有名称；每条河、每个湖、每座山也都有地名。乡有乡名，村有村名。有人住的地方便有地名，没有人住的地方也有地名。地理学家认为地名属于地理学的研究范围，语言学家认为地名属于语言学的研究内容。实际上，地名是与地理、历史、语言、民族、文化都有密切联系的名称。研究地名只有从各个不同的角度来考察才有可能深入。

地名是一种语言符号，它借助语言中的一个词或词组，以表示一个地理方位，如城市、农村、河流或山脉。考察地名，我们首先必须重视地名的语言特点。

一、地名的一般语言特征

地名是各民族语言普遍都有的地理名称。一般认为，地名可分为“住地名”和“特征名”两大类。

“住地名”表示一处有人居住的地方的名称，它由住地居民共同命名，或由政府给予命名。住地名包括城镇、村庄、开发区的地名。

“特征名”用以表示地面自然特征的地名。其中包括表示地貌特征、水文特征和自然植被特征等地名，如：长江、黄河。

地名的一般语言特点是：

（1）每个地名都有标志意义。地名作为一个地点的标志名称，用以区别其他地名。许多地名本身的意义还可形象反映地点的特征地貌、历史文化、宗教色彩等等。

（2）地名的形成是社会约定俗成的结果。通常地名是由住地居民商定的，但也有由官方命名，然后经社会流传使用的。美国阿肯色州有个墨水城。这个城的名称有些怪异，原来它是由开荒的居民投票决定的。当时，邮局为了投递信件的需要，便给每家寄一张意见表，要居民提名。意见表上有“Please write in ink.”（请用墨水写），文化水平极低的开荒居民，竟错以为要他们填上ink（墨水），许多人便遵照写上。结果该城就被命名为“墨水城”。

（3）地名的结构与语言结构基本上一致。汉语的地名有偏正式、动宾式等，这与汉语的构词法完全一样。此外，地名的语音变化与语言的语音变化大体上也是相并行的。不过，也有少数地名的语音有滞后现象，保留较古的音。如：山东“费县”按现代标准音应读为fèixiàn，但实际发音却读成bì xiàn，保留上古时代的重唇音声母b，不读轻唇音f。北京有两个地名叫“大栅栏”，它们的读音不一样，西长安街北侧的大栅栏念dà zhà làn，“栅”念重音zhà（此地已拆除）；前门大街西侧的大栅栏念dà shi làn，“栅”念轻声shi（现仍保留）。“栅”在《广韵》中有入声和去声两种读音。

（4）地名的流通有口头形式和书面形式两种。这两种形式的转换大多数是一致的，但也有少数不一致。如：北京西单北大街西侧有条“劈柴胡同”，这名称是早就有的，流行有数百年了。但1905年却把“劈柴”改写成“辟才”，即开辟学校，培育人才。这里，书面写法虽然改了，但北京人仍在口头上念它为pǐchái（劈柴）而不念pìcài（辟才）。地名的口头形式比书面形式要更稳固一些。

二、汉语地名的通称和特称

一个地名常常由通称（通名）和特称（专名）两部分组成。如广州市，“广州”是特称，“市”是通称；长泰县，“长泰”是特称，“县”是通称。地名的特称只用于称呼某一地点，地名的通称可通用于其他地点。

汉语地名的通称语言成分包括如下几种：

（1）有关各级地方行政区的通称

从中央到地方可划分各级行政管理机构，它们各有自己的管理区域，其名称有：省、自治区、区（专区）、自治州、市、县、区（市县区）、乡（镇）、村等。这些行政区名称成为地名的通称，如：浙江省、杭州市、温州专区（今改为市）、平阳县、山门乡、雷渎村。古代有省、州、道、路、府、县、乡、村等地名行政通称。

（2）有关山川关隘的通称

如：山、岭、江、水、河、港、湖、潭、溪、沟、湾、海、岛、关、口、浦、坑等等，这类地名通称的使用较广泛，如：黄山、九华山、狮子岭、八达岭、长江、黑龙江、渭水、黄河、黑河、香港、马尾港、西湖、太湖、日月潭、龙潭、北溪、龙溪、二里沟、渤海湾、黄海、北海、青岛、山海关、蛇口、海口、鹿坑等等。

（3）有关宗教寺庙的通称

如：寺、庙、宫、观、庵。许多寺庙的名称往往也成为地名，如：卧佛寺、开元寺、南山寺、观音庙、关帝庙、土地庙、石灯庵、抬头庵、五道庵、天后宫、慈济宫、回龙观、白云观。这些宗教寺庙多属于佛教、道教信仰的建筑物，基督教用“堂”，如礼拜堂、天主堂，也都成为地名。

（4）有关城市建筑的地名通称

这些重要建筑名有：城、门（城门）、陵，构成地名如：白帝城、长城、西城、东城、前门、天安门、地安门。清代帝王的建筑墓群，有东陵、西陵、北陵。

在城市的建筑中有关各种道路的通称，如：道、路、街、里（里弄）、巷、胡同、坊、口、条、市等等。各地城市的地名中都用这些道路的通称词。这些道路的通称词产生较早，如《诗经》、《左传》等上古书籍中便已有“道、路、途、径”，“道听途说”这一成语便来自上古时期，“道”和“路”也曾经被当作国家行政区域划分的名称。唐代中叶曾经把全国划分为15个道，在近代它已完全演变成为通用的街道名称。如：天津有西安道、马场道，北京也有白塔寺西夹道、东夹道。“路”为通称的地名处处有，“街”的名称也是处处有，无须赘引。历史上，“街”的名称的产生比“道”、“路”要晚些。《说文》：“街，四通道也。”它可能起源于汉代。东汉张衡的《西京赋》便用到它。

“巷、里（里弄）、胡同”，这几个通称词义相近。天津、北京用“里”和“胡同”，南方的城市多用“巷”。“里弄”为上海方言的胡同之称。《周礼·地官》：“五家为邻，五邻为里。”天津河东区有德厚里、会德里等，北京也有平安里、和平里。“胡同”一词是元代由蒙语借入。蒙语的“胡同”一词指“水井”。今天蒙古族居住的地方有井仍称“忽洞”（胡同），如“赛音忽洞”（好井）、“乌克忽洞”（死井）、“哈业忽洞”（双井）等。用“胡同”并非北京一地，有人统计过天津“胡同”名称达1728条，比北京胡同名称1320条（包括近郊）还要多。有人按照胡同名称在当地街道名称中所占的百分比进行统计，齐齐哈尔为55.81%，居第1位；天津为23.45%，居第10位；北京为21.26%，居第11位。

（5）有关军事及商业的地名通称

有关军事，主要是与军队及防御工事有关的名称为地名，如：营、屯、堡、寨、卫、观等。用“营、屯”为地名，在北方农村较多见，城市也有用它作地名的。旧北京街巷名便有：铁匠营、火焰营、汾州营、四川营等等。不过，有些用“营”的地名可能已被引申，看不出与军事有什么关系，如旧北京街巷名的狗营、瘦马营、瓜子营、糖营，甚至更奇异的还有后婆营。不知其取名与营有何关系。东北农村有许多用“屯”作地名。还有用“堡”的，如：双城堡、黄旗堡。此外，还有一个“旗”字，这是清代满族的军事组织形式。起初，旗是兼有军事、行政和生产的职能，清兵入关之后，逐渐成为军事组织。今天北京还留有八旗的地名，如：蓝旗营、东三旗、西三旗、正蓝旗、厢（镶）红旗、厢（镶）黄旗等。蒙古自治区仍有许多带“旗”的地名。

与商业活动有关的通称有：场、市、店、铺、集、墟等，如四川、浙江、湖南、湖北及河南、广东等地有：袁浦场、鹿角场、长林场、草市、花市、张良店、长官店、崔庙集、崖头集、茶园铺、长圻铺、金圹墟、圣堂墟等。北京地区也有这类地名，如：北京郊区的长辛店、河北的长店、河南的射桥集、山东的夏庄集、河北的辛集。

至于地名的特称，各地有各种各样的地名特称。几乎所有汉语词汇都可以入地名。如：

（1）动物名称入地名：鹿马山、马岭、狗洞口、马龙县、鱼山、鱼蛇水、螺山、蟒庄、鱼头湾、雉山。

（2）植物名称入地名：梧桐铺、杨柳青、桂林、笋山、杉口镇、豆村、槐树排。

（3）矿物名称入地名：乌金县、金溪、金银铺、铁岭、铅山、铜矿山。

（4）人的称谓入地名：妇姑城、婆闺县、妻子镇、哑巴庄、伯河、皇姑屯、皇子陂。

（5）人的姓氏入地名：富家庄、黎母山、潘家店、鲁家汇、杨公桥、冯水、冯家庄、邬家地、蔡宅镇。

（6）人的名字入地名：伯牙、黄帝陵、蔡阳县、木壮溪。

（7）社会习用语入地名：铁门关、万福河、万寿山、君子山、印子峪、冰水井、金钱寨、招贤镇、拖船埠、思归县、富有街、怀仁山、万岁池。

（8）日用品名入地名：鼓子峰、鼎湖、鼓钟山、铜锣江、铜钱湾、柴市、锅顶山、凉伞坪。

（9）宗教词语入地名：梵音洞、梵净山、仙霞关、仙人井、老君山、法华镇、法果泉。

（10）外来词入地名（音译地名）：尔卡伦、哈尔沁口、黎察布拉

山、阿巴尔虎旗、巴雅斯胡朗图温都……[①]

三、地名的语言结构

地名的语言结构与汉语一般词语的结构有广泛的共同性。

（1）在语音方面——地名有单音节和多音节。古代地名中，单音节地名较多见，如鲁、燕、赵、魏等战国名称都是单音节。现代地名多由特称和通称共同组成，都可以是单音节或多音节。

双音节：天桥、前门、东单、西单、黄村、蔡镇、李庄、上溪。

三音节：洞庭湖、日月潭、边西道、潮庄集、漫川关、好水川。

四音节：湖岭嘴墟、祝家桥镇、木兰陀山、郝家大店、七家子村、木竹潭镇。

五音节：骆驼背（儿）胡同。

六音节：大小纱帽胡同。

现代地名中，以双音节和三音节地名为最多见。有的双音节地名也可以看成是三音节，如“厦门”也可念成“厦门市”、“福建”也可念成“福建省”。

（2）特称地名结构有：

偏正式——

富国（镇）、蓝田（县）、大王（市）、甜草（冈）、虎牙（山）、玉龙（山）。

动宾式——

刮耳（湾）、征北（城）、卫南（县）、思明（路）、赶驴（桥）、养马（胡同）、保宁（县）、浮石（村）。

数量式——

五十二（峒）、五十（墟）、五台（山）、三七（市）、三十六（峰）、三十里（铺）、二十里（堡）、一面（城）。

并列式——

仁德（墟）、仁和（街）、上下（江）、买卖（湾）、惠安（县）、惠佳（县）。

方位偏正式——

上湖（镇）、上塔（市）、下坪（村）、下良（镇）、北路（坡）、东田（市）、东（江）、东（坑）。

独词式——

胡子（屯）、都（山）、鹊（江）、桔（江）、根子（墟）、柳（江）、枫（岭）、葫芦（岛）、带（水）、花（港）、花（村）、狮子（岭）、板（桥）、溪（县）。

四、地名的古语成分

地名的渊源是十分古老的，它与人类早期的活动密切相关。在我国早期的甲骨文字中，就已经记载着许多地名。古文字学家陈梦家先生在《殷墟卜辞综述》里说，卜辞记载的地方约在五百名以上。随着考古发掘以及人们对甲骨文字了解的增多，可能会发现更多的地名。

今天，有些地名的来源仍然是相当久远的。如福建简称为“闽”，《说文》指出：“闽，东南越，蛇种。”这是说古闽人崇拜蛇，以蛇为图腾，“闽”似是部落的名称，相沿既久，便演变成为地名。《周礼·夏官》有“七闽”，说明闽人部落之多。战国末年，越王勾践之后裔无诸为闽越王，表明此时“闽”已作为国名。后来秦始皇统一中国，取消无诸的王位，设立“闽中郡”，“闽”成为郡名。可见，“闽”这一地名源远流长。而今，福建仍有许多用“闽”为地名的。如有：闽侯、闽清、闽安、闽江等。

重庆市有“巴县”，四川在古代称为“巴蜀”。这里的“巴”来源很早，它是古代西南地区的一个国名。《山海经·大荒北经》载：“西南有巴国，有黑蛇、青首、食象。”《说文》解释说：“巴，虫也，或曰食象蛇。”古人称蛇为“它”，大蛇为“巴”，这是说，巴国人崇拜大蛇，并以之为图腾，“巴”这一地名的产生乃在远古时代。

在地名中，古词语的成分为数不少。如：

寒泽——汉代地名，古城在今天湖北黄梅县北。

宿县——在安徽省，这地名源于汉代，唐元和年间始有宿州。

固始县——汉代县地名，《史记·荆燕世家》："汉五年，汉王追项籍至固陵。"晋灼曰："即固始也。"现河南县名。唐代开元年间，陈元光率中原兵到福建闽南地区征伐番族，开创漳州府，陈元光等便是河南固始县人。

地名中的古词语成分还有很多，不胜枚举。

五、地名中的方言成分

地名里的方言成分五彩缤纷。这些带方言成分的地名，既与当代人民使用的方言密切相关，同时也与当地的水文、地貌特点以及社会生活有很深的关系。

福建闽南地区有许多带"厝"的地名，主要是村名，如：陈厝（乡）、王厝（乡）、朱厝（寨）、魏厝（巷）、黄厝尾等。在说闽南话的广东潮州以及台湾农村中，同样也有不少带"厝"的地名。《说文》云："厝，厉石也。"《诗·小雅·鹤鸣》："它山之石，可以为错。"错，即厝。这与闽南地区多用石筑屋有关。

台湾乡村中较小的地名用"甲"字，如：一甲、二甲、三甲、四甲、五甲、六甲……据说，台湾从荷兰入侵时起，便用"甲"作为测量土地面积的单位，当时的"甲"相当于11亩3分1厘，后来便以"甲"为地名。

广东的深圳现在是很有名气的城市。深圳的"圳"字也是一个方言成分的地名。"圳"的本意是指小溪，或田畔的小水流。九龙、新界间有一条小河，深圳便是由此河名而得名的。其实，在广东、福建都有不少带"圳"字的地名，如广东有三圳、梅圳、圳口村等等。福建沙县有圳后，龙溪有圳头、圳边、圳子尾，华安有中圳，漳浦有圳口，长泰有圳古头，永春有圳古，永定有圳下等等。

在广州和佛山地区有许多地名用"滘"字。如迭滘、沙滘、道滘、滘口、思贤滘等。据考，"滘"常是指小河汇入大河的地方，地势较平坦，有如小小的三角洲。[②]

在北京城里，有不少带儿化的胡同名称，这些带儿化的胡同地名听起来京味儿十足，如：

井儿胡同、桔儿胡同、席儿胡同、砖儿胡同、鸦儿胡同、雨儿胡同、菊儿胡同、香儿胡同、醋儿胡同、帽儿胡同、桶儿胡同、土儿胡同、罗儿胡同、罐儿胡同、炕儿胡同、盆儿胡同、炭儿胡同、扒儿胡同……

第二节　地名与历史文化

地名是不同历史时代的产物，它与历史社会文化的联系是千丝万缕的，许多地名的产生或更改，大都与各时代的文化特征相联系。从现代许多地名中，我们往往可窥探历史长河的各种踪迹。

一、地名反映封建帝王年号与官府的遗迹

年号是封建帝王权威的一种标志，在地名中使用年号，可使其权力象征长久保持下去。

福建永泰县，为唐永泰二年（公元766年）所置。它是以唐代宗李豫的年号"永泰"为地名。

浙江绍兴，汉代为会稽郡治的山阴县。南宋高宗赵构以自己的年号"绍兴"更改其地名，自此，元明清皆沿用这一地名，至今未变。

江西省的兴国县，取自宋太宗赵炅太平兴国年号中的"兴国"二字，兴国县置于宋太平兴国八年。

上海嘉定县，"嘉定"二字乃宋宁宗赵扩的年号，该县为宋嘉定十年（公元1217年）所置。

北京是元明清三朝的京都。封建时代官府衙门林立，其中有些官府在京都的地名中也留下自己的名称，如：

教场胡同——原内官署的内教场旧址

火药局胡同——明清内官署火药局旧址

钟鼓胡同——明清内官署钟鼓司旧址

武学胡同——明清中央官署武学旧址

刑部街（已拆）——明清中央官署刑部旧址

北兵马胡同——明清地方官署北城兵马司旧址

按院胡同——明清地方官署巡按察院旧址

学院胡同——明清地方官署提学察院旧址

有的地名，采用原有官署或官方仓库的名称，如：

国子监街——国子监

太仆寺街——太仆寺

北新仓胡同——北新仓

广平胡同——广平库

禄米仓——禄米仓

海运仓胡同——海运仓

今天人们对北京地名很少去进行考究。北京有东厂胡同，有的人还以为那里曾经有什么工厂。其实这是明代由宦官控制的特务官署的机构名称，原有东厂和西厂两个机构。

二、地名反映帝王用字的避讳

在封建社会中，帝王的权势高于一切，凡地名有与皇帝及其宗族同名、同字的，都要更改用字，以示避讳。

江西省高安县，本名建成县，唐武德五年（公元622年），因避太子建成讳，故改名高安县。（见《旧唐书·地理志》）

浙江省富阳县，本名富春县，以当地富春山而得名。晋咸安二年（公元372年）因避郑太后讳而改名。

江苏宜兴县，本名义兴县，湖南宜章县本名义章县，宋太平兴国初年，因避宋太宗赵光义讳而改名。

皇帝的避讳，有的甚至连陵墓名相同也要求地名改字。今湖北天门县，原名景陵县，清雍正四年，因避其父玄烨（清圣祖）陵墓名（景陵），诏令湖广安陆府景陵县改名为天门县。

湖北咸宁市（县），本名永安县。北宋景德四年（公元1007年）因避太祖父赵弘殷永安陵讳，故更名为咸宁县。

山西平遥县，本名平陶县。《旧唐书·地理志》："汉平陶县，后魏庙讳，改'陶'为'遥'。"

浙江省淳安县南的龙华寺，原名永泰寺。宋徽宗政和三年（公元1113年）因避哲宗赵煦永泰陵号，改为龙华寺。

三、地名反映历史社会的经济风貌

许多地名与古代社会经济活动密切相关。从这些地名里，我们可以反过来看到历史社会经济活动的各种状况。下面以北京的地名为例，其中有许多街名、胡同名，同明清社会的市场、商品、手工业、畜牧业等经济活动联系密切。这为我们认识明清北京的社会经济活动提供佐证。

1. 从地名中看历史上北京畜牧业的兴旺发达

元代，游牧的蒙古族入主中原之后，促进了各种畜牧业的繁荣和发展。在明代的北京城里，便有许多地名与各种牲口的名称联系在一起。这反映那时畜牧业的繁荣，已直接影响到京城的经济生活。张清常先生在他的《胡同及其他》一书中，就此列举了许多材料，给人深刻的印象。[③]

马——

明清北京街巷名与"马"相联系的很多，如：

马厂、牧马所、驹子马房、北马房、瘦马营、马市桥、骡马市街、养马胡同、马尾帽胡同、杨家马圈、陈家马圈、刘家马圈、马桩胡同、骗马张胡同、马神庙、高家马圈、小马神庙、马甸、马道胡同、马道口。

马的用途很多，城市的盖房要用马来拉料，人们乘坐的交通车也要用马来拉。马还可以供人乘骑，在军事、运输、交通各个方面都要用马，由此，城市的道路被称为"马路"，至今仍然在人们的口语中流传使用。

羊——

明清以来，北京与"羊"相联系的地名甚多，如：

羊房、羊房北店、羊房南店、羊市口、养羊胡同、北羊肉口、南羊肉口、羊房胡同、卖羊肉胡同、羊毛胡同、羊尾胡同、羊管胡同、羊圈胡同、羊市大街、羊脚灯胡同、羊皮市、羊房草场（共有十条胡同）。

看来，明清以来，北京近郊区的牧羊业、市区养羊及羊的买卖是很兴旺的。从地名中可看到那时有养羊的“草场”，有“羊圈”、“羊房”，有做羊生意的“羊皮市”、“羊市”、“卖羊肉”等集市。过去的牧羊业在今天的北京市区虽然已不见了，但卖羊肉、羊皮仍处处可见。除了马、羊之外，地名中含牛、猪的也很多。

2. 从地名中反映老北京手工业的发展

明清以来老北京有哪些手工业呢？从下面地名中，我们可略知大概的情形：

砂锅刘胡同（今大沙果胡同）

沈篦子胡同（今分北、中、南沈篦子）

酱黄胡同（今大酱房胡同）

隋磨房胡同（今水磨胡同）

裱褙胡同（今分东、西裱褙胡同）

针匠胡同（今针线胡同）

粉房刘家街（今粉房琉璃街）

豆腐陈胡同（今豆腐池胡同）

唐刀儿胡同　赵锥子胡同　铁匠营　铸锅胡同

贺粉篦胡同　绳匠胡同　何薄酒胡同

这些地名反映出老北京的手工业有：铸砂锅、篦子、酱房、磨房、裱褙、针匠、粉房、豆腐房、制刀、制锥子、打铁、酿酒等等。

3. 从地名中反映老北京市场经销的商品

地名中还有一些带商品名称，如：

磁器口、箔子胡同、帽儿胡同、豆腐巷、白米斜街、翠花胡同、李纱帽胡同、大烟袋胡同、灯草胡同、干鱼胡同、金鱼胡同、烧酒胡同、鹁鸽胡同、灯市口、鸡罩胡同、草帽胡同、炭胡同、盆儿胡同、笤帚胡同、炒豆儿胡同、香串胡同、茶食胡同、席儿胡同、棉花胡同、砖儿胡同、煤市街、鞭子巷、鲜鱼口、珠宝市、米市口、果子巷、醋胡同、麻线胡同、劈柴胡同、江米巷、缸瓦市。

这些地名反映老北京市场上经销的商品有“瓷器、箔子、帽儿（有纱帽、草帽）、白米、豆腐、翠花、棉花、灯草（点灯用）、鱼（鲜鱼、金鱼、干鱼）、盆儿、锅儿、笤帚、席儿、砖儿、珠宝、鞭子、水果、缸瓦”等等。这些市场销售商品的地名，虽然不是全部的商品名，但已显示出北京的商品市场是很繁荣的，品种多样，多为人们日常生活所需的用品。

除北京之外，在其他一些老城市的地名中，也同样可以找到与经济密切相关的类似地名。

地名与历史经济文化的联系并不止这些。人们注意到，地名与历史地理、历史建筑的联系也是很密切的。在许多地区的地名中，与水道、水井、桥、阁、楼、城、门、院等相连用的并不少见。显然，地名里所蕴藏的历史文化内容是很丰富的。

第三节　地名与社会心态

地名的命名，绝大多数不是随意叫出来的。人们总是想给自己生息的土地取个有意义的或吉祥的名称，或寄寓某种特殊的含义，国内外许多地名的取定都是如此。有人指出，在美洲地名中有许多带“圣”字，如有：圣萨尔瓦多、圣克鲁斯、圣贝纳迪诺、圣马丁、圣保罗、圣多明各等等。这些带“圣”字的地名，都有些特定的含义。如，圣萨尔瓦多在西班牙语是“神圣的救世主”的意思，玻利维亚的城市圣克鲁斯意为“圣十字架”，因为西班牙传教士在破土筑城的那天，正值圣十字架节。巴西的城市圣保罗，是葡萄牙人为纪念基督教12弟子之一的圣徒保罗而得名的。这是外国地名用“圣”字所反映的含义，它带有宗教的色彩。在中国，古代和现代的地名也十分丰富，含义复杂多样。

一些有普遍性的地名中，往往透露出人们共性的社会心态。我国古代及旧时代的地名所反映的社会心态，带有浓厚的传统民族心理特征，它实际上也是民族文化的一种反映。我们初步考察了一下，我国地名中所透露的社会心态主要有：

一、对龙神崇拜的社会心态

中华民族对龙神的崇拜是众所周知的。直到今天，农村或城市的民俗中，在逢年过节时，还要舞龙庆贺，舞台上还常常飞扬着“龙的传人”的歌声。中华大地上，龙是备受人们尊敬和崇拜的神物。

“龙”成为地名最早见于《春秋·成公二年》：“齐伐我北鄙，围龙。”杜预注：“龙”为“春秋时鲁邑，在泰山博县西南”。春秋以来，历代有许多地名冠之以“龙”，各地有“龙”字的地名很多，如：

黑龙江之“龙江”、“龙泉河”、“龙镇”。

辽宁之“龙首山”、“龙眼河”。

吉林之“龙源”、“和龙”。

河北之“龙关”、“龙泉山”。

山西胜地之“龙门”。

山东之“龙口”以及“龙洞山”。

内蒙古之“龙胜”。

江苏之名胜“云龙山”。

上海之“龙华”。

杭州之名泉“龙井”。

四川之“龙门坝”、“龙市镇”。

湖北之“龙丘”。

河南之“龙泉寺”、“龙升镇”。

安徽之“龙穴山”。

福建之“九龙江”、“龙海县”。

广东之“龙冈墟”、“龙江浦”。

……

据统计，《辞海》、《中国古今地名大辞典》所收录的带“龙”字的地名有300多条。这些带“龙”字的地名包括：省名、市名、县名、城名、州名、镇名、墟名、山名、丘名、河名、泉名，甚至寺名、村名也有用“龙”字的。陈出新在《龙年漫话龙地名》一文中指出，湖北神龙区林区有40多处带龙的村名。如：龙象村、龙溪村、龙潭溪、青龙湾、龙沟等等。④

这些反映我国人民对龙的崇拜心态。

二、求太平、安宁的社会心态

历史上的中国，战乱不断，烽火连绵。战乱中，民生凋敝，饿殍遍野，民不堪其苦，于是社会上普遍产生一种求天下太平、安宁的心态，把“安居乐业”的生活当作美好的理想。这种求太平的社会心态，在地名中处处流露出来。许多地方以“太平”、“永平”、“永宁”、“永和”等为地名，表现人们企求和平、安宁生活的愿望。

太平——

太平市、太平地、太平店、太平街、太平集、太平川、太平岭、太平山、太平寨、太平江、太平河、太平洲、太平溪、太平桥、太平庄、太平场、太平口、太平关、太平路、太平寺。

含“太平”的地名遍及全国各地。以“太平桥”这一地名为例，吉林省有太平桥，江西玉山县也有太平桥，四川南部县也有叫太平桥的，广东也有太平桥，北京西城也有太平桥。

永宁——

永宁集、永宁山、永宁江、永宁河、永宁州、永宁城、永宁县、永宁陵、永宁铺、永宁镇、永宁乡、永宁关。

永安——

永安市、永安山、永安宫、永安堡、永安州、永安溪、永安墟、永安井、永安县、永安陵、永安镇、永安营。

永和——

永和市、永和县、永和州、永和墟、永和里、永和关、永和隘、永和镇。

这些地名遍布全国各地，不论是过去还是今天，它们都反映人民群众希望天下太平，永远过安宁、平安、和平的生活，不要战乱，不要动乱，安居乐业的心态。人们通过这些地名，寄托一种热爱和平生活的良好的愿望。

三、求福寿、昌盛的社会心态

中国人自古以来便有求福寿、求昌盛的心态，用许多美好的言词来祝颂人们长寿。如：寿比南山、寿乐无疆、福如东海、人寿年丰等等。在地名中，人们也喜用“寿”、“吉”、“昌”、“福”等吉祥词语，寄寓祈求福寿、昌盛、吉利的良好愿望。

寿——

寿宁县、寿宁寺、寿安山、寿安镇、寿春县、寿春府、寿保场、寿星坡、寿昌溪、寿昌县、寿县、寿保镇、寿山、寿水、寿张集、永寿镇、万寿山、万寿镇、万寿桥、万寿坡。

吉——

吉安县、吉水县、吉水镇、吉山站、吉利堡、吉安路、吉利河、吉祥山、吉祥峪、吉祥村、吉昌县、吉昌镇。

昌——

昌山、昌平县、昌吉县、昌江县、昌明县、昌华市、昌宁湖、昌都、昌县、昌乐县、昌国县、昌黎县、昌水河、昌谷、昌平城、昌瑞山。

福——

福山、福山县、福山集、福田市、福州市、福安县、福昌县、福建省、福禄江、福禄县、福鼎县、福庆市、福兴镇、福寿山、福寿桥、福寿湖。

在这些遍及各地的地名中，充满了吉祥的词语，如：寿宁、寿昌、万寿、吉安、吉利、吉祥、昌吉、昌宁、昌乐、福安、福昌、福禄、福寿等。一种对美好富裕生活的向往，对福寿、昌盛热烈追求的社会心态，通过这些地名淋漓尽致地表现出来。

四、重宗族的社会心态

中华民族社会是一种宗族社会，从上到下，都把宗族看成是社会构成的重要支柱。皇帝把天下当作自己一家的天下，“四海之内，莫非王土”。老百姓自然可以把本宗族的居住地，当作本族的乐土，在地名中冠之以族姓。看看我国的地名，用姓作地名的何其多。姓是宗族的专名，带姓的地名表现出重宗族的社会心态。如：

石——

石家集、石家堡、石家庄、石家沧、石家屯、石家坡、石家圹、石家关。

李——

李庄、李村、李家店、李家集、李家街、李家山、李家堡、李家寨、李家湾、李家桥、李家埠、李家口、李家嘴、李官屯、李官村、李家坊。

冯——

冯家屯、冯家岭、冯家峪、冯家沟、冯家集、冯家渡、冯家桥市、冯家庄。

韩——

韩山、韩店镇、韩家店、韩家集、韩家山、韩家寨、韩家河、韩家冲、韩家沟、韩家坞、韩家墅、韩庄、韩城、韩城铺、韩镇、韩村。

王——

王村、王村堡、王家店、王家井、王家屯、王家坪、王家河市、王家堡镇、王家场、王家嘴、王家桥、王家镇、王家岩、王家营、王庄。

这些含姓的地名遍及全国各地。如“王家店”，河南有之，河北、湖北、辽宁也都有之。这些以姓为地名的地区，随着历史的变化、居民的迁移混杂，叫“王家店”的地方未必都住姓王的人。不过，在历史上，同族姓的人多聚居在一起，带姓的地名作为宗族的标志，与江山同在，留传千古，这充分反映了人们重宗族的社会心态。

五、地名改变与政治心态有关

地名有历史的稳固性，许多古地名被沿袭下来，可反映地名的历史传沿是相当稳定的。然而，地名并非都是一成不变的。改变地名的现象不仅过去有，现在也有。地名改变的原因多种多样，有的是因为地名重复，同一地名，多处使用，容易分不清。北京城里的胡同便有这种重名现象。例如，叫扁担胡同的有11处，叫箭杆胡同的有10处，井儿胡同有9处，口袋胡同有7处。据统计，北京胡同重名的达1200多条，这些重名胡同，有的便需要考虑改名称。此外，有的地名的改变是由于一处多名。

地名的改变还有一种是出于政治上的需要，为了炫耀新政权与旧政权的区别，或者是出于某种政治心态，便大力更改地名。在我国的历史上就有这种大规模改地名的例子。王贵文、韩雁来在《历史上一次乱改地名的教训》一文中指出，东汉王莽做皇帝后，为了摆脱政治危机，便以《周礼》为据，进行托古改制。他的改制里包括大规模更改地名，将西汉82个郡名变更了62个。都城长安改称为“常安”，许多郡名都冠以“顺”、“平”、“归”、“新”，这反映他要人民顺从新政的独裁者的心态。如：江南郡→南顺郡，东海郡→沂平郡，益州郡→就新郡。对于边境郡名，多冠以“降”、“戎”、“狄”、“夷”字样，如：五原郡→获降郡，代郡→厌狄郡，天水郡→添戎郡，反映他称霸边境、蔑视少数民族的霸主心态。

北京“东厂胡同”的名称，源起于明代永乐年间，这里是明代奸相魏忠贤掌管的特务机关——东厂的所在地。日本侵占北平时，东厂胡同被改名为“东昌胡同”。为什么这样改呢？尽管只有一字之差：厂→昌，但含义却相去甚远。日本人取名“东昌”，实际上是他们的伪善口号“东亚共荣”的略语。这是出于侵略者的一种政治心态。明明是侵略中国，却要高喊共荣“东昌”。

“文革”期间，一股狂热的红色浪潮席卷中华大地。“横扫牛鬼蛇神”、“批判封、资、修”、“砸烂公、检、法”等口号喊得震天动地。一批响当当的造反派，在一种“造反有理”的心态的驱动下，提出要消灭封建社会帝王将相的胡同名称，要“消灭封建的烙印”，“要彻底革命化”。于是，一场改变北京封建地名的运动便轰轰烈烈地开展起来。许多北京的旧路名、胡同名，一概换上革命的、红色的新地名。如：

王府井——人民路

长安街——东方红路

北新桥——红日路

新街口——红云路

崇内大街——红旗路

宣内大街——红霞路

东交民巷——反帝路

府右街——韶山路

东四南大街——瑞金路

西四南大街——延安路

宣武门内大街——遵义路

东二环北路——大寨路

胡同的易名更多。如：耳朵眼胡同——红到底胡同，交道口南头条——大跃进路九条，等等，什么“永红胡同”、“红心胡同”、“工农兵胡同”到处可见。只要有“红”字，便是革命。这种对“红”颜色词的语言迷信思想，达到无以复加的地步。它充分显示那时人们热衷于红色革命的政治心态。

不过，随着“文革”浪潮的退落，许多红极一时的时髦的“革命”地名也消失了，旧地名又被恢复了。这便于许多客居海外或旅居他乡的游子回到故地时寻找。

地名的更改要考虑许多因素，不能心血来潮，想改便改。

显然，地名既是一种地理名称，同时它也是一种社会文化的反映。在地名中寄托着人们的信仰、愿望、追求与情感，反映社会的各种心态，这也是地名与社会文化密切联系的表现。

第四节　地名与宗教文化

在各地的地名中，还有许多反映宗教信仰的。[⑤]中国的宗教信仰主要有四大类：

（1）佛教——对佛教建筑用寺、庙、庵称呼。

（2）道教——对道教建筑用观、庙、宫、堂、阁称呼。

（3）天主教、基督教——常用教堂称呼天主教和基督教的建筑，如，天主教堂或天主堂，基督教堂或礼拜堂。

（4）伊斯兰教——建筑常用寺称呼，如，清真寺或礼拜寺。

宗教的建筑名称常转化为地名。在《中国古今地名大辞典》中，我们可看到下列一些反映宗教信仰的地名，如：

清泉寺、洪福寺、法华寺、白水寺、山谷寺、幽居寺、承华寺、将军庙、白公庙、白龙王庙、朱老庙、山王庙、武侯庙……

在过去的北京城中，人们对各种宗教的信仰如何？有哪些不同的宗教信仰呢？我们可从地名的考察中，窥探到一些信息。

老北京的地名中，包含四种宗教的特称地名，反映过去北京人有四种宗教信仰，如：

（1）天主堂——明朝末年罗马公教耶稣会教士利玛窦等来到北京，兴建第一个天主堂（在今宣武门内大街南口）。法国教堂——现今大型《北京市区图》标为南堂，与之对称还有北堂（属天主堂）。在旧北京城中有3个天主堂（或称教堂），反映过去北京人中有信仰基督教和天主教的。

（2）普寿寺、礼拜寺、礼拜寺街（今牛街）、清真寺——这些地名反映过去北京人有信仰伊斯兰教的。

普寿寺，后称为礼拜寺、清真寺。清吴长元《宸垣识略》记云：“普寿寺在锦石坊街……寺系回教，其大门内有小楼一座，四面凌空，殆即回部朝夕礼拜之所，名维纳马兹也。”

（3）白云观、药王庙、灵济宫、老君堂、玉皇阁——这些地名反映过去北京人有信仰道教的。

（4）法源寺、观音庵、弥勒庵、观音大士庙、黄寺、雍和宫——这些地名反映老北京人有信仰佛教的。

在这四种宗教地名中，有关佛教的地名最多，并且流传至今的还有不少。有人考察清代以来的北京地名，发现带“庙”的地名大约有一百多个，要是加上带“寺”的地名那就更多了。如：

护国寺街、安国寺街、石灯庵、承恩寺、大乘寺、能仁寺胡同、安禅寺街、广济寺、正觉寺街、碧峰寺胡同、慧照寺胡同、报恩寺胡同、千佛寺胡同、舍饭寺、福禅寺、广慧寺、法华寺、净土寺胡同、观音寺、观音庵、娘娘庙胡同、玉皇庙、关帝庙、马神庙、倒座庙、真武庙、宣灵庙、城隍庙、红庙、龙王庙、老虎庙、弥勒庙、九天庙……

带“庙”、“寺”的地名绝大多数都是佛教的遗迹。这众多的寺庙的地名，显示明清以来，北京人对佛教的崇奉超过其他宗教。

古代民间的宗教信仰还包括许多中国百姓宗奉的民神。老北京人似乎对“关帝爷”（关羽）格外青睐，有关关帝庙的地名便有好几个，而且还有许多俗称。明清时太平桥有个“鸭子庙”，这不是拜鸭子为神，而是关帝庙的一个俗称。清代还有一个“铁老鹳庙”，这也是关帝庙的俗称。还有现在北京朝阳区的“红庙”，也是关帝庙的俗称。为什么称关帝庙为“红庙”呢？这是与岳飞庙（白庙）相对的称呼。从这些关帝庙及其俗称里，可探知昔日老北京人是多么崇拜关羽（关公）！为什么会有这种现象？这只能请研究北京历史的人来回答。

现在，我们要进一步探讨宗教建筑名称地名所蕴含的宗教文化内涵。

这里，我们主要探讨佛教和道教的寺、庙、观、宫地名的宗教文化内涵。

一、佛教建筑名称（准地名）的丰富文化含义

佛教以寺和庙为主要建筑。寺为佛教正宗建筑，而庙却略有不同，除供奉佛神之外，还供奉民间信仰的民神，其中包括被神化的历史英雄人物。

1. 寺名的佛教文化内涵

我们考察各地佛教寺后可以发现，寺名可谓异彩纷呈，各种各样的寺名都有。如：

风穴寺、菩提寺、贤惠寺、净居寺、白云寺、慈恩寺、青龙寺、香积寺、法门寺、智果寺、栖霞寺、灵谷寺、鸡鸣寺、仙鹤寺、定慧寺、保圣寺、兴福寺、永泰寺、卧佛寺、云居寺、天龙寺、开元寺、南山寺、白马寺、少林寺、石竹寺、青芝寺。

值得注意的是，很多佛寺的命名，除反映所供奉的佛神，还反映佛教文化追求的理想，佛教文化倡导的修行理念以及表明佛教对国家的态度。

（1）以供奉佛神为寺名

佛教供奉佛神，故其寺名有：

千佛寺、卧佛寺、万佛寺、保圣寺（供奉罗汉）、观音禅寺。

（2）以佛教追求理念为寺名

佛教追求行善、福祥、慈恩等为理想，其寺名有：

弘善寺、大兴善寺（求善），宏福寺、隆福寺、兴福寺、崇福寺、万福寺、荐福寺（求福），报恩寺、慈恩寺、大报恩寺（报恩），永祥寺、永泰寺、永光寺（求泰祥）。

（3）以佛教修行理念为寺名

天宁禅寺、南华禅寺、栖禅寺、法雨禅寺、西禅宝寺、观音禅寺。

这些寺名都有“禅”字。“禅”，梵语“禅那”的省略。“禅”的意义为“静虑”、“思惟修”，这是说，心中要寂静，没有杂念。——这是禅宗派主张的修行理念。

（4）以佛教教义理念为寺名

菩提寺、昭慧寺、定慧寺、贤惠寺、般若寺、华严寺、慧济寺。

菩提——佛教名词，梵文音译词，意为觉，为悟的极高境界。佛教倡导洞明真理，即对“佛教真谛”的觉悟。

昭慧、定慧——佛教名词，佛教倡导提高智慧、慧性。《大乘义章》说：“观达明慧，慧能照嘱。”佛、菩萨都有一双超人的“慧眼”。《无量寿经》说：“慧眼见真，能度彼岸。”“昭慧”、“定慧”等都是佛教的教义。

般若——梵文音译词，又译“波若”，即佛教修行倡导的通达诸法性空的智慧。这不是世俗人能得到的，但要成佛必须具有这般若智慧。大乘教派认为这是“诸佛之母”。

华严——以《华严经》取名，倡导以《华严经》教义作为修行之道。这是华严教派的寺名。

（5）以佛教爱国观念为寺名

佛教并不是完全超世的。在现实世界中，佛教也与国家命运紧紧相连。历史上，不少佛寺在战火中被焚毁，佛教徒也遭受种种灾难。由此，不少佛寺寺名表明佛教爱国的态度。如：

兴国寺、护国寺、报国寺、镇国寺、崇国寺、相国寺。

2. 庙名（准地名）的宗教文化内涵

庙名主要反映民间宗教信仰，有道教信仰也有佛教信仰。除此，还有些庙名反映人们信仰的神仙和神化的历史人物，甚至有被神化的动物。如：

土地庙、玄帝庙、阎王庙、药王庙、玉皇庙、关帝庙、城隍庙、八仙庙、财神庙、观音庙、无量庙、九天庙、灶君庙。

各地关帝庙甚多，供奉神化的关羽。北京还有“红庙”，也是供奉关羽，与“白庙”供奉岳飞相对称。在南方多有城隍庙。“城隍”是民间宗教中护国保城和管领亡魂（鬼）的偶像神（源自道教）。苏州、上海都有著名的城隍庙。所谓“财神庙”，供奉的是谁，说法不一，一般认为是赵公明，即赵公元帅。“无量庙”供奉无量寿佛。“九天庙”为老北京地名，它供奉九天玄女神。

（1）历史人物庙名

夫子庙、周公庙、文王庙、张良庙、季子庙、姚斌庙、三义庙、张相公庙。

许多地方都有夫子庙，这是古往今来人们对孔夫子无比敬仰的表现。老北京有“姚斌庙”，据传姚斌是盗关羽赤兔马的机智人物。“三义庙”，供奉桃园三结义的刘备、关羽、张飞三位。

（2）其他神庙名（包括动物神、山神）

七圣庙、老虎庙、五圣庙、西岳庙、延旺庙、东岳庙、马神庙、龙王庙。

老北京有“七圣庙”，据考，“七圣”为《封神演义》的梅山七圣，即猿、猪、羊、牛、狗、蜈蚣、蛇。人们畏惧老虎，但老北京地名中却有“老虎庙”。老北京还有“马神庙”，据传，明成祖朱棣在一次战役中，为一匹良马所救，可惜这匹良马却死去，后来为纪念它而立庙。“龙王庙”也分布很广。此外，还有西岳庙、东岳庙。

显然，在庙名中所表现的是对民间流传的各种民神、佛神甚至动物神的信仰文化，这与古代中国各种神仙传说有密切关系。此外，庙名中还有崇敬历史人物的文化表现。

二、道教建筑名称的文化内涵

道教建筑名称用“观”或“宫”为通名，各地道观名称较为相近，如：

观——

白云观、回龙观、妙清观、宏通观、崇贞观、崇元观、玄妙观、清虚观、元和观、修真观、洞天观、朝天观、碧落观、修真观、元和观、迎禧观、长生观。

宫——

净乐宫、迎恩宫、遇真宫、玉虚宫、五龙宫、紫霄宫、南岩宫、太和宫、万寿宫、太极宫、金天宫、天宝宫、太清宫、奉仙宫、碧霞宫。

这些道教的宫观名称的文化含义，有的表明道教追求的理想，如：万寿、迎禧、长生、广福。有的表明道教信仰，如：朝天、崇元、奉仙，这里“崇元”的“元”为道教的元始天尊神。然而，道教宫观的命名，更多是显示道教的教义。这方面，张清常先生在其《胡同及其他》一书中曾精辟地指出，“道教建筑用名，就重在玄（如崇玄观，后来避讳改为崇元观、玄极观等）、妙（如妙缘观、妙清观等）、清（如三清观、太清观等）、虚（如清虚观、玉虚观等）、真（如元真观、崇真观等）”——这里观名所用的“玄”、“妙”、“虚”、“真”都是道教教义中常见的理念。不过，这里也有道教神仙系统的文化含义。“三清观”中的“三清”，据《朝元图》显示，包括286个神像，有日月诸星、风雨雷电、玉皇大帝、太乙八卦等神仙。

第五节　地名反映民族接触和迁移的历史

不同民族的交往、接触，以及一个民族迁移的历史，往往在地名上留下语言痕迹。人们从那些异族语言的地名里，可以考察与印证民族交往的历史。

众所周知，满族的聚居地在东北一带。十七世纪时，满族人入关建立清王朝，并定都于北京。大批的满族人移居到北京，与汉族人一起生活了300多年。如今，不论在东北，还是在北京，都有许多含满语成分的地名。

在今天的吉林便有不少满语地名。如，桦甸县有一条苏密河，满语发音为“苏密那”，含义为莎荻草，是牲口最爱吃的一种草。舒兰县有一条闹枝沟，满语的发音为“闹遮”，含义为拳头，意思是形容这条沟不大，像拳头一样小。永吉县口前镇有下达屯，满语发音为“夏达秃”，含义为织网处，说明该地是编织渔网的地方。蛟河县漂河乡有个屯叫寒葱沟，满语发音叫“寒冲”，含义为猎人用的小锅。

在抚顺，满语的地名约有400个，有许多是音译地名，如，呼兰哈达山（烟筒山）、佛阿拉（旧平岗）、赫图阿拉（横岗）、雅尔哈、札克丹、郎士、嘎叭赛等等。

我国东北大部分居民为汉族人，所以东北的大多数地名是汉语。然而，这些满语地名却记载着满族人曾经在东北与汉族人长久聚居的历史。一些山名、河名、屯名用满语，反映满族人栖息的地区多在有山林河流的农村里。

满族人在北京生活了很长时间，给北京留下的影响很深。北京有一些地名便含有满语成分。如，清代北京有“昂邦章京胡同”。朱一新在《京师坊巷志稿》指出：“昂邦章京，国语子爵也。”“牛录胡同”，清代有头牛录胡同和二牛录胡同，“牛录”意为“佐领”，为努尔哈赤时期的社会组织单位。清代京师卫队每150人组成一个佐领，由一名佐领官率领。牛录胡同（今西单安福胡同）为两个佐领的驻地，故取此名。此外，北京西郊的八旗地名，如，蓝旗营、西三旗、厢红旗等等，也是满族地名。在元明清时期，各方人士荟萃京华，许多兄弟民族也大批涌入北京。除了满族之外，还有大量蒙古族人移居北京。北京有些地名（街道和胡同名）是蒙汉语组合而成的。如“哈德门”，又称哈达门、海岱门。《析津志》云：“文明门，即哈达门。哈达大王府在门内，因名之。”哈达大王为元代蒙族人，又一传说认为，这是藏族和部分蒙族人献哈达的地方。又如“褡裢坑”、“褡裢胡同”——褡裢为蒙古族长方形的口袋，可搭在马背上，内装有各种衣物，这是蒙古语。“安达公街”中“安达”是蒙语，意为伙伴。还有“海子桥、西海、北海、什刹海、后海、中南海”，这些带“海”的地名，其中“海”字来自蒙古语。蒙古语的“海”包括湖泊、水潭在内。这些地名，反映了蒙汉长久聚居的历史。

在我国的青海省，汉族人与蒙古族、藏族、回族人长久友好相处，繁衍生息，蒙、汉语的地名尤其多见。州县地名以及山川、河流、沙漠、盆地、沼泽的地名都有。如，蒙古语“库库诺尔”，汉名为“青海湖”；蒙古语“敖登塔拉”，汉名为“星宿海”；蒙古语“塔尔木”，意为“河流密集的地方”。在青海地名中，常用作地名的蒙古语汉译词有：乌拉（山）、木伦（江）、郭勒（河）、乌苏（水）、诺尔（湖）、达布逊诺尔（盐湖）、布拉格（泉）、塔拉（草原）、乌达木（辽阔的地方）等。

青海的藏语地名也不少，如，乌兰，意为“红色”；都兰，意为“褡裢”；德令哈，意为“广阔的金色草原”等等。藏语地名中，常用的汉语音译词有：日（山）、岗日（雪山）、藏布（江）、错（湖）、茶错（盐湖）、曲（河或水）、曲库（温泉）、那塘（沼泽地）等。

地名还反映民族迁移的历史。在我国古代地名中，陕西米脂县曾名“龟兹”，读音为qiūcí，它反映古代新疆库车人中曾经有一批迁徙到此地。汉代甘肃永昌县南有一地名叫“骊靬”，据考证，骊靬是古罗马的一个地名，由此可推知，远在公元1—2世纪时，古罗马可能有一批人长途跋涉，迁徙到中国来。

在广东和广西地区有一些地名出现“那”、“都”、“古”、“六”等字，如：广东新会的那化、阳江的那岳、番禺的那都、南海的古灶、三水的六塘、台山的六合，广西武鸣的那白、容县的都结、贵县的都六、上思的古都、博白的六务、百色的六那等。这些地名的用字“那、都、古、六”，据徐松石《粤江流域人民史》考证，均为壮语的古代地名用字。由此可以推断，古代壮族人很可能长期居住在广东、广西地区。至今，广西仍是壮族的集中聚居区。⑥

注释：

① 臧励龢等：《中国古今地名大辞典》，商务印书馆香港分馆，1982年。

② 牛如辰：《从方言地名看地方文化》，载《中国语文天地》，1989年第3期。

③ 张清常：《胡同及其他》，北京语言学院出版社，1990年。

④ 陈出新：《龙年漫话龙地名》，载《地名丛刊》，1983年第3期。

⑤ 本节引自郭锦桴：《汉语地名与多彩文化》，上海辞书出版社，2004年。

⑥ 陈建民：《语言文化社会新探》，上海教育出版社，1989年。

第十七章　亲属称谓与宗族文化观念

亲属称谓是人类社会语言文化的一种普遍现象。它伴随着人类亲属群体的出现而出现。

亲属称谓是亲属群体的语言符号，它用于表示人们的血缘关系、亲疏关系以及姻亲关系。在宗族组织具有重要地位的中国，亲属关系具有连续性、稳定性以及很强的内凝聚力。在古代，它甚至成为社会基层的经济与政治组织，有自己的教育与文化职能。亲属称谓对亲属群体成员而言，还具有区分人们不同辈分、等级、地位的作用。

探讨汉语古老而丰富的亲属称谓时，不能只局限在语言学的视野里，而必须联系古代社会结构、社会宗族观念、婚姻习俗等进行较全面的探讨。

第一节　汉语亲属称谓系统

亲属称谓是具有血统与婚姻连锁关系的亲属之间的称谓。人类学的研究认为，各个民族都有亲属制度，即使是处于原始社会阶段的民族也是如此。不过，不同民族的亲属制度尽管存在许多共性特征，但也有不少明显的差异，有的甚至相去甚远。

亲属称谓看起来似很简单，谁不懂“爸爸”、“妈妈”这类称呼？然而，我们若要联系不同民族亲属制度和文化来分析这类称谓的语义功能，那就不那么简单了。布龙菲尔德在其《语言论》中就曾经说过：“人名的亲属关系看去似乎是很简单的事情，但不同语言所使用的亲属名称是极难分析的。”①语言学家曾经用语义分析法、类型学分析法、转换生成分析法等来分析不同语言的亲属称谓。这里，我们主要采用语义——文化分析法来揭示汉语亲属称谓的语义特征和文化内涵。

汉语亲属称谓的语义功能表现在：

（1）它有一个核心家族，区分上下不同的层次，即不同的辈分。如，“祖父”属于上辈称谓，“孙子”属于下辈称谓。由此，亲属称谓首先具有区分辈分的语义功能。

（2）它由一个核心家族向两旁扩展，区别直系与旁系、宗亲与旁亲。由此，亲属称谓具有区别系属的语义功能。

（3）亲属称谓的语义是相对的。每个称谓的存在，都以相对的另一称谓的存在为前提。如：“父”、“母”与“子”、“女”（女儿）相对称，“兄”与“弟”、“夫”与“妻”等等语义也是相对称的。

（4）亲属称谓具有语义系统性，它呈现不同程度的整合和协调性。它反映一种亲属制度内部的分系以及各种从属关系。

（5）亲属称谓使用范围相当广泛。它不仅用于亲属之间，而且也可以扩大延用于非亲属之间；不仅用于人与人之间，而且也可以扩大用于非人的事物之间。如，称出生的国家为“祖国”、“母国”，称学习、毕业的学校为“母校”。在英语中，Pope 一词指：教皇、教主、村长，这个词源自希腊语的“父亲”。

中国古代社会的亲属制度，根据历代法律的规定，可分为宗亲，外亲、妻亲三类，即：

宗亲——指同祖同宗的亲属。

外亲——指女系血统的亲属。

妻亲——专指丈夫和妻子各自亲属之间的亲属关系。

这三种不同亲属关系有三类不同的称谓词。

一、宗亲系称谓

宗亲是以血缘为纽带的自然亲属关系。它在血统上包括同一祖先所生出的所有男子以及本宗所生出的女子（出嫁而生的子女不在此宗）。远古原始氏族社会，“其民聚生群处，知母不知父，无亲戚兄弟、夫妇男女之别”。（《吕氏春秋·恃君览》）宗亲的亲属组织，大致产生于商代，逐渐完备于周代。

《尔雅·释亲》最早列举宗亲系统的亲属称谓。其云：

“父为考，母为妣。父之考为王父，父之妣为王母；王父之考为曾祖王父，王父之妣为曾祖王母；曾祖王父之考为高祖王父，曾祖王父之妣为高祖王母。父之世父叔父为从祖祖父，父之世母叔母为从祖祖母；父之昆弟先生为世父，后生为叔父；男子先生为兄，后生为弟；男子谓女子先生为姊，后生为妹；父之姊妹为姑。父之从父昆弟为从祖父；父之从祖昆弟为族父；族父之子相谓为族昆弟；族昆弟之子相谓为亲同姓；兄之子，弟之子相谓为从父昆弟。子之子为孙；孙之子为曾孙；曾孙之子为玄孙；玄孙之子为来孙；来孙之子为昆孙；昆孙之子为仍孙；仍孙之子为云孙。

王父之姊妹为王姑，曾祖王父之姊妹为曾祖王姑。高祖父之姊妹为高祖王姑；父之从父姊妹为从祖姑；父之从祖姊妹为族祖姑。父之从父昆弟之母为从祖王母；父之从祖昆弟之母为族祖王母；父之兄妻为世母，父之弟妻为叔母；父之从父昆弟之妻为从祖母；父之从祖昆弟之妻为族祖母。父之从祖祖父为族曾王父，父之从祖祖母为族曾王母；父之妾为庶母。”

《尔雅》所列举的宗亲称谓包括纵向和横向两方面：

纵向宗亲系的称谓，以“己身”为轴心。

上推四代：父—祖父—曾祖父—高祖父

下推八代：子—孙—曾孙—玄孙—来孙—昆孙—仍孙—云孙

全部共有13代人的称谓。不过，历代宗亲范围以9族为限，上推至高祖，下延至玄孙。凡玄孙以下便不属9族亲属的范围。

横向宗亲系的称谓比较复杂，每个层次（代）都可以按男族和女族的不同，而有不同的称谓。如以“父”层次为例，男族有：伯父、叔父；堂伯父、堂叔父；族伯父、族叔父。女族有：姑、堂姑、族姑等。

纵向和横向两个亲属序列相互交错，组成错综复杂的汉族宗亲称谓网络系统。

关于这些亲属称谓词的取名，晋朝郭璞在《尔雅注》中指出：曾祖的“曾”有重（chóng）的意思；高祖的“高”是“最在上”的意思；而玄孙中的“玄者，言亲属微时也”；来孙的“来，有往来之亲”；“曓，后也”；仍孙，“仍，亦重（chóng）也”；云孙，“云，言轻远如浮云”。

			女族	直系	男族			
				高祖父母				
			曾祖姑	曾祖父母	曾伯叔祖父母			
		族祖姑	祖姑	祖父母	伯叔祖父母	族伯叔祖父母		
	族姑	堂姑	姑	父母	伯叔父母	堂伯叔父母	族伯叔父母	
族姊妹	再从姊妹	堂姊妹	姊妹	己身	兄弟	堂兄弟	再从兄弟	族兄弟
	再从侄女	堂侄女	侄女	子	侄	堂侄	再从侄	
		堂侄孙女	侄孙女	孙	侄孙	堂侄孙		
			曾侄孙女	曾孙	曾侄孙			
				玄孙（元孙）				

二、外亲称谓

外亲是指女系血统的亲属。中国古代宗族以男性血统为轴心，重男轻女，女性的血亲便被认为是外亲。外亲的女系血统，包括母之血亲、祖母之血亲、姑之血亲、姐妹之血亲、女儿之血亲、侄女或孙女之血亲等。例如，祖父母列为宗亲，而外祖父母便列为外亲。

外亲的亲属范围很窄，一般只能推及上下两代。“从母亲上溯至她的父母，旁推至她的兄弟姐妹，下推及她的兄弟姐妹之子，即外祖父母、舅父、姨母、舅表与姨表兄弟姐妹算是亲属，这个范围以外的人概不算为亲属。”② 外亲的称谓分为两类：母族男人称谓和母族妇女称谓。兹列举如下：

（1）母族男人的称呼

尊称	**俗称**	**自称**
外祖父	外公、姥爷	外孙
外伯/叔祖	外伯/舅公	外侄孙
舅父	舅舅、舅爷	外甥
表兄弟	表兄、表弟	表兄弟
姨姐丈	姨公	襟侄孙
外甥	外甥	舅父

（2）母族妇女称呼

尊称	**俗称**	**自称**
外祖母	姥姥、外婆	外孙
外叔/伯祖母	外叔/伯婆	甥侄孙
舅母	妗母、舅母/娘	外甥
甥女	外甥女	舅父
甥媳	外甥媳妇	母舅
表嫂、表婶	表嫂、表婶	表兄弟
表姐妹	表姐、表妹	表兄弟
姨母	姨、姨妈	外甥

在古代，外亲的亲属关系，在礼仪上大不如宗亲受人重视。如在丧服等级上，祖父母为二等亲，而外祖父母却是四等亲。伯父、伯母为二等

亲，但舅父、姨母却为四等亲。

三、妻亲称谓

妻亲是指丈夫与妻子的亲属之间的关系。如，丈夫与妻子的父母、兄弟之间，丈夫与妻子的姐妹之间等等。妻亲的亲属称谓也同样分别男女的不同。

（1）妻族男人的称呼

尊称	**俗称**	**自称**
岳父	丈人、丈老 或随妻称“爸爸”	女婿
尊内祖父	外家公	孙婿
翁内叔伯	外家叔伯	侄婿
襟兄弟	襟兄、襟弟	姐夫、妹夫
姐妹夫	姐夫、妹夫	内兄弟
姑丈	姑爷、姑夫	内侄
姨丈	姨丈、姨夫	侄婿
内侄	内侄、外家孙	姑丈
母舅	妻舅 或随妻称“舅舅”	甥婿
表叔伯	表叔、表伯	内表侄
表兄弟	表兄弟	中表姐/妹夫

（2）妻族妇女称呼

尊称	**俗称**	**自称**
岳母	丈母娘、岳母	女婿
内祖母	外家婆	孙婿
内叔伯母	叔大娘	侄婿
妻外祖母	祖婆	外侄婿
姨	姨	姐夫、妹夫

妻内侄	内侄（女）	姑丈
侄孙女	内侄孙女	姑公

（3）姻亲称呼

姻亲称呼虽然不属于妻亲范围，但与妻亲有很密切的关系。这里各举数例：

姻亲关系	**称呼**
亲家请亲家	翁尊亲家
亲家子请亲家子	姻先生（姻兄弟）
亲家请亲家子	（老）贤姻台
亲家请亲家叔伯	翁姻老先生
亲家请亲家侄	老姻先生
亲家侄请亲家	翁姻老先生
请孙之亲家	姻先生

历史上汉族的亲属群体是很庞大的，而作为这庞大亲属群体的语言符号，即亲属称谓，自然也多得惊人。据今人吴海林编著的《中国古今称谓全书》统计，汉族的家族、亲属的称谓多达1700多个（含少数重复、异名），[3]这在世界各民族语言中，恐怕是绝无仅有的。亲属称谓具有历史的稳固性。但是，随着历史的发展变化，古代许多亲属称谓在今天已不被使用了。现代社会的亲属群体趋于缩小、简化，年轻一代有不少是独生子女，亲属观念更是淡化。这种新的时代潮流，将使今后汉语的亲属称谓大大缩减。有相当多古代的远亲称谓将会消失在历史的长河中。

这里，我们还必须简要介绍一下汉语中亲属称谓的歧义现象。

不同方言的亲属称谓有许多一致的地方，但也有许多不一致的表现。如“阿爹”，在闽南方言、江苏嘉定话都是指父亲，但在苏州话中却指祖父。又如“奶奶”，在北方话中多指祖母，可是在安徽安庆方言中既可以指祖母，也可以指妻子。“姑爷”，天津话是指女婿，但四川成都话却用以指姑父。母亲，许多北方方言都叫“妈妈”，但河北井陉县却称为“奶奶”。这些相同称谓词，由于方言不同，其指称对象出现不同。

不同方言中还有一些特殊的亲属称谓。如，成都话称丈夫的母亲为“老人婆”，丈夫的父亲为“老人公”。此外，还把曾祖父、曾祖母统称为“祖祖”，不区分性别。这在别的方言中似未曾见过。闽南方言中，丈夫称妻子为“某”，称婶母为“m”，这也是很独特的方言亲属称谓。

第二节　亲属称谓与宗族观念

《诗·小雅·北山》云：“溥天之下，莫非王土；率土之滨，莫非王臣。”这深刻地道出中国古代社会乃是封建宗法制社会，它实行皇族的“家天下”统治。在社会中，宗族至上，从“家”到“国”，都是建立在宗族亲属制度基础上的。汉语中之所以有如此丰富的亲属称谓词，这正是中国古代宗族至上社会结构和文化的历史产物。

国外许多学者早就注意到汉语的亲属称谓十分复杂多样，摩尔根是国外较早研究汉语亲属称谓的著名学者。他在《人类家族的血亲和姻亲制度》（1871年）一书中，曾列举了汉语中196个亲属称谓词。美国著名人类学家克鲁伯也研究过汉语的亲属称谓。这些学者在研究中都注意到汉语亲属称谓的纷繁复杂与汉族社会的亲属制度、婚姻制度以及民族文化的深刻联系。

首先，汉语亲属称谓词的纷繁复杂性，反映了古代中国亲属制度内在的多分性结构，它是古代亲属制度文化的符号。

任何民族都有亲属制度，同时也都有与这种亲属制度相应的文化符号——亲属称谓。然而，各民族语言的亲属称谓都随其亲属制度的不同而不同。美国人类学家R.H. 洛威曾经把各种不同民族的亲属称谓及其制度分为4种类型：

（1）世辈型，即把旁的亲属称谓全部纳入直系亲属称谓之中。例如夏威夷制，凡与“父”同辈的男性皆称为“父”，凡与“母”同辈的女性皆称为“母”。不分直系与旁系。

（2）二分合并型，即把旁系的亲属称谓一分为二：与父母同辈同性的一半纳入直系的称谓之中，与父母同辈不同性的另一半纳入旁系的称谓之中。如，美国印第安人的易洛魁制，父亲的兄弟与父亲同辈同性，故皆称为“父”；母亲的姐妹与母亲同辈同性，故皆称为“母”；然而，父亲的姐妹，或母亲的兄弟都是同辈不同性，则用另一种旁系的称谓。

（3）二分旁系型，即把旁系的亲属称谓也划分为二，但都与直系亲属称谓有所不同。例如，中国的旁系男性和旁系女性的称谓均不相同。

（4）直系型，即直系与旁系的亲属称谓互不相同，但旁系称谓较简单，不如直系复杂。例如，英美国家，父母之兄弟均称“uncle”，父母之姐妹均称为“aunt”，不再以年龄长幼来进行细别。

德国的P. 基尔霍夫也提出A、B、C、D四种类型分析法，但这基本上与上述4种类型差不多。美国C. 恩伯和M. 恩伯在他们合著的《文化的变异》一书中，曾提出6种亲属称谓制，略有些不同于上述4种类型。④

中国人的亲属称谓制度，似不可以简单地归入这4种类型中的任何一种。这是因为中国的亲属称谓较这4种类型要复杂得多，它具有细密的多分性，而不是只有二分性。笔者认为，这种多分性至少包括下列8条原则：

（1）直系与旁系的区别

（2）血亲与姻亲的区别

（3）各系不同世辈的区别

（4）同世辈中不同年龄的区别

（5）两性的区别

（6）亲属存、亡之别

（7）亲属已婚、未婚之别

（8）近亲与远亲的区别

从这些区别原则出发，汉语的亲属称谓自然是名目繁多、复杂多样。

在世界各种民族语言中，汉语的亲属称谓可以说是最丰富的一种。如以“兄弟”为例，以上述8条原则进行区分，汉语中则有各种亲属兄弟的称谓——亲兄弟、堂兄弟、表兄弟、姻兄弟、堂姨兄弟（母之叔伯姐妹之子）、堂舅表兄弟（母之叔伯兄弟之子）、从表兄弟（中表兄弟之子互称）、从祖兄弟（同曾祖，不同祖父）、族兄弟（同族中同辈兄弟）、行合兄弟（异父同母兄弟）、私兄弟（妾生之子）。

这些兄弟称谓的区分，有的已超出我们上面所说的8条原则，有的随生父母的血缘远近而变化。然而，在许多民族语言中，“兄弟”的亲属称谓都比较简单。这反映出古代中国人亲属群体的范围是很大的。

其次，亲属称谓还体现宗族制度等级不平等的文化特征。

在古代自给自足的农业经济社会背景下，大多数农村都是同宗同族人聚居的地方，宗族或家族组织有经济、教育、政治甚至武力自卫的职能。家族中设族长，负责主祭祖先，并可依照族规、家法管理家族成员，具有国家赋予的一定法律权利。它俨然像个小王国。史载，元代郑文嗣家“其家十世同居，凡二百四十余年”。“家庭中凛如公府，子弟稍有过，颁白者犹鞭之。每遇岁时，大和（郑文嗣从弟，郑文嗣死后主家政）坐堂上，群从子皆盛衣冠，雁行立左序下，以次进，拜跪奉觞。上寿毕，皆肃容拱手，自右趋出，足武相衔，无敢参差者。”（《元史·孝友传》）这种家庭组织真像一个封建小朝廷。然而，在古代社会中，处处是这种宗族或家族组织，族长如同村长，族内的亲属关系充满社会的不平等，长辈制约晚辈，晚辈服从长辈，不同亲系在财产分配、继承方面存在种种不平等，这充分反映中国古代宗法社会不平等制度文化的精深。

第三节　亲属称谓的使用和规则

亲属称谓的使用有面称、背称、尊称、谦称几种。在汉语中，这些亲属称谓使用的区别是社会礼仪中长期形成的民族风格，至今仍为人们所继承使用。

一、亲属称谓的面称和背称

亲属的面称是亲属相会时，彼此当面的称呼。

亲属的背称是指被称呼的亲属不在场时的背后称呼。

亲属的面称是很常见的，因为在家庭中，在亲戚往来中，时时处处都要彼此称呼交谈。亲属之间的面称，基本上可分为对上辈、对平辈、对下辈三种方式。其应注意的使用规则有：

（1）对长辈，一定要按照其辈分称呼。

如：爷爷（祖父）、奶奶（祖母）、爸爸（父亲）、妈妈（母亲）等等。

（2）如果同一辈分的长辈有好几个，则按其年龄不同而区别称呼。

如，父亲有两个哥哥，则年纪大的称“大伯”，年纪小的称“二伯”。母亲有姐姐、妹妹三个，则按年龄大小分别称：大姨、二姨、三姨（或小姨）。

（3）同一辈分之间的称呼，如兄弟姐妹之间的相互称呼。

通常，对年龄大于自己的要用亲属称谓，如，哥哥、姐姐，或大哥、二哥、大姐、二姐等等。对于年龄小于自己的，有用亲属称谓，如，小弟、小妹，或大弟、二弟，或大妹、二妹等。不过，现在直呼其名字或小名较多见。

有人专对今天年轻学生同辈之间的面称情况进行过调查，主要是对兄、姐用亲属称谓还是直呼其名字、小名的调查。其调查结果比率是，中学生组60：7，大学生组为38：5，这表明对兄、姐使用亲属称谓占绝对优势。与此相同的调查是考察对弟、妹的称呼，中学生组为23：44，大学生组为12：33，显然，其用名字、小名称呼弟妹占较大优势。⑤

（4）夫妻之间的相互称谓，过去夫妻多用亲属称谓，如称丈夫为夫君、官人、老公、先生等等；对妻子用夫人、太太、娘子等等。然而，在今天夫妻之间面称时多用名字或小名。

（5）对夫妻姻亲的亲属面称，今天常是妻从夫称呼，或夫从妻称呼。如，丈夫的父、母、兄、弟，妻子面称时，要随丈夫称呼：爸爸、妈妈、哥哥、弟弟。那么妻子的父、母、姐、妹，丈夫也要随妻子称呼：爸爸、妈妈、姐姐、妹妹。——这种称呼表示亲如一家。

（6）对堂或表兄、姐的称呼，现在一般直呼哥哥、姐姐，而不冠“堂”或“表”。但历史上要加“堂”或“表”。

（7）对嫂子、姐夫、弟媳、妹夫的面称。一般对嫂子、姐夫仍用亲属称谓。如：大嫂、二嫂，大姐夫、二姐夫。但对弟媳、妹夫仍称名字。另外，现在也有称嫂子为“姐姐”，姐夫为“哥哥”，以示亲密。

（8）长辈对晚辈，或平辈中年长者对年幼于自己的亲属，如，父母对儿女，哥哥、姐姐对弟弟、妹妹，大多数不用亲属称谓，而是直呼其名字或小名。

背称与面称有明显不同。背称对每一个亲属都可以用亲属称谓来称呼，尤其是听话人不知道被称呼人和称呼人之间的亲属关系时，只有使用亲属称谓，才能让听话人明白被称呼人和称呼人之间的关系。如：“那孩子是我的小儿子”、“昨天在路上跌倒的那小女孩是我的孙女”。

背称中有的可以用两种或两种以上的称谓。可用亲属称谓，也可用其他类称。如，儿子背称父亲，可称“爸爸”、“爸”、“父亲”、“爹”，同指一个人。妻子背称丈夫，可用“丈夫”、“我的男人”、“老公”、“老伴”、“老李”、“我爱人”、“我那口子”。这些背称的使用，一般要根据听话人和说话人的关系以及说话场合的不同来加以选择。

二、亲属称谓的尊称和谦称

在中国传统文化中，在对人背称时，往往还要在亲属称谓使用时加上敬词或谦词，以表示对他人的尊敬，或表示自我的谦恭。

尊称是在亲属称谓前加上敬称词，其有：“令”、“尊”、“高”、“贤”、“仁”、“大”、“严”、“慈”等等。（前已有叙述，这里略作补充）

尊——多用于长辈，但也有用于平辈。早在春秋时代便有“尊王”敬称。后来，魏晋时出现“尊公”、“尊大人”表示对他人父亲的敬称。“尊”的敬称很多，如：尊祖、尊父、尊考、尊公、尊大人、尊堂、尊兄、尊姐、尊嫂、尊夫人等等。

令——“令”的本义有善、美之意。《诗·大雅·卷阿》：“如圭如璋，令闻令望”，后来引申为敬词。历史上早已广泛使用。“令”用于对他人的长辈、平辈和晚辈的敬称，如：令尊、令严、令翁、令母、令慈、令室、令眷、令兄、令弟、令郎、令爱、令媛、令孙等等。

贵——贵人、贵家长、贵公子、贵兄、贵公主

贤——贤兄、贤妻、贤姐、贤弟、贤妹

高——高堂、高邻、高足

仁——仁兄、仁弟……

谦称多用“愚”、“家”、“舍”、“小”、“贱”，表示谦恭、卑贱的含义。

愚——愚兄、愚姐、愚妻

家——家父、家严、家母、家慈、家兄、家嫂

舍——舍弟、舍妹、舍甥、舍侄

小——小弟、小女、小儿、小婿

其他的谦称还有：贱人、贱妻、鄙人、鄙夫、拙荆，等等。

第四节　亲属称谓的连锁文化现象

在考察汉语亲属称谓时，我们不能忽略亲属称谓与其他文化现象的密切联系。人类学家、语言学家早已注意到亲属称谓与初民社会体制、婚姻制度有着许多联系。这里，我们仅就汉语的亲属称谓与上古宗法社会的形成、婚姻习俗的演变以及其他社会文化心理现象的联系作些探讨。

一、上古曾经出现亲属称谓充当官称谓现象，这说明中国古代宗法制度源于上古血缘族姓制度

学者们通过对古文字的考证后认为，早在商代便已出现宗法制度的雏形。商代国家组织以王族为主体，联结许多旁系、支系的贵族亲属，组成统治网。在国家组织中，重要官职都由亲属担任，并依靠宗族的血缘纽带，分封子孙。周代，武王把王室的兄弟、叔侄，以及同姓贵族、异姓亲戚分散各地建立诸侯国。“封建亲戚，以藩屏周”（《左传·僖公十一年》）。当时分封71国，其中周王姬姓亲戚就有50多国。周武王为天下“共主”，即全国大宗族的“宗主”。

由于周代统治机构是按照宗族组织建立的，所以国家的一些官职和爵位称谓来自亲属称谓。如“公、侯、伯、子、男”等爵位名称，以及“王、公、卿、大夫”等官职名称，本都是源自亲属称谓。今天，我们还用“公”（公公）、“伯”（伯父）、“子”（儿子）为亲属称谓。周天子称异姓诸侯为“诸侯君”，同时又称之为“伯舅”、“叔舅”。而诸侯在国内称异姓“卿大夫”，同时又称之为“舅”。这种用亲属称谓为官职名，或者是亲属称谓与官职称谓同构的现象，反映了中国古代宗法制度源于血缘族姓制度。

二、从一些称谓的演变看古代婚姻习俗的变化

上古早期，人们曾经用“婚姻”来称呼夫妻，即丈夫称为“婚”，妻子称为“姻”。郑玄在《礼记·经解》注中说：“婿曰婚，妻曰姻。”后来，孔颖达在《礼记·昏义》疏中对此作了补充，云：“……此据男女之身，婿则昏时而迎，妇则因而随之，故云‘婿曰婚，妻曰姻’。”

学者们曾经从夫妻的这种称谓里推断，上古早期很可能出现过掠夺婚的习俗。那时，男子可能在未得女子或其亲属同意的情况下，用掠夺的方式强娶女子为妻。要掠夺，在昏暗的黑夜里进行最易得手，所以称夜间掠夺女子的男人（丈夫）为“昏”。

后世虽然不再掠夺女子了，但娶妻仍然沿用这种习惯，在夜间迎娶。

《礼记·曾子问》记载："（孔子曰）嫁女之家三夜不熄烛，思相离也；娶妇之家三日不举乐，思嗣亲也。"这仍然透露出掠夺婚的蛛丝马迹。

上古还把丈夫的父亲称为"舅"，丈夫的母亲称为"姑"。这种称谓直到汉代还有人这样叫。《礼记·内则》说："妇事舅姑（公婆）如事父母。"《尔雅·释亲》说："妇称夫之父曰舅，称夫之母曰姑。""妻之父为外舅，妻之母为外姑。"这种"舅姑"、"外舅外姑"的称谓，反映上古时代曾经流行表兄妹通婚的习俗。当丈夫是表哥时，妻子称丈夫的父母自然是"舅"、"姑"。后来不再盛行表兄妹通婚，便采用"公婆"称谓代替"舅姑"称谓。

三、从妻子的各种称谓中，窥见古代男尊女卑、夫妇地位不平等的习俗

《释名》说："天子之妃曰后；后，後也，言在後不敢以副言也。诸侯之妃曰夫人；夫，扶也，扶助其君也。卿之妃曰内子；子，女子也，在闺门之内治家也。大夫之妃曰命妇；妇，服也，服家事也，夫受命于朝，妻受命于家也。士庶人曰妻；妻，齐也，夫贱不足以尊称，故齐等言也。"

古代对妻子有各种称谓，如"后、夫人、内子、命妇、妻"等。我们从汉代《释名》对这些妻称谓的含义所作的解释，可以看到："皇后"的"后"是"言在後不敢以副言也"；"夫人"是"扶助其君也"；"内子"是"在闺门之内治家也"；"命妇"是"受命于家也"。这些妻称谓的含义都反映妇女在夫妻关系中，附属于男人，卑屈服务男人的低下地位。而这正是古代婚姻制度的一个重要特征。

四、在汉语中，许多自然神的名称采用亲属称谓，反映了中国传统文化中天人合一的观念

古代中国的自然神信仰，上自天神，下至地神，日、月、风、雨等一切神秘的自然力量，都成为初民信仰的对象。然而，初民给这些自然神的名称，都附加上人间的亲属称谓，以表示对自然神的亲切敬重。如：

天——天公、天老爷

地——土地公、土地爷、土地奶奶

日——东王父、日头公、太阳公公、老爷

月——西王母、月母、月娘娘

风——风伯

雨——雨师

雷——雷公

闪电——电母

云——云婆

这里用“公、爷、母、娘、伯、婆”等亲属称谓与自然物名组合在一起，构成自然神名称，这充分体现古代中国人把自然神也纳入人间的宗族范畴的观念。

注释：

① 布龙菲尔德：《语言论》，商务印书馆，1980年。

② 史凤仪：《中国古代婚姻与家庭》，湖北人民出版社，1987年。

③ 吴海林：《中国古今称谓全书》，黑龙江教育出版社，1991年。

④ C. 恩伯和M. 恩伯：《文化的变异》，辽宁人民出版社，1988年。

⑤ 陈月明：《现代汉语称谓系统和称呼系统规则》，载《宁波大学学报》，1990年3卷第1期。——转引自[韩]金炫兑：《交际称谓语和委婉语》，台海出版社，2002年。

第十八章　古代官称谓与制度文化

古代中国的制度文化曾使中国成为一个官本位的社会，由此，汉语中也衍生了一大批官称谓词群。即使在今天，汉语中的官职词群也依然是很庞大的。古代的官称谓作为中国历史文化的语言符号，是皇权制度、官僚等级制度以及亲缘制度文化的标志。

第一节　“皇帝”称谓与皇权制度文化

在汉语中，“皇帝”是一个很显赫的词。考察皇帝称谓的来源及其别称，透视“皇帝”一词的深层文化密码，我们似可看到古人对太阳神、天神的崇拜心理。

一、皇帝称谓的产生

皇帝是我国古代专制君主的称谓。在甲骨文和金文中，虽然屡见“帝”和“皇”等称号，但未见有“皇帝”之称。

“皇”，《说文》解释为“大也”。《风俗通义》说：“皇者，中也，光也。”这意思是说“皇”是伟大、光明无比的神的称号。

“帝”，《说文》释为“王天下之号也”。《白虎通义》进一步指出：“德合天地者称帝。”也就是说，帝是统治天下、受天地之命的最高统治者的称号，它是人间权力集中的象征。

远古传说中有三皇五帝。据《史记》所说，三皇是天皇、地皇、泰皇，五帝是黄帝、颛顼、帝喾、唐尧、虞舜。帝有时也用于指天上的神，即天神、上帝。商周及至春秋之时，各诸侯国纷纷称王或公，仍未见有“皇帝”之称。

据《史记·秦始皇本纪》的记述，“皇帝”一词产生于秦始皇的自称号。秦在统一中国之后，丞相王绾、御史大夫冯劫、廷尉李斯等曾经劝秦王政称“泰皇”——“泰皇”为古代三皇之一。但秦王政自以为其统一中国，功过三皇五帝，所以取上古三皇之“皇”、五帝之“帝”，号曰“皇帝”，并决定“朕为始皇帝，后世以计数，二世三世至于万世，传之无穷”。自此，“皇帝”一词传之久远。从秦始皇创制这一称号至清朝的末代皇帝，共流传了两千多年。

二、皇帝的类称

皇帝，又称天子、圣上、陛下等等，这些称谓可看作是皇帝的类称（或别称）。如果我们进一步追溯天子的古称谓，那么，它的类称就更多了。

清代，梁章钜著《称谓录》一书，这是一部古代各种称谓的集大成之作，全书共三十二卷。其中，关于“天子”的类称，共分为三项，兹录如下：

一是天子自称，有：“朕、小子、冲人、孤、寡、不谷”。

二是天子古称，有：“后、元后、王、天王、君王、后王、素王、孝王、嗣王、君、大君、社君、天、天辟、天皇、君天、上帝、素皇、内帝、大官、县官、官、宅家、天家、大家、真主、钜公、天公、崖公、太上、大宗、大尊、先民、禾绢、朝廷、车驾、乘舆、至尊、元首、荃宰、九重、万岁、万乘、人牧、人主、上、明上、主上、林丞、辟、一丈夫、黄中君、黄天子、新皇帝”。

三是外域称天子，匈奴称为“撑犁孤涂”，西域称“可汗”、“单于”，梵语称为“震旦”，北鲜卑族俗称“宇文”等等。（引见卷九）

这些有关天子的类称，几乎囊括古代各族有关中国皇帝的类称谓。

人的称谓词，有的只用于背称；有的既可用于背称，又可用于面称；有的只用于面称。“皇帝”这个称谓不可用于面称。我们没有见到古书中有哪一位大臣当面称皇帝为“皇帝”。“皇帝”只用于背称。古代面称皇帝时，自有一套让皇帝听了高兴的称谓词。这套称谓词各朝代使用未必相同。下面我们简要介绍几个常见的皇帝面称词：

陛下——《隋唐嘉话》："太宗曾罢朝，怒曰：'会杀此田舍汉!'文德后问：'谁触忤陛下？'"

为何称皇帝为陛下呢？蔡邕在《独断》中说："陛，阶也，所由升堂也。天子必有近臣，执兵陈于陛侧，以戒不虞。谓之陛下者，群臣与天子言，不敢指斥天子，故呼在陛下者而告之，因卑达尊之意也。"

圣上、圣驾——圣，无以伦比的意思。《孟子·尽心》云："大而化之谓之圣。"称皇帝为"圣上"、"圣驾"，皇帝的喻旨为"圣旨"，都有无可伦比之意。

皇上（上）——古称天为"皇天"，天最高，高高在上，不可攀及，故"皇上"有至高无上的意思，而皇帝是至高无上的统治者。《诗·大雅·皇矣》："皇矣上帝"，这是指天神。"皇上"的称呼里包含有天神化身之意。史官记事，为书写方便，也常把皇上写成"上"。

用于皇族的称谓也多冠之以"皇"字。如，皇帝的父亲为"太上皇"，皇帝的母亲为"皇太后"，皇帝的正妻称"皇后"，预接皇位的太子称"皇太子"。皇帝的女儿不接皇位，故称为"公主"。

明上、明哲——这是说皇帝是明察秋毫、最有智慧的最高统治者。

天颜、龙颜——这是把皇帝看作是上天的化身或真龙的化身。皇帝又称为"真龙天子"。《唐史演义》第四十七回：梅妃（对玄宗）道："贱妾负罪，将谓永捐，不期今日又得睹天颜。"

万岁、万岁爷——这是用祝颂词来称呼皇帝。在古代戏曲中，我们常听见朝臣对皇帝高呼"万岁"、"万岁爷在上"。这些面称词，有的也可用于背称。

三、皇帝的自称

皇帝的称谓词中，还有一些是皇帝专用的自称词。所谓"专用"，自然是别人不可以用。在语言的称谓上，大概只有皇帝才有这种独专用词的权力。

上古时代，帝王或国君很少有什么专用自称词。学者们研究认为，可以算作帝王自称词的只有“予一人”、“予小子”、“冲人”、“冲子”等寥寥几个。

《尚书·汤诰》：“嗟！尔万方有众，明听予一人诰。”《礼记·玉藻》：“凡自称，天子曰‘予一人’。”

《诗·周颂·闵予小子》：“闵予小子，遭家不造。”这是指周成王。《尚书·君奭》：“在今予小子旦（周公）。”《礼记·曲礼》：“天子未除丧，曰‘予小子’。”所谓“予小子”，是古天子对先王的自称词。

古时帝王还谦虚地自称为“冲人”，犹今言“小子”。“冲”是幼小的意思，《尚书·盘庚》：“肆予冲人。”

封建时代的皇帝，自秦始皇开始采用独专自称词，以后历代相沿。如：

朕——秦代以前，不论贵贱都可以用“朕”作为第一人称，其意同“我”、“我的”。《尔雅·释诂》郭璞注：“古者，贵贱皆称朕。”自秦始皇始以“朕”自称，令他人不可使用，从此，“朕”成为帝王的自称词。如：

《后汉书·孝和孝殇帝纪》：“（皇太后诏曰：）……今皇帝以幼年，茕茕在疚，朕且佐助听政。”

《唐摭言》：“……狄公（狄仁杰）排斥师德非一日，则天问狄公曰：‘朕大用卿，卿知所自乎？’”

寡、寡人——春秋时，这本是诸侯及诸侯之夫人的自称词，后来成为帝王或皇帝的自称词。一般用于对下的谦称。

孤——帝王的自称词，也是自谦词。

《让县自明本志令》：“曹操云：‘孤始举孝廉，年少。’”

《左传·僖公三十三年》：“秦伯素服郊次，乡师而哭曰：‘孤违蹇叔，以辱二三子，孤之罪也。’”

四、皇帝称谓是皇权制度文化符号

历史上我国实行封建君主专制的政体。在这个政体中，皇帝为最高的统治者，处于独尊无上的地位，拥有最大的权力。在整个封建社会中，皇帝成为权势中心，人们畏惧他，同时又崇拜他，迷信他。

皇帝的称谓词，正是这种皇权制度文化的标志。

人们称皇帝为“皇上”、“上”、“至上”，这无疑表明，皇帝拥有至高无上的权力。司马迁在说到秦始皇的权势时曾指出：“天下之事无小大，皆决于上。”而所有大臣“皆受成事，倚办于上。”历代皇帝都像秦始皇这样，权力无限，皇帝的意志成为最高的法律，不可抗逆、违拗。由此，皇帝成为至上的帝王。

五、皇帝称谓反映人们对太阳神、天神的崇拜

“皇帝”称谓还反映人们对太阳神的崇拜。“皇，大也”，“皇……光也。”这是说，皇帝像太阳那样伟大，光照人间，主宰沉浮。远古时代，初民崇拜太阳神。夏商时期，许多帝王自视为太阳神的后裔，曾以日名为名。《史记·夏本纪》记载，夏朝中的帝王有取名为太康、仲康、少康的，陈梦家先生在《殷墟卜辞综述》中认为，太康即大庚，仲康即中庚，少康即少庚，均系古代日名。至于各商王的名字，如，大乙、大丁、外丙、中壬、大甲、沃丁、大庚……则都是古代日名。相传远古有10个太阳，它们的名字分别为：甲、乙、丙、丁、戊、己、庚、辛、壬、癸，即“十干”，也叫“天干”①。所以用“天干”命名，包含初民对太阳神崇拜的心理，“皇帝”之称，正是这种思想的继承。它既是对帝王的崇拜，同时也隐约表达了对太阳神的崇拜。

称皇帝为“天子”、“皇天”、“真龙天子”，这包含了对皇帝的迷信，认为皇帝是天神的化身，龙的传人。古人一向认为，天意难违，崇拜天，迷信天，把天视为能主宰人间祸福的神。而皇帝可对人行使生死予夺之权，他也同天一样能主宰人们的命运。这表明人们视皇帝为天神的化

身，把皇帝看成是至尊至高、不可冒犯的太阳神、天神。

第二节　官称谓与等级制度文化

官称谓是随着国家统治机构的产生而产生的。统治阶级为了维护自己的统治地位，实现自己的统治意志，便要建立统治机构，设官分职，进行国家的各种行政管理。“官”的本义是房舍的意思，后来引申为官府，以及行使权力的官员。《礼记·王制》孔颖达疏云：“官者，管也。”意思是，“官”是管理别人的人。

我国的官称谓，很可能在尧、舜时代便已出现，因为那时已有国家组织的萌芽。相传那时曾设有“百官”。尧设“四岳”为部落酋长，“羲和”管历法。舜设“八元”管教化，“八恺”管工地。《尚书·舜典》记述，有一个叫“龙”的人，担任舜帝的助理官，相当于今天的秘书。“龙……命汝作纳言，夙夜出纳朕命，惟允。”汉代孔安国传曰：“纳言，喉舌之官。听下言，纳于上，受上言，宣于下，必以信。”

夏朝是我国历史上第一个王朝，国家机构随之正式建立起来。最高统治者称“王”，下设“百官”辅助帝王处理各种政事。“百”表示多的意思，并不是具体的数目。夏朝的国家机构很简单，官职也并不多。

历代官制较复杂，官称谓的变化也较多，难于详述。这里，主要分析官称谓的语言特点及其与古代官僚等级制度文化的关系。

一、官称谓的语言结构

古代官称谓有一套专名。这套专名由共性词根组成。常用于官称谓专名的词根有：相、大夫、史、尉、官、使、令、郎等等。略举数例：

史——御史、柱下史、长史、卒史、左史、右史、监察御史。

尉——都尉、郡尉、关都尉、校尉、折部都尉、县尉。

官——铁官、盐官、中都官、校官、正印官、寄禄官、判官。

使——采访使、观察使、支度使、防御使、团练使、祖庸使、宣抚使、皇城使、节度使、三司命使。

令——中书令、尚书令、公车司马令、太医令、县令。

郎——侍郎、中郎、门下侍郎、启心郎、黄门侍郎、著作郎、校书郎、议郎。

官称谓的结构主要有动宾式和偏正式两种：

动宾式结构——

司马、司土、司工、司城、司寇、司驾。（“司”，管理。）

偏正式结构——

左史、右史、中书令、侍郎、皇城使、三司使、校官、铁官、盐官、郎中令、御史大夫。

二、官称谓各有指称意义

任何官称谓都有指称意义，这种指称意义反映不同官职的职务，如唐代一些带“使”的官称谓，各有不同指称义：

采房使——负责弹劾所属州县官吏。

转运使——负责全国谷物财货的转输和出纳。

宣抚使——中央派出的，负责巡视、宣慰受灾或战争地区。

租庸使——负责征敛军用资粮及税收工作。

度支使——掌管国家的财政开支。

值得指出的是，有些官称谓的指称义，随着不同朝代官制的变化而变化。例如，“都护”，汉朝设都护为驻西域的最高长官。但魏晋时，都护为统率诸将之官。元代的都护为主管畏吾儿（维吾尔）族和汉族之间的诉讼事件的司法长官。这里“都护”的指称义便是随不同朝代官制变化而改变的。

三、官称谓——古代等级官僚制度文化的标志

任何一个朝代的官制都有等级系统性。不管这种系统性的完善程度如何，它都分有中央官职和地方官职，内服官制（内廷）和外服官制（外廷）。有上有下，分成若干等级层次，有内有外，互相牵制，从而形成严

密的官僚等级系统。

官称谓是官制的文化符号。以秦汉为例，最高级的官称谓有三公（太师、太保、太宰）及丞相。次一级的官称谓有：九卿（奉常、郎中令、卫尉、太仆、廷尉、典客、宗正、治粟内史、少府）。再次一级，中央有事务官，如：尚书、给事中、中书侍郎、中尉等等。最低一级有地方官称谓，如：刺史（州牧）、太守、县令、主簿等等。这些不同级别的官称谓，反映了古代官僚体制的等级关系。

古代的官僚等级，又称为"品级"。唐代分九品官阶，每一品级中又分正、从，实际为30品级官制（包括武官品级）。凡五品以上，用"大夫"称谓；凡五品以下，用"郎"称谓。如：

从二品	光禄大夫	正六品上	朝议郎
正三品	金紫光禄大夫	从六品上	奉议郎
正四品上	正议大夫	正七品上	朝请郎
从四品上	太中大夫	从七品上	朝散郎
正五品上	中散大夫	正八品上	给事郎
从五品上	朝请大夫	从八品上	承奉郎
		正九品上	儒林郎
		从九品上	文林郎

唐代"大夫"和"郎"两个称谓的语义区别便在于官阶等级（品级）的不同。而且，在"郎"的官衔中又可细分为6等。可见，古代品级的区分是多么纷繁细密。怪不得许多读古文的人，常为古代的官称谓感到困惑不解。②

如果我们用"语义场"的理论来分析官称谓的语义关系，那么可以看到：

（1）所有的官称谓组成一语义场。在语义场中，存在一个共同的概念，即都是用于表示官员的身份、地位。

（2）在这官称谓的语义场中，所有官称谓的语义是互相依存，互相制约的。要确定一个官称谓的语义，必须首先比较这个称谓与其他称谓的语义联系，弄清其所占的位置。

（3）不同的官称谓之间，存在各种上义词和下义词的相对语义关系。从这种上、下语义关系，反映官称谓的语义特征，从而区别不同官阶等级。

语义场理论最重要的一个观点是，不要孤立地看待一个词的语义特征。在我们分析官称谓的语义时尤要注意。从这里，我们可以认识到，官称谓是反映封建官僚制度中各种等级差别的文化符号。它们体现封建社会中统治集团内部几十种不同官职代表的身份、地位的差别，具有中国历史等级制度的文化内涵。

第三节　官夫人称谓与亲缘制度文化

古代的官称谓，实际上还扩大到皇帝的后妃及官员的夫人。这种官称谓使用范围的扩大，反映了封建社会的亲缘制度文化。

一、皇帝后妃的称谓

皇帝后妃的称谓导源于周代帝王后妃的名称。

周代帝王的后妃制度并不定形。帝王后妃多少，似有大概的数字。何休《公羊传·成公十年》注："唯天子娶十二女"，而诸侯只能"一娶九女"。在这"十二女"中，有一人为"后"，即帝王的正妻，其余的都称为"妃"。这似乎是"后"、"妃"最早的使用情况。如文王后太姒，武王后邑姜，成王后王姒，康王后王姜，昭王后房后等。《礼记·昏义》中说："古者天子后立六宫，三夫人，九嫔，二十七世妇，八十一御妻。"据史学家考证认为，这里所谓"九嫔"、"世妇"、"御妻"，都不是周天子的配偶。这些称谓取自于《周礼》，而在《周礼》中，她们都是宫廷的女官，并非天子的配偶。

秦朝建立之后，开始了皇帝的后妃制度。秦建立的嫔妃级别有8品，宫女人数达千人。汉代增至14个级别，后宫嫔妃的数量达几千人。晋武帝灭吴后，将孙皓后宫数千人、掖庭数万人纳为己有，这恐怕是历史上后宫美人最多的皇帝，也是史上有名的荒淫无耻的典型。唐代皇帝后宫设6局24司，凡190人。唐玄宗时有后宫佳丽3000人。历代皇帝都是如此，拥有数量相当大的青春少女，以满足皇帝的私欲。这种腐朽的后妃制度既败坏封建官僚机构的道德水准，又毒化社会风气。

皇帝后妃的称谓中，正妻为后，即皇后，历代相沿不变。妃、嫔的称谓，历代多有变化。汉代以"昭仪"为妃嫔中的第一级，而三国魏晋以"贵嫔"为妃嫔中的第一级。

唐至明代，后妃的称谓，以其不同地位级别区分，有：皇贵妃、贵妃、淑妃、德妃、贤妃、敬妃、惠妃、顺妃、康妃、宁妃、昭妃。

这些后妃的地位可从她们的不同称谓中反映出来。

二、官夫人的称谓

皇帝的妃嫔有各种称谓，那么，官员的夫人自然也要跟着仿效，用各种称谓来表示她们不同的身份。而庶民则没有这种殊荣，其妻只能用"妻"名，与"齐"谐音，表示地位卑下。

自汉代始，官夫人开始有特殊的、用于表示其地位高下的称谓。如卿之妻称"内子"，大夫之妻称"命妇"等等。

唐代是个礼仪较完备、法制较严明的时代。《唐六典》规定各品阶官员夫人的称谓有：

"……一品及国公母妻为国夫人。三品以上母妻为郡夫人。四品若勋官，二品有封，母妻为郡君。五品若勋官，三品有封，母妻为县君。散官并同职事。勋官六品有封，母妻为乡君。"

宋代的官夫人称谓略有变化。其丈夫四品的曰"淑人"，五品的曰"硕人"，依此以下，有"令人、恭人、安人、孺人"。

明清大致与宋代相同，官夫人按其丈夫官位的不同，其称谓分别为：一品二品称"夫人"，三品称"淑人"，四品称"恭人"，五品称"宜人”，六品称“安人”，七品称“孺人”。

现把唐和明清的官夫人的称谓列表如下：

丈夫官阶	唐	明清
天子	后、妃	后、妃
一品	国夫人	夫人
二品、三品	郡夫人	淑人
四品	郡君	恭人
五品	县君	宜人
六品	乡君	安人
七品	乡君	孺人

所有这些官夫人称谓都不是独立的，它必须以丈夫的官位为依附。

三、官夫人称谓与亲缘制度文化

官夫人称谓与封建社会制度文化的关系可从两个方面来考察：

一方面是从官夫人称谓的依附性来考察。

中国传统的政治结构乃是以家族为基础，家族及家庭的亲缘人际关系，成为中国制度文化的深层结构。从官夫人的称谓上，我们可以看到“夫荣妻贵”的现象。丈夫有官位，妻子也有官夫人称谓。丈夫的官位、品阶越高，妻子的官夫人称谓的品级也随着提高。而这些官夫人的称谓，在古代都是一种殊荣、尊称。汉代《释名》云：“夫受命于朝，妻受命于家也。士庶人曰妻，妻，齐也。夫贱不足以尊称，故齐等言也。”这是说，官夫人称谓这种尊称只给那些“受命于朝”的官员的妻子。而士、庶人的妻子，“夫贱不足以尊称”，故没有享受官夫人称谓这种殊荣。任何官夫人的称谓都是由官府赐给的，属于封建制度文化的一部分。然而，这种官夫人称谓的获取，乃是以其丈夫的官位为凭依。换句话说，它是以家庭亲缘关系为纽带的。这从一个侧面反映了封建制度文化的家庭亲缘的特征。在封建社会中，“一人当官，鸡犬升天”、“封妻荫子”的现象比比皆是。从皇族到官族，无处不表现出一种家族亲缘制度文化现象。

另一方面是从皇帝妃嫔及官夫人称谓的等级性来考察。

封建社会政权组织中的等级制度是很严格的，它也反映到皇帝妃嫔及官夫人的称谓上。

以皇帝妃嫔称谓而言，汉代的“美人”为地位较高的妃嫔，“美人视二千石，比少上造”。而“良人”的地位不及“美人”，她的地位较低，“良人视八百石，比左庶长”。（引见《汉书·外戚传》）这是等级制度文化的一种表现。

“夫人”的称谓比起其他官夫人称谓的级别要高得多。唐代文武一品及国公母妻才可封“国夫人”。明代也以一品、二品官员之妻封“夫人”。可见，“夫人”是一个很尊贵的称谓，其他次级官员之妻似不可以用“夫人”的称谓。显然，所有这些官夫人的称谓无非是丈夫官位的投射。丈夫的地位决定了妻子的荣称。这是官位与亲缘文化相结合的畸形产儿。

注释：

① 王泉根：《夏商帝王为什么以天干命名》，载《文史知识》，1987年第6期。

② 朱星：《古代文化基本知识》，天津人民出版社，1982年。

附 录

华夏语——汉语祖语的形成和发展（节选）

——语言学与考古学、历史学的考察

一、远古华夏语起源的推测

汉语历史与文化的渊源十分悠久，它可以追溯到远古还没有文字记载的人类童年时代。

历史学家认为，汉族是由华夏族演变而来的。汉语自然也是由华夏语逐渐演变而来的。追溯远古华夏族语言与文化，由于年代太遥远，足以直接证明的史料犹如凤毛麟角，许多认识不得不借助考古学与史书上记述的历史传说。

人类学家与语言学家很早就关心语言起源问题。人类语言起源于何时呢?目前众说纷纭。一种比较大胆的推测认为，大概在二百万年前，人类便有原始的语言。美国著名的人类学家霍洛韦曾经对二百万年前的类人猿的头骨化石内模用颅相学的方法进行复原，结果惊人地发现在人脑的布洛卡区里已有语言中枢。由此，他认为语言和工具、文化的发展，大致是齐头并进的。[①] 当然，最初的人类语言是很低级的。它很可能只是一种混沌的呼唤声，犹如今天许多猩猩的叫唤声那样，不是分节语言。不过，一些人类学家、语言学家推测，接近现代人类分节语言的产生，恐怕只是几十万年甚至几万年前的事。

汉语起源于什么时候呢?目前还没有人对此作出肯定的回答。

据考古发现，在我们中华大地上，曾经出现过最原始华夏族的祖先有：

云南元谋人——距今约一百七十万年

陕西蓝田人——距今近一百万至六十万年

远古北京人——距今五六十万年

山西丁村人——距今约十多万年

汉语的起源似可推测到蓝田人时代，因为蓝田人已有各种石器工具。根据“工具与语言并进”的构想，距今约一百万至六十万年间的蓝田人，可能已有极为原始的前语言。陕西远古蓝田人时代，考古发现已有经过加工打制的石片、石垓、刮削器、砍削器、三棱大尖器等石器工具。蓝田文化的范围包括蓝田、临潼、渭南大部分以及西安、长安、华县等。其中发现的旧石器地点有36处之多。除此，还发现蓝田人用火的痕迹。由此可推断，蓝田人是我们所能看到的最早的中原远古文化的主人。值得注意的是，蓝田人的脑量约为780毫升，高于类人猿，蓝田人产生原始语言是极有可能的。

不过，蓝田人与北京人相比，北京人产生语言的条件更充分些。1927年开始发掘北京周口店龙骨山的大山洞，这里便是北京人居住的洞穴。在洞穴中发掘出人骨化石有男女老幼40人，他们完全是过着群居生活。北京人的脑容量为1075毫升，与现代人平均脑容量1400毫升较接近。北京人的智能文化也较发达。石器种类很多，还有各种骨器。有13个地点发现厚厚的火烧灰烬——火的利用很多，这是人类文化的重要进步。北京人的体质已较接近现代人，双手作为劳动器官已较发达。这些表明，北京人要比蓝田人进步，他们产生语言的条件更成熟。据芬兰人 B.柯登化石实验研究，认为北京人的时代距今三十六万年，[②] 贾兰坡先生则认为北京人时代为距今约二十至五十万年前。[③]

各种考古发掘资料表明，生存在这片广阔的中华大地上的远古祖先的足迹遍布许多地区。在陕西大荔县、山西阳高县许家窑、辽宁营口金牛山、湖南长阳县、安徽巢县、广东曲江县等地，均发现生活在距今十万至四万年间的古人类化石。在北京、内蒙古、吉林、黑龙江、广西、贵州、云南、台湾等地均发现生活在距今四万至一万年间的古人类化石。

语言由原始语言进化到现代语言，即有分节的语言，词语可组织起来，语言符号有系统性，并且可以一代传一代，这也经历了漫长的历程。据推测，人类在十多万年前已有现代语言的产生（尼安德特人）。而东亚大陆人类可能在三四万年前旧石器时代晚期的新人阶段迎来现代语言的曙光。据考古报告，河南安阳的小南海洞穴，发现有旧石器时代人类群居的篝火灰烬，各种石器工具达七千多件，其中有不少是第二次加工的细石器。这些表明，此时的“新人”思维已有很大的进步。群居洞穴，工具的丰富、创造，这是原始语言和思维进步发展的重要条件和表现。

二、华夏族的形成

众所周知，语言是民族的象征，社会历史的产物。语言与民族的产生、发展是并行的。探讨华夏语的形成，首先，必然要涉及华夏族的形成问题。

从古人类化石考察，旧石器时代的“元谋人”、“蓝田人”、“北京人”、“马坝人”、“丁村人”以及“山顶洞人”等等，均来自蒙古利亚人种。他们具有蒙古人种的基本特征：铲形门齿、高颧骨、阔鼻、下颌圆枕等。然而，过去有不少西方学者都不这样认为，他们有的认为中国人种来自巴比伦（英国人查墨斯），有的认为来自土耳其斯坦（瑞典汉学家高本汉），有的认为来自埃及（法国人岐尼），有的认为来自印度（法国人戈宾诺）等等。著名史学家翦伯赞在其《中国史纲》中认为这些见解是草率、怪诞的，自然也是荒谬的。

费孝通教授在1988年召开的国际最著名的学术讲演活动——“泰纳讲演”会上，作了题为《中华民族的多元一体格局》的讲演。费孝通教授指出：“近年来，我国发现新石器文化遗址总共有七千多处，年代从公元前六千年起，延续到公元前二千年。”他还指出，新石器时期的文化可划分为：

（1）黄河中游和下游存在东西相对的两个文化区：黄河中游的前仰韶文化——仰韶文化——河南龙山文化以及黄河下游青莲岗文化——大汶口文化——山东龙山文化——岳石文化。

（2）长江中下游同样也存在相对的两个文化区：长江下游文化区是以太湖平原为中心，南达杭州湾，西至苏皖接壤地区，包括浙江余姚的河姆渡文化（公元前5000年—公元前3300年）——马家浜、崧泽文化——良渚文化，以及长江中下游文化区江汉平原为中心包括大溪文化（公元前4000年—公元前3300年）和屈家岭文化。

这是中华民族格局中多元的起点。在这多元格局中，不同文化区在接触中出现了竞争的机制，相互吸收比自己优秀的文化而不失其原有的个性。

“中华民族多元一体格局存在着一个凝聚的核心，它在文明曙光时期，即从新石器发展到青铜器时期，已经在黄河中游形成它的前身华夏族团。”④

华夏族团（黄帝族团）是使多元的民族走向一体化氏族格局的重要核心力量。

远古的中原地区氏族林立。《史记·封禅书》说：“黄帝时万诸侯。”这里的“诸侯”，实际上是较大的部落，其中较强大的部族是黄帝族和炎帝族，但最后黄帝族成为最强大部族。

当时，黄河流域的中原地区有“万诸侯”，这“万”不是一个定数，而是表示有很多部族的意思。黄帝族和炎帝族经过无数艰苦斗争，逐渐成为两支强大的部落联盟。起初，炎帝族的势力比黄帝族强大，后来，炎帝族被蚩尤部族打败之后，便失去了强盛的势头。炎帝族为了复仇，便联合黄帝族。炎黄联盟擒杀蚩尤于冀州之野。北方游牧民族打败东南农耕民族，并使“八方万邦”都慑服。为了争夺盟主地位，后来黄帝族和炎帝族战于阪泉，黄帝族“三战，然后得其志”。随后，黄帝族乘胜进居中原地区，“五十二战而天下威服”，自此，成为最强大的、不可战胜的部落联盟。它使许多较大的部落都来降服或结盟，并自称为黄帝族的“子族”。由此，以黄帝族为主干的华夏族便逐渐形成起来。

华夏族是多个民族（氏族）的融合。

羌族住在西部，属于游牧民族。炎帝曾被尊为古羌族的祖先。炎帝古羌族，参加与蚩尤、黄帝作战之后，其中有相当一部分被并入黄帝族（华夏族）之中，还有一部分没有被融合并入的，便演变成为今天的羌族、藏族、彝族、哈尼族、白族等等。

夷族即蚩尤部族。夷，意为海边部落。蚩尤的夷族和炎帝族一样都是由许多氏族联合组成的。蚩尤夷族被黄帝族打败之后，大部分很可能融合到黄帝族为主的华夏族之中，然而，未被融合的一部分夷族演变成今天的苗族、瑶族，还有一部分夷族演变成今天的壮族、傣族、黎族、布依族等等。

古羌族、夷族与华夏族（黄帝族）的历史演变过程，表明今天汉族与藏缅、壮侗各兄弟民族之间有历史的同源性。这种历史的同源性，正是今天汉藏语系各语言之所以有许多共同特点的早期历史人文依据。

费孝通教授指出，华夏族“像滚雪球一般越滚越大，把周围的异族吸进了这个核心”。后来的“汉族继续不断吸收其他民族成分日益壮大，而且渗入其他民族聚居区”，从而形成多元中华民族一体格局[5]。汉藏语言的共同性乃是这种民族融合、交流的必然结果。

下面，我们用一个简表来表示远古三大部族从分化到融合为华夏族的演变情况。这只是一个粗略的分析，内容不全，也没有包括远古三大部族分化与阿尔泰语族、南岛语族的关系（学者对此意见也不一致），仅供参考。

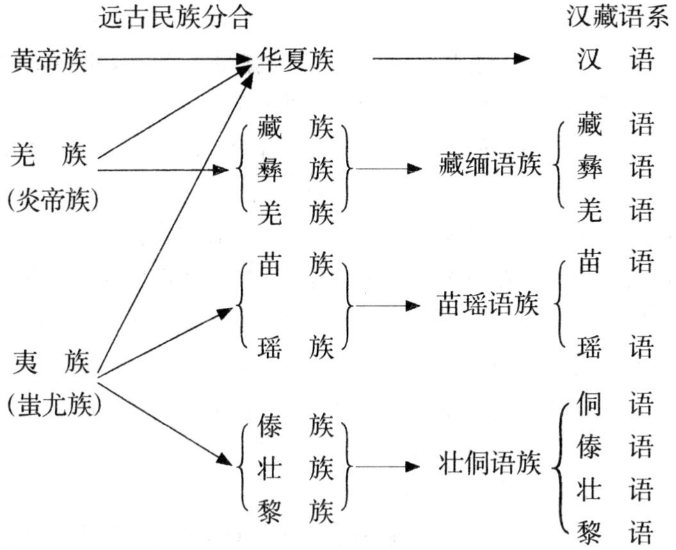

据《史记·五帝本纪》记述，黄帝族后代骨干族有十二姓（支），这十二支子族后来又发展到五百多支子族，一个规模宏大、人丁兴旺、子孙昌盛的华夏族崛起了。他们占据黄河流域的中原大片土地。随着时间的推移，居住在北方的北狄部族，西方的西戎部族，以及东方的东夷部族，也纷纷融合到华夏族中。华夏族在漫长的岁月中，把成千上万的古老部族汇合成一个强大的共同体，建立了自己的政治、文化、经济的联系机制，并初步形成了一个可以在各部落之间交际使用的共同语言——华夏语。

三、史前华夏语

众所周知，史前华夏语距今有六七千年，那时人们尚未发明文字，所以今天的人们无法了解史前华夏语的真正面貌。我们只能借助史料考察其形成，推测其演变过程。

1. 史前华夏语的形成及其发展

远古中华大地曾经存在“八方万邦”，无数的氏族、部落，各有自己的群体文化、自己的语言，有如近代的非洲或美洲印第安人那样，有几百个部族，便有几百种不同的语言。

随着部落之间出现部落联盟，同一联盟的不同部落语言便开始出现融合或混合现象。因为部落联盟需要沟通、合作。于是，本来相歧异的语言需要寻找词语理解的对应性，彼此相互吸收混用，才能求同存异，进行语言沟通。

原始华夏语以三大部落联盟语言为源头逐步混合起来。这三大部落联盟的语言，据考证是原始的夷越语、胡狄语与氐羌语，它们是完全不同的民族祖语。这让我们看到原始华夏语不是一种单一的母语。因此，不具备语言的“一元性”。

如果我们再进一步探讨这三大部族的语言，我们将会发现，每个部落联盟的内部有可能还存在许多不同的小语言。以蚩尤部族为例，它势力强大，人丁兴旺。《史记·五帝本纪》正义引《龙鱼河图》云：“蚩尤兄弟八十一人，并兽身人语……威振天下。”这表明，蚩尤部落联盟里至少有81个氏族，这些氏族多数分布在今天山东一带，但也有在河南的。远古山峦起伏，各氏族分布多有山水隔阂，他们的语言可能很复杂，有很多种。由此，确切地说，最初原始华夏语应是一种超三元的多元性的混合语。正因为如此，今天我们中华大地上各民族使用的30多种汉藏语系语言，19种阿尔泰语言，都可在历史比较中，寻找远古共同的祖语。

随着历史的发展，当黄帝族成为华夏族主体的统治部族之后，随着黄帝族统治地位的确立，其政治影响日益强大。其所代表的文化的先进性越发明显，其活动范围日益广阔，加之武力征服天下，让八方降服，黄帝族语言完全有可能成为多元混合华夏语中强势的主体语言。

历史事实表明，在不同民族的融合中，政治上居统治地位，经济文化方面又处于优势，军事上拥有强大势力的民族，其民族语言往往成为语言竞争中的强势语言。尽管它会吸收其他语言的词汇等，但它最终要同化或战胜弱势民族的语言。战胜并不意味消灭其他民族语言，而是其语言社会地位的变化。在一个多民族的社会中，强势语言成为社会全民的共同语、官方书面语，而弱势语言只为某个地区的民族所使用，不能成为全民性的通语。

华夏族的多元混合的原始华夏语，可能经过了上千年的共存、竞争，然后逐渐发展为以黄帝族语言为主体的华夏语，即黄帝族语言逐渐成为当时许多部族的通用语，这与黄帝族成为中原大地最强大的部落联盟，并且一代又一代延续下去，有着密切不可分的关系。

为了更好地了解远古民族融合竞争中黄帝族语言能战胜或同化其他部族的原因，我们不妨看看当时黄帝族具有哪些优势。大致说来有以下二个方面：

（1）黄帝族军事势力最为强大。

黄帝族多次浴血奋战，取胜炎帝族和蚩尤族后，威振天下，成为中原大地军事势力最强大的部族联盟。《史记·三代世表》记载得很清楚，在中原大地，各个时期华夏族骨干族，全都是黄帝族的后代，如：昌意族、玄嚣族、骆明族、苗龙族、尧、舜、禹等等，全都自称是黄帝族的后代。中原大地已由多部族竞争混战进入“黄帝时代”的统一天下。

（2）作为华夏族的首领，黄帝族具有政治上最强的优势。

黄帝族成为华夏族主体之后，黄帝成为中原地区的首领，部落联盟的领袖。他曾设立三部落的“酋长”，设立“官员”以及军事的“将领”，征讨各方，举行祭祀活动，巡视、游览中原大地，及至长江的边沿。

根据《世本八种》所提供的历史材料，许顺湛在其《中原远古文化》一书中，归纳了华夏族主要部族及其后代的领属地和氏族国家，全部计有835个氏族国。由835国组成的华夏族，其势力是多么壮大！他们都祖尊黄帝，自称为“黄帝后代”或“黄帝子孙”。这正是后来汉族人也祖尊黄帝，自称“炎黄儿女”的历史渊源。⑥

（3）黄帝族具有文化的先进性。

黄帝族不仅军事势力强大，而且在经济文化方面也是当时各部落中最先进的。

黄帝之时，在陶器方面，制作多种陶器：“黄帝有釜、甑”，“轩辕作碗、碟”，“宁封子为黄帝陶正，有人过之，为其掌火，能出五色烟”。学者们认为这是制作彩陶的表现。在其他方面，据《世本八种》记载，有作杵、作舟、作弓、作矢、作臼、作衣裳……在文化方面，“沮诵、仓颉作书”（发明文字）。《史记·历书》说：“盖黄帝考定星历，建立五行。”当时人们似已有天象知识，故能作“星历”（历法）。据考古证实，河南郑州大河村出土晚期仰韶文化的彩陶中已发现有月亮纹、日晕纹、星座纹、太阳纹，并有十二个太阳组成的器物（见于郑州市博物馆）。⑦

2. 史前华夏语的广泛流播

史前华夏语要成为各部族的全民性共同语，并非一件易事，因为那时部族相当分散，山川阻隔，交通极为不便，国家共同体的形式远未形成。

自黄帝族擢升为华夏族的骨干之后，它一方面依赖其首领地位和先进的经济文化，发展与各部族政治、经济、文化的合作，逐渐联合，逐渐形成“国家”形式的共同体。另一方面，它还必须广泛传播它的部族语言，使它成为华夏族“全民性”的交际工具。

古代史书上没有记述黄帝族如何传播、推广它的部族语言，事实上也不可能这样做。然而，我们从当时黄帝居住、出巡、带大批人打仗的活动范围，以及尧、舜、禹的活动区域，便可以洞察远古华夏语流播的范围，其地区是相当广阔的。

据《史记》、《竹书纪年》、《封禅记》等记载，黄帝及其部族到过古代的寿丘、姬水、有熊、涿鹿、阪泉、洛水、泰山、具茨山、岱宗、空桐、湘、熊、釜山、玄扈、王屋山、桥山……据考证，这些地点，相当于今天山东曲阜一带、河南新郑一带、河北中南部、河北北部、河南西部、甘肃东部、山西垣曲一带、陕西黄陵县（黄帝葬地）。

舜的活动地区也较广阔，据《史记》、《世本》、《竹书纪年》、《孟子》、《列子》、《山海经》等书记载：舜生于“姚丘”，“居于鸣条、蒲坂”，“耕于河阳，陶于雷泽”。此外还到渚冯、负夏、历山、河滨、寿丘、妫丘、冀、南河、东夷、饶内等等。这些古代地名，据学者考证，为今天浙江余姚、河北、河南北部、山东南部和西部、山西西部、陕西南部、湖南零陵一带。

禹为尧、舜之后的黄帝族首领。

传说唐尧时，当时最高权力机构“四岳十二牧”（即部落酋长会议）决定推举鲧领导治水，鲧之后，由禹继续领导治水，走遍“全国”。夏禹治水十三年，走过冀州、兖州、青州、徐州、扬州、荆州、豫州、梁州、雍州等九州。用今天的话说，他带领的治水大军，从山西、河北出发，南到长江中下游，东到海边，西到甘肃、青海一带。传说中禹治水功高盖世，为历代人们所称颂。

从这里，我们可以看到，远古华夏语，随着黄帝、尧、舜、禹等首领活动区域的扩大，已广泛产生影响，流播四方。黄帝、尧、舜、禹并非一般人物，他们走到哪里，哪里便有很多人同他们进行交流，自然用华夏语进行沟通。由此以黄帝族语为主干的华夏语，便在中原地区、黄河流域、南下至长江流域（湖北、江苏）、西至青海、甘肃广为传播，几百年间，逐渐发展成为各部族跨地区、跨部落交际、沟通的共同语言。至此，华夏语已成为凝聚远古中华大地华夏族的最重要的语言工具。

四、成熟期的华夏族与华夏语

晚期华夏族及其语言，乃是指古代中国正式建立国家体制之后的夏、商、周三个朝代。从此，远古原始社会的部落联盟结束了，古代中国进入有国家权力机构的奴隶社会、封建社会。

夏、商、周三代正式开创中国文明社会的历史，作为文明社会的主体，华夏族及其语言也随着发生重大的变化，据我们的考察，这主要表现在如下几方面：

1. 夏、商、周三代为华夏族成为国家的主体民族奠定重要基础。

远古中国"国家"的产生，据考察，在黄帝时代便开始出现萌芽、雏形。传说，黄帝时已有任命官职。从尧治天下起，始有最高权力机构"四岳十二牧"，即部落酋长会议。它可以决定大事。尧还设一些官职，管理万民。《淮南子·齐俗训》云："尧之治天下也，舜为司徒，契为司马，禹为司空，后稷为大田师，奚仲为工，其导万民也。"——"司徒"管民政，"司马"管军事，"司空"管水利，"大田"管农业，"工"管手工业。后来到了禹治天下的时候，其中央行政部门已经增加到了11个，由28人组成。

夏朝正式建立国家体制后，设立君王和大臣，大臣分别主管中央的各个行政部门，并且开始有了各种刑罚。当时，已有五刑：墨、宫、大辟、劓、刵。此外，还建立了"城"、"郭"，"以卫君"，从此开始出现了城市（京都）。昔日的部落联盟的首领自此成为了"君王"，即国君。夏朝由夏禹之子启开始创立，约从公元前2070年始，历经17位君王，历时约470年，由此，开创古代中国正式建立世袭皇朝国家的历史。

商、周继承夏朝的国家体制，同时进一步健全国家多层次管理体制和机制。例如：周朝时，周王与诸侯之下，设立卿大夫：太师、尹氏，司徒、司马、司空，太保、太史、太宗、冢宰、趣马……等多层次官职。军队有师氏、亚、旅等等。

夏、商、周三代来源各不相同，史学家的看法不尽一致。

夏、商、周三代虽然有着不同的来源，但它们却有许多共同性：

（1）它们都是黄帝部族联盟的成员，都尊崇黄帝，自认为是黄帝部族的后裔。

（2）它们兴起与发展的地区均在中原的黄河中下游地带。

从考古学的角度看，夏、商来自仰韶文化区的东支和西支，周来自龙山文化区，它们最后发展的地区均在龙山文化区，即黄河中下游的中原地带。这表明，华夏族在这里汇合成统一的民族。

（3）夏、商、周都有共同的建立国家体制的意识。

夏、商、周虽然是三支不同来源的部族，然而，它们的共同性大于歧异性。它们互相发生的战争，商打倒夏，周打倒商，与其说是部族的战争，不如说是为更好建国而战。

（4）夏、商、周三朝的国家一体化，大大促进了不同部族的经济、文化的交流、融汇，这为华夏族凝聚为统一的民族奠定了重要的基础。

夏、商、周虽然属于不同部族的文化，但它们在建立国家的强势浪潮中，经过漫长岁月，不断地交流，互相取长补短，发展文化的共同性，从而逐步奠定华夏族多元文化的丰富内涵。同时，为中华民族光辉灿烂的传统文化奠定了初步的基础。周代的祭祀习俗、皇城的布局、礼乐刑罚以及其他典章制度，成为中国历代效仿的榜样。《论语·八佾》云："子曰：'周监于二代，郁郁乎文哉！吾从周。'"

至此，我们可以说，夏、商、周时期的华夏族即汉族的前身，已经完全形成。他们都是炎黄子孙，他们从各个部族来，成为一个国家的骨干主体。他们经过1300多年的交流融合，各个部族多元文化逐渐向一体民族文化发展。《左传》孔颖达疏解云："中国有礼仪之大，故称夏；有服章之美，谓之华。""华夏"作为族称是指有礼仪文采的民族，以区别不懂礼仪，赤身裸体的"蛮夷"、"野人"。显然，用文化来区别不同的族类是一条重要的原则。后来，华夏族便用来称呼中原地带的居民。《说文》："夏，中国之人也。"

2. 华夏语随着华夏族国家的形成而上升为民族的共同语。

夏、商、周三代在建立国家体制之后，各部族来往密切，社会更加迫切需要一种通用语，它对华夏语的成熟并成为全民语自然有重要的推动作用。惜乎夏代无文献传世，难于深究。从殷商发明甲骨文字之后，华夏语才呈现出它的真面目。到了周代，华夏语大大丰富发展。周代的钟鼎铭文承袭甲骨文，并进一步把华夏语称为“雅言”。“雅言”的意思是，华夏语已经成为官场的通用语，成为上层王公贵族沟通的语言。随着社会的发展，它进一步成为社会礼教的语言，传播文化的语言。

人们从甲骨文献以及一些有亲属关系的语言中，考察并推测华夏语的面貌，我们从中可以发现其具有如下一些特点：

（1）华夏语有十分丰富的词汇，但词汇以单音节为主。

在甲骨文中有大量反映夏商社会生活的词汇，如：

第一，反映畜牧业的词汇。殷人以畜牧业为主，一次盛大的祭祀需要用到数百头牲畜，所以甲骨文中各种牲畜与动物的名称，多达七八十种。此外，还有各种狩猎工具的词汇。

第二，反映农业生产的词汇。中原地区以农业生产为主，其中有各种农作物词汇，如：稻、麦、稷、黍……，农业词汇，甚至有农业劳动场地词汇，如：田、畴、圃、场等等。

第三，反映居住、用具的生活词汇。当时的房屋有：宫、室、宅；用具有：鼎、壶、角、爵、尊……

除此之外，还有各种亲属词汇、占卜词汇、社会等级词汇、自然天象和历法词汇等等，不胜枚举。

（2）华夏语的词汇主要来自其主干语言，但与此同时，它也会广泛地吸收其他部族的词汇。

甲骨文词汇也广泛吸收其他部族词汇，体现华夏语言形成的多元性，这同样也是无可辩驳的事实。正因为这样，人们从这里可以找到许多其他民族语言的同源性，那也是不足为奇的。

见于甲骨文中邦联部族有90多个。[8]华夏语究竟渗透哪些部族语言，这是无法考证的。不过，从甲骨文中一些人名、地名、病名中，也透露了一些信息。商族人名多有：祖丁、祖甲、祖乙、武乙、帝辛等等。这种帝王和祖先名字再配上天干字，颇为特殊。病名，甲骨文中共有15种：疾首、疾耳、疾目、疾口、疾齿……有学者指出，这是吸收了南方语言中的NA顺序结构，不是中原语言的本来的词汇。除此，地名中的“丘商”、“丘雷”也很可能是吸收自南方部族的词汇。

（3）词汇音节结构以单音节为主，其中也存在复辅音节现象，通常是CCVC型。

藏语与汉语之间的亲属关系已为语言学界所承认。从藏语与汉语语音的比较中，人们可以发现，早期汉语词汇音节结构确实存在复辅音现象。如：

量（数目）　　力让切　　藏语：grangs

织（纺织）　　之翼切　　藏语：nthag

接（动词）　　子叶切　　藏语：sdeb

立（动词）　　力入切　　藏语：hrab

在汉语文献中，“笔”古音为“不律”，即plut音。《说文》：“聿（笔），所以书也。楚谓之聿，吴谓之不律。”东晋郭璞《尔雅注》：“蜀人呼笔为不律。”

著名的梅祖麟教授在《中国语文》2008年第1期上发表的《甲骨文里的几个复辅音声母》一文中，以甲骨文的谐声和假借为本证，参照汉藏语比较的成果，给殷商汉语甲骨文拟构若干复辅音声母如：gr—洛、落；kr—格；gl—羊、浴；kl—姜、谷；sm—晦等等。这进一步表明，华夏语具有复辅音声母是有较充分的根据的。

据法国学者沙加尔比较原始南岛语（相当于原始夷越语）与远古汉语的关系认为，华夏汉语词的音节结构，是由CVCVC到CCVC，再到CVC的演变过程。[⑨]

（4）在语法方面，华夏语的基本句型是S—V—O型。

陈梦家先生指出，甲骨文“宾词通常总在动词之后，但也有在动词之前”。他归纳S—V—O型的句子有10种，这里只摘6种如下：

第一，王代土方S—V—O

第二，王出S—V

第三，立中V—O

第四，于大甲告邛方出P—O_2—V—O_1（S—V）

第五，告水入于上甲V—O_1（S—V）—P—O_2

第六，侯告伐尸方S—V—O（V—O）

（S—主语，V—动词谓语，O—宾语，P—介词）[⑩]

华夏语的这种语法句型，后来直接为汉语所沿袭。在华夏语中，已经出现复杂宾语，其中有名词性短语和动词性短语充当宾语成分。介词带宾语现象也明显存在。

（5）在华夏语中还有宾语前置的句型，即S—O—V。

杨树达先生《甲骨文中之先置宾辞》一文中对甲骨文宾语前置现象作了较细微的分析。他认为甲骨文中必须在宾词之前加介词“叀”或“佳”才会出现提宾。如“王叀北羌伐”。这是得到学者们肯定的。杨树达先生还认为，句中若有否定副词，宾词也会在动词之前，如：“帝不我莫”。对此，陈梦家先生提出不同看法，认为“不是一切附有否定词者皆可以先置宾词……易言之，在两种条件下才可以先置宾词，即：第一，只有在否定词‘不’之句中；第二，只有在人称代词‘我’的句中”，如：“勿伐邛，帝不我其受又。”⑪

（6）华夏语已出现一些较复杂的句型。

甲骨文中已有复合句型，其中有主从复合句、条件复合句以及并列复合句三种，如：

翌壬戌其雨，壬戌风（并列）

黎方术，告于父丁（主从）

……我其已宾，乍（则）帝降若（条件）

除此，有学者指出，甲骨文语法中，动宾补的语序竟然有6种之多，同古代汉语差不多!⑫

（7）华夏语没有声调调位。

一般认为，汉语声调的产生并不是一开始就有的，这也就是说，在华夏语阶段不会有声调。后来，随着词音节结构的简化，华夏语语法曲折形态的退化，才逐渐产生声调。中古时期，汉语浊音声母的消失，又促使声调增加。这方面，从藏语的演变历史也可以得到证明。

（8）华夏语中有较多的谐音词，反映华夏语存在明显的语音和谐现象。

《诗经》成书于春秋，但它所收集的诗歌，却是周代为主的诗歌，包括周代的民歌。我们从周代的《诗经》中可以考察到华夏语的谐音现象。尽管《诗经》用语属于艺术语言，然而其中相当多数的“国风”诗歌，来自民间的口语吟唱。

《诗经》的谐音词主要有两大类：一类是完全重叠的谐音词，一类是部分重叠的谐音词。

完全重叠的谐音词，如：高高、明明、滔滔、旦旦、处处……

桃之夭夭，灼灼其华。《周南·桃夭》

交交黄鸟，止于棘。《秦风·黄鸟》

菁菁者莪，在彼中阿。《小雅·箐箐者莪》

据统计，在《诗经》中，完全重叠的词有360个，它们出现的次数多达689次。[13]部分重叠词主要有两种：

第一，声母重叠。如：拮据，蟋蟀……

参差荇菜，左右流之。《周南·关雎》

邂逅相遇，适我愿兮。《郑风·野有蔓草》

蒹葭苍苍，白露为霜。《秦风·蒹葭》

第二，韵母重叠。如：芍药、螟蛉、栖迟、绸缪……

子仲之子，婆娑其下。《陈风·东门之枌》

舒夭绍兮，劳心惨兮。《陈风·月出》

尔公尔侯，逸豫无期。《小雅·白驹》

这种谐音造词，也可以说是华夏语的一种特色。然而我们若进一步深究，从这里似乎也可以看到华夏语中存在阿尔泰语族的底层。阿尔泰语系普遍有语音和谐现象。

综上所述，夏、商、周三代乃是华夏族及其华夏语进入成熟的时期。甲骨文所反映的晚期华夏语与周代的铜器文字（金文）和《诗经》语言可以说前后相承，并且与后来秦汉的汉语文言文也很接近。由此，可以说它是汉语的祖语。

众所周知，人类文字的产生远比语言晚得多。可以推想，从史前初期多元的华夏语到夏代发展成为比较一致的华夏族语言之后，甲骨文字才有产生的前提和可能性。夏、商的华夏语可以说已渐进入上古汉语的范畴。周祖谟先生说："商代甲骨文卜辞里面的词句和先秦古语中的文言都很接近。由此可以了解汉语在商代的时候就已经奠定了基础。商代距今只有三四千年，但语言产生在文字之前。根据史书记载，商代以前是夏代。夏人与商人活动区域主要在黄河中下游南北地区，推想汉语的发源地就在黄河流域。商代的语言是从史前语言发展而来的，这种母语可以称之为'原始汉语'。"[14]

从上面所述中，我们可以看到华夏族及其华夏语的来源和形成是十分漫长和复杂的。华夏语由于是在其主干语言基础上的多元混合，因此，它也会有多种部族语言的原始底层部分。因此，华夏语既是汉语的祖语，也可能是汉藏语系其他少数民族语言的祖语。关于华夏语与汉藏语系各语族的关系，与阿尔泰语系、南亚语系等的亲属关系，涉及问题很多，学术界的争议也很多，本文不拟涉及。

五、小结

1．华夏语是随着华夏族的形成而产生的。随着华夏族内部的竞争、并吞、发展，从而形成以黄帝族为主体的庞大的华夏多氏族联盟，华夏语也由多元语言并存混合，逐渐向单一强势语言为主体的方向发展。

2．华夏语随着华夏族活动地区的扩大而扩大影响。尤其是黄帝、尧、舜、禹等领袖人物活动地域的扩大，显示华夏族势力的强大扩展。华夏语也随之逐渐由中原地区（黄河中下游）扩散影响到长江流域地区。

3．华夏语随着华夏族建立国家政权体制（夏、商、周）而成为国家的“通行语”，即国家中央进行统一活动、军事行动的官方语言，以及各部族上层社会相互沟通的语言。

4．华夏语随着甲骨文的产生而显露出它的真实语言面貌，包括它丰富的词汇及语法结构特点。由此，华夏语有了自己独特的书面语形式，它完全有资格成为国家的民族语言。

5．值得指出的是，华夏语成为华夏族共同语时，华夏族各地的口头语言肯定仍十分复杂，绝不可能完全实行统一（如“我”的第一人称，当时的各地口语有“余、朕、我、予、吾、台、昂”等等）。共同的书面语是最好的沟通工具。

6．晚期华夏语所显示的各种语言特征，与上古汉语已极为相似，人们有充足理由认定，它应属于汉语的范畴，或者说，它是原始汉语。

7．需略为补充的是，春秋战国时代，华夏语已发展为汉语，那时书面著述已相当丰富，篇幅也很长，如有：《春秋》、《左传》、《战国策》、《诗经》、《尚书》、《论语》、《孟子》、《老子》、《庄子》、《荀子》、《韩非子》、《管子》、《孙子》、《楚辞》等等，这些著述已成为我们汉语古典历史、文化、哲学、文学、军事等方面的不朽之作。可见，人们早已把春秋战国时代的华夏语视为汉语。学者们阐述汉语史时，也以此为上古汉语的语言著述——汉语并非秦汉时才产生。[15]

注释：

① 卡尔·萨根：《伊甸园的飞龙》，河北人民出版社，1980年。

② B.柯登：《关于北京人时代的新证据》，载《古脊椎动物与古人类》，1960年第2期。

③ 贾兰坡：《中国大陆上的远古居民》，天津人民出版社，1978年。

④ 费孝通：《中华民族的多元一体格局》，载《北京大学学报》，1989年第4期。

⑤ 同上。

⑥ 许顺湛：《中原远古文化》，河南人民出版社，1983年。

⑦ 《河南文博通讯》，1978年第1期。

⑧ 赵诚：《商代社会性质探索》，载《古代文字音韵论文集》，中华书局，1991年。

⑨ 转引自李葆嘉：《理论语言学：人文与科学的双重精神》，江苏古籍出版社，2001年。

⑩ 陈梦家：《殷墟卜辞综述》，科学出版社，1956年。

⑪ 同上。

⑫ 余志鸿：《论古汉语补语的移位》，载《语言研究》，1984年第1期。

⑬ 程湘清：《先秦双音词研究》，载《先秦汉语研究》，山东教育出版社，1992年。

⑭ 周祖谟：《周祖谟语言文字论集》，人民教育出版社，2000年。

⑮ 本文原载中国人民大学中文系编:《语言研究的务实与创新——庆祝胡明扬教授八十华诞学术论文集》，外语教学与研究出版社，2004年。

修订后记

本书于1993年6月由中国人民大学出版社出版。据笔者所知，此书出版后不久便销售一空。当年12月中有位台湾大学生买不到此书，特来信请我代购一册寄去，随后，我即前往人大出版社购买，谁知此书已售完。我只能怏怏而归，无法为其代购。（惜乎我也没有多余的书可赠送。）2003年，有位朋友参加全国语言文字应用研讨会，会议中，有学者打听，“能否到人大出版社邮购此书？”我的朋友只能回答让他失望的信息。

本书出版后，在国内外语言界也引起一些反响。我国著名的语言学教授陈章太和伍铁平二位先生在读了笔者的拙著之后曾来信表示赞赏和鼓励。陈章太教授在来信中说，此书“材料很丰富、翔实，有不少独立见解，使人获益匪浅”。对此鼓励，笔者深致谢意。此外，我的海外朋友也告诉我，此书在韩国、日本也受到一些汉语言学者的重视、引用，并在教学中加以运用。这些都给笔者带来不少精神上的安慰和鼓舞。

近几十年来，我国有关汉语与文化研究的书籍已出版不少，它们各有各的特色，无须赘言。

值得庆幸的是，笔者的拙著能有机会进一步修订出版，这是十分值得珍惜的。为此，笔者尽心尽力对全书各章的内容作了不少补充和修改。如第一章增加“从汉字考察远古的图腾崇拜”一节，第七章增加“佛教文化对汉语复合词发展的重要影响”以及“佛教文化对民间俗语的影响”两节，等等。另外，还新增加“汉语色彩词及其传统文化内涵”和“汉语数词与传统文化”两章内容。但总体说来，本书基本上保留了原书的轮廓和内容。因为笔者觉得，既然是“修订”，那么就不宜过多更改。

本书能修订再版，这完全是由商务印书馆有关部门和领导共同研究、商议决定的。在此，我谨向商务印书馆有关的各位先生和领导深致敬意和谢忱。尤其要特别感谢周洪波主任编审的倾力帮助和热心支持。另外，我还要深切感谢胡明扬教授的热情关心和支持，还有陈章太教授，不仅对笔者诚挚关照，大力支持，还为本书撰写序言，给了笔者巨大的鼓励，不胜感激。

本书的内容较为广泛，涉及中国历史传统文化的许多方面。在写作过程中引用的有关著述，我在书中尽量列出。但有时因写作匆忙和疏忽，难免有的引述被遗漏注明。在此谨向有关的作者致歉和道谢，并愿将有关的稿酬奉给。

最后，我要衷心感谢编审施关淦先生认真审阅书稿，并提出许多宝贵意见。还有华莎编辑在最后审稿中，认真修改，并查证、补漏、更改书稿中的讹误之处，其对工作的刻苦、负责精神，令人深为感动。此外，我还要感谢中国人民大学文学院骆峰老师和语言专业李媛、谢娜、赵岩、吴晓莉、刘迪、孙佳佳、高玲、陈芳8位硕士生，她们为本书的电脑录入和编排花费了许多宝贵的时间。尤其是骆峰老师，为本书最后的修改、订正和电脑排版竭尽全力，尤为感人。在此，深致谢意。

限于作者水平，本书修订后肯定还有不足之处，欢迎读者多多批评、指教。

郭锦桴

2008年7月8日